Walkenhorst · Bolk · Nieskens

Fallsammlung Umsatzsteuer

Zusätzliche digitale Inhalte für Sie!

Zu diesem Buch stehen Ihnen kostenlos folgende digitale Inhalte zur Verfügung:

- Online-Version ✓
- Online-Training
- Aktualisierung im Internet
- Zusatz-Downloads
- App
- Digitale Lernkarten
- WissensCheck

Schalten Sie sich das Buch inklusive Mehrwert direkt frei.

Scannen Sie den QR-Code **oder** rufen Sie die Seite **www.nwb.de** auf. Geben Sie den Freischaltcode ein und folgen Sie dem Anmeldedialog. Fertig!

Ihr Freischaltcode

ONCR-PZOV-DWGV-PPIR-UMJA-X

www.nwb.de

Steuerfachkurs · Training

Fallsammlung Umsatzsteuer

Von

Diplom-Finanzwirt Ralf Walkenhorst

Regierungsdirektor Diplom-Finanzwirt Wolfgang Bolk

Professor Dr. Hans Nieskens

20., überarbeitete Auflage

nwb AUSBILDUNG

ISBN 978-3-482-**57590**-7
20., überarbeitete Auflage 2018

Satz: Neufeld Media, Weißenburg i. Bay.
Druck: medienHaus Plump GmbH, Rheinbreitbach

VORWORT

Die nunmehr bereits in der 20. Auflage vorliegende Fallsammlung enthält in 127 Fällen das aktuelle Umsatzsteuerrecht auf dem Stand der Bekanntmachung des UStG und der UStDV vom 21. 2. 2005 (BGBl 2005 I 386 und 434), zuletzt geändert durch das Gesetz zum Ausschluss verfassungsfeindlicher Parteien von der Parteienfinanzierung vom 18. 7. 2017 (BGBl 2017 I 2730). Berücksichtigt sind darüber hinaus die Bestimmungen des Umsatzsteuer-Anwendungserlasses (UStAE) vom 1. 10. 2010 (BStBl 2010 I 846) in der aktuellen Fassung und natürlich die aktuelle Rechtsprechung des BFH und des EuGH. Rechtsstand ist der 1. 1. 2018.

Der Schwierigkeitsgrad der Fälle orientiert sich an der Prüfung der Steuerberater und der Laufbahnprüfung für den gehobenen Dienst der Finanzverwaltung. Daneben sind die Fälle auch zur Vorbereitung auf die Steuerfachwirtprüfung geeignet. Sie sind in der Ausbildung erprobt und haben dort Anklang gefunden. Darum sind die Fälle für zukünftige Steuerberater und Steuerfachwirte sowie für angehende Diplom-Finanzwirte ein unentbehrliches Hilfsmittel für die Fachausbildung im Umsatzsteuerrecht. Insbesondere ist diese Fallsammlung zur Stoffwiederholung und zur Klausurvorbereitung gedacht. Die Literaturhinweise in den einzelnen Kapiteln beziehen sich auf das „Lehrbuch Umsatzsteuer" von *Kortschak*.

Die Erfahrung hat gezeigt, dass es einprägsamer ist, an Fällen zu lernen als lediglich abstrakte Darstellungen des Rechtsgebietes durchzuarbeiten. Es muss aber davor gewarnt werden, das Ergebnis eines bestimmten Falles auf einen anderen, ähnlichen Sachverhalt zu übernehmen. Oft weichen Sachverhalte in nur einem, jedoch bedeutsamen Punkt voneinander ab, so dass sich völlig verschiedene Lösungen ergeben.

Für Hinweise unserer Leser sind Autor und Verlag stets dankbar.

Ibbenbüren, im Januar 2018

Ralf Walkenhorst

INHALTSVERZEICHNIS

LITERATURHINWEISE

Birkenfeld/Wäger, Das große Umsatzsteuer-Handbuch, Loseblatt, Köln

Brandmüller/Sauer, Bonner Handbuch Personengesellschaften, Loseblatt, Bonn

Kortschak, Lehrbuch Umsatzsteuer, 17. Auflage, Herne 2016

Lippross/Seibel, Basiskommentar Steuerrecht, Loseblatt, Köln

Küffner/Stöcker/Zugmaier (Hrsg.), Umsatzsteuer-Kommentar, Loseblatt, Herne

Rau/Dürrwächter, Kommentar zum Umsatzsteuergesetz (Mehrwertsteuer), Loseblatt, Köln

Reiß/Kraeusel/Langer, UStG, Kommentar, Loseblatt, Bonn

Schwarz/Widmann/Radeisen, Umsatzsteuergesetz – Mehrwertsteuer, Kommentar, Loseblatt, Köln

Sikorski, Umsatzsteuer im Binnenmarkt, 9. Auflage, Herne 2015

Sölch/Ringleb, Umsatzsteuergesetz, Kommentar, Loseblatt, München

Walkenhorst, Praktikerhandbuch Umsatzsteuer, 6. Auflage, Herne 2016

ABKÜRZUNGSVERZEICHNIS

A

ABl.	Amtsblatt
Abs.	Absatz
Abschn.	Abschnitt
AG	Aktiengesellschaft
AO	Abgabenordnung
Art.	Artikel

B

BAnz.	Bundesanzeiger
BdF	Bundesminister der Finanzen
BFH	Bundesfinanzhof
BGB	Bürgerliches Gesetzbuch
BGBl	Bundesgesetzblatt (Teile I, II)
BMF	Bundesministerium der Finanzen
BMG	Bemessungsgrundlage
bND	betriebliche Nutzungsdauer
BStBl	Bundessteuerblatt
BT-Drs.	Bundestags-Drucksache
bzgl.	bezüglich
bzw.	beziehungsweise

D

d. h.	das heißt

E

EG	Europäische Gemeinschaft
EU	Europäische Union
EuGH	Europäischer Gerichtshof
EUSt	Einfuhrumsatzsteuer

F

f./ff.	folgende/fortfolgende
Fa.	Firma
FM	Finanzministerium

G

gem.	gemäß
GmbH	Gesellschaft mit beschränkter Haftung
grds.	grundsätzlich
GrEStG	Grunderwerbsteuergesetz

H

HGB	Handelsgesetzbuch
HS	Halbsatz

I

i. d. F.	in der Fassung
i. H. v.	in Höhe von
i. g.	innergemeinschaftlich
InsO	Insolvenzordnung
i. S. d.	im Sinne des/der
i. V. m.	in Verbindung mit

K

KG	Kommanditgesellschaft

M

MwStSystRL	Mehrwertsteuer-Systemrichtlinie

N

NATO-ZAbk	Verordnung zur Durchführung der umsatzsteuerlichen Vorschriften des Zusatzabkommens zu dem Abkommen zwischen den Parteien des Nordatlantikvertrages
Nr.	Nummer(n)
NW	Nordrhein-Westfalen

O

OffshStA	Offshore-Steuerabkommen
OHG	Offene Handelsgesellschaft

R

RFH	Reichsfinanzhof
RStBl	Reichssteuerblatt

S

S.	Seite
StMBG	Missbrauchsbekämpfungs- und Steuerbereinigungsgesetz

StRefG Steuerreformgesetz 1990

U

u. a. unter anderem
UR Umsatzsteuer-Rundschau (Zeitschrift)
UrhG Urheberrechtsgesetz
UStAE Umsatzsteuer-Anwendungserlass
UStBMG Umsatzsteuer-Binnenmarktgesetz
UStDV Umsatzsteuer-Durchführungsverordnung
UStG Umsatzsteuergesetz
USt-IdNr. Umsatzsteuer-Identifikationsnummer
UStR Umsatzsteuer-Richtlinien

V

vgl. vergleiche
v. H. vom Hundert
VwV Verwaltungsvorschrift
VZ Veranlagungszeitraum

W

WoBauFG Wohnungsbauförderungsgesetz

Z

z. B. zum Beispiel
ZM Zusammenfassende Meldung

Kapitel 1: Einführung

Die Umsatzsteuer (USt) ist neben der Einkommensteuer/Lohnsteuer die größte Einnahmequelle für die öffentlichen Haushalte.

Rechtsgrundlagen für die USt sind das Umsatzsteuergesetz (UStG) und die Umsatzsteuerdurchführungsverordnung (UStDV). Das UStG und die UStDV sind am 21. 2. 2005 neu bekannt gemacht worden (BGBl 2005 I 386 und 434). Die Verwaltung ist darüber hinaus noch an den Umsatzsteuer-Anwendungserlass (UStAE) sowie an die Schreiben des Bundesministeriums der Finanzen (BMF), die Erlasse der jeweiligen Finanzministerien der Länder (FM) und die Verfügungen der Oberfinanzdirektionen (OFD) gebunden. Die UStR 2008 wurden mit Wirkung vom 1. 11. 2010 aufgehoben.

Nach **Art. 105 Abs. 2 GG** hat der Bund die konkurrierende Gesetzgebung für die USt, da dem Bund das Aufkommen an der USt zum Teil zusteht und eine bundesgesetzliche Regelung der USt zur Wahrung der Rechts- und Wirtschaftseinheit erforderlich ist. Die USt wird von den Landesfinanzbehörden im Auftrag des Bundes gem. Art. 108 Abs. 3 GG verwaltet. Sachlich zuständig für die Verwaltung der USt sind die Finanzämter als örtliche Landesbehörden; die Verwaltung der Einfuhrumsatzsteuer (EUSt) obliegt den Hauptzollämtern als örtliche Bundesbehörden. Die örtliche Zuständigkeit richtet sich nach § 21 der Abgabenordnung (AO).

Die USt ist

- eine **Sach- oder Objektsteuer**; d. h. persönliche Verhältnisse werden nicht berücksichtigt,
- eine **Verkehrsteuer**, da wirtschaftliche Verkehrsvorgänge (Umsätze) besteuert werden,
- eine **indirekte Steuer**, da Steuerschuldner (Unternehmer) und Steuerträger (Endverbraucher) verschiedene Personen sind,
- eine **Veranlagungssteuer**, da sie nach dem Prinzip der Selbstberechnung durch den Unternehmer (Steueranmeldung) erhoben wird,
- eine **periodische Steuer**, da sie grundsätzlich auf der Basis eines jährlichen Besteuerungszeitraums erhoben wird,
- eine **Gemeinschaftssteuer**, da das Aufkommen zwischen dem Bund, den Ländern und den Gemeinden verteilt wird.

Die USt ist eine **Netto-Allphasen-USt** mit Vorsteuerabzug, d. h. die Besteuerung findet grundsätzlich auf jeder Wirtschaftsstufe statt.

Die umsatzsteuerlichen Sachverhalte sind nach folgendem **Prüfungsschema** zu bearbeiten:

- Steuerbarkeit (z. B. § 1 UStG)
- Steuerfreiheit / Steuerpflicht (z. B. §§ 4, 4b und 5 UStG)
- Bemessungsgrundlage (z. B. §§ 10, 11, 25 und 25a UStG)
- Steuersatz (z. B. § 12 UStG)
- Sondertatbestände (z. B. § 14c UStG)
- Entstehung (z. B. §§ 13, 13b und 18b UStG)
- Vorsteuerabzug (z. B. § 15 UStG)
- Vorsteuerberichtigung (§ 15a UStG)

FALL 1

Netto-Allphasen-USt mit Vorsteuerabzug

Sachverhalt: Der Unternehmer Karl König ist Eigentümer eines Grundstücks in Norddeutschland. Der auf dem Grundstück befindliche Torf wird von König abgebaut und regelmäßig an den Zwischenhändler Peter Steiner weiterveräußert. Im Januar 2018 wird Torf für 2 000 € zzgl. 380 € an Steiner veräußert. Dieser wiederum veräußert den Torf an verschiedene Einzelhändler. So wurde der im Januar erworbene Torf an den Einzelhändler Gustav Kleine für 3 000 € zzgl. 570 € USt weiterverkauft. Der Einzelhändler veräußerte den Torf seinerseits an verschiedene Privatpersonen für insgesamt 4 000 € zzgl. 760 € USt.

Frage: Welche Zahllasten ergeben sich bei den beteiligten Unternehmern König, Steiner und Kleine? Die beteiligten Unternehmer unterliegen der Regelbesteuerung und sämtliche Rechnungen sind ordnungsgemäß erstellt worden.

Abwandlung: Wie hoch ist die Steuereinnahme des Staates, wenn der Torf durch einen Brand beim Einzelhändler Kleine vernichtet wird und dieser von der Versicherung einen Geldbetrag i. H. v. 3 000 € erhält?

LÖSUNG

Der Unternehmer Karl König führt gem. § 1 Abs. 1 Nr. 1 Satz 1 UStG steuerbare und mangels Steuerbefreiung auch steuerpflichtige Lieferungen zum Steuersatz von 19 % aus (§ 12 Abs. 1 UStG). Die Zahllast gegenüber dem Finanzamt beläuft sich auf 380 €.

Der Unternehmer Peter Steiner führt ebenfalls gem. § 1 Abs. 1 Nr. 1 Satz 1 UStG steuerbare und steuerpflichtige Lieferungen zum Steuersatz von 19 % aus. Die USt hierfür beträgt 570 €. Von dieser USt kann gem. § 16 Abs. 2 UStG die Vorsteuer i. H. v. 380 € abgezogen werden, so dass eine Zahllast i. H. v. 190 € verbleibt. Dies entspricht dem Steuerbetrag der auf den Mehrwert von 1 000 € entfällt.

Der Unternehmer Gustav Kleine erbringt steuerbare (§ 1 Abs. 1 Nr. 1 Satz 1 UStG) und zu 19 % steuerpflichtige Lieferungen an die Endverbraucher. Der USt i. H. v. 760 € steht die Vorsteuer i. H. v. 570 € gegenüber, so dass eine Zahllast von 190 € gegenüber dem Finanzamt verbleibt.

Die Endverbraucher sind nicht unternehmerisch tätig und damit nicht zum Vorsteuerabzug berechtigt. Die Endverbraucher sind die wirtschaftlichen Träger der USt von insgesamt 760 €.

Diese Steuer wird von den Unternehmern als Steuerschuldner (§ 13a Abs. 1 Nr. 1 UStG) geschuldet (380 € + 190 € + 190 € = 760 €).

LÖSUNG ABWANDLUNG

Hinsichtlich der umsatzsteuerrechtlichen Behandlung der Unternehmer König und Steiner ergeben sich keine Änderungen; König hat eine Zahllast i. H. v. 380 € und Steiner eine solche i. H. v. 190 € gegenüber dem Finanzamt.

Da der Unternehmer Kleine den Torf für sein Unternehmen eingekauft hat, steht ihm ein Vorsteuerabzug i. H. v. 570 € zu. Zu einer Lieferung seinerseits kommt es wegen des Brandes nicht mehr. Die Zahlung der Versicherung ist keine Gegenleistung für eine Leistung des Kleine; insoweit handelt es sich um einen echten und damit nicht steuerbaren Schadensersatz (Abschn. 1.3 Abs. 1 UStAE). Damit ergibt sich für den Unternehmer Kleine ein Vorsteueranspruch gegenüber dem Finanzamt von 570 €.

Die Steuereinnahme des Staates aus dem Gesamtvorgang beträgt 0 € (380 € + 190 € - 570 € = 0 €). Dies resultiert aus der Tatsache, dass es zu keinem Endverbrauch gekommen ist. In der Unternehmerkette gleichen sich regelmäßig USt und Vorsteuer aus.

FALL 2

Zuständigkeit

Sachverhalt: Der niederländische Busunternehmer Dick van Basten bietet seinen niederländischen Kunden (Privatpersonen) Busreisen (keine Reiseleistungen i. S. d. § 25 UStG) von den Niederlanden nach Deutschland an, so z. B. eine Tour durch den Schwarzwald. In Deutschland hat van Basten weder einen Wohnsitz noch seine Geschäftsleitung.

Frage: Unterliegt Dick van Basten der deutschen Umsatzbesteuerung und wenn ja, welches Finanzamt ist für die USt zuständig?

LÖSUNG

Dick van Basten unterliegt der deutschen USt, wenn er im Inland steuerbare Umsätze ausführt. Wird ein Umsatz im Inland ausgeführt, kommt es für die Besteuerung nicht darauf an, ob der Unternehmer deutscher Staatsangehöriger ist, seinen Wohnsitz oder Sitz im Inland hat, im Inland eine Betriebsstätte unterhält, die Rechnung erteilt oder die Zahlung empfängt (§ 1 Abs. 2 Satz 3 UStG).

Dick van Basten führt eine sonstige Leistung (§ 3 Abs. 9 Satz 1 UStG), eine Personenbeförderungsleistung, aus. Es handelt sich um ein Grundgeschäft im Rahmen seines Busunternehmens. Der Leistungsort bestimmt sich nach § 3b Abs. 1 Satz 1 UStG und ist die Strecke. Steuerbar ist gem. § 3b Abs. 1 Satz 2 UStG nur der Teil der Leistung, der auf das Inland entfällt. Die Aufteilung erfolgt anhand der zurückgelegten Kilometer. Da auch ein Entgelt, ein Leistungsaustausch, gegeben ist, handelt es sich um einen steuerbaren Umsatz gem. § 1 Abs. 1 Nr. 1 Satz 1 UStG. Dieser Umsatz ist mangels Steuerbefreiung auch zu 19 % (§ 12 Abs. 1 UStG) steuerpflichtig. § 12 Abs. 2 Nr. 10 UStG findet keine Anwendung.

Zuständig für die Umsatzbesteuerung des niederländischen Unternehmers ist das zentral zuständige Finanzamt Kleve. Nach § 21 Abs. 1 Satz 2 AO kann das BMF zur Sicherstellung der Besteuerung durch Rechtsverordnung mit Zustimmung des Bundesrates für Unternehmer, die Wohnsitz, Sitz oder Geschäftsleitung außerhalb des Geltungsbereichs der AO haben, die örtliche Zuständigkeit einer Finanzbehörde für den Geltungsbereich des Gesetzes übertragen. Von dieser Ermächtigung ist durch Erlass der Umsatzsteuerzuständigkeitsverordnung (UStZustV) vom 20. 12. 2001 (BGBl 2001 I 3794), zuletzt geändert durch Art. 2 der Vierten Verordnung zur Änderung steuerlicher Verordnungen vom 12. 7. 2017 (BGBl 2017 I 2360), Gebrauch gemacht worden. Danach ist das Finanzamt Kleve für die im Königreich der Niederlande ansässigen Unternehmer zuständig.

Zu beachten ist auch, dass der niederländische Unternehmer vor der erstmaligen Ausführung eines derartigen Umsatzes eine entsprechende Anzeige beim Finanzamt Kleve anzubringen hat (§ 18 Abs. 12 Satz 1 UStG). Hierüber erteilt das Finanzamt eine Bescheinigung, die während der Fahrt mitzuführen ist. Sollte ein Verstoß hiergegen festgestellt werden, kann ggf. gem. § 26a Abs. 1 Nr. 4 i. V. m. Abs. 2 UStG eine Geldbuße bis zu 5 000 € festgesetzt werden.

Kapitel 2: Steuerbarkeit

2.1 Allgemeines

Steuergegenstand der USt ist gem. § 1 Abs. 1 UStG der steuerbare Umsatz. Nur die im § 1 Abs. 1 UStG abschließend aufgeführten Umsätze sind steuerbar; es liegt eine enumerative Aufzählung vor. Es handelt sich um folgende Umsätze:

- Lieferungen und sonstige Leistungen (§ 1 Abs. 1 Nr. 1 UStG)
- Einfuhr von Gegenständen im Inland (§ 1 Abs. 1 Nr. 4 UStG)
- Innergemeinschaftlicher Erwerb (§ 1 Abs. 1 Nr. 5 UStG)

Die vormalige Nr. 2 (Eigenverbrauch) und Nr. 3 (unentgeltliche Leistungen von Personenvereinigungen an ihre Mitglieder) des § 1 Abs. 1 UStG sind im Rahmen des Steuerentlastungsgesetzes 1999/2000/2002 mit Wirkung ab dem 1. 4. 1999 aufgehoben worden. Damit wurde eine Anpassung an die 6. EG-Richtlinie (nunmehr MwStSystRL) vorgenommen. Die bisher erfassten Umsätze wurden teilweise den Lieferungen (§ 3 Abs. 1b UStG), teilweise den sonstigen Leistungen (§ 3 Abs. 9a UStG) gleichgestellt und teilweise wurde ein Vorsteuerabzug versagt (§ 15 Abs. 1a UStG).

2.2 Steuerbarkeit gemäß § 1 Abs. 1 Nr. 1 UStG

Tatbestandsmerkmale für einen steuerbaren Umsatz nach § 1 Abs. 1 Nr. 1 Satz 1 UStG sind:

- Lieferungen und sonstige Leistungen
- Unternehmer
- Rahmen des Unternehmens
- Im Inland
- Gegen Entgelt

Nur wenn **sämtliche Tatbestandsmerkmale** erfüllt sind, ist der Umsatz nach § 1 Abs. 1 Nr. 1 Satz 1 UStG steuerbar. Die Steuerbarkeit entfällt gem. § 1 Abs. 1 Nr. 1 Satz 2 UStG nicht, wenn der Umsatz aufgrund gesetzlicher oder behördlicher Anordnung ausgeführt wird oder nach gesetzlicher Vorschrift als ausgeführt gilt.

2.2.1 Lieferungen und sonstige Leistungen

Ausgehend vom **Oberbegriff der Leistung** hat der Gesetzgeber zwei Leistungstatbestände, den der Lieferung und den der sonstigen Leistung, geregelt.

Lieferungen eines Unternehmers sind gem. § 3 Abs. 1 UStG Leistungen, durch die er oder in seinem Auftrag ein Dritter den Abnehmer oder in dessen Auftrag einen Dritten befähigt, im eigenen Namen über einen Gegenstand zu verfügen (Verschaffung der Verfügungsmacht). Voraussetzung für eine Lieferung ist somit das Vorhandensein eines Gegenstands und an diesem muss Verfügungsmacht verschafft werden.

Gegenstände i. S. d. UStG sind körperliche Gegenstände (Sachen gem. § 90 BGB, Tiere gem. § 90a BGB), Sachgesamtheiten und solche Wirtschaftsgüter, die im Wirtschaftsverkehr wie körperliche Sachen behandelt werden (z. B. elektrischer Strom, Wärme und Wasserkraft). Rechte sind keine Gegenstände.

Die **Verschaffung der Verfügungsmacht** beinhaltet den von den Beteiligten endgültig gewollten Übergang von wirtschaftlicher Substanz, Wert und Ertrag eines Gegenstands vom Leistenden auf den Leistungsempfänger. Die Verschaffung der Verfügungsmacht ist in aller Regel mit dem Übergang des bürgerlich-rechtlichen Eigentums verbunden. Diese Verbindung ist allerdings nicht zwingend, da das Umsatzsteuerrecht an wirtschaftliche Vorgänge anknüpft, so dass die Verschaffung wirtschaftlichen Eigentums i. S. d. § 39 Abs. 2 AO ausreichend ist. Die nachfolgende Übersicht (Abbildung Nr. 1) soll den Bezug von Eigentumsübertragung und Verschaffung der Verfügungsmacht darstellen.

ABB. 1: Eigentumsübertragung und Verschaffung der Verfügungsmacht

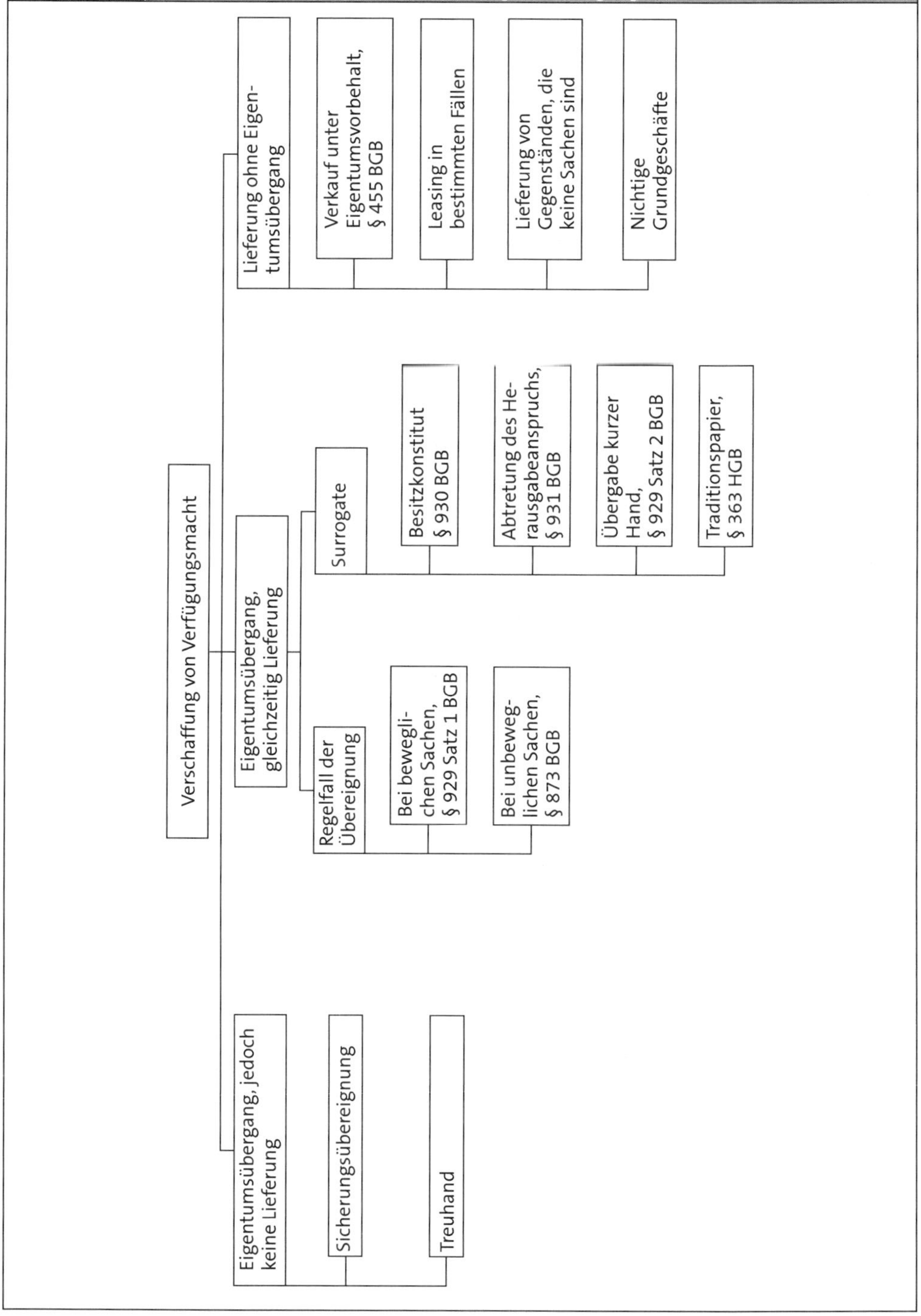

Besondere Regelungen zur Lieferung sind:

- Innergemeinschaftliches Verbringen gem. § 3 Abs. 1a UStG

  Als Lieferung gegen Entgelt gilt das Verbringen eines Gegenstands des Unternehmens aus dem Inland in das übrige Gemeinschaftsgebiet durch einen Unternehmer zu seiner Verfügung, ausgenommen zu einer nur vorübergehenden Verwendung, auch wenn der Unternehmer den Gegenstand in das Inland eingeführt hat.

- Gleichgestellte Lieferung gem. § 3 Abs. 1b UStG

  Die Entnahme eines Gegenstands durch den Unternehmer aus seinem Unternehmen für Zwecke, die außerhalb des Unternehmens liegen, wird ebenso wie die unentgeltliche Zuwendung eines Gegenstands durch den Unternehmer an sein Personal für dessen privaten Bedarf, sofern keine Aufmerksamkeiten vorliegen, einer Lieferung gegen Entgelt gleichgestellt. Dies gilt auch für jede andere unentgeltliche Zuwendung eines Gegenstands, ausgenommen Geschenke von geringem Wert und Warenmuster für Zwecke des Unternehmens. Voraussetzung in allen Fallgestaltungen ist, dass der Gegenstand oder seine Bestandteile zum vollen oder teilweisen Vorsteuerabzug berechtigt haben.

- Kommissionsgeschäft gem. § 3 Abs. 3 UStG

  Beim Kommissionsgeschäft liegt auch zwischen dem Kommittenten und dem Kommissionär eine Lieferung vor.

- Werklieferung gem. § 3 Abs. 4 UStG

  Hat der Unternehmer die Bearbeitung oder Verarbeitung eines Gegenstands übernommen und verwendet er hierbei Stoffe, die er selbst beschafft, ist die Leistung als Lieferung anzusehen (Werklieferung), wenn es sich bei den Stoffen nicht nur um Zutaten oder sonstige Nebensachen handelt.

- Tausch gem. § 3 Abs. 12 Satz 1 UStG

  Ein Tausch liegt vor, wenn das Entgelt für eine Lieferung in einer Lieferung besteht.

Sonstige Leistungen sind Leistungen, die keine Lieferungen sind (§ 3 Abs. 9 Satz 1 UStG). Als sonstige Leistungen kommen in Betracht:

- Dienstleistungen
- Werkleistungen
- Beförderungsleistungen
- Gebrauchs- und Nutzungsüberlassungen
- Vermittlungsleistungen
- Einräumung und Übertragung von Rechten
- Reiseleistungen
- Darlehensgewährungen
- Bewirtungen

Die sonstige Leistung muss nicht stets in einem positiven Tun bestehen, sie kann auch in einem **Unterlassen** (z. B. von Wettbewerb) oder im **Dulden** (z. B. Vermietung) bestehen.

Besondere Regelungen zur sonstigen Leistung sind:

- Restaurationsumsätze

  Die Abgabe von Speisen und Getränke zum Verzehr an Ort und Stelle ist eine sonstige Leistung.

- Gleichgestellte sonstige Leistung gem. § 3 Abs. 9a UStG

  Die Verwendung eines dem Unternehmen zugeordneten Gegenstands, der zum vollen oder teilweisen Vorsteuerabzug berechtigt hat, durch einen Unternehmer für Zwecke, die außerhalb des Unternehmens liegen, oder für den privaten Bedarfs seines Personals, soweit keine Aufmerksamkeiten vorliegen, wird einer sonstigen Leistung gegen Entgelt gleichgestellt. Das gilt auch für die unentgeltliche Erbringung einer anderen sonstigen Leistung durch den Unternehmer für Zwecke, die außerhalb des Unternehmens liegen, oder für den privaten Bedarf seines Personals, sofern keine Aufmerksamkeiten vorliegen.

- Dienstleistungskommission gem. § 3 Abs. 11 UStG und Branchenlösung gem. § 3 Abs. 11a UStG

  Wird ein Unternehmer in die Erbringung einer sonstigen Leistung eingeschaltet und handelt er dabei im eigenen Namen, jedoch für fremde Rechnung, gilt diese Leistung als an ihn und von ihm erbracht.

- Tauschähnlicher Umsatz gem. § 3 Abs. 12 Satz 2 UStG

  Ein tauschähnlicher Umsatz liegt vor, wenn das Entgelt für eine sonstige Leistung in einer Lieferung oder sonstigen Leistung besteht.

Bei der **Abgrenzung** zwischen Lieferung und sonstiger Leistung ist der Grundsatz der Einheitlichkeit der Leistung zu beachten. Auf die Abschnitte 3.10 und 3.11 UStAE wird insoweit hingewiesen.

LITERATURHINWEIS

Siehe hierzu auch im „Lehrbuch Umsatzsteuer" die Ausführungen zu Steuergegenstand (Kapitel 2), Lieferung (Kapitel 3) und sonstige Leistung (Kapitel 4), Unternehmer und Unternehmen (Kapitel 6, insbesondere 6.6) und zur unentgeltlichen Wertabgabe (Kapitel 7).

FALL 3

Begriff der Verschaffung von Verfügungsmacht

Sachverhalt: Der Maurerpolier Gert Sauer beschließt, eine Baufirma zu gründen. Um bei seinen künftigen Geschäftspartnern kreditwürdig zu erscheinen, erwägt er zunächst den Ankauf eines Personenwagens vom Typ Maybach Silver-Cloud. Als er den Kaufpreis des Fahrzeugs erfährt, nimmt er Abstand von dem Erwerb eines solchen Fahrzeugs und schließt stattdessen mit einer Leasing-GmbH folgenden Vertrag:

„§ 1:
Zwischen der Leasing-GmbH und Herrn Gert Sauer wird ein Mietvertrag über den in der Anlage näher bezeichneten Mietgegenstand vereinbart. (In der Anlage wird ein Pkw Maybach Typ Silver-Cloud aufgeführt.)

§ 2:
Dieser Vertrag wird abgeschlossen auf unbestimmte Zeit, beginnend mit dem Tag der Zurverfügungstellung des Mietgegenstandes, kündbar zum Ablauf des 12. Monats mit einer Kündigungsfrist von 6 Monaten sowie danach halbjährlich ebenfalls mit einer Kündigungsfrist von 6 Monaten. Bei fristgerechter Kündigung kann der Mieter den Gegenstand zum Marktpreis erwerben.

§ 3:
Der Mietpreis beträgt monatlich 2 200 € plus Mehrwertsteuer und ist ohne jeden Abzug wie folgt zur Zahlung fällig: Mit einer Monatsmiete bei Beginn der Vertragszeit, die laufenden Monatsmieten jeweils am Ersten eines Kalendermonats im Voraus.

§ 4:
Der Mieter hat den Mietgegenstand in ordnungsgemäßem und funktionsfähigem Zustand zu erhalten und notwendige Reparaturarbeiten auf eigene Kosten durchführen zu lassen. Betriebs- und Erhaltungskosten gehen zu seinen Lasten.

§ 5:
Bei einer Veränderung der Verhältnisse am Geld- und Kapitalmarkt, zum Beispiel bei Änderung des Diskontsatzes der Deutschen Bundesbank, behält sich der Vermieter eine Anpassung des Mietpreises vor. Ändern sich Steuern oder andere öffentliche Abgaben, verglichen mit der Zeit des Vertragsabschlusses, so ist der Vermieter gleichfalls zur Anpassung der Mieten berechtigt.

§ 6:
Die Gefahr des Unterganges, Verlustes, des vorzeitigen Verschleißes oder der Beschädigung des Mietgegenstandes trägt der Mieter. Der Vermieter hat den Mietgegenstand während der Vertragsdauer nicht versichert.

§ 7:
Der Vermieter und seine Beauftragten haben das Recht, den Mietgegenstand zu besichtigen. Veränderungen an dem Mietgegenstand sind dem Mieter ohne schriftliche Einwilligung des Vermieters untersagt.

§ 8:
Der Mieter darf über den Gegenstand nicht verfügen, ihn nicht verpfänden oder belasten.

§ 9:
Gerät der Mieter mit der Mietzahlung länger als 1 Monat in Verzug, so wird eine Mietvorauszahlung bis zum nächsten Kündigungstermin sofort fällig. Ist der Mieter mit mehr als 3 Monatsmieten im Rückstand, so darf der Vermieter den Vertrag mit sofortiger Wirkung kündigen.

§ 10:
Änderungen dieses Vertrages bedürfen der Schriftform. Erfüllungsort und Gerichtsstand ist Herford/Westf. Sofern eine der Bestimmungen dieses Vertrages nichtig sein sollte, wird dadurch die Gültigkeit der übrigen Bestimmungen nicht berührt."

Dieser am 30. 3. 2018 abgeschlossene Vertrag wird dadurch erfüllt, dass die Vermieterin dem Mieter Sauer am 2. 5. 2018 einen fabrikneuen Pkw Maybach Typ Silver-Cloud übergibt. Sauer zahlt pünktlich die fällig werdenden Mieten.

Frage: Wie hat die Fa. Leasing-GmbH den geschilderten Sachverhalt umsatzsteuerrechtlich zu behandeln? Der Kaufpreis für das Fahrzeug beläuft sich im Falle eines Kaufs auf 109 000 €, seine betriebsgewöhnliche Nutzungsdauer beträgt 5 Jahre.

LÖSUNG

Die Fa. Leasing-GmbH hat die monatlichen Mietzahlungen der USt zu unterwerfen, wenn die Überlassung des Leasingguts Pkw an Sauer eine sonstige Leistung gem. § 3 Abs. 9 Satz 2 UStG und nicht etwa eine Lieferung gem. § 3 Abs. 1 UStG darstellt.

Die Pkw-Überlassung stellt einen zugewendeten wirtschaftlichen Vorteil, mithin eine Leistung dar, sie kann jedoch als sonstige Leistung nur dann qualifiziert werden, wenn es sich nicht um eine Lieferung, d. h. Verschaffung von Verfügungsmacht, handelt.

Soweit es sich um die bloße Besitzüberlassung eines Gegenstands aufgrund von Miete, Pacht oder Nießbrauch handelt, liegt grundsätzlich eine sonstige Leistung gem. § 3 Abs. 9 Satz 2 UStG vor. Von einer Lieferung ist demgegenüber grundsätzlich dann auszugehen, wenn auch zivilrechtliches Eigentum an dem Gegenstand und nicht bloß der Besitz verschafft wird. Allerdings gilt im Umsatzsteuerrecht die wirtschaftliche Betrachtungsweise, die – gestützt auf § 39 Abs. 2 AO – ausnahmsweise auch dann zu einer Lieferung führt, wenn dem Leistungsempfänger kein zivilrechtliches Eigentum verschafft worden ist.

Bezogen auf den vorliegenden Fall könnte somit – mangels zivilrechtlicher Eigentumsübertragung – von einer Lieferung an Sauer nur dann gesprochen werden, wenn er unabhängig von der zivilrechtlichen Eigentumsbindung wirtschaftlich Verfügungsmacht an dem Pkw verschafft bekommen hat. Voraussetzung dafür ist gem. § 39 Abs. 2 Nr. 1 AO die Ausübung der tatsächlichen Herrschaftsmacht über das Wirtschaftsgut dergestalt, dass er den Eigentümer für die gewöhnliche Nutzungsdauer wirtschaftlich von der Einwirkung auf das Wirtschaftsgut ausschließen kann.

Zwar wird Sauer in dem Vertrag mit der GmbH nur als bloßer Mieter bezeichnet, jedoch könnten die vertraglichen Besonderheiten ihm die oben beschriebene eigentümerähnliche Position einräumen.

Bei Verträgen wie dem vorliegenden – gemeinhin als Leasingverträge bezeichnet – geht die Rechtsprechung grundsätzlich von einer sonstigen Leistung aus, es sei denn, die vertraglichen Abmachungen weisen eine der folgenden Besonderheiten auf (BFH, BStBl 1971 II 34; Abschn. 3.5 Abs. 5 UStAE):

a) Die betriebsgewöhnliche Nutzungsdauer ist erheblich länger als die Grundmietzeit, wobei dem Leasingnehmer ein Recht auf Verlängerungs- oder Kaufoption zusteht, bei dessen Ausübung er nur einen einer Anerkennungsgebühr ähnelnden, wesentlich geringeren Betrag zu zahlen hat, als er sich bei Berechnung des dann üblichen Mietzinses oder Kaufpreises ergeben würde;

b) die betriebsgewöhnliche Nutzungsdauer und die Grundmietzeit sind annähernd deckungsgleich;

c) der Leasing-Gegenstand ist speziell auf die Verhältnisse des Leasingnehmers zugeschnitten und nach Ablauf der Grundmietzeit nur noch bei diesem wirtschaftlich sinnvoll zu verwenden.

Entsprechend diesen Grundsätzen bleibt es bei der Überlassung des Pkw indes bei einer sonstigen Leistung der GmbH gegenüber Sauer.

Insbesondere weist der Vertrag mit Sauer nicht die unter a) geschilderten Besonderheiten auf:

Zwar ist die Grundmietzeit mit 12 Monaten erheblich kürzer als die betriebsgewöhnliche Nutzungsdauer mit 5 Jahren und beträgt daher weniger als 40 % der betriebsgewöhnlichen Nutzungsdauer. Innerhalb dieser kurzen Zeit wird aber über die Mietzahlung nicht verdeckt der Kaufpreis vollständig gedeckt.

Vielmehr ist der Mietgegenstand bei zulässiger Kündigung nur zum Marktpreis zu erwerben.

Damit fehlt es in der Vertragsgestaltung des vorliegenden Falls an der geforderten Abmachung, dass der Mieter berechtigt sein muss, nach Ablauf der Grundmietzeit den Gegenstand gegen geringes Entgelt weiterzumieten oder zu erwerben. Diese Voraussetzung ist aber unabdingbar, denn gerade auf ihr beruht die Unterstellung des BFH, dass bei solcher Vertragsgestaltung der Mieter im Regelfall von der günstigen Möglichkeit eines preiswerten Erwerbs oder einer weiteren preisgünstigen Miete des Gegenstands für die Zeit seiner Nutzungsmöglichkeit Gebrauch machen und den Gegenstand Zeit seiner Nutzungsfähigkeit für sich in Anspruch nehmen wird. Wie der BFH (BStBl 1971 II 34) zum Ausdruck gebracht hat, basiert die Zurechnung des Wirtschaftsguts bei Leasingverträgen u. a. gerade auf der Annahme, dass der Leasingnehmer nach Ablauf der Grundmietzeit den Gegenstand nicht zurückgeben, sondern seine Option ausüben und den Gegenstand bis zum Verschleiß nutzen werde.

Die GmbH führt gegenüber Sauer eine sonstige Leistung aus und damit sind nur die monatlichen Mietzahlungen der USt zu unterwerfen. Es liegen Teilleistungen i. S. d. § 13 Abs. 1 Nr. 1 Buchst. a Satz 2 und Satz 3 UStG vor.

FALL 4

Errichtung eines Gebäudes und wirtschaftliches Eigentum

Sachverhalt: Die Fa. Hafer, die in Soest ansässig ist, leidet unter Raummangel. Sie beabsichtigt daher, ihren Betrieb in eine andere Gemeinde zu verlagern. Die Stadt Soest möchte die Abwanderung des Gewerbebetriebs in eine andere Gemeinde verhindern, um das Steueraufkommen und die Arbeitsplätze zu erhalten. Sie trifft mit der Fa. Hafer am 20. 1. 2018 folgende Vereinbarung:

„1. *Die Stadt Soest stellt der Fa. Hafer ein geeignetes Grundstück, welches sie ihr aus planungsrechtlichen Gründen nicht veräußern darf, zur Errichtung eines neuen Betriebsgebäudes zur Verfügung.*

2. *Die Fa. Hafer verpflichtet sich, auf diesem Grundstück ein Betriebsgebäude zu erstellen.*

3. *Die Stadt Soest leistet Finanzierungshilfe, indem sie die Baukosten für das Betriebsgebäude bis zu 200 000 € übernimmt.*

4. *Die Fa. Hafer übergibt das schlüsselfertig errichtete Gebäude an die Stadt Soest. Gefahrtragung und Unterhaltspflicht sollen damit auf die Stadt übergehen.*
5. *Die Fa. Hafer mietet das Betriebsgebäude gleichzeitig von der Stadt Soest gegen eine Zahlung von 10 000 € monatlich, die von der Fa. Hafer mit den selbst getragenen Baukosten verrechnet werden. Die Fa. Hafer soll kein Recht zu baulichen Veränderungen haben ohne Einwilligung der Stadt Soest."*

Daraufhin beauftragt die Fa. Hafer im Januar 2018 die deutsche Baufirma Kovar und Söhne mit der Errichtung des Gebäudes. Die Rechnungen der Fa. Kovar und Söhne i. H. v. insgesamt 660 000 € zzgl. 125 400 € USt werden an die Fa. Hafer gesandt. Die Stadt Soest zahlt 200 000 € unmittelbar an die Fa. Kovar und Söhne. Im Übrigen, d. h. i. H. v. 585 400 €, trägt die Fa. Hafer die Baukosten.

Je zwei Vertreter der Fa. Hafer und der Stadt Soest nehmen am 18. 5. 2018 das schlüsselfertige Gebäude von der Fa. Kovar und Söhne ab.

Frage: Welche steuerbaren und steuerpflichtigen Leistungen haben hier zwischen den Beteiligten stattgefunden? Die Fa. Hafer führt selbst nicht nachhaltig Bauleistungen aus.

LÖSUNG

Denkbar sind umsatzsteuerrechtliche Beziehungen zwischen den Firmen Hafer und Kovar, der Fa. Hafer und der Stadt Soest sowie der Fa. Kovar und der Stadt Soest. Bei näherem Hinsehen zeigt sich jedoch, dass zwischen der Fa. Kovar und der Stadt Soest keine umsatzsteuerrechtlich relevanten Beziehungen bestehen: Die Stadt Soest erbringt lediglich eine Zahlung an die Fa. Kovar aufgrund einer Verpflichtung gegenüber der Fa. Hafer.

Mit dem Auftrag der Fa. Hafer an Kovar kommt es zum Leistungsaustausch zwischen diesen Vertragspartnern. Die Errichtung des Betriebsgebäudes stellt eine Werklieferung (§ 3 Abs. 4 UStG) durch die Fa. Kovar und Söhne an die Fa. Hafer dar. Die Baufirma beschafft sämtliches erforderliches Material und erfüllt ihre Verpflichtung aus dem Auftragsverhältnis, indem sie bei der Abnahme des Gebäudes der Fa. Hafer Verfügungsmacht daran verschafft. Abnahme als Erfüllung des Werklieferungsvertrags (§ 651 BGB) bedeutet körperliche Entgegennahme und Billigung als vertragsgemäß. Dieser Leistungsaustausch ist steuerbar (Ort gem. § 3 Abs. 7 Satz 1 UStG Soest) und auch steuerpflichtig, denn die Errichtung von Bauten fällt nicht unter das GrEStG.

Die Gegenleistung beträgt 785 400 € (660 000 € + USt), wobei ein Teil des Entgelts von der Stadt als Entgelt von dritter Seite geleistet wird. Auch das von dritter Seite Gezahlte gehört zum Entgelt (§ 10 Abs. 1 Satz 3 UStG).

Die Bemessungsgrundlage beträgt somit 660 000 €, die USt 125 400 €.

Eine weitere Lieferung des Gebäudes hat die Fa. Hafer an die Stadt ausgeführt. Die Fa. Hafer hat sich gegenüber der Stadt dazu verpflichtet, ein Betriebsgebäude schlüsselfertig zu errichten. Darin liegt der Abschluss eines Werklieferungsvertrags (§ 651 BGB), da dieses Gebäude erst noch erstellt werden soll. Bei Erfüllung ihrer Verpflichtungen bedient sich die Fa. Hafer der Baufirma Kovar und Söhne als ihres Substituten (Vertreter). Indem die Stadt zusammen mit der Fa. Hafer das schlüsselfertig erstellte Gebäude von der Fa. Kovar abnimmt, geht die Verfügungsmacht an dem Gebäude von der Fa. Hafer auf die Stadt über. Auch die zusätzlichen Vereinbarungen über die Rückmiete stellen dieses Ergebnis nicht infrage (vgl. BMF-Schreiben v. 23. 6. 1986, BStBl 1986 I 432).

Auf einen früheren Zeitpunkt kann dagegen die Lieferung der Fa. Hafer an die Stadt nicht vorverlegt werden. Zwar ist aufgrund der Vorschrift des § 946 BGB das zivilrechtliche Eigentum an den einzelnen Baumaterialien mit dem jeweiligen Einbau auf die Stadt übergegangen, dies ist aber umsatzsteuerrechtlich unbeachtlich. Die Stadt hatte mit der Fa. Hafer die Errichtung eines schlüsselfertigen Gebäudes vereinbart. Die Fa. Hafer erfüllt ihre Lieferpflicht erst durch die Abnahme des schlüsselfertigen Gebäudes seitens der Stadt.

Allerdings könnte eine Lieferung des Gebäudes von der Fa. Hafer an die Stadt daran scheitern, dass man wirtschaftliches Eigentum der Fa. Hafer an dem Betriebsgebäude annehmen könnte. Dazu reicht der vorliegende Sachverhalt jedoch nicht aus. Nach der Vereinbarung zwischen der Fa. Hafer und der Stadt gehen Gefahrtragung und Unterhaltspflicht auf die Stadt über, der Fa. Hafer sind bauliche Veränderungen nur im Einverständnis mit der Stadt möglich. Zum wirtschaftlichen Eigentum gehört jedoch mehr: Wenigstens der Eigenbesitz wäre erforderlich, um von wirtschaftlichem Eigentum zu sprechen. Die Fa. Hafer besitzt das Gebäude jedoch aufgrund eines schlichten Mietvertrags, d. h. unter Anerkennung des Eigentums der Stadt. Es handelt sich daher um Fremdbesitz.

Die Tatsache, dass die Fa. Hafer das Gebäude nach eigenen Vorstellungen errichten sollte, kann das gefundene Ergebnis nicht in Zweifel ziehen. Es ist im Bauwesen durchaus nichts Ungewöhnliches, dass ein Erstmieter Einfluss auf die Baugestaltung nimmt.

Die Lieferung des Gebäudes der Fa. Hafer an die Stadt Soest ist steuerbar (Ort gem. § 3 Abs. 7 Satz 1 UStG Soest) und auch steuerpflichtig. Insbesondere trifft der Befreiungstatbestand des § 4 Nr. 9 Buchst. a UStG nicht zu, denn der Vorgang fällt nicht unter das GrEStG. Es handelt sich insbesondere nicht um die Übertragung eines Gebäudes auf fremdem Grund und Boden, denn die Stadt Soest ist als Partnerin im Leistungsaustausch Eigentümerin. Die Bemessungsgrundlage beträgt mithin 554 621,84 €, die USt beträgt 105 378,16 €.

Zum Entgelt für die Leistung der Fa. Hafer gehört neben der Anrechnung der monatlichen Mietzahlungen von je 10 000 € (insgesamt 460 000 €) auch der unmittelbar an die Baufirma überwiesene Betrag von 200 000 €. Die Gegenleistung beträgt mithin 660 000 €, denn eine zusätzliche Vergütung von USt lässt sich dem Sachverhalt nicht entnehmen. Zur Ermittlung der Bemessungsgrundlage muss daher die USt mit 19 % aus der Gegenleistung herausgerechnet werden.

Die Fa. Hafer ist berechtigt, die von der Baufirma gesondert in Rechnung gestellte USt als Vorsteuer abzuziehen (§ 15 Abs. 1 Satz 1 Nr. 1 UStG). Ein Ausschlussgrund liegt nicht vor.

FALL 5

Vorübergehendes Verbringen

Sachverhalt: Ferdinand Pech aus Köln betreibt eine Firma, die sich schwerpunktmäßig mit Fassadenerneuerungen beschäftigt.

Am 5. 4. 2018 beginnt er mit der Fassadenerneuerung einer alten Jugendstilvilla in Gent (Belgien). Zu diesem Zweck hat er am 4. 4. 2018 ein Fassadengerüst mit eigenem Lkw von Köln nach

Gent transportiert und benutzt es für die Zeit der Fassadenerneuerung, die er am 7. 6. 2018 beendet. Am 15. 6. 2018 holt er das Gerüst in Gent mit eigenem Lkw ab und transportiert es wieder nach Köln zurück.

Die für die Fassadenerneuerung notwendigen Materialien, wie Sand, Kalk und Zement, hat Pech aus Köln mitgebracht. Alle Materialien werden verbraucht.

Frage: Wie beurteilt sich umsatzsteuerrechtlich der Transport des Gerüsts und der Materialien von Deutschland nach Belgien?

LÖSUNG

Der Transport des Fassadengerüsts sowie der benötigten Materialien von einem EU-Mitgliedsland (Deutschland) in ein anderes EU-Mitgliedsland (Belgien) löst nur dann die mit dem innergemeinschaftlichen Verbringen gem. § 1a Abs. 2 UStG und § 3 Abs. 1a UStG normierten Rechtsfolgen aus, wenn das Verbringen zur Verfügung des transportierenden Unternehmers und nicht nur vorübergehend in das andere EU-Mitgliedsland erfolgen soll.

Zur Verfügung des transportierenden Unternehmens erfolgt der Transport der Gegenstände dann, wenn der Gegenstand im Ausgangsmitgliedstaat bereits dem Unternehmen zugeordnet war und sich bei Beendigung der Beförderung oder Versendung im Bestimmungsmitgliedstaat weiterhin in der Verfügungsmacht des Unternehmens befindet (Abschn. 1a.2 Abs. 4 Satz 1 UStAE). Sowohl das Gerüst als auch die Materialien waren sowohl im Ausgangsmitgliedstaat Deutschland dem Unternehmen des Ferdinand Pech zugeordnet, und sie befanden sich auch bei Beendigung der Beförderung im Bestimmungsmitgliedstaat Belgien noch in seiner Verfügungsmacht.

Nicht nur vorübergehend ist die Verwendung durch den Unternehmer in dem Bestimmungsmitgliedstaat, wenn der Gegenstand in dem im Bestimmungsmitgliedstaat gelegenen Unternehmensteil dem Anlagevermögen zugeführt oder dort als Roh-, Hilfs- oder Betriebsstoff verarbeitet oder verbraucht wird. Die Abgrenzung eines nicht nur vorübergehenden Verbringens gegenüber einem nur vorübergehenden Verbringen erfolgt mangels gesetzlicher Definition unter Beachtung der durch Art. 17 und Art. 23 MwStSystRL vorgegebenen Abgrenzungskriterien (so ausdrücklich Abschn. 1a.2 Abs. 9 UStAE). Danach ist ein Verbringen nur vorübergehend – und löst folglich weder den Tatbestand einer fiktiven innergemeinschaftlichen Lieferung noch den eines fiktiven innergemeinschaftlichen Erwerbs aus –, wenn

- der Unternehmer den Gegenstand bei einer Werklieferung verwendet, die im Bestimmungsmitgliedstaat steuerbar ist;
- der Unternehmer den Gegenstand im Rahmen oder in unmittelbarem Zusammenhang mit einer sonstigen Leistung in den Bestimmungsmitgliedstaat verbringt;
- der Unternehmer an dem Gegenstand im Bestimmungsmitgliedstaat eine sonstige Leistung ausführen lässt, sofern der Gegenstand nach der Bearbeitung wieder dem Unternehmer zurückgeschickt wird;
- der Unternehmer den Gegenstand an eine Arbeitsgemeinschaft als Gesellschafterbeitrag überlässt und dazu den Gegenstand in den Bestimmungsmitgliedstaat verbringt;

- der Unternehmer den Gegenstand nur befristet in den Bestimmungsmitgliedstaat verbringt, wobei er für diesen Gegenstand bei einer entsprechenden Einfuhr aus dem Drittlandsgebiet wegen vorübergehender Verwendung eine vollständige Befreiung von den Einfuhrabgaben erhalten würde. Die Höchstdauer der Befristung beträgt nach den zollrechtlichen Vorschriften 24 Monate (vgl. im Einzelnen hierzu Abschn. 1a.2 Abs. 12 und Abs. 13 UStAE).

Nach diesen Vorgaben löst weder der Transport des Gerüsts noch der verwendeten Materialien den Tatbestand des innergemeinschaftlichen Verbringens aus. In beiden Fällen liegt eine nur vorübergehende Verwendung vor.

Das Fassadengerüst wird von einem nicht im Bestimmungsland (Belgien) ansässigen Unternehmer über die Grenze befördert, weil es dort für die Erbringung einer sonstigen Leistung benötigt wird (Art. 17 Abs. 2 Buchst. g der MwStSystRL, Abschn. 1a.2 Abs. 10 Nr. 2 UStAE). Die verwendeten Materialien, wie Sand, Kalk und Zement, werden zwar im Bestimmungsmitgliedsland Belgien verbraucht. Sie gehen jedoch in die von Pech in Belgien erbrachte steuerbare und steuerpflichtige (Werk-)Leistung (Leistungsort: entsprechend § 3a Abs. 3 Nr. 1 Satz 1 UStG) ein. Bereits bei Grenzübertritt stand der Leistungsort für diese verwendeten Materialien fest. Will man in der Fassadenerneuerung eine Werklieferung sehen, ergibt sich die nur vorübergehende Verwendung der Materialien aus Art. 17 Abs. 2 Buchst. b der MwStSystRL, Abschn. 1a.2 Abs. 10 Nr. 1 UStAE, da diese Gegenstände dann zur Erbringung einer im Bestimmungsland Belgien steuerbaren Werklieferung verwendet worden wären.

Pech bewirkt daher mit dem Transport des Gerüsts und der Materialien im Inland keinen steuerbaren Umsatz. Auf die Aufzeichnungspflichten nach § 22 Abs. 4a UStG wird hingewiesen.

FALL 6

Innergemeinschaftliches Verbringen: Rechtsfolgen und Verfahren

Sachverhalt: Die Saarstahl AG, Saarbrücken, beliefert u. a. auch den französischen Markt mit Rohstahl. Ab 1. 1. 2018 unterhält sie in Metz (Frankreich) ein Auslieferungslager für den französischen Markt. Sämtlicher Rohstahl wird von der Saarstahl AG mittels der Bahn vom Herstellungsbetrieb in Saarbrücken zum Auslieferungslager nach Metz transportiert und von dort aus an die französischen Kunden weitergeliefert.

Am 20. 4. 2018 werden 10t Stahl von Saarbrücken nach Metz transportiert. Die Selbstkosten betragen im Zeitpunkt der Herstellung 24 000 €, im Zeitpunkt des Transports 24 300 €. An Frachtkosten fallen 850 € an. Bis zum 31. 5. 2018 hat die Saarstahl AG noch keinen Verwendungsnachweis über die 10t Stahl ausgestellt. Die Saarstahl AG ist zur quartalsweisen Abgabe der Zusammenfassenden Meldung verpflichtet.

Frage: Löst der Transport ein umsatzsteuerrechtlich erhebliches innergemeinschaftliches Verbringen aus, und welche Konsequenzen sind hiermit in Deutschland und in Frankreich verbunden?

LÖSUNG

Der Transport der 10t Stahl von Saarbrücken nach Metz löst den Tatbestand des innergemeinschaftlichen Verbringens aus. Die Warenbewegung des Stahls von einem EU-Mitgliedsland (Deutschland) in ein anderes Mitgliedsland (Frankreich) geschah in der konkreten Absicht der Saarstahl AG, den in das Auslieferungslager in Metz verbrachten Stahl von dort unverändert an französische Abnehmer zu liefern. Der Stahl war bereits im Ausgangsmitgliedstaat (Deutschland) dem Unternehmen der Saarstahl AG zugeordnet und befand sich auch nach Grenzübertritt weiterhin in der Verfügungsmacht des Unternehmens. Unbeachtlich ist, dass das Auslieferungslager in Frankreich nicht die abgabenrechtlichen Voraussetzungen einer Betriebsstätte erfüllt.

Rechtsfolge des innergemeinschaftlichen Verbringens ist die Annahme einer fiktiven Inlandslieferung gem. § 3 Abs. 1a UStG, steuerbar (Leistungsort: § 3 Abs. 6 Satz 1 UStG), aber steuerbefreit gem. § 6a Abs. 2 UStG. Im Bestimmungsmitgliedsland (Frankreich) führt das innergemeinschaftliche Verbringen zu einem fiktiven innergemeinschaftlichen Erwerb (vgl. für das deutsche Recht § 1a Abs. 2 UStG), steuerbar und grds. steuerpflichtig.

Verfahrensmäßig löst die fiktive Lieferung gem. § 3 Abs. 1a UStG im Inland die gleichen Rechtsfolgen wie jede andere innergemeinschaftliche Warenlieferung aus. Gemäß § 18b UStG hat die Saarstahl AG in der Voranmeldung 5/2018 den Verbringensfall bzgl. der 10t Stahl zu erklären. Die Bemessungsgrundlage bestimmt sich unter Anwendung des § 10 Abs. 4 Satz 1 Nr. 1 UStG in Höhe der Selbstkosten zzgl. der angefallenen Nebenkosten im Zeitpunkt des Transports, also i. H. v. 25 150 €. Gemäß § 18a Abs. 1 i. V. m. Abs. 6 Nr. 2 UStG hat sie den Verbringensfall in ihrer Zusammenfassenden Meldung für das zweite Quartal 2018 anzumelden.

Der Nachweis der in Anspruch genommenen Steuerbefreiung gem. § 6a Abs. 3 UStG richtet sich nach § 17a Abs. 1 Satz 1 UStDV und § 17c Abs. 3 UStDV.

Entsprechend dem Wortlauf des § 14a Abs. 3 Satz 1 UStG verlangt die Verwaltung auch in den Verbringensfällen einen Beleg, in dem die verbrachten Gegenstände aufgeführt sind und der die Bemessungsgrundlagen, die USt-IdNr. des inländischen Unternehmensteils und die USt-IdNr. des ausländischen Unternehmensteils enthält (sog. pro-forma-Rechnung, Abschn. 14a.1 Abs. 5 UStAE).

Es bleibt darauf hinzuweisen, dass die Saarstahl AG in Frankreich verpflichtet ist, ihren innergemeinschaftlichen Erwerb als Rechtsfolge des Verbringens in einer französischen Voranmeldung zu erklären. Hierzu bedarf sie ggf. eines französischen Fiskalvertreters, der für sie die steuerlichen Verpflichtungen erfüllt. Die Weiterlieferungen in Frankreich unterliegen dann der französischen Steuer.

FALL 7

Verbringen bei Kommissionsgeschäften

Sachverhalt: Die Jütte-GmbH, Münster, stellt keramische Toilettentöpfe mit besonderem Design her. Den Absatz dieser Produkte in den Niederlanden übernimmt die De Jong B. V. aus Arnheim (Niederlande). De Jong B. V. verkauft die Produkte zwar im eigenen Namen, aber für Rechnung der Jütte-GmbH und erhält für ihre Tätigkeit von der Jütte-GmbH 10 % des Netto-Verkaufspreises als Provision. Die Abrechnungen erfolgen durch die De Jong B. V. monatlich im Nachhinein auf Gutschriftsbasis. Am 22. 4. 2018 hatte die Jütte-GmbH 1 000 Stück ihrer Produkte auf das für die Niederlande bestimmte Auslieferungslager der De Jong B. V. bei Arnheim transportiert. In der Monatsabrechnung Mai 2018 rechnete die De Jong B. V. über 800 Stück ab, die restlichen 200 Stück liegen noch auf dem Lager in Arnheim. Am 22. 4. 2018 befanden sich ansonsten keine Produkte der Jütte-GmbH mehr auf dem Lager der De Jong B. V.

Fragen:

1. Wie ist die Tätigkeit der De Jong B. V. für die Jütte-GmbH umsatzsteuerrechtlich zu bewerten?
2. Welche Rechtsfolgen ergeben sich hieraus für den Warentransport der 1 000 Stück am 22. 4. 2018?

LÖSUNG

1. Die De Jong B. V. aus Arnheim tritt gegenüber der Jütte-GmbH als Verkaufskommissionär (§ 3 Abs. 3 UStG i. V. m. § 383 HGB) auf. De Jong B. V. verkauft gewerbsmäßig die von der Jütte-GmbH hergestellten Produkte im eigenen Namen, aber für fremde Rechnung. Die De Jong B. V. aus Arnheim wird im Rahmen einer Verkaufskommission tätig. Aufgrund der ausdrücklichen Bestimmung im § 3 Abs. 3 UStG erbringt der Verkaufskommissionär keine Vermittlungsleistung. Vielmehr gilt er im Verhältnis zum Kommittenten, der Jütte-GmbH, als Abnehmer der später verkauften Ware. Bei der Verkaufskommission liegen folglich zwei Lieferungen, die eine vom Kommittenten an den Kommissionär und die andere vom Kommissionär an den Dritten, vor.

2. a) Abschn. 3.1 Abs. 3 Satz 7 UStAE bestimmt unter Hinweis auf das BFH-Urteil vom 25. 11. 1986, BStBl 1987 II 278, dass die beiden Lieferungen, nämlich die vom Kommittenten an den Kommissionär und die vom Kommissionär an den Dritten, zeitgleich erfolgen. Erst in dem Moment, wo der Kommissionär die Ware an den Dritten im eigenen Namen, aber für fremde Rechnung veräußert, liegt zeitgleich auch die Lieferung der Ware von dem Kommittenten an den Kommissionär vor. Daraus folgt, dass die vorherige Übergabe des Kommissionsguts an den Kommissionär noch kein Verschaffen der Verfügungsmacht darstellt.

   Die gleichen Überlegungen auf den vorliegenden Fall angewendet, würden bedeuten, dass am 22. 4. 2018 der Transport der 1 000 Toilettentöpfe bei der Jütte-GmbH noch nicht zu einer Lieferung an den Verkaufskommissionär De Jong B. V. geführt hätte. Damit wäre die Jütte-GmbH noch im Besitz der Verfügungsmacht bei der Lagerung dieser Stücke Ende April/Anfang Mai 2018 gewesen. Sie hätte folglich mit dem Transport dieser Gegenstände von einem EU-Mitgliedland (Deutschland) in ein anderes Mitgliedsland (Niederlande) den Tatbestand des innergemeinschaftlichen Verbringens bewirkt. Dies hätte bei ihr zu einer steuerbaren, aber steuerbefreiten innergemeinschaftlichen Lieferung (§ 3 Abs. 1a UStG, § 6a Abs. 2 UStG) in Deutschland und zu einem fiktiven innergemeinschaftlichen Erwerb (vgl. für das deutsche Recht § 1a Abs. 2 UStG) in den Niederlanden geführt.

Mit dem Verkauf der 800 Stück im Mai 2018 durch den Verkaufskommissionär hätte die Jütte-GmbH zeitgleich an De Jong B. V. geliefert. Da sich die Produkte zu diesem Zeitpunkt aber in den Niederlanden befunden haben, wäre diese Lieferung als normale niederländische Inlandslieferung zu bewerten. Die Jütte-GmbH hätte von der De Jong B. V. in der Gutschrift niederländische USt ausgewiesen bekommen. Gleichzeitig müsste sie sowohl den innergemeinschaftlichen Erwerb als auch den korrespondierenden Vorsteuerabzug und die Lieferung an De Jong B. V. in den Niederlanden erklären. Da sie in den Niederlanden über keine Betriebsstätte und folglich über keine umsatzsteuerliche Registrierung verfügt, müsste sie sich hierfür ggf. eines niederländischen Fiskalvertreters bedienen.

b) Um diese für die Jütte-GmbH sehr nachteiligen Konsequenzen zu vermeiden, bestimmen Abschn. 1a.2 Abs. 7 UStAE und Abschn. 3.1 Abs. 3 Satz 8 UStAE, dass in Abweichung von den allgemeinen Grundsätzen zur Verkaufskommission eine Sonderregelung für die Kommissionsfälle in Anspruch genommen werden kann, bei denen das zur Verfügung gestellte Kommissionsgut von einem EU-Mitgliedsland in ein anderes EU-Mitgliedsland gelangt. Die Bestimmungen gehen vom Sinn und Zweck der Regelung zum innergemeinschaftlichen Verbringen für diesen Sonderfall davon aus, dass bereits mit der Übergabe des Kommissionsguts vom Kommittenten an den Kommissionär der Kommittent geliefert habe. Damit wird die eigentlich für die Kommissionsgeschäfte geforderte Gleichzeitigkeit der Lieferungen Kommissionär an Dritten und Kommittent an Kommissionär aufgegeben.

Hieraus folgt für die Jütte-GmbH, dass diese mit dem Transport der Kommissionsware am 22. 4. 2018 bereits an den Kommissionär De Jong B. V. geliefert hat. Diese Lieferung umfasst (zunächst) sämtliche 1 000 Töpfe. Da bei diesem Warentransport Waren von einem EU-Mitgliedsland (Deutschland) in ein anderes Mitgliedsland (Niederlande) gelangen, liegt eine innergemeinschaftliche Lieferung vor, die gem. § 4 Nr. 1 Buchst. b UStG i. V. m. § 6a Abs. 1 UStG steuerbefreit ist. In der Zusammenfassenden Meldung hat folglich die Jütte-GmbH diese Lieferung zu deklarieren. Demgegenüber ist die steuerfreie Lieferung gem. § 18b UStG erst in der Voranmeldung Mai 2018 zu erklären. Es bleibt darauf hinzuweisen, dass korrespondierend zu der innergemeinschaftlichen Lieferung der Jütte-GmbH am 22. 4. 2018 auch bereits die De Jong B. V. ihrerseits einen innergemeinschaftlichen Erwerb am 22. 4. 2018 aus dem Erhalt der Ware zu erklären hat. Die anschließende Weiterlieferung durch den Kommissionär in den Niederlanden ist folglich für die umsatzsteuerrechtliche Beurteilung beim Kommittenten in diesen Sonderfällen ohne Bedeutung. Der Zeitpunkt des Verkaufs der Kommissionsware in den Niederlanden ist folglich für die Beurteilung der Lieferung der Jütte-GmbH ohne Bedeutung.

FALL 8

Unentgeltliche Wertabgabe, Gebäudeerrichtung für eheliche Gütergemeinschaft

Sachverhalt: Fritz Bach betreibt seit Jahren ein Bauunternehmen in Herford unter der Fa. „F. Bach, Baugeschäft". Im Rahmen dieses Baugeschäfts errichtet er insbesondere auf fremdem Grund und

Boden schlüsselfertige Ein- und Mehrfamilienhäuser für seine Auftraggeber. Mit seiner Ehefrau Maria lebt er im Güterstand der Gütergemeinschaft.

Die Eheleute Bach besitzen in Enger im Landkreis Herford, Am Kirchplatz 15, ein Grundstück im gemeinschaftlichen Eigentum. In der Zeit von Februar bis Mai 2018 errichtet Fritz Bach auf diesem Grundstück ein dreigeschossiges Mietwohnhaus, dessen 6 Wohnungen er anschließend für die Grundstücksgemeinschaft an Privatmieter vermietet. Die Firma F. Bach hat für die Gebäudeerrichtung an Material- und Lohnkosten einschließlich Gemeinkosten insgesamt 965 000 € aufgewendet, die sie nicht erstattet bekommen hat. In dem Betrag von 965 000 € ist der Unternehmerlohn für Fritz Bach mit 45 000 € kalkulatorisch enthalten. Ein Marktpreis kann nicht ermittelt werden.

Das zuständige Finanzamt will diesen Vorgang als Umsatz bei der Baufirma steuerlich erfassen. Bach vertritt demgegenüber die Auffassung, es handele sich hier um einen nicht steuerbaren Innenumsatz. Er trete auch für die Grundstücksgemeinschaft immer nur allein auf, da seine Ehefrau von geschäftlichen Dingen nichts verstehe und ihn bevollmächtigt habe, alles allein zu tun.

Frage: Wird Bach mit seiner Rechtsauffassung durchdringen, dass kein steuerbarer Umsatz vorliegt?

LÖSUNG

Das Finanzamt müsste diesen Sachverhalt dann umsatzsteuerrechtlich erfassen, wenn ein Leistungstatbestand i. S. d. § 1 Abs. 1 Nr. 1 Satz 1 UStG erfüllt wäre. Der Leistungstatbestand ist erfüllt, wenn ein Unternehmer Lieferungen (Werklieferungen) oder sonstige Leistungen im Inland gegen Entgelt, mithin im Leistungsaustausch, ausführt. Leistungsaustausch liegt vor, wenn zwei umsatzsteuerlich rechtsfähige Gebilde Leistungen wirtschaftlich final untereinander austauschen. Ein Leistungsaustausch ist grundsätzlich nicht möglich im Falle der Identität der beiden Beteiligten.

Die Voraussetzungen einer solchen Identität liegen im vorliegenden Sachverhalt nicht vor. Bezüglich der Vermietungsleistungen, sonstiger Leistungen i. S. v. § 3 Abs. 9 Satz 2 UStG, tritt die aus den Eheleuten Bach bestehende Gemeinschaft als Unternehmer auf. Bei dem Güterstand der Gütergemeinschaft gehört das Grundstück zum Gesamtgut i. S. v. § 1416 BGB. Das bedeutet, dass die hierfür maßgeblichen Entscheidungen von der Gemeinschaft, d. h. von beiden Ehegatten gemeinsam, getroffen werden (§ 1421 BGB). Hieran ändert auch die Tatsache nichts, dass nur der Ehemann Bach für die Gemeinschaft auftritt. Dies ist eine Frage der Bevollmächtigung. Es ist den Mitgliedern einer Gemeinschaft unbenommen, sich durch andere vertreten zu lassen. Es gibt keinen Rechtssatz der Art, dass Mitglieder einer Gemeinschaft stets geschlossen aufzutreten hätten. Bach ist hier somit nicht allein bestimmend in der Gemeinschaft, er gibt nur Erklärungen in seinem Namen und in dem seiner Ehefrau ab.

Anders dagegen liegen die Verhältnisse im Baugeschäft. Zwar gehört auch das Baugeschäft in vermögensrechtlicher Sicht zum Gesamtgut der Eheleute i. S. d. § 1416 BGB. In umsatzsteuerrechtlicher Sicht wird es aber von dem Ehemann als Einzelunternehmer, d. h. unter seiner Einzelfirma, geführt. Bach tritt im eigenen Namen und für eigene Rechnung auf. Bezüglich der unternehmerischen Willensbildung liegt hier weder ein gemeinsames Handeln der Ehegatten noch ein Handeln des Ehemanns für die Gemeinschaft vor. Hier handelt der Ehemann als einzelne natürliche Person (vgl. auch § 1456 BGB).

Mangels Beteiligtenidentität muss daher ein sog. Innenumsatz ausscheiden.

Weil Bach das Gebäude jedoch für die Grundstücksgemeinschaft unentgeltlich errichtet, könnte die Entnahme einer Lieferung gegen Entgelt i. S. d. § 3 Abs. 1b UStG gleichgestellt werden. Dies liegt vor, wenn ein Unternehmer im Inland einen Gegenstand aus seinem Unternehmen für Zwecke außerhalb des Unternehmens entnimmt. Entnahme bedeutet die endgültige willentliche Wertabgabe des Gegenstands durch das Unternehmen zu unternehmensfremden Zwecken (BFH, BStBl 1984 II 169). Bei dem Gegenstand muss es sich um ein Wirtschaftsgut handeln, welches Gegenstand einer Lieferung sein kann. Das Gebäude wäre, wenn es von Bach im Rahmen seiner Tätigkeit als Bauunternehmer für einen Dritten gebaut worden wäre, Gegenstand einer Werklieferung i. S. v. § 3 Abs. 4 UStG gewesen. Somit ist der Liefergegenstand „fertiges Gebäude" Objekt der unentgeltlichen Wertabgabe.

Die Entnahmehandlung wird auch nicht dadurch infrage gestellt, dass das Gebäude letztlich in den Unternehmensbereich der Grundstücksgemeinschaft gelangt, an der Ehemann Bach wiederum beteiligt ist. Die Entnahmehandlung, d. h. die Überführung des Gebäudes aus dem Bauunternehmen in seine Privatsphäre, bestand darin, dass er aus privaten Gründen das Gebäude auf dem Grundstück der Gemeinschaft errichtete (s. auch Abschn. 3.3 Abs. 7 UStAE).

Da von der Grundstücksgemeinschaft aus außerunternehmerischen Gründen auch kein Entgelt entrichtet wurde, liegt kein Leistungsaustausch, sondern eine unentgeltliche Wertabgabe vor. Maßgeblich ist dabei, dass die Grundstücksgemeinschaft nichts aufwenden musste. Auf irgendwelche Buchungen im Bauunternehmen kommt es bei der Frage des Entgelts nicht an, sie erfüllen nicht den Entgeltbegriff in umsatzsteuerrechtlichem Sinne, solange nicht ein realer Gegenwert geleistet wird.

Derartige Lieferungen i. S. d. § 3 Abs. 1b Satz 1 Nr. 1 UStG werden an dem Ort ausgeführt, von dem aus der Unternehmer sein Unternehmen betreibt (§ 3f Satz 1 UStG). Lieferort ist demnach Herford.

Der somit gem. § 1 Abs. 1 Nr. 1 Satz 1 UStG steuerbare Umsatz ist auch steuerpflichtig. Insbesondere greift nicht die Steuerbefreiung des § 4 Nr. 9 Buchst. a UStG ein, da Gegenstand der unentgeltlichen Wertabgabe nicht die Übertragung eines bebauten Grundstücks ist.

Bemessungsgrundlage für diesen Umsatz ist gem. § 10 Abs. 4 Satz 1 Nr. 1 UStG der Einkaufspreis zuzüglich Nebenkosten für den Gegenstand oder für einen gleichartigen Gegenstand. Ist ein Einkaufspreis nicht feststellbar, wie das etwa bei in Unternehmen hergestellten Gegenständen (Sonderanfertigungen) der Fall sein kann, sind die Selbstkosten zugrunde zu legen. Maßgebend ist stets der Wert im Zeitpunkt des Umsatzes.

Die Selbstkosten sind nach allgemeinen Grundsätzen zu bestimmen und umfassen alle unternehmerisch veranlassten Aufwendungen, die für die Leistungserstellung getätigt wurden. Dazu gehören einerseits die Einzelkosten (Material- und Fertigungsgemeinkosten) sowie die Verwaltungsgemeinkosten, die dieser Leistung zuzuordnen sind. Nicht dazu gehören die kalkulatorischen Kosten (Unternehmerlohn, Eigenkapitalverzinsung) und der Gewinnaufschlag. Insoweit fehlt es an einer Belastung des Unternehmens (vgl. Abschn. 10.6 Abs. 1 UStAE).

Nach allem beträgt die Bemessungsgrundlage im gegebenen Sachverhalt 920 000 €, nämlich 965 000 € abzgl. Unternehmerlohn. Bei einem Steuersatz von 19 % ist dementsprechend ein Umsatzsteuerbetrag von 174 800 € in die Voranmeldung aufzunehmen.

Die Grundstücksgemeinschaft führt steuerfreie Vermietungsumsätze aus (§ 4 Nr. 12 Satz 1 Buchst. a UStG). Als Unternehmerin wäre sie zwar grundsätzlich zum Vorsteuerabzug berechtigt (§ 15 Abs. 1 Satz 1 Nr. 1 UStG), wegen der steuerfreien Umsätze ist sie jedoch im Einzelfall vom Vorsteuerabzug ausgeschlossen (§ 15 Abs. 2 Satz 1 Nr. 1 UStG).

Im gegebenen Sachverhalt scheitert der Vorsteuerabzug aber bereits schon daran, dass an die Gemeinschaft keine Leistung von einem anderen Unternehmer ausgeführt wurde. Grundsätzlich ist dies bei einer unentgeltlichen Wertabgabe ohne Bedeutung. Wenn die Grundstücksgemeinschaft aber innerhalb von 10 Jahren aufgrund Änderung der Verwendung des Gebäudes steuerpflichtige Vermietungen künftig vornimmt, könnte in diesem Fall keine Vorsteuerberichtigung gem. §15a UStG zugunsten der Unternehmerin vorgenommen werden.

Über eine unentgeltliche Wertabgabe, die in der unmittelbaren Zuwendung eines Gegenstands oder in der Ausführung einer sonstigen Leistung an einen Dritten besteht, kann nicht mit einer Rechnung i. S. d. § 14 UStG abgerechnet werden (Abschn. 3.2 Abs. 2 Satz 5 UStAE).

FALL 9

Unentgeltliche Abgabe an das Personal und an Kunden

Sachverhalt: Josef Bauer betreibt in Münster, Ludgeristr. 5, einen Radio- und Fernsehhandel. Im Januar 2018 erwarb er 20 Fernsehgeräte der Marke Grundig für 800 € zzgl. 152 € USt das Stück. Ordnungsgemäße Rechnungen lagen vor, so dass Bauer im Januar 2018 einen Vorsteuerabzug i. H. v. 3 040 € vorgenommen hat. Der Verkaufspreis eines derartigen Geräts beläuft sich auf 1 190 €. Anlässlich seines Firmenjubiläums im März 2018 entschließt sich Bauer, jedem seiner drei Angestellten ein derartiges Fernsehgerät zuzuwenden. Neben den Angestellten erhalten auch zwei wichtige Kunden ein entsprechendes Gerät. Bauer verspricht sich hiervon, diese Kunden langfristig an sein Unternehmen zu binden. Preisveränderungen sind in der Zeit von Januar bis März 2018 nicht eingetreten. Bauer ist zur Abgabe monatlicher Voranmeldungen verpflichtet.

Frage: Wie sind die Zuwendungen umsatzsteuerrechtlich zu beurteilen?

LÖSUNG

1. Zuwendungen an das Personal

Bauer wendet die Fernsehgeräte seinen Angestellten unentgeltlich zu; die Angestellten müssen insbesondere keine zusätzliche Arbeitsleistung für die Geräte erbringen. Mangels Entgelt würde es sich um einen nicht steuerbaren Vorgang handeln. Da bei einer Nichtbesteuerung allerdings ein unversteuerter Letztverbrauch eintreten würde, stellt § 3 Abs. 1b UStG bestimmte unentgeltliche Vorgänge einer Lieferung gegen Entgelt gleich. § 3 Abs. 9a UStG enthält eine vergleichbare Regelung für sonstige Leistungen.

Nach § 3 Abs. 1b Satz 1 Nr. 2 UStG wird die unentgeltliche Zuwendung eines Gegenstands durch einen Unternehmer an sein Personal für dessen privaten Bedarf einer Lieferung gegen Entgelt gleichgestellt, sofern keine Aufmerksamkeiten vorliegen. Voraussetzung ist nach § 3 Abs. 1b Satz 2 UStG, dass der Gegenstand oder seine Bestandteile zum vollen oder teilweisen Vorsteuerabzug berechtigt haben. Diese Voraussetzungen liegen hier sämtlich vor. Die Zuwendung an das Personal erfolgt unentgeltlich und dient dem privaten Bedarf des Personals. Die Aufmerksamkeitsgrenze von 60 € ist ebenfalls eindeutig überschritten. Da bei der Anschaffung der Fernsehgeräte im Januar 2018 auch die volle Vorsteuer abgezogen worden ist, sind alle Voraussetzungen erfüllt und die Zuwendungen werden entgeltlichen Lieferungen gleichgestellt. Zum Zeitpunkt der Anschaffung stand die spätere Verwendung noch nicht fest.

Lieferort ist gemäß § 3f Satz 1 UStG Münster, da Bauer von Münster aus sein Unternehmen betreibt. Da auch die übrigen Voraussetzungen des § 1 Abs. 1 Nr. 1 Satz 1 UStG vorliegen, handelt es sich um steuerbare Vorgänge, die mangels Steuerbefreiung i. S. d. § 4 UStG auch zu 19 % steuerpflichtig sind. Als Bemessungsgrundlage ist gem. § 10 Abs. 4 Satz 1 Nr. 1 Satz 1 UStG der Einkaufspreis zzgl. Nebenkosten zum Zeitpunkt des Umsatzes maßgebend; die USt gehört nicht zur Bemessungsgrundlage. Da keine Preisveränderungen eingetreten sind, beträgt die Bemessungsgrundlage 800 € pro Gerät, so dass eine USt von 152 € entsteht. Die Steuer entsteht gem. § 13 Abs. 1 Nr. 2 UStG mit Ablauf des Voranmeldungszeitraums, in dem die Lieferungen ausgeführt worden sind; also mit Ablauf des Monats März 2018.

2. Zuwendungen an die Kunden

Die aus betrieblichen Gründen vorgenommenen Zuwendungen an die Kunden erfolgen ebenfalls unentgeltlich. Es stellt sich somit die Frage, ob auch diese unentgeltlichen Zuwendungen einer Lieferung gegen Entgelt gleichgestellt werden. Zu prüfen ist hier der § 3 Abs. 1b Satz 1 Nr. 3 UStG, der jede andere unentgeltliche Zuwendung eines Gegenstands einer Lieferung gegen Entgelt gleichstellt, ausgenommen Geschenke von geringem Wert und Warenmuster für Zwecke des Unternehmens. Voraussetzung für eine derartige Gleichstellung ist, dass der Gegenstand oder seine Bestandteile zum vollen oder teilweisen Vorsteuerabzug berechtigt haben (§ 3 Abs. 1b Satz 2 UStG). Diese Voraussetzung liegt hier nicht vor, da der Vorsteuerabzug für diese Geräte nach § 15 Abs. 1a Satz 1 UStG zu versagen ist.

Nicht abziehbar sind Vorsteuerbeträge, die auf Aufwendungen, für die das Abzugsverbot des § 4 Abs. 5 Satz 1 Nr. 1 bis 4, Nr. 7 oder des § 12 Nr. 1 EStG gilt, entfallen (§ 15 Abs. 1a Satz 1 UStG). Es handelt sich vorliegend um Geschenke an Nichtarbeitnehmer, die die Grenze von 35 € übersteigen. Diese nicht abzugsfähigen Betriebsausgaben führen umsatzsteuerrechtlich zum Vorsteuerausschluss. Die Vorsteuer i. H. v. 304 € kann nicht abgezogen werden. Unter Berücksichtigung des § 17 Abs. 2 Nr. 5 UStG i. V. m. § 17 Abs. 1 Satz 7 UStG ist der Vorsteueranspruch in der Voranmeldung März 2018 um 304 € zu kürzen.

Da nunmehr die zugewendeten Gegenstände nicht zum Vorsteuerabzug berechtigt haben, liegt ein steuerbarer Umsatz nicht vor.

FALL 10

Preisausschreiben

Sachverhalt: Der Unternehmer Arnold Schulz betreibt in Lüdenscheid ein Sportfachgeschäft. Um den Bekanntheitsgrad seines Geschäfts zu vergrößern, führt er ein Preisausschreiben durch. Als Preise waren vorgesehen:

1. Preis:	Ein Laufband im Wert von 1 190 €.
2. Preis:	Ein Trainingsoutfit im Wert von 595 €.
3. – 10. Preis:	Je ein Fußball im Wert von 20 €.

Die Preise wurden am 10. 5. 2018 anlässlich eines „Tags der offenen Tür" durch den Unternehmer Schulz an die Gewinner des Preisausschreibens übergeben. Die Preise sind im April 2018 von Schulz zu den angegebenen Werten eingekauft worden; Preisveränderungen zwischen Einkauf und Abgabe sind nicht eingetreten. Die tatsächliche Verwendung stand im April noch nicht fest.

Frage: Welche umsatzsteuerrechtlichen Konsequenzen ergeben sich für Schulz aus der Durchführung des Preisausschreibens?

LÖSUNG

Da es sich bei der Abgabe der Preise um unentgeltliche Vorgänge handelt, ist zu prüfen, ob diese unentgeltlichen Vorgänge entgeltlichen Vorgängen gleichgestellt werden können. Da es sich gegenüber Dritten um eine Lieferung handeln würde, ist die Vorschrift des § 3 Abs. 1b UStG zu prüfen. In Betracht könnte hier § 3 Abs. 1b Satz 1 Nr. 3 UStG kommen, wonach jede andere unentgeltliche Zuwendung eines Gegenstands, ausgenommen Geschenke von geringem Wert und Warenmuster für Zwecke des Unternehmens, einer Lieferung gegen Entgelt gleichgestellt wird. Voraussetzung für diese Gleichstellung ist gem. § 3 Abs. 1b Satz 2 UStG der volle oder teilweise Vorsteuerabzug für den Gegenstand oder seine Bestandteile.

Die als Preise ausgegebenen Gegenstände sind im April 2018 für das Unternehmen angeschafft worden, die tatsächliche Verwendung stand noch nicht fest. Ein Vorsteuerabzug war gem. § 15 Abs. 1 Satz 1 Nr. 1 UStG gegeben. Ein Ausschluss des Vorsteuerabzugs kommt nicht zur Anwendung. Insbesondere ist § 15 Abs. 1a UStG nicht anzuwenden, da Preise anlässlich eines Preisausschreibens keine Geschenke darstellen (R 4.10 Abs. 4 Satz 5 Nr. 3 EStR 2012).

Somit ist die Voraussetzung des Vorsteuerabzugs gem. § 3 Abs. 1b Satz 2 UStG erfüllt. Fraglich ist nun noch, ob es sich um Geschenke von geringem Wert handelt. Derartige Geschenke liegen vor, wenn die Anschaffungs- oder Herstellungskosten der dem Empfänger im Kalenderjahr zugewendeten Gegenstände insgesamt 35 € (Nettobetrag ohne USt) nicht übersteigen (Abschn. 3.3 Abs. 11 Satz 2 UStAE).

Die Abgabe der Fußbälle ist als Abgabe eines Geschenks von geringem Wert damit nicht einer Lieferung gegen Entgelt gleichzustellen. Dieser Vorgang ist mangels Entgelt somit nicht steuerbar. Der Vorsteuerabzug aus der Anschaffung der Fußbälle bleibt unberührt.

Die Abgabe des Trainingsoutfits übersteigt die Grenze von 35 € ebenso wie die Abgabe des Laufbands. Insoweit liegen die Voraussetzungen des § 3 Abs. 1b Satz 1 Nr. 3 UStG vor.

Lieferort ist gem. § 3f Satz 1 UStG am Unternehmenssitz in Lüdenscheid. Hinsichtlich des Laufbands und des Trainingsoutfits handelt es sich um steuerbare Umsätze gem. § 1 Abs. 1 Nr. 1 Satz 1 UStG.

Diese Umsätze sind mangels Steuerbefreiung i. S. d. § 4 UStG auch steuerpflichtig. Der Steuersatz beläuft sich gem. § 12 Abs. 1 UStG auf 19 %. Als Bemessungsgrundlage ist gem. § 10 Abs. 4 Satz 1 Nr. 1 UStG der jeweilige Einkaufspreis zum Zeitpunkt des Umsatzes anzusetzen. Die USt gehört nicht zur Bemessungsgrundlage (§ 10 Abs. 4 Satz 2 UStG). Damit ergibt sich eine Bemessungsgrundlage von 1 000 € bzw. von 500 €. Die USt beträgt 190 € und 95 €.

Die Steuer entsteht mit Ablauf des Voranmeldungszeitraums, in dem die Lieferungen ausgeführt worden sind (§ 13 Abs. 1 Nr. 2 UStG); also mit Ablauf des Voranmeldungszeitraums Mai.

FALL 11

Verzehrumsätze

Sachverhalt: Der Unternehmer Arnold Schulz betreibt ein Sportartikelgeschäft in Lüdenscheid. Anlässlich des „Tags der offenen Tür" am 10. 5. 2018 entschließt sich Schulz, seinen Besuchern kleine Häppchen gegen Entgelt anzubieten. Zu diesem Zweck stellt er in seinem Geschäft einige Tische mit Stühlen sowie Stehtische auf. Die Zutaten für die Häppchen kauft Schulz bei dem Feinkosthändler Käfer ein. Dieser berechnet dem Schulz für die Lebensmittel 2 000 € zzgl. 380 € USt. Schulz bezahlt die Rechnung noch im Mai 2018. Die Erlöse aus dem Verkauf der Häppchen belaufen sich bei Schulz auf 3 000 €.

Frage: Wie ist der Einkauf und der Verkauf bei Schulz umsatzsteuerrechtlich zu beurteilen?

LÖSUNG

Mit dem Verkauf der Häppchen tätigt Schulz sonstige Leistungen i. S. d. § 3 Abs. 9 Satz 1 UStG; es handelt sich um Verzehrumsätze an Ort und Stelle. Die Abgabe von Speisen und Getränken zum Verzehr an Ort und Stelle ist eine sonstige Leistung. Speisen und Getränke werden zum Verzehr an Ort und Stelle abgegeben, wenn sie nach den Umständen der Abgabe dazu bestimmt sind, an einem Ort verzehrt zu werden, der mit dem Abgabeort in einem räumlichen Zusammenhang steht und besondere Vorrichtungen für den Verzehr an Ort und Stelle bereitgehalten werden. Diese Voraussetzungen liegen vor; insbesondere sind die bereitgestellten Tische mit Stühlen als Verzehrvorrichtungen anzusehen. Das Dienstleistungselement gibt der Leistung das Gepräge. Auf Abschn. 3.6 UStAE wird hingewiesen.

Der Ort der sonstigen Leistung bestimmt sich nach § 3a Abs. 3 Nr. 3 Buchst. b UStG und ist dort, wo die Restaurationsleistung tatsächlich erbracht wird, also in Lüdenscheid. Da auch ein Entgelt vorhanden ist, sind die Umsätze steuerbar gem. § 1 Abs. 1 Nr. 1 Satz 1 UStG.

Mangels Steuerbefreiung i. S. d. § 4 UStG ist der Umsatz auch steuerpflichtig. Der Steuersatz beträgt gem. § 12 Abs. 1 UStG 19 %. Der ermäßigte Steuersatz von 7 % kann nicht zur Anwendung kommen, da die Anlage 2 zum UStG nur für Lieferungen, Einfuhren und innergemeinschaftliche Erwerbe gilt und nicht für sonstige Leistungen. Danach ergibt sich gem. § 10 Abs. 1 Satz 1 und Satz 2 UStG eine Bemessungsgrundlage von 2 521,01 € und eine USt i. H. v. 478,99 €. Die Steuer entsteht gem. § 13 Abs. 1 Nr. 1 Buchst. a Satz 1 UStG mit Ablauf des Voranmeldungszeitraums Mai 2018.

Aus dem Einkauf der Lebensmittel steht Schulz ein Vorsteuerabzug zu (§ 15 Abs. 1 Satz 1 Nr. 1 UStG). Insbesondere werden die Lebensmittel für sein Unternehmen eingekauft. Der Feinkosthändler führt Lieferungen i. S. d. § 3 Abs. 1 UStG an Schulz aus. Käfer erbringt keine Verzehrumsätze an Ort und Stelle. Zu berücksichtigen ist allerdings, dass nur die gesetzlich geschuldete Steuer als Vorsteuer abgezogen werden kann (§ 15 Abs. 1 Satz 1 Nr. 1 Satz 1 UStG). Käfer hat zu Unrecht eine USt von 19 % in Rechnung gestellt; er schuldet nach dem UStG nur eine Steuer i. H. v. 7 % gem. § 12 Abs. 2 Nr. 1 UStG i. V. m. der Anlage 2 zum UStG. Die von Käfer gem. § 14c Abs. 1 Satz 1 UStG geschuldete Steuer kann von Schulz nicht als Vorsteuer abgezogen werden. Daraus folgt, dass Schulz einen Vorsteuerabzug i. H. v. 155,70 € (2 380 € : 1,07 = 2 224,30 € – 2 380 €) vornehmen kann und zwar in der Voranmeldung für Mai 2018.

Käfer seinerseits schuldet eine USt i. H. v. 155,70 € für seine ausgeführte Lieferung und 224,30 € gem. § 14c Abs. 1 Satz 1 UStG. Eine Rechnungsberichtigung ist gem. § 14c Abs. 1 Satz 2 UStG möglich.

FALL 12

Unentgeltliche Wertabgabe, Nutzung und Verlust eines Kraftfahrzeugs

Sachverhalt: Hans Knapp ist von Beruf selbständiger Rechtsanwalt. Im April 2018 erwirbt er von seinem Schwiegervater, dem Ministerialrat i. R. Meier, einen Pkw für 30 000 €. Da Knapps Ehefrau ein eigenes Fahrzeug besitzt, verwendet er das angeschaffte Fahrzeug für sein Anwaltsbüro. Er ordnet das Fahrzeug in vollem Umfang seinem Unternehmen zu. Aufgrund des ordnungsgemäß geführten Fahrtenbuchs ergibt sich ein privater Nutzungsanteil von 20 %.

Im Jahre 2018 wird das Fahrzeug mit einer Fahrleistung von insgesamt 40 000 km in Anspruch genommen. Bei seiner Einkommensteuererklärung für 2018 macht Knapp folgende Fahrzeugkosten als Betriebsausgaben geltend:

AfA	4 000 €
Kfz-Versicherung	500 €
Betriebskosten, wie Benzin, Öl, Inspektionen usw.	6 250 €
Kraftfahrzeugsteuer	300 €

Im Februar 2023 wird das (bereits abgeschriebene) Fahrzeug bei einem Unfall, den Knapps Tochter Karin mit dem vom Vater entliehenen Fahrzeug erleidet, völlig zerstört.

Frage: Welche umsatzsteuerrechtlichen Konsequenzen löst die Privatnutzung des Pkw bei Hans Knapp aus?

LÖSUNG

Hans Knapp bewirkt mit der privaten Nutzung des zum Unternehmensvermögen gehörenden Pkw keinen steuerbaren Umsatz gem. § 1 Abs. 1 Nr. 1 Satz 1 UStG.

Nach § 3 Abs. 9a Nr. 1 UStG wird die Verwendung eines dem Unternehmen zugeordneten Gegenstands für Zwecke, die außerhalb des Unternehmens liegen, einer sonstigen Leistung gegen Entgelt gleichgestellt. Knapp hat das Fahrzeug seinem Unternehmen zugeordnet. Eine Gleichstellung mit einer sonstigen Leistung gegen Entgelt scheidet hier allerdings aus, da das Fahrzeug nicht zum vollen oder teilweisen Vorsteuerabzug berechtigt hat. Knapp hat das Fahrzeug ohne Vorsteuerabzugsmöglichkeit von einer Privatperson erworben.

Auf die Betriebskosten i. H. v. 6 250 € entfällt eine USt i. H. v. 1 187,50 €, so dass Knapp einen Vorsteuerbetrag i. H. v. 950 € abziehen kann. Bei der Lieferung vertretbarer Sachen sowie bei sonstigen Leistungen ist grundsätzlich die darauf entfallende Steuer entsprechend dem Verwendungszweck in einen abziehbaren und einen nichtabziehbaren Anteil aufzuteilen (Abschn. 15.2c Abs. 2 Satz 1 Nr. 1 UStAE). Möglich ist auch, zunächst den Vorsteuerabzug zu 100 % vorzunehmen und dann eine unentgeltliche Wertabgabe lediglich unter Berücksichtigung der vorsteuerbelasteten Unterhaltskosten zu besteuern (BMF-Schreiben vom 5. 6. 2014, BStBl 2014 I 896). Ein Vorsteuerabzug im Zusammenhang mit der AfA, der Kfz-Versicherung und der Kraftfahrzeugsteuer ist nicht möglich.

Die Zerstörung des Fahrzeugs löst keine umsatzsteuerrechtlichen Folgen aus; insbesondere liegt kein steuerbarer Umsatz nach § 3 Abs. 1b Satz 1 Nr. 1 UStG vor. Wird ein dem Unternehmen dienender Gegenstand während der Dauer einer nichtunternehmerischen Verwendung aufgrund äußerer Einwirkung zerstört, z. B. Totalschaden des Pkw infolge eines Unfalls auf einer Privatfahrt, liegt keine Entnahme eines Gegenstands aus dem Unternehmen vor (Abschn. 3.3 Abs. 6 Satz 1 UStAE). Das Schadensereignis fällt in den Vorgang der nichtunternehmerischen Verwendung und beendet sie wegen Untergangs der Sache. Eine Entnahmehandlung ist in Bezug auf den unzerstörten Gegenstand nicht mehr möglich (BFH-Urteil vom 28. 2. 1980, BStBl 1980 II 309, und BFH-Urteil vom 28. 6. 1995, BStBl 1995 II 850).

FALL 13

Unentgeltliche Pkw-Überlassung an den Arbeitnehmer

Sachverhalt: Dachdeckermeister Joachim Busse stellt am 1. 1. 2018 einen neuen Gesellen ein, der laut Arbeitsvertrag 24 000 € inkl. aller Zusatzleistungen, wie Weihnachtsgeld, Heiratsbeihilfen etc., verdient. Darüber hinaus kann der Geselle den betrieblichen Pkw unentgeltlich auch privat benutzen. Der Bruttolistenpreis beträgt 28 000 €, ein Fahrtenbuch braucht der Geselle nicht zu führen.

Frage: Welche umsatzsteuerrechtlichen Folgen löst die Pkw-Überlassung an den Gesellen bei Busse aus?

LÖSUNG

Nach Auffassung der Verwaltung (BMF-Schreiben vom 11. 3. 1997, BStBl 1997 I 324, vom 29. 5. 2000, BStBl 2000 I 819, vom 27. 8. 2004, BStBl 2004 I 864, und vom 5. 6. 2014, BStBl 2014 I 896) führt die unentgeltliche Überlassung des Pkw an den Gesellen bei Busse zu einer Leistung gegen Entgelt. Entgegen der früheren Auffassung (vgl. noch das BMF-Schreiben vom 21. 2. 1996, BStBl 1996 I 151) sieht die Verwaltung in der anteiligen Arbeitsleistung des Arbeitnehmers, die er für die Privatnutzung des gestellten Pkw erbringt, dessen Gegenleistung. Die Überlassung des Kraftfahrzeugs sei als Vergütung für geleistete Dienste und damit als entgeltlich anzusehen, wenn sie im Arbeitsvertrag geregelt ist oder auf mündlichen Abreden oder sonstigen Umständen des Arbeitsverhältnisses, z. B. der faktischen betrieblichen Übung, beruht. Voraussetzung ist lediglich die Überlassung für eine gewisse Dauer und nicht nur gelegentlich zur Privatnutzung. Hiervon sei nur dann auszugehen, wenn der Pkw an nicht mehr als 5 Kalendertagen im Kalendermonat für private Zwecke dem Arbeitnehmer überlassen werde.

Die Bemessungsgrundlage dieses nach § 1 Abs. 1 Nr. 1 Satz 1 UStG steuerbaren und steuerpflichtigen Umsatzes bestimmt sich nach § 10 Abs. 2 Satz 2 UStG. Aus Vereinfachungsgründen wird durch die Verwaltung nicht beanstandet, wenn für die umsatzsteuerliche Bemessungsgrundlage anstelle des Werts der anteiligen Arbeitsleistung die Gesamtkosten des Arbeitgebers für die Überlassung des Pkw angesetzt werden. Diese Werte werden als Nettowerte angesehen, auf die die USt mit dem allgemeinen Steuersatz aufzuschlagen ist. Alleine der vormals gewährte pauschale Abschlag von 20 % für nicht vorsteuerentlastete Kosten wird versagt, da diese sich aus der MwStSystRL ableitbare Voraussetzung sich nur in den Fällen der unentgeltlichen Wertabgabe ergibt. Wird dagegen eine Leistung im Leistungsaustausch bejaht, gebietet die MwStSystRL keine Verknüpfung zwischen Vorsteuerabzugsmöglichkeit und Umsatzsteuerpflicht.

Aus Vereinfachungsgründen wird es ebenfalls nicht beanstandet, wenn für die umsatzsteuerliche Bemessungsgrundlage anstelle der Kosten von den lohnsteuerlichen Werten ausgegangen wird. Diese Werte sind dann als Bruttowerte anzusehen, aus denen die USt herauszurechnen ist. Für die allgemeine Privatnutzung ergibt sich folgende Rechnung:

28 000 € x 1 % x 12 Monate	3 360,00 €
abzgl. darin enthaltene USt 19 %	536,47 €
BMG	2 823,53 €

Da der Pkw nur unternehmerisch genutzt wird, kann aus den laufenden Kosten der Vorsteuerabzug in voller Höhe vorgenommen werden.

FALL 14

Dienstleistungskommission

Sachverhalt: Der leitende Angestellte Armin Dröge hat von seinem verstorbenen Onkel ein unbebautes Grundstück in St. Peter-Ording geerbt. Auf diesem Grundstück lässt er von der Baufirma Becker ein Ferienhaus errichten. Die Abnahme des Ferienhauses erfolgt am 1. 4. 2018;

gleichzeitig erteilt die Baufirma eine Rechnung über 50 000 € zzgl. 9 500 € USt. Dröge zahlt die Rechnung noch im Monat April. Dröge beauftragt ebenfalls noch im April die Vermietungsfirma Meier GmbH damit, das Ferienhaus im eigenen Namen an Feriengäste zu vermieten. Als Entgelt erhält die Vermietungsfirma Meier GmbH 20 % der Mieteinnahmen. Der verbleibende Rest ist an Dröge weiterzuleiten. Im Jahre 2018 beliefen sich die Mieteinnahmen der GmbH für die jeweils kurzfristigen Vermietungen auf insgesamt 8 000 €. Nach Abzug von 20 % überwies die GmbH die restlichen 6 400 € an Dröge. Rechnungen sind bisher nicht geschrieben worden.

Frage: Welche umsatzsteuerrechtlichen Folgerungen ergeben sich für Armin Dröge und für die Vermietungsfirma Meier GmbH? Gehen Sie bei der Lösung davon aus, dass die Kleinunternehmerregelung des § 19 UStG nicht zur Anwendung kommt.

LÖSUNG

Es liegt ein Fall des § 3 Abs. 11 UStG, eine Dienstleistungskommission, vor. Die Vermietungsfirma Meier GmbH wird in die Erbringung einer sonstigen Leistung, einer Vermietungsleistung, eingeschaltet und handelt dabei gegenüber den Feriengästen im eigenen Namen für Rechnung des Armin Dröge. Demzufolge gilt die Vermietungsleistung als an die GmbH und von der GmbH erbracht. Es liegt ein Fall der sog. Leistungsverkaufskommission vor. Auf Abschn. 3.15 Abs. 7 UStAE wird hingewiesen.

Die Vermietungsfirma Meier GmbH führt sonstige Leistungen, Reiseleistungen i. S. d. § 25 UStG, aus. Es liegt umsatzsteuerrechtlich keine Geschäftsbesorgung vor. Die sonstigen Leistungen werden gem. § 3a Abs. 1 UStG am Sitz des leistenden Unternehmens ausgeführt. Da auch ein Entgelt vorhanden ist, sind die Leistungen steuerbar gem. § 1 Abs. 1 Nr. 1 Satz 1 UStG.

Mangels Steuerbefreiung sind die sonstigen Leistungen auch steuerpflichtig. Insbesondere kommt eine Steuerbefreiung nach § 25 Abs. 2 UStG nicht zur Anwendung. Nach § 25 Abs. 2 Satz 1 UStG ist die sonstige Leistung steuerfrei, soweit die ihr zuzurechnenden Reisevorleistungen im Drittlandsgebiet bewirkt werden.

Die Bemessungsgrundlage beläuft sich gem. § 25 Abs. 3 UStG auf 1 344,54 € (1 600 € : 1,19), so dass bei Anwendung eines Steuersatzes von 19 % eine USt i. H. v. 255,46 € entsteht und zwar mit Ablauf des jeweiligen Voranmeldungszeitraums der Ausführung der Leistung. § 12 Abs. 2 Nr. 11 UStG findet auf Reiseleistungen keine Anwendung (Abschn. 12.16 Abs. 9 UStAE).

Ein Vorsteuerabzug steht der Vermietungsfirma Meier GmbH nicht zu.

Armin Dröge wird durch die Vermietung an die GmbH zum Unternehmer gem. § 2 Abs. 1 UStG. Er führt sonstige Leistungen, Vermietungsleistungen, gem. § 3 Abs. 9 Satz 2 UStG aus. Der Leistungsort befindet sich gem. § 3a Abs. 3 Nr. 1 Satz 2 Buchst. a UStG in St. Peter-Ording. Da auch ein Entgelt vorhanden ist, sind die Leistungen steuerbar gem. § 1 Abs. 1 Nr. 1 Satz 1 UStG.

Eine Steuerbefreiung kommt nicht zur Anwendung. Dröge erbringt steuerpflichtige Vermietungsumsätze gem. § 4 Nr. 12 Satz 2 UStG. Die Bemessungsgrundlage beläuft sich unter Anwendung des § 10 Abs. 1 Satz 1 und Satz 2 UStG auf 5 981,31 € (6 400 € : 1,07), so dass unter Anwendung eines Steuersatzes von 7 % (§ 12 Abs. 2 Nr. 11 UStG) eine USt i. H. v. 418,69 € entsteht und zwar mit Ablauf des jeweiligen Voranmeldungszeitraums der Ausführung der Leistung.

Da das Ferienhaus für sein Unternehmen errichtet wurde, steht Dröge ein Vorsteuerabzug gem. § 15 Abs. 1 Satz 1 Nr. 1 UStG zu. Ein Ausschlussgrund nach § 15 Abs. 2 UStG ist nicht gegeben. Demnach hat Dröge einen Vorsteuerabzug i. H. v. 9 500 €.

HINWEIS

Nach § 14 Abs. 2 Satz 1 Nr. 2 Satz 2 UStG ist Dröge verpflichtet, innerhalb von 6 Monaten eine Rechnung gegenüber der GmbH auszustellen. Möglich ist auch eine Abrechnung durch Gutschrift gem. § 14 Abs. 2 Satz 2 UStG. Dies würde sich hier anbieten, da die GmbH im Besitz der Abrechnungsunterlagen ist.

FALL 15

Einheitlichkeit der Leistung

Sachverhalt: Ulrich Unger betreibt in Neuss einen Handel mit gebrauchten Fahrzeugen. Im März 2018 verkauft er dem selbständigen Handelsvertreter Schmidt aus Neuss einen gebrauchten Audi A 6 für 10 000 € zzgl. 1 900 € USt. Außerdem räumt Unger dem Käufer eine 2-jährige Garantie ein, für die der Käufer noch zusätzlich 500 € aufzuwenden hat. Der Käufer Schmidt kann wählen, ob er im Garantiefall einen Reparaturanspruch gegenüber Unger oder einen Reparaturkostenersatzanspruch gegenüber einem Versicherer in Anspruch nimmt. Im August 2018 tritt der Garantiefall ein und Unger muss an dem Fahrzeug eine Reparatur durchführen. Das hierfür benötigte Ersatzteil kauft er für 300 € zzgl. 57 € USt ein.

Frage: Welche umsatzsteuerrechtlichen Konsequenzen ergeben sich für den Unternehmer Ulrich Unger im Jahre 2018?

LÖSUNG

Zunächst einmal ist zu prüfen, ob Unger einen Umsatz oder zwei Umsätze beim Verkauf getätigt hat. Bei der Einräumung der Garantie kann es sich um eine Nebenleistung zur Hauptleistung, dem Verkauf des Fahrzeugs, handeln oder aber um eine eigenständige Hauptleistung, die neben dem Verkauf des Fahrzeugs zu beurteilen ist. Eine Leistung ist grundsätzlich dann als Nebenleistung zu einer Hauptleistung anzusehen, wenn sie im Vergleich zu der Hauptleistung nebensächlich ist, mit ihr eng – im Sinne einer wirtschaftlich gerechtfertigten Abrundung und Ergänzung – zusammenhängt und üblicherweise in ihrem Gefolge vorkommt. Davon ist insbesondere auszugehen, wenn die Leistung für den Leistungsempfänger keinen eigenen Zweck, sondern das Mittel darstellt, um die Hauptleistung des Leistenden unter optimalen Bedingungen in Anspruch zu nehmen. Zur Klärung dieser Frage ist das Wesen des fraglichen Umsatzes zu ermitteln, um festzustellen, ob der Unternehmer dem Abnehmer mehrere selbständige Hauptleistungen oder eine einheitliche Leistung erbringt (Abschn. 3.10 Abs. 1 Satz 2 UStAE). Dabei ist auf die Sicht des Durchschnittsverbrauchers abzustellen (BFH-Urteil vom 31. 5. 2001, BStBl 2001 II 658). In der Regel ist jede Lieferung und jede sonstige Leistung als eine eigene selbständige Leistung zu betrachten (EuGH-Urteil vom 25. 2. 1999, UR 1999 S. 254). Unter Berücksichtigung dieser Grundsätze erbringt Unger zwei eigenständige Hauptleistungen (vgl. BFH-Urteil vom 9. 10. 2002, BStBl 2003 II 378).

Der Verkauf des Fahrzeugs stellt eine Lieferung gem. § 3 Abs. 1 UStG dar. Der Lieferort ist gem. § 3 Abs. 6 Satz 1 und Satz 2 UStG Neuss. Da auch ein Entgelt gegeben ist, ist der Umsatz steuerbar gem. § 1 Abs. 1 Nr. 1 Satz 1 UStG. Mangels Steuerbefreiung ist die Lieferung steuerpflichtig zu 19 % (§ 12 Abs. 1 UStG). Es ergibt sich gem. § 10 Abs. 1 Satz 1 und Satz 2 UStG eine Bemessungsgrundlage von 10 000 € und eine USt i. H. v. 1 900 €. Diese USt entsteht gem. § 13 Abs. 1 Nr. 1 Buchst. a Satz 1 UStG mit Ablauf des Voranmeldungszeitraums März 2018.

Die Einräumung der Garantie ist eine sonstige Leistung gem. § 3 Abs. 9 Satz 1 UStG. Der Leistungsort bestimmt sich nach § 3a Abs. 2 Satz 1 UStG und ist dort, wo der Empfänger sein Unternehmen betreibt, also in Neuss. Da die sonstige Leistung auch entgeltlich ausgeführt wird, ist der Umsatz steuerbar gem. § 1 Abs. 1 Nr. 1 Satz 1 UStG. Der Umsatz ist nicht steuerfrei gem. § 4 Nr. 8 Buchst. g UStG (Abschn. 4.8.12 Abs. 1 Satz 3 UStAE). Die Bemessungsgrundlage beträgt gem. § 10 Abs. 1 Satz 1 und Satz 2 UStG 420,17 € (500 € : 1,19). Es entsteht eine USt i. H. v. 79,83 € und zwar im März 2018 gem. § 13 Abs. 1 Nr. 1 Buchst. a Satz 4 UStG.

Mit der Reparatur im August 2018 kommt Unger seiner Garantieverpflichtung gegenüber dem Gebrauchtwagenkäufer nach. Eine Leistung gegenüber dem Gebrauchtwagenkäufer liegt hier nicht vor. Unger steht aus der Anschaffung des Ersatzteils der Vorsteuerabzug zu.

2.2.2 Unternehmer

Die Unternehmereigenschaft des Handelnden ist bei allen umsatzsteuerlich relevanten Sachverhalten von Bedeutung. § 2 UStG regelt, unter welchen Voraussetzungen man von einem Unternehmer sprechen kann. Grundsätzlich müssen drei Tatbestandsvoraussetzungen vorliegen:

Zum Ersten ist erforderlich, dass es sich um ein Gebilde handelt, welches umsatzsteuerlich rechtsfähig ist. Wesentlich ist hierbei, dass die umsatzsteuerliche Rechtsfähigkeit weiter gefasst ist als insbesondere die allgemeine Rechtsfähigkeit des Zivilrechts. Alle Gebilde, die als rechtsfähig angesehen werden, die also die Bezeichnung „Person" tragen, können Unternehmer sein, darüber hinaus aber auch solche Personenzusammenschlüsse, die im Zivilrecht nicht als rechtsfähig anerkannt werden, wie z. B. die BGB-Gesellschaft oder die Grundstücksgemeinschaft. Als Unternehmer kommen somit natürliche Personen, Personenvereinigungen und juristische Personen des privaten und öffentlichen Rechts in Betracht.

Zum Zweiten muss eine berufliche oder gewerbliche Tätigkeit erfolgen, die dann vorliegt, wenn der Betreffende nachhaltig und mit der Absicht Einnahmen zu erzielen am wirtschaftlichen Verkehr teilnimmt bzw. teilnehmen will.

Schließlich muss der Betreffende selbständig handeln, er darf also nicht im Rahmen eines Dienst- oder Arbeitsverhältnisses oder einer Organschaft tätig werden.

Nach Auffassung der Rechtsprechung (vgl. BFH-Urteil vom 18. 7. 1991, BStBl 1991 II 776) definiert sich die Nachhaltigkeit nicht mehr (ausschließlich) über das Merkmal der Wiederholung. Vielmehr sei eine Beurteilung nach dem Gesamtbild der Verhältnisse maßgebend, wobei repräsentative Merkmale hierfür

- die Dauer der Tätigkeit,
- das planmäßige Handeln,
- die auf Wiederholung angelegte Tätigkeit,
- das Auftreten wie ein Händler am Markt,
- die Beteiligung am Markt und die Intensität des Tätigwerdens etc.

seien.

Für juristische Personen des öffentlichen Rechts enthält § 2b UStG (ab 1. 1. 2017) eine eigenständige Regelung. Eine Gleichstellung mit dem Unternehmer regelt § 2a UStG für jemanden, der ein neues Fahrzeug in der im Gesetz beschriebenen Weise liefert (Fahrzeuglieferer).

Die folgende Abbildung fasst die Tatbestandsmäßigkeit des Unternehmerbegriffs zusammen:

ABB. 2: Tatbestandsmäßigkeit des Unternehmerbegriffs

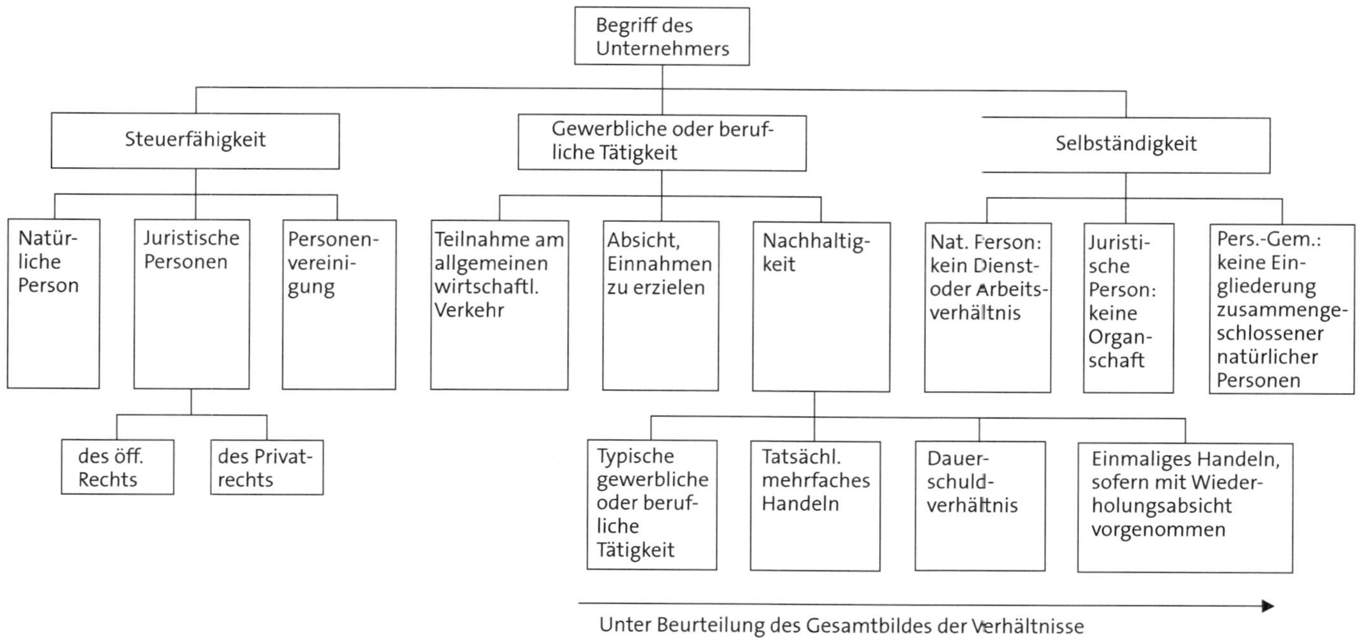

FALL 16

Erbfolge und Erbauseinandersetzung

Sachverhalt: Der Steuerpflichtige Galle, Inhaber einer Tankstelle und eines Kraftfahrzeugreparaturbetriebs in Soest, ist am 12. 1. 2018 verstorben. Er hinterließ seine Ehefrau sowie drei volljährige Söhne. Der Erblasser hatte die Erbfolge nicht testamentarisch geregelt, so dass gesetzliche Erbfolge eintrat. Am 5. 3. 2018 schlossen die vier Erben einen notariellen Erbauseinandersetzungsvertrag, in dem die Mutter und der jüngste Sohn ihre Anteile aus der Erbengemeinschaft gegen einmalige Zahlung eines Betrags von insgesamt 150 000 € auf die beiden anderen übertrugen. Die Übertragung der Anteile sollte mit Wirkung vom Todestag des Vaters an erfolgen. Seit diesem Zeitpunkt hatten die beiden Erwerber den Betrieb des Vaters geschäftsführend fortgeführt.

Frage: Ist die Übertragung der Erbanteile als umsatzsteuerrechtlich relevanter Vorgang zu werten?

LÖSUNG

Bei der Erbfolge sind aus umsatzsteuerrechtlicher Sicht drei verschiedene Vorgänge zu unterscheiden. Der erste ist der eigentliche Erbvorgang, d. h. der Tod des Erblassers, durch den seine Rechtsposition aufgrund testamentarischer oder gesetzlicher Erbfolge auf einen oder mehrere Erben übergeht.

Im Falle des Vorhandenseins mehrerer Erben kann sich eine Erbauseinandersetzung anschließen, d. h. die Aufteilung der Erbschaft unter den Erben. Der dritte und letzte Vorgang schließlich ist die Verwertung der Erbschaft dadurch, dass der oder die Erben aus der Erbschaft etwas auf Dritte übertragen, die keine Erben sind. Dies wird im Regelfall entgeltlich geschehen (BFH-Urteil vom 24. 11. 1992, BStBl 1993 II 379).

Im vorliegenden Falle handelt es sich um die zweite der geschilderten Situationen, also um die Auseinandersetzung zwischen mehreren Miterben.

Fraglich ist, ob hier ein steuerbarer Umsatz durch Leistungsaustausch vorliegt. Eine Umsatzbesteuerung kann nur dann erfolgen, wenn der Leistende auch als Unternehmer auftritt. Die geschilderte Auseinandersetzung zwischen den Miterben kann daher den Leistungstatbestand des § 1 Abs. 1 Nr. 1 Satz 1 UStG nur dann erfüllen, wenn die Veräußernden hier als Unternehmer auftreten.

Unternehmer ist jemand, der eine gewerbliche oder berufliche Tätigkeit selbständig ausübt. Das ist der Fall, wenn die Tätigkeit nachhaltig mit der Absicht ausgeübt wird, Einnahmen zu erzielen. Daraus ergibt sich, dass die Unternehmereigenschaft nicht ererbt werden kann. Durch den Tod des Steuerpflichtigen sind die Ehefrau und ihr Sohn nicht Unternehmer geworden. Da der Erbfall allein niemanden zum Unternehmer macht, muss die Unternehmereigenschaft von jedem Erben jeweils für seine Person oder gemeinsam erworben werden (Abschn. 2.6 Abs. 5 Satz 2 UStAE). Dabei ist durchaus die Situation denkbar, dass von mehreren Erben desselben

Erbfalls der eine oder andere Erbe bereits unternehmerisch tätig wird im Rahmen des Nachlasses und dass andere Miterben keine Unternehmereigenschaft besitzen. Unternehmer wird ein Erbe dadurch, dass er durch sein Verhalten zu erkennen gibt, dass er im Rahmen des geerbten Unternehmens als Unternehmer tätig sein will.

Dieser erkennbare Wille zum gemeinschaftlichen Betrieb des ererbten Unternehmens kann durch Unterlassen der Erbauseinandersetzung oder jedenfalls durch Ausschluss einer solchen auf längere Zeit zum Ausdruck kommen. Jedenfalls erfolgt die umsatzsteuerrechtliche Beurteilung dieses Vorgangs unabhängig von der ertragsteuerlichen Behandlung, also der Frage nach der Zuordnung gewerblicher Einkünfte.

Zu beachten ist allerdings, dass für eine Entscheidung im Sinne einer unternehmerischen Tätigkeit (ständige Rechtsprechung seit RStBl 1935, 863) eine „angemessene Frist“ zur Beschlussfassung über das Schicksal des ererbten Betriebs eingeräumt wird. Für den Fall, dass der Erbe die Unternehmereigenschaft nicht erwirbt, ist sein Verhalten bis zur Veräußerung des Miterbenanteils als Treuhandschaft für den späteren Erwerber zu sehen.

Im vorliegenden Falle haben laut Sachverhalt zwei der Söhne den väterlichen Betrieb geschäftsführend fortgeführt. Die Mutter und ihr jüngster Sohn haben etwa zwei Monate lang die Situation überdacht, ohne im Rahmen des Betriebs tätig zu werden, und ihre Anteile schließlich veräußert. Damit haben die Mutter und ihr jüngster Sohn keine unangemessen lange Zeit verstreichen lassen, bevor sie sich zur Übertragung ihrer Miterbenanteile auf die Brüder entschlossen. Die Rechtsprechung sieht sich außerstande, eine bindende Begriffsbestimmung dafür zu geben, was unter einer „angemessenen“ Frist zur Entscheidung über das Schicksal des Miterbenanteils zu verstehen ist. Hier kommt es wesentlich auf die Umstände des konkreten Falls an, d. h. darauf, welchen Umfang und welchen Charakter der Nachlass hat.

Die Mutter und ihr jüngster Sohn haben kein Verhalten an den Tag gelegt, das auf ein gewerbliches Tätigsein schließen ließe.

Die Veräußerung der Miterbenanteile stellt somit keinen umsatzsteuerrechtlich relevanten Sachverhalt dar, weil es an der Unternehmereigenschaft der Veräußernden fehlt.

FALL 17

Erfolgloser Unternehmer

Sachverhalt: Nach bestandener Meisterprüfung beabsichtigt der bisher als Angestellter tätige Kfz-Mechaniker Hermann Kirschner, einen Handel mit Unfallfahrzeugen aufzunehmen. Zu diesem Zweck mietet er ein unbebautes Grundstück zu einer monatlichen Miete von 500 € zzgl. 95 € USt an. Bevor er mit dem An- und Verkauf derartiger Unfallfahrzeuge beginnt, lässt er von einem namhaften Institut eine Marktanalyse durchführen. Die Analyse kommt zu dem Ergebnis, dass der diesbezügliche Markt weitestgehend gesättigt ist und Erfolgsaussichten insoweit kaum wahrscheinlich seien. Kirschner ist nicht bereit, ein derartiges Risiko einzugehen, so dass er seine Tätigkeit als angestellter Kfz-Mechaniker in einer anderen Firma wieder aufnimmt. Für die Marktanalyse bekommt er eine Rechnung über 2 000 € zzgl. 380 € USt.

Frage: Ist Kirschner als Unternehmer anzusehen und zum Vorsteuerabzug berechtigt?

LÖSUNG

Da nach § 15 Abs. 1 UStG nur ein Unternehmer zum Vorsteuerabzug berechtigt ist, ist zu prüfen, ob Kirschner als Unternehmer i. S. d. § 2 Abs. 1 Satz 1 UStG anzusehen ist. Unternehmer ist gem. § 2 Abs. 1 Satz 1 UStG, wer eine gewerbliche oder berufliche Tätigkeit selbständig ausübt. Unternehmer ist jedes selbständig tätige Wirtschaftsgebilde, das nachhaltig Leistungen gegen Entgelt ausführt oder die durch objektive Anhaltspunkte belegte Absicht hat, eine unternehmerische Tätigkeit gegen Entgelt und selbständig auszuüben und erste Investitionsausgaben für diesen Zweck tätigt (Abschn. 2.1 Abs. 1 Satz 2 UStAE). Die Unternehmereigenschaft beginnt mit dem ersten nach außen erkennbaren, auf eine Unternehmertätigkeit gerichteten Tätigwerden, wenn die spätere Ausführung entgeltlicher Leistungen beabsichtigt ist (Verwendungsabsicht) und die Ernsthaftigkeit dieser Absicht durch objektive Merkmale nachgewiesen oder glaubhaft gemacht wird. In diesem Fall entfällt die Unternehmereigenschaft – außer in den Fällen von Betrug und Missbrauch – nicht rückwirkend, wenn es später nicht oder nicht nachhaltig zur Ausführung entgeltlicher Leistungen kommt (Abschn. 2.6 Abs. 1 Satz 1 und Satz 2 UStAE).

Kirschner hatte die ernsthafte Absicht, eine unternehmerische Tätigkeit gegen Entgelt und selbständig auszuüben. Dies wird u. a. durch die Anmietung des unbebauten Grundstücks und durch die Einholung der Marktanalyse deutlich. Damit ist er als Unternehmer gem. § 2 Abs. 1 UStG anzusehen, obwohl er zu keinem Zeitpunkt Einnahmen erzielt. Entscheidend ist die Absicht.

Als Unternehmer kommt er auch in den Genuss des Vorsteuerabzugs. Die Voraussetzungen des § 15 Abs. 1 Satz 1 Nr. 1 UStG liegen vor. Ein Ausschlussgrund nach § 15 Abs. 2 UStG ist nicht ersichtlich. Somit kann Kirschner die Vorsteuerbeträge gegenüber dem Finanzamt geltend machen.

Dies gilt auch für die ggf. noch anfallenden Vorsteuerbeträge aus dem Mietvertrag falls eine sofortige Kündigung nicht möglich sein sollte.

FALL 18

Überlassung von Patenten

Sachverhalt: Alois Hagen ist Maschinenfabrikant in Wetzlar. Bis zum 31. 12. 2018 betreibt er diese Maschinenfabrikation als Einzelunternehmen. Hagen ist Inhaber mehrerer Patente, die im Rahmen seines Einzelunternehmens genutzt werden. Diese werden in den Handels- und Steuerbilanzen der Firma nicht ausgewiesen.

Am 31. 12. 2018 gründen Hagen und seine Ehefrau eine Kommanditgesellschaft und eine GmbH. Einzige Komplementärin der KG wird die GmbH, Hagen und seine Ehefrau werden Kommanditisten der KG und Gesellschafter der GmbH. In dem Gesellschaftsvertrag der KG überlässt Hagen seine Patente der KG zur Verwertung. Als Entschädigung für dieses Nutzungsrecht an den Patenten erhält Hagen 5 % der Rechnungsbeträge der veräußerten Maschinen. Hagen will diese Lizenzgebühren nicht der USt unterwerfen.

Frage: Liegt hier ein steuerbarer Leistungsaustausch zwischen Hagen und der GmbH & Co. KG vor?

LÖSUNG

Hagen hat gegenüber der GmbH & Co. KG mit der Überlassung der Patente zur Nutzung eine Leistung im Leistungsaustausch erbracht. Seine Leistung ist als sog. unechte Gesellschafterleistung steuerbar, denn sie erfolgt gegen Entgelt und damit im Leistungsaustausch.

Zwar ist Hagen Gesellschafter der GmbH & Co. KG. Es ist jedoch zu beachten, dass Personenvereinigungen umsatzsteuerrechtlich von den Gesellschaftern wesensverschieden sind, da sie wirtschaftlich nach außen als Einheit auftreten. Damit sind Lieferungen und sonstige Leistungen, die Gesellschafter an die Personenvereinigung als Leistungsempfänger gegen Entgelt ausführen, umsatzsteuerrechtlich nicht anders zu beurteilen als entsprechende, gegenüber Dritten bewirkte Leistungen (Abschn. 1.6 Abs. 3 UStAE). Voraussetzung für ihre Steuerbarkeit ist somit vor allem das Vorliegen eines Leistungsaustauschs. Der Gesellschafter einer Personengesellschaft kann grundsätzlich frei entscheiden, in welcher Eigenschaft er für die Gesellschaft tätig wird.

Hagen und die GmbH & Co. KG stellen zwei umsatzsteuerrechtlich selbständige Gebilde dar, und Hagen erbringt mit der Nutzungsüberlassung eine sonstige Leistung (§ 3 Abs. 9 Satz 2 UStG) an die KG.

Allein fraglich ist, ob Hagen die Leistung gegen Entgelt erbracht hat, mithin die innere Verknüpfung zwischen Leistung und Gegenleistung vorliegt (vgl. BFH-Urteil vom 7. 5. 1981, BStBl 1981 II 495).

An dieser Voraussetzung fehlt es, wenn lediglich ein sog. echter Gesellschafterbeitrag vorliegt, d. h. der Gesellschafter gegenüber der Gesellschaft eine Leistung bewirkt, die nicht durch ein Sonderentgelt, sondern durch die Beteiligung am Gewinn und Verlust der Gesellschaft abgegolten wird. In diesen Fällen dient die Leistung der Handlungsfähigkeit der Gesellschaft, die Tätigkeit ist auf Leistungsvereinigung zur Erreichung des Gesellschaftszwecks, nicht auf Leistungsaustausch mit der Gesellschaft gerichtet (BFH-Urteil vom 17. 7. 1980, BStBl 1980 II 622). Umsatzsteuerrechtlich maßgebend für das Vorliegen eines Leistungsaustauschs ist, dass ein Leistender und ein Leistungsempfänger vorhanden sind und der Leistung eine Gegenleistung gegenübersteht (vgl. BFH-Urteil vom 6. 6. 2002, BStBl 2003 II 36).

Hagen hat seine Leistung gegen ein gewinnunabhängiges Sonderentgelt erbracht. Die Gegenleistung i. H. v. 5 % des Verkaufserlöses ist eine vom Gewinn der KG unabhängig zu zahlende Vergütung. Sie kann auch nicht als sog. Gewinnvoraus oder Vorweggewinn bezeichnet werden. Insoweit würde es sich lediglich um Gewinnanteile aufgrund gesellschaftsrechtlicher Gewinnverteilung handeln. Hagen kann jedoch die Zahlungen unabhängig davon beanspruchen, ob es zu einem Gewinn gekommen ist (vgl. BFH-Urteil vom 23. 10. 1969, BStBl 1970 II 233). Schließlich rechtfertigt auch die Behandlung der Nutzungsüberlassung im Gesellschaftsvertrag keine andere rechtliche Beurteilung. Selbst wenn die zu erbringende Leistung im Gesellschaftsverhältnis begründet ist bzw. wenn der Gesellschafter mit seiner Leistung einer gesellschaftsvertraglichen Verpflichtung nachkommt, bleibt für die Frage der Steuerbarkeit allein das Vorliegen des Leistungsaustauschs entscheidend (BFH-Urteil vom 7. 12. 1967, BStBl 1968 II 398; Abschn. 1.6 Abs. 3 Satz 3 und Satz 4 UStAE).

Da Hagen mit der Nutzungsüberlassung an die Gesellschaft den Rahmen seines Unternehmens erweitert hat und damit auch insoweit als Unternehmer gem. § 2 UStG tätig geworden ist und die sonstige Leistung im Inland ausgeführt worden ist (§ 3a Abs. 2 Satz 1 UStG), hat Hagen eine gem. § 1 Abs. 1 Nr. 1 Satz 1 UStG steuerbare Leistung ausgeführt.

FALL 19

Überlassung von Räumlichkeiten und Einrichtungsgegenständen

Sachverhalt: Anton Schulte ist von Beruf Fotokaufmann. Er betreibt in Gütersloh ein Fotogeschäft mit Labor. Gleichzeitig ist er beteiligt an einer GmbH & Co. KG, die kinematografische Erzeugnisse herstellt. Er ist sowohl Kommanditist der KG als auch Gesellschafter der GmbH, die die einzige Komplementärin der KG ist. Schulte ist seinen Einlageverpflichtungen aus dem Gesellschaftsvertrag der KG in vollem Umfang nachgekommen. Aufgrund des Gesellschaftsvertrags erhält Schulte einen Gewinnanteil als Gesellschafter der KG.

Mit Wirkung vom 1. 1. 2018 verpachtet bzw. vermietet Schulte an die KG die Räumlichkeiten und die Einrichtungsgegenstände seines Fotogeschäfts und Labors. Als Pachtzins erhält Schulte von der KG eine Umsatzbeteiligung i. H. v. 8 %, mindestens jedoch 24 000 € jährlich. Hierbei handelt es sich um ein marktübliches Entgelt.

Frage: Wie stellen sich diese vertraglichen Gestaltungen und die daraufhin erbrachten Leistungen umsatzsteuerrechtlich dar?

LÖSUNG

Schulte erbringt mit der Überlassung von Räumen und Einrichtungsgegenständen seines Fotogeschäfts und Labors an die KG steuerbare Leistungen gem. § 1 Abs. 1 Nr. 1 Satz 1 UStG.

Die KG und Schulte sind umsatzsteuerrechtlich selbständige Gebilde und Schulte bewirkt mit der Überlassung zur Nutzung sonstige Leistungen (Duldungsleistungen) gem. § 3 Abs. 9 Satz 2 UStG. Diese sonstigen Leistungen sind gegen Entgelt erbracht worden, d. h. sie stehen in einer engen Verknüpfung mit einer Gegenleistung. Es liegt dagegen kein nichtsteuerbarer sog. echter Gesellschafterbeitrag, d. h. eine auf Leistungsvereinigung gerichtete Tätigkeit Schultes, vor, da die Nutzungsüberlassung nicht durch einen Anspruch auf Gewinnbeteiligung, sondern durch ein davon unabhängiges Sonderentgelt abgegolten wird. Vereinbart ist die Zahlung eines Pachtzinses in Höhe eines bestimmten Prozentsatzes vom Umsatz, mindestens aber in Höhe eines festgelegten Jahresbetrags von 24 000 €. Die Umsatzabhängigkeit und die Festlegung des Mindestbetrags lassen die Gewinnunabhängigkeit deutlich zu Tage treten (BFH, BStBl 1968 II 702)

Soweit dagegen Schultes eigentliche Gesellschaftsbeteiligung mit einem Anspruch auf Gewinnbeteiligung abgegolten wird, fehlt es an einem Leistungsaustausch. Es liegt diesbezüglich ein bloßer echter Gesellschafterbeitrag vor, der nicht steuerbar ist. Wird für Leistungen des Gesellschafters an die Gesellschaft neben einem Sonderentgelt auch eine gewinnabhängige Vergütung gezahlt (sog. Mischentgelt), sind das Sonderentgelt und die gewinnabhängige Vergütung umsatzsteuerrechtlich getrennt zu beurteilen. Das Sonderentgelt ist als Entgelt einzuordnen, da es einer bestimmten Leistung zugeordnet werden kann. Die gewinnabhängige Vergütung ist dagegen kein Entgelt.

Die Nutzungsüberlassung der Räume und der Einrichtungsgegenstände stellt mehrere sonstige Leistungen dar. Es liegt keine einheitliche Leistung (vgl. Abschn. 3.10 UStAE) vor, da jede Nutzungsüberlassung für sich einen eigenen wirtschaftlichen Wert für den Leistungsempfänger hat. Folge hieraus ist ein eigenes rechtliches Schicksal jeder Leistung. Jede sonstige Leistung ist gem. § 1 Abs. 1 Nr. 1 Satz 1 UStG steuerbar, da sie im Inland (bzgl. Räume: § 3a Abs. 3 Nr. 1 Satz 2 Buchst. a UStG; bzgl. Einrichtungsgegenstände: § 3a Abs. 2 Satz 1 UStG) von einem Unternehmer (Schulte ist durch Nutzungsüberlassung Unternehmer gem. § 2 UStG) ausgeführt wird. Die Überlassung der Räumlichkeiten ist jedoch steuerfrei gem. § 4 Nr. 12 Satz 1 Buchst. a UStG, während die Überlassung der Einrichtungsgegenstände steuerpflichtig ist. Das einheitliche Entgelt ist insoweit – notfalls im Wege der Schätzung (§ 162 AO) – aufzuteilen. Die Steuerbefreiung erstreckt sich in der Regel nicht auf mitvermietete Einrichtungsgegenstände (Abschn. 4.12.1 Abs. 6 Satz 2 UStAE).

FALL 20

Kfz-Überlassung an Gesellschafter

Sachverhalt: Albert Busch ist Komplementär der Busch KG. Im Kalenderjahr 2018 hat Busch den Betriebs-Pkw (Erwerb mit vollem Vorsteuerabzug) privat genutzt. Im Rahmen der Umsatzsteuerveranlagung der KG hat das zuständige Finanzamt einen Betrag von 1 000 € hinzugeschätzt, weil es insoweit einen steuerpflichtigen Leistungsaustausch zwischen der KG und Busch annahm. Hiergegen legte die KG Einspruch ein. Sie machte geltend, dass als Gegenleistung für die Überlassung des Fahrzeugs an Busch nicht mehr als 600 € angesetzt werden dürfen, da nur insoweit Mehrkosten an Benzin und Öl für sie entstanden seien. Die Fixkosten (AfA, Versicherung und Steuern) i. H. v. anteilig 400 € dürften nicht erfasst werden.

Frage: Liegt hier ein steuerpflichtiger Leistungsaustausch zwischen der KG und ihrem Komplementär Busch vor?

LÖSUNG

Die KG ist Unternehmer (§ 2 UStG), obschon sie unter zivilrechtlichen Gesichtspunkten eine eigene Rechtspersönlichkeit nicht besitzt. Mit der unentgeltlichen Nutzungsüberlassung des Unternehmensfahrzeugs an den Gesellschafter für Zwecke, die außerhalb des Unternehmens liegen, hat die KG einen steuerbaren Umsatz gem. § 1 Abs. 1 Nr. 1 Satz 1 UStG verwirklicht.

Die unentgeltliche Überlassung des Fahrzeugs an den Komplementär Busch für dessen private Zwecke wird gem. § 3 Abs. 9a Nr. 1 UStG einer sonstigen Leistung gegen Entgelt gleichgestellt. Der dem Unternehmen der KG zugeordnete Pkw hat zum vollen Vorsteuerabzug berechtigt. Dieser Pkw wird für Zwecke verwendet, die außerhalb des Unternehmens der KG liegen.

Der Leistungsort bestimmt sich nach § 3f Satz 1 UStG und ist dort, wo die KG ihr Unternehmen betreibt.

Mangels Steuerbefreiung i. S. d. § 4 UStG ist der Umsatz auch steuerpflichtig zu 19 %.

Die Bemessungsgrundlage bestimmt sich – unter Beachtung der Vorgaben des EuGH zur Vorsteuerentlastung, BStBl 1993 II 812 – nach § 10 Abs. 4 Satz 1 Nr. 2 UStG und umfasst die bei der Ausführung des Umsatzes entstandenen Ausgaben, soweit sie zum vollen oder teilweisen Vorsteuerabzug berechtigt haben. Die USt gehört nicht zur Bemessungsgrundlage (§ 10 Abs. 4 Satz 2 UStG). Soweit folglich die ohne Vorsteuerabzugsmöglichkeit angefallenen Kosten für die Kfz-Steuer und Haftpflichtversicherung anteilig mit in die Bemessungsgrundlage einbezogen worden sind, ist der Rechtsbehelf der KG begründet (vgl. Abschn. 10.6 Abs. 3 UStAE). Soweit ein Gegenstand für die Erbringung der sonstigen Leistung verwendet wird, zählen auch die Anschaffungs- und Herstellungskosten für diesen Gegenstand zu den Ausgaben. Diese sind gleichmäßig auf einen Zeitraum zu verteilen, der dem Berichtigungszeitraum nach § 15a UStG für diesen Gegenstand entspricht.

FALL 21

Nutzung eines Betriebs-Pkw durch Gesellschafter

Sachverhalt: Ein unstreitig zum Unternehmensvermögen der Fa. Pohl KG gehörender Pkw, deren Gesellschafter die Angehörigen der Familie Pohl sind, wird von den Gesellschaftern auch privat genutzt. Das Fahrzeug war von einem Kfz-Händler erworben worden; die Anschaffung erfolgte unter Inanspruchnahme des vollen Vorsteuerabzugs. Die Fa. Pohl ist im Besitz einer Rechnung mit offenem Steuerausweis.

Im Monat Juni 2018 entstanden für das Fahrzeug folgende Kosten:

Benzin und Ölverbrauch	500 €
Kraftfahrzeugsteuer	30 €
Haftpflichtversicherung	40 €
Anteilige Anschaffungskosten (§ 15a UStG) für Monat Juni 2018	750 €

Fahrleistung im Monat Juni 2018 lt. Fahrtenbuch der KG insgesamt 4 125 km, davon 1 800 km Privatfahrten im Inland, 200 km im Ausland, ferner 600 km Urlaubsfahrt von Frau Pohl, davon ein Drittel im Ausland, wobei das Fahrzeug von einem Betriebsangehörigen der KG gefahren wurde. Hierfür entstanden Personalkosten von anteilig 480 €. Frau Pohl leistete keine Zahlungen an die KG, Belastungen ihres Privatkontos erfolgten nicht. Im Übrigen wurde der Pkw für unternehmerisch veranlasste Fahrten genutzt.

Frage: Löst die private Kfz-Nutzung durch die Gesellschafter der KG umsatzsteuerrechtliche Folgen aus?

LÖSUNG

Die KG führt mit der Überlassung des zum Unternehmensvermögen gehörenden Pkw an die Gesellschafter zur privaten Nutzung steuerbare und steuerpflichtige Umsätze gem. § 1 Abs. 1 Nr. 1 Satz 1 UStG aus.

Jede Nutzung des Fahrzeugs zu privaten Zwecken durch die Gesellschafter führt zu einer selbständigen sonstigen Leistung (§ 3 Abs. 9 Satz 2 UStG) der KG. Eine sonstige Leistung in Form einer Duldungsleistung liegt auch im Falle der von der Gesellschafterin Pohl durchgeführten Urlaubsfahrt vor. Das Chauffieren durch einen Betriebsangehörigen macht diese Leistung nicht zu einer Beförderungsleistung, da allein die Gesellschafterin das Ziel bestimmt und das Risiko zu tragen hat (vgl. Abschn. 3a.5 Abs. 3 UStAE). Mangels Entgelt werden diese Leistungen aber nicht im Leistungsaustausch erbracht. Die Leistungen werden allerdings gem. § 3 Abs. 9a Nr. 1 UStG einer sonstigen Leistung gegen Entgelt gleichgestellt. Ein Unternehmensgegenstand, der zum vollen Vorsteuerabzug berechtigt hat, wird für Zwecke außerhalb des Unternehmens verwendet. Die Aufmerksamkeitsgrenze ist überschritten.

Der Umsatz ist jeweils steuerbar, da der Leistungsort gem. § 3f Satz 1 UStG im Inland liegt und die KG Unternehmer i. S. d. § 2 UStG ist.

Die Bemessungsgrundlage für diese auch steuerpflichtigen Umsätze bestimmt sich nach § 10 Abs. 4 Satz 1 Nr. 2 UStG und umfasst die bei Ausführung der Umsätze entstandenen Ausgaben, soweit sie zum vollen oder teilweisen Vorsteuerabzug berechtigt haben. Da sämtliche im Monat Juni 2018 bewirkten Umsätze gem. § 1 Abs. 1 Nr. 1 Satz 1 UStG steuerbar und mit einem Steuersatz von 19 % steuerpflichtig sind, kann die Bemessungsgrundlage insgesamt ermittelt werden. Auszuscheiden sind solche Kosten, bei denen ein Vorsteuerabzug nicht gegeben war. Dies trifft für die Steuer und die Versicherung zu, desgleichen auf die Lohnkosten. Danach ergibt sich als Bemessungsgrundlage:

$$\frac{\text{Gesamtkosten für das Kfz } 1\,250\text{ €}}{\text{Gesamt-km } 4\,125} \times \text{privat gefahrene km } 2\,600 = 787{,}88\text{ €}$$

Es ergibt sich somit eine USt von 149,70 €.

Als unselbständiger Teil gehört auch die Leistung des Chauffeurs zur Wertabgabe der KG. Die anteiligen Kosten sind nicht in die Aufteilung einzubeziehen, weil sie bereits ausschließlich der privaten Urlaubsfahrt zuzuordnen sind. Hinweis auf § 3 Abs. 9a Nr. 2 UStG und § 10 Abs. 4 Satz 1 Nr. 3 UStG.

Es ist darauf hinzuweisen, dass unter Beachtung der Vorgaben des BMF-Schreibens vom 5. 6. 2014 (BStBl 2014 I 896) die KG die Bemessungsgrundlage auch ohne geführtes Fahrtenbuch entweder nach der sog. 1 %-Regelung auf der Basis des Bruttolistenpreises abzgl. eines pauschalen Abschlags für die nicht vorsteuerentlasteten Kosten i. H. v. 20 % (falls dies auch ertragsteuerrechtlich möglich ist) oder im Wege einer sachgerechten Schätzung ermitteln kann.

FALL 22

Nutzungsüberlassung Motorflugzeug

Sachverhalt: Die Bauunternehmung WG-GmbH in Düsseldorf-Lohausen hatte am 2. 5. 2006 ein Motorflugzeug für 529 200 € zzgl. 84 672 € gesondert ausgewiesener USt angeschafft. Der Vorsteuerabzug ist in vollem Umfang vorgenommen worden. Heimatflughafen ist Düsseldorf-Lohausen.

Infolge eines Motorschadens Anfang 2018 konnte das Flugzeug erst in der Ferienzeit 2018 wieder zum Einsatz kommen und wurde seitens der WG-GmbH im August 2018 zu 20 % dem Tennisverein Krefeld für einen Ferientrip nach Sylt gegen eine Entschädigung von 900 € zur Nutzung überlassen. Holger Waltmann, Gesellschafter-Geschäftsführer und mit 70 % neben seinen beiden Brüdern (mit je 15 %) an der GmbH beteiligt, war bis zum 1. 10. 2018 Vorsitzender des Tennisvereins.

Des Weiteren überließ die WG-GmbH im August 2018 das Flugzeug zu 35 % ihren guten Geschäftsfreunden für Flüge im Inland und zu 10 % ihrem Arbeitnehmer Lehmann für hervorragenden Arbeitseinsatz. Ein Nutzungsentgelt war in beiden Fällen nicht vereinbart. Im Übrigen diente das Flugzeug ausschließlich geschäftlichen Zwecken der GmbH.

Die Kosten des Hangars (Stellplatzmiete) auf dem Flughafen Düsseldorf-Lohausen betrugen monatlich 800 €, Kosten für Reinigung, Bewachung und Unterhaltung waren im August 2018 i. H. v. 880 € angefallen. Die AfA soll bei einer 14-jährigen betriebsgewöhnlichen Nutzungsdauer zeitanteilig linear vorgenommen werden. Den Treibstoff zahlen die Nutzenden jeweils selbst.

Frage: Wie ist die Nutzungsüberlassung an den Tennisverein, die Geschäftsfreunde und den Arbeitnehmer im Monat August 2018 umsatzsteuerrechtlich zu beurteilen?

LÖSUNG

Die Überlassung des Motorflugzeugs an den Arbeitnehmer der WG-GmbH Lehmann stellt eine sonstige Leistung der als Unternehmer handelnden WG-GmbH gem. § 3 Abs. 9 Satz 2 UStG dar. Obwohl Lehmann für die Nutzung kein besonders berechnetes Entgelt aufwenden musste, ist die Leistung steuerbar gem. § 1 Abs. 1 Nr. 1 Satz 1 UStG; es handelt sich um eine Leistung i. S. d. § 3 Abs. 9a Nr. 1 UStG. Ort der Leistung ist gem. § 3f Satz 1 UStG Düsseldorf-Lohausen. Bemessungsgrundlage für die auch steuerpflichtige sonstige Leistung sind nach § 10 Abs. 4 Satz 1 Nr. 2 UStG die anteiligen Ausgaben, soweit sie zum Vorsteuerabzug berechtigt haben. Diese betragen 168 € (Gesamtkosten im Monat August 1 680 € x 10 % Anteil des Arbeitnehmers), die USt beträgt 31,92 € und ist gem. § 13 Abs. 1 Nr. 2 UStG mit Ablauf des VZ 8/2018 entstanden. Die Anschaffungskosten sind ab dem 1. 7. 2004 auf den Zeitraum gem. § 15a UStG (hier: 5 Jahre) zu verteilen (vgl. BMF-Schreiben vom 13. 4. 2004, BStBl 2004 I 468). Da der Berichtigungszeitraum im Jahr 2018 bereits abgelaufen ist, sind die Anschaffungskosten bei der Ermittlung der Bemessungsgrundlage für die unentgeltliche Wertabgabe nicht zu berücksichtigen.

Mit der Überlassung des Flugzeugs an den Tennisverein Krefeld führte die WG-GmbH eine steuerbare sonstige Leistung gem. § 1 Abs. 1 Nr. 1 Satz 1 UStG aus. Ort der Leistung ist gem. § 3a Abs. 3 Nr. 2 UStG Düsseldorf-Lohausen.

Die Bemessungsgrundlage für die auch steuerpflichtige Leistung ist gem. § 10 Abs. 1 UStG alles das, was der Leistungsempfänger aufwendet, jedoch abzgl. der USt, mithin 900 € : 1,19 = 756,30 €.

Da die Leistung jedoch an eine dem Gesellschafter Waltmann nahe stehende Person ausgeführt wurde (vgl. Abschn. 10.7 Abs. 1 UStAE), ist die Bemessungsgrundlage nach § 10 Abs. 5 Satz 1 Nr. 1, 1. Altern. UStG i. V. m. § 10 Abs. 4 Satz 1 Nr. 2 UStG (Mindestbemessungsgrundlage) nach den anteiligen Ausgaben zu bestimmen, falls hiernach die Bemessungsgrundlage das Entgelt nach § 10 Abs. 1 UStG übersteigt. Die anteiligen vorsteuerabzugsberechtigten Ausgaben betragen insoweit 336 €, übersteigen somit das Entgelt nach § 10 Abs. 1 UStG nicht. Die USt beträgt damit 143,70 € und entsteht mit Ablauf des VZ 8/2018.

Die unternehmerisch motivierte Nutzungsüberlassung des Flugzeugs an die Geschäftsfreunde führt zwar zu sonstigen Leistungen, die jedoch mangels Entgelt nicht steuerbar sind.

Die in diesem Zusammenhang getätigten Aufwendungen der WG-GmbH bewirken aber einen Vorsteuerausschluss gem. § 15 Abs. 1a UStG. Nach § 4 Abs. 5 Satz 1 Nr. 4 EStG dürfen die auf diese Nutzungsüberlassung entfallenden Betriebsausgaben i. H. v. 1 690,50 € (einschließlich AfA) bei der Gewinnermittlung nicht abgezogen werden. Die Vorsteuer ist im VZ 8/2018 um 111,72 € (1 680 € x 19 % = 319,20 € x 35 %) zu kürzen.

FALL 23

Nutzungsüberlassung an Gesellschafter-Geschäftsführer einer GmbH laut Anstellungsvertrag

Sachverhalt: Der Gesellschafter-Geschäftsführer Zeisig der Meier-GmbH in Duisburg nutzte in den Monaten Januar bis Dezember 2018 den unternehmenseigenen Pkw lt. Anstellungsvertrag unentgeltlich wie folgt:

Betrieblich veranlasste Fahrten	50 000 km
Fahrten zwischen Wohnung – Betrieb (einmal pro Tag) insgesamt	9 000 km
Mittagsheimfahrten	4 000 km
sonst. Privatfahrten im Inland	9 000 km
sonst. Privatfahrten im Ausland	3 000 km
gesamte Fahrstrecke in 2018	75 000 km

Die Kosten des Pkw (ohne USt) betrugen in 2018:

Anteilige Anschaffungskosten (§ 15a UStG)	14 250 €
Versicherungen	1 190 €
Benzin	4 920 €
dreimalige Inspektion/Wartung	1 725 €
Reparatur eines Unfallschadens	2 165 €
Kfz-Steuer	200 €
gesamte Kfz-Kosten, die von der GmbH getragen wurden	24 450 €

Der Unfall ereignete sich auf einer Privatfahrt des Zeisig. Die Haftpflichtversicherung des Unfallgegners ersetzte wegen Teilschuld insgesamt 650 € der Reparaturaufwendungen. Die angefallene Vorsteuer wurde von der Meier-GmbH zutreffend behandelt. Die private Nutzung des Pkw wurde ertragsteuerrechtlich bisher noch nicht berücksichtigt. Es liegt ein ordnungsgemäß geführtes Fahrtenbuch vor. Zeisig wohnt in Duisburg.

Frage: Wie ist die private Nutzung des Betriebs-Pkw durch den Gesellschafter-Geschäftsführer steuerlich zu beurteilen? Von einer Unangemessenheit i. S. d. § 4 Abs. 5 Satz 1 Nr. 7 EStG ist dabei nicht auszugehen. Zur Ermittlung der Bemessungsgrundlage sind keine Schätz- oder

Erfahrungssätze zugrunde zu legen. Bezüglich der Geschäftsführungstätigkeit ist Zeisig nicht unternehmerisch tätig.

LÖSUNG

Die Überlassung des betriebseigenen Pkw an Zeisig zur privaten Nutzung (Fahrten zwischen Wohnung und Arbeitsstätte, Mittagsheimfahrten und sonstige Privatfahrten) ohne besonders berechnetes Entgelt führt bei der Meier-GmbH nach Auffassung der Finanzverwaltung (BMF-Schreiben vom 11. 3. 1997, BStBl 1997 I 324, vom 29. 5. 2000, BStBl 2000 I 819, vom 27. 8. 2004, BStBl 2004 I 864, und vom 5. 6. 2014, BStBl 2014 I 896) zu steuerbaren sonstigen Leistungen gem. § 1 Abs. 1 Nr. 1 Satz 1 UStG. Entgegen der früher geäußerten Auffassung nimmt die Verwaltung nunmehr einen Leistungsaustausch in Fällen wie diesem an. Nur noch bei einer gelegentlichen Nutzungsüberlassung, d. h. einer Überlassung an nicht mehr als 5 Kalendertagen im Monat für private Zwecke, könne die Steuerbarkeit aus § 3 Abs. 9a UStG i. V. m. § 1 Abs. 1 Nr. 1 Satz 1 UStG begründet werden. Die Gegenleistung des Arbeitnehmers besteht in seiner anteiligen Arbeitsleistung, so dass aus Sicht der GmbH ein tauschähnlicher Umsatz mit Baraufgabe vorliegt. Die Bemessungsgrundlage dieses auch steuerbaren Umsatzes (Leistungsort ist gem. § 3a Abs. 3 Nr. 2 Satz 3 UStG Duisburg) bestimmt sich folglich nach § 10 Abs. 2 Satz 2 UStG i. V. m. § 10 Abs. 1 Satz 1 UStG und umfasst den nicht durch den Barlohn abgegoltenen Wert der Arbeitsleistung.

Der Wert ist anhand der Gesamtkosten und des ermittelten Nutzungsverhältnisses lt. Fahrtenbuch zu ermitteln. Dabei sind sowohl die Fahrten zwischen Wohnung und Arbeitsstätte als auch die sonstigen Privatfahrten zusammenzurechnen. Aus den Gesamtkosten dürfen allerdings – da ein Leistungsaustausch vorliegt – keine Kosten ausgeschieden werden, bei denen ein Vorsteuerabzug nicht möglich war. Die EuGH-Rechtsprechung zur Vorsteuerentlastung unter Bezugnahme auf Art. 6 Abs. 2 Buchst. a der 6. EG-Richtlinie (jetzt Art. 26 Abs. 1 Buchst. a der MwStSystRL) gilt nicht für entgeltliche Leistungen. Daraus ergibt sich

- Privatfahrten 16 000 km zzgl. Fahrten Wohnung – Arbeitsstätte 9 000 km = 25 000 km;
- dies entspricht bei insgesamt 75 000 km Gesamtlaufleistung einem privaten Nutzungsanteil von $^1/_3$;
- daraus ergibt sich: 24 450 € Gesamtkosten x $^1/_3$ = 8 150 €;
- die USt beträgt 8 150 € x 19 % = 1 548,50 €.
- Die USt entsteht jeweils anteilig für die einzelnen Voranmeldungszeiträume Januar bis Dezember 2018 (vgl. § 13 Abs. 1 Nr. 1 Buchst. a Satz 1 bis Satz 3 UStG).

HINWEIS

Wird kein ordnungsgemäßes Fahrtenbuch geführt, bleibt es bei der Steuerbarkeit nach § 1 Abs. 1 Nr. 1 Satz 1 UStG. Aus Vereinfachungsgründen wird die Bemessungsgrundlage nach der 1 %-Regelung, aber ohne 20 %-Pauschalabschlag, bestimmt.

FALL 24

Leistungsaustausch zwischen einer Arbeitsgemeinschaft und ihren Mitgliedern

Sachverhalt: Ein Konzern möchte in der Stadt Warendorf ein umfangreiches Kaufhausgebäude errichten. Die örtlichen Bauunternehmer Meier, Schmidt und Jürgens besitzen sämtlich nicht die betriebliche Kapazität, das Gebäude allein zu errichten. Daher schließen sie sich zu einer Arbeitsgemeinschaft (ARGE) zusammen und vereinbaren eine gemeinsame Tätigkeit. Der Vertrag, „Gesellschaftsvertrag" genannt, weist im Wesentlichen folgenden Inhalt aus:

1. Die Unternehmer Meier, Schmidt und Jürgens schließen sich als bürgerlich-rechtliche Gesellschaft zusammen und führen als solche den Namen „Meier-ARGE".
2. Die Meier-ARGE verpflichtet sich gegenüber dem Konzern zur Errichtung eines Kaufhauses.
3. Die Bauleistungen werden erbracht von den Baubetrieben Meier, Schmidt und Jürgens. Diese Betriebe behalten ihre Selbständigkeit, soweit sie nicht im Rahmen der ARGE tätig werden.
4. Die ARGE setzt bei der Errichtung des Kaufhauses den Maschinenpark der Baubetriebe Meier, Schmidt und Jürgens ein, soweit dies erforderlich ist, verbaut deren Material und arbeitet mit Arbeitskräften der drei genannten Baubetriebe.
5. Die ARGE erstattet den drei Bauunternehmern Meier, Schmidt und Jürgens die hierbei anfallenden Kosten für Material, Maschineneinsatz sowie die Lohnkosten einschl. Lohnnebenkosten. An dem Gewinn der ARGE werden die drei genannten Bauunternehmer nach einem Aufteilungsschlüssel beteiligt, der sich nach dem Umfang der von den einzelnen Unternehmern erbrachten Leistungen richtet.

Die Vereinbarungen werden in die Tat umgesetzt.

Frage: Zwischen wem und in welchem Umfang liegen hier steuerbare Leistungen vor?

LÖSUNG

Sowohl die ARGE als auch die drei Bauunternehmer erbringen steuerbare Leistungen.

1. Die ARGE erbringt mit der Errichtung des Gebäudes dem Konzern gegenüber eine Werklieferung (§ 3 Abs. 4 UStG). Sie bedient sich dazu der drei Bauunternehmer als ihrer Erfüllungsgehilfen.

   Die Werklieferung ist steuerbar, da die ARGE insbesondere Unternehmer gem. § 2 Abs. 1 UStG ist.

   Unternehmer ist derjenige, der eine nachhaltige Tätigkeit mit der Absicht, Einnahmen zu erzielen, selbständig ausübt und umsatzsteuerlich rechtsfähig ist.

   Die ARGE besitzt zwar nicht die zivilrechtliche Rechtsfähigkeit, da sie weder eine natürliche noch eine juristische Person darstellt. Die umsatzsteuerliche Rechtsfähigkeit geht jedoch über die zivilrechtliche hinaus und betrachtet auch Personenzusammenschlüsse als Unternehmer, sofern sie nur wirtschaftlich als Einheit nach außen auftreten und nicht bloße Innengesellschaften sind. Der Zusammenschluss der Bauunternehmer ist in der Rechtsform einer Gesellschaft bürgerlichen Rechts (vgl. § 705 ff. BGB) erfolgt. Alle drei Unternehmer haben sich zur Erreichung des gemeinsamen Zwecks „Errichtung des Gebäudes" zusammengeschlossen. Darüber hinaus ist die ARGE als Vertragspartner des Konzerns nach außen aufgetreten und somit nicht bloße Innengesellschaft. Mit Errichtung des Gebäudes hat die ARGE eine typisch gewerbliche Tätigkeit selbständig mit der Absicht der Einnahmeerzielung ausgeübt.

2. Weiterhin erbringen die drei Bauunternehmer mit Überlassung der Baumaterialien Lieferungen (§ 3 Abs. 1 UStG) und mit der Zurverfügungstellung der Maschinen und Arbeitskräfte sonstige Leistungen (§ 3 Abs. 9 UStG) gegenüber der ARGE. Diese Leistungen erfolgen im Leistungsaustausch und sind nicht als sog. echte Gesellschafterleistungen auf bloße Leistungsvereinigung gerichtet.

   Unabhängig von jedem Gewinn erhält jeder der drei Bauunternehmer eine Gegenleistung, die gemessen wird am Umfang seiner Leistung. Auf eine Gewinnerzielung kommt es dabei nach dem ausdrücklichen Willen des Gesetzgebers nicht an. § 2 Abs. 1 UStG verlangt lediglich eine Einnahmeerzielungsabsicht.

   Hieran ändert auch der in Nr. 5 der vertraglichen Vereinbarung jedem Gesellschafter zustehende gesellschaftsrechtliche Gewinnanspruch nichts. Dieser eventuelle zur Verteilung anstehende „Gewinn" ist (weiteres) Entgelt für die zu erbringenden Leistungen. Die Tatsache, dass dieser „Gewinn" der ARGE an die drei beteiligten Unternehmer nach einem Schlüssel verteilt wird, der danach bestimmt wird, in welchem Umfang der Einzelne Leistungen an die ARGE erbracht hat, zeigt deutlich, dass sich hier nicht Gesellschaftsleistung und Gewinnanspruch gegenüberstehen. Zwar handelt es sich insoweit um Verpflichtungen, die die drei Bauunternehmer als gesellschaftsrechtliche Verpflichtungen erbringen, aber diese Leistungen sind auch insoweit nicht auf Leistungsvereinigung gerichtet, sondern auf einen Leistungsaustausch mit der ARGE. Hier bedingen Umfang der Leistung und Höhe des Anspruchs auf Beteiligung am Überschuss einander. Auch insoweit wird geleistet um einer Gegenleistung willen.

   Da die drei Bauunternehmer unstreitig Unternehmer i. S. d. § 2 Abs. 1 UStG sind, sind ihre Leistungen steuerbar gem. § 1 Abs. 1 Nr. 1 Satz 1 UStG.

2.2.3 Rahmen des Unternehmens

Die Lieferungen oder sonstigen Leistungen eines Unternehmers sind nur dann steuerbar, wenn sie im Rahmen des Unternehmens ausgeführt werden. Das Unternehmen umfasst gem. § 2 Abs. 1 Satz 2 UStG die gesamte gewerbliche oder berufliche Tätigkeit des Unternehmers. Sämtliche Betriebe oder berufliche Tätigkeiten desselben Unternehmers bilden das Unternehmen. Daraus folgt, dass ein Unternehmer immer nur ein Unternehmen hat. Betriebsstätten im In- und Ausland gehören zum Unternehmen.

In den Rahmen des Unternehmens fallen nicht nur die Grundgeschäfte, sondern auch die Hilfsgeschäfte (BFH-Urteil vom 24. 2. 1988, BStBl 1988 II 622). Unter „Grundgeschäften" sind die Tätigkeiten des Unternehmers zu verstehen, die den eigentlichen Gegenstand der geschäftlichen Betätigung bilden, d. h. die berufs- bzw. gewerbetypischen Tätigkeiten. „Hilfsgeschäfte" sind die Tätigkeiten, die eng mit der Haupttätigkeit verbunden sind. Zu den Hilfsgeschäften gehört jede Tätigkeit, die die Haupttätigkeit mit sich bringt; auf die Nachhaltigkeit der Hilfsgeschäfte kommt es nicht an.

FALL 25

Innenumsatz und Verbringen

Sachverhalt: Peter Müller ist Inhaber eines Getränkehandels mit Hauptsitz in Dortmund. Daneben hat er noch jeweils eine Filiale in Münster und in Enschede (Niederlande). Für seinen Hauptsitz in Dortmund hat er im Februar 2018 500 Kästen Bier der Marke Andechser für 5 000 € zzgl. 950 € USt erworben. Die Verkaufspreise würden 8 000 € betragen. Da sich im Juni 2018 noch eine größere Menge dieser Kästen in Dortmund befand, entschloss sich Müller, jeweils 100 Kästen in seine Filialen nach Münster und Enschede zu bringen, um sie dort zu veräußern. Der Transport erfolgte im Juni 2018 mit eigenem Lkw. Preisveränderungen sind zwischen Februar und Juni 2018 nicht eingetreten. Peter Müller ist zur quartalsweisen Abgabe der Zusammenfassenden Meldung verpflichtet.

Frage: Löst dieser Vorgang für Peter Müller umsatzsteuerrechtliche Folgen aus?

LÖSUNG

Peter Müller ist Unternehmer i. S. d. § 2 Abs. 1 Satz 1 UStG, da er eine gewerbliche Tätigkeit selbständig ausübt. In den Rahmen seines Unternehmens gehören neben dem Hauptsitz auch noch seine Filialen im In- und Ausland; also seine Filialen in Münster und in Enschede.

Der Transport der Kästen von Dortmund zu der Filiale nach Münster stellt einen Vorgang innerhalb seines Unternehmenskreises dar. Es handelt sich insoweit um einen Innenumsatz, der mangels Entgelt nicht steuerbar ist. Es liegt ein rechtsgeschäftsloses Verbringen vor. Umsatzsteuerrechtliche Folgen werden hierdurch nicht ausgelöst.

Der Transport der Kästen von Dortmund nach Enschede stellt ebenfalls einen Vorgang innerhalb seines Unternehmenskreises dar. Ein nicht steuerbarer Innenumsatz liegt allerdings nicht vor, da der Gesetzgeber diese Fallgestaltungen als Lieferungen gegen Entgelt fingiert. Nach § 3 Abs. 1a Satz 1 UStG gilt als Lieferung gegen Entgelt das Verbringen eines Unternehmensgegenstands aus dem Inland in das übrige Gemeinschaftsgebiet durch einen Unternehmer zu seiner Verfügung, ausgenommen zu einer nur vorübergehenden Verwendung. Die Kästen Bier stellen Unternehmensgegenstände dar, die zur Verfügung des Unternehmers Müller aus dem Inland in das übrige Gemeinschaftsgebiet (hier: Niederlande) gebracht werden und zwar zu einer nicht nur vorübergehenden Verwendung. Die Absicht des Verkaufs ist eine endgültige Verwendungsabsicht. Ort der Lieferung ist gem. § 3 Abs. 6 Satz 1 und Satz 2 UStG Dortmund. Damit sind die fingierten Lieferungen steuerbar gem. § 1 Abs. 1 Nr. 1 Satz 1 UStG.

Diese steuerbaren Lieferungen sind als innergemeinschaftliche Lieferungen steuerfrei gem. § 6a Abs. 2 UStG i. V. m. § 4 Nr. 1 Buchst. b UStG. Die Bemessungsgrundlage bestimmt sich nach § 10 Abs. 4 Satz 1 Nr. 1 UStG und beträgt 1 000 €. Maßgebend ist der Einkaufspreis und nicht der Verkaufspreis. Die USt gehört nicht zur Bemessungsgrundlage gem. § 10 Abs. 4 Satz 2 UStG.

Neben der Angabe in der USt-Voranmeldung für Juli 2018 (§ 18b UStG) ist der Vorgang auch in der Zusammenfassenden Meldung (§ 18a UStG) für das 3. Quartal 2018 aufzunehmen.

In den Niederlanden ist die Erwerbsbesteuerung durchzuführen (entsprechend § 1a Abs. 2 UStG). Der Erwerb ist in den Niederlanden steuerbar und steuerpflichtig.

2.2.4 Inland

Steuerbar nach § 1 Abs. 1 Nr. 1 Satz 1 UStG sind die Lieferungen und sonstigen Leistungen nur dann, wenn sie im Inland ausgeführt werden. Inland ist gem. § 1 Abs. 2 Satz 1 UStG das Gebiet der Bundesrepublik Deutschland mit Ausnahme

- des Gebietes von Büsingen,
- der Insel Helgoland,
- der Freizonen des Kontrolltyps I nach § 1 Abs. 1 Satz 1 des Zollverwaltungsgesetzes (Freihäfen),
- der Gewässer und Watten zwischen der Hoheitsgrenze und der jeweiligen Strandlinie,
- der deutschen Schiffe und der deutschen Luftfahrzeuge in Gebieten, die zu keinem Zollgebiet gehören.

Bestimmte Umsätze, die in den Freihäfen und in den Gewässern und Watten zwischen der Hoheitsgrenze und der jeweiligen Strandlinie bewirkt werden, werden gem. § 1 Abs. 3 UStG wie Umsätze im Inland behandelt.

Hinsichtlich des Orts der Lieferung und des Orts der sonstigen Leistung sind folgende Regelungen in der angegebenen Reihenfolge zu prüfen:

Ort der Lieferung

§ 3c UStG	Ort der Lieferung in besonderen Fällen
§ 3e UStG	Ort der Lieferung während einer Beförderung an Bord eines Schiffs, in einem Luftfahrzeug oder in einer Eisenbahn
§ 3f UStG	Ort der unentgeltlichen Lieferungen
§ 3g UStG	Ort der Lieferung von Gas, Elektrizität, Wärme oder Kälte
§ 3 Abs. 8 UStG	Ort der Lieferung in Fällen der Einfuhr aus dem Drittlandsgebiet
§ 3 Abs. 7 UStG	Ort der Lieferung in Fällen ohne Beförderung oder Versendung
§ 3 Abs. 6 UStG	Ort der Lieferung in Fällen der Beförderung oder Versendung

Ort der sonstigen Leistung

§ 3b UStG	Ort der Beförderungsleistungen und der damit zusammenhängenden sonstigen Leistungen
§ 3e UStG	Ort der Restaurationsleistungen an Bord eines Schiffs, in einem Luftfahrzeug oder in einer Eisenbahn
§ 3f UStG	Ort der unentgeltlichen sonstigen Leistungen
§ 3a Abs. 7 UStG	Ort der kurzfristigen Vermietung eines bestimmten Beförderungsmittels an einen Drittlandsunternehmer

§ 3a Abs. 6 UStG	Ort von bestimmten sonstigen Leistungen eines Drittlandsunternehmers
§ 3a Abs. 3 UStG	Ort bei grundstücksbezogenen Leistungen, Vermietungen eines Beförderungsmittels, künstlerischen und ähnlichen Tätigkeiten, übrigen Restaurationsleistungen, Arbeiten an beweglichen körperlichen Gegenständen, Vermittlungsleistungen, Einräumung von Eintrittsberechtigungen
§ 3a Abs. 5 UStG	Ort bei elektronischen Dienstleistungen, Telekommunikationsdienstleistungen, Rundfunk- und Fernsehdienstleistungen an Nichtunternehmer
§ 3a Abs. 4 UStG	Ort der Katalogleistungen an Nichtunternehmer im Drittland
§ 3a Abs. 8 UStG	Ort bei bestimmten sonstigen Leistungen, die im Drittlandsgebiet genutzt oder ausgewertet werden
§ 3a Abs. 2 UStG	Grundsatz: Empfängerortprinzip
§ 3a Abs. 1 UStG	Grundsatz: Unternehmersitzprinzip

Besondere Regelungen zum Reihengeschäft enthält § 3 Abs. 6 Satz 5 und Satz 6 UStG und § 3 Abs. 7 Satz 2 UStG. Ein spezielles Reihengeschäft, das innergemeinschaftliche Dreiecksgeschäft, ist im § 25b UStG geregelt.

FALL 26

Versandhandelsregelung

Sachverhalt: Der Unternehmer Daniel Hausmann betreibt einen Handel mit Baumaterialien in Essen. Neben seinen Kunden in Deutschland hat er auch noch zahlreiche Kunden in Belgien und in den Niederlanden, die er mit Baumaterialien beliefert. Bei den Kunden handelt es sich ausnahmslos um Privatpersonen. Im Jahr 2017 hat Hausmann Lieferungen an belgische Privatpersonen im Umfang von 20 000 € getätigt und an niederländische Privatpersonen im Umfang von 150 000 €. Zu Beginn des Jahres 2018 rechnet er mit gleich bleibenden Umsätzen sowohl nach Belgien als auch in die Niederlande. Während die Prognose für die niederländischen Kunden zutraf, kam es hinsichtlich der belgischen Kunden zu einer unerwarteten Umsatzsteigerung. Die Umsätze übertrafen schon im Juni 2018 den Betrag von 35 000 €. Die Baumaterialien werden durch Hausmann mit eigenem Lkw ausgeliefert.

Frage: Wie sind die Umsätze des Jahres 2018 umsatzsteuerrechtlich zu beurteilen? Verzichtserklärungen von Hausmann liegen nicht vor.

LÖSUNG

Hausmann führt als Unternehmer i. S. d. § 2 Abs. 1 UStG Lieferungen (§ 3 Abs. 1 UStG) im Rahmen seines Unternehmens aus. Fraglich ist, wo sich der Lieferort für die Lieferungen befindet. Nach der Prüfungsreihenfolge, die sich aus § 3 Abs. 5a UStG ergibt, ist zunächst zu prüfen, ob § 3c UStG zur Anwendung kommt.

Fall 26

Erste Voraussetzung für die Anwendung des § 3c UStG ist, dass die Lieferung durch den Lieferer oder einen von ihm beauftragten Dritten ausgeführt wird. Dies ist in allen Fällen gegeben, da die Transporte durch Hausmann selbst ausgeführt wurden. Es liegen auch Warenbewegungen aus dem Gebiet eines Mitgliedstaats (Deutschland) in das Gebiet eines anderen Mitgliedstaats (Belgien bzw. Niederlande) vor. Des Weiteren gehören die Kunden zu den Abnehmern i. S. d. § 3c Abs. 2 Satz 1 Nr. 1 UStG.

Für die Bestimmung des zutreffenden Lieferorts kommt es nun entscheidend auf die Lieferschwelle gem. § 3c Abs. 3 UStG an. Eine Verlagerung des Lieferorts an das Ende der Beförderung oder Versendung bürdet dem Lieferer die Verpflichtung auf, sich mit dem Steuerrecht des betreffenden Landes zu beschäftigen und seinen steuerlichen Pflichten in diesem Land nachzukommen. Dies soll nur in gewichtigen Fällen erfolgen. Aus diesem Grund regelt § 3c Abs. 3 Satz 1 UStG, dass die Regelung des § 3c UStG dann nicht anzuwenden ist, wenn bei dem Lieferer der Gesamtbetrag der Entgelte, der den Lieferungen in einem Mitgliedstaat zuzurechnen ist, die maßgebliche Lieferschwelle im laufenden Kalenderjahr nicht überschreitet und im vorangegangenen Kalenderjahr nicht überschritten hat. Abzustellen ist auf die Lieferschwelle des Landes, in dem die Beförderung oder Versendung endet. Die belgische Lieferschwelle beträgt 35 000 € und die niederländische Lieferschwelle beträgt 100 000 € (Abschn. 3c.1 Abs. 3 UStAE).

Damit ergibt sich für Hausmann im Jahr 2018 folgendes Ergebnis:

Die Lieferungen an die niederländischen Kunden werden, da bereits im Vorjahr die Lieferschwelle überschritten war, in den Niederlanden ausgeführt. Hausmann darf insoweit keine Rechnungen mit deutscher USt erteilen. Sollte er dies tun, würde er die ausgewiesene USt gem. § 14c Abs. 1 Satz 1 UStG schulden. Die Besteuerung richtet sich nach dem niederländischen Steuerrecht.

Die Lieferungen an die belgischen Kunden sind bis zum Erreichen der Lieferschwelle i. H. v. 35 000 € in Deutschland der Besteuerung zu unterwerfen, da bis zu diesem Zeitpunkt die Voraussetzungen des § 3c Abs. 3 Satz 1 UStG nicht vorliegen und der Lieferort sich nach § 3 Abs. 6 Satz 1 und Satz 2 UStG bestimmt. Ab Überschreiten der Lieferschwelle von 35 000 € sind die Lieferungen in Belgien steuerbar und steuerpflichtig, da nunmehr die Voraussetzungen des § 3c UStG allesamt erfüllt sind. Dies gilt bereits für den Umsatz, der zur Überschreitung der Lieferschwelle führt (Abschn. 3c.1 Abs. 3 Satz 6 UStAE).

HINWEIS

Bei Unterschreiten der Lieferschwelle kann der Unternehmer gem. § 3c Abs. 4 UStG auf die Anwendung der Lieferschwelle verzichten und die Besteuerung im Ankunftsland der Ware durchführen. Der Verzicht kann länderweise ausgeübt werden und bindet den Unternehmer dann aber für mindestens zwei Kalenderjahre. § 3c UStG kommt nicht zur Anwendung bei der Lieferung von neuen Fahrzeugen (§ 3c Abs. 5 Satz 1 UStG). Für verbrauchsteuerpflichtige Waren ist § 3c Abs. 5 Satz 2 UStG zu beachten.

FALL 27

Gaslieferung

Sachverhalt: Die Stadtwerke GmbH in Münster kauft im Jahre 2018 Gas von der russischen Firma Gazprom mit Sitz in Kiew für umgerechnet 500 000 € ein. Das Gas wird von der Stadtwerke GmbH an Kunden weiterverkauft. Die Rechnung der russischen Firma wird noch im Jahre 2018 beglichen. USt ist in der Rechnung nicht ausgewiesen worden.

Frage: Ergeben sich aus dem Einkauf des Gases für die Stadtwerke GmbH umsatzsteuerrechtliche Folgerungen?

LÖSUNG

Gas ist ein Gegenstand i. S. d. UStG. Somit führt die russische Firma Lieferungen gem. § 3 Abs. 1 UStG aus. Es handelt sich um Lieferungen im Rahmen ihres Unternehmens. Der Lieferort bestimmt sich nach § 3g UStG. Diese Ortsvorschrift ist mit Wirkung ab dem 1. 1. 2005 in das UStG aufgenommen worden und enthält eine Regelung zum Ort der Lieferung von Gas oder Elektrizität. Ab dem 1. 1. 2011 sind die Lieferungen von Wärme und Kälte aufgenommen worden.

Zunächst ist festzustellen, ob das Gas an einen Wiederverkäufer oder aber an einen anderen Abnehmer veräußert wird. Da die Stadtwerke GmbH das erworbene Gas weiterveräußert und der eigene Verbrauch des Gases von untergeordneter Bedeutung ist, handelt es sich bei dem Käufer um einen Wiederverkäufer. In diesem Fall findet § 3g Abs. 1 UStG Anwendung. Danach ist der Lieferort dort, wo der Abnehmer sein Unternehmen betreibt, also in Münster.

Da die Lieferung auch gegen Entgelt ausgeführt wird, ist der Umsatz steuerbar gem. § 1 Abs. 1 Nr. 1 Satz 1 UStG. Er ist auch mangels Steuerbefreiung steuerpflichtig. Der Steuersatz beträgt 19 % (§ 12 Abs. 1 UStG). Die Bemessungsgrundlage beträgt 500 000 €, so dass eine USt i. H. v. 95 000 € entsteht.

Steuerschuldner ist die Stadtwerke GmbH gem. § 13b UStG. Der Umsatz ist im § 13b Abs. 2 Nr. 5 Buchst. a UStG aufgeführt; denn es liegt eine Lieferung von Gas eines im Ausland ansässigen Unternehmers (§ 13b Abs. 7 Satz 1 UStG) unter den Bedingungen des § 3g UStG vor. Der Leistungsempfänger, die Stadtwerke GmbH, ist Unternehmer und erfüllt damit die Anforderungen des § 13b Abs. 5 Satz 1 UStG. Folglich wechselt die Steuerschuld auf den Leistungsempfänger und das russische Unternehmen muss sich in Deutschland nicht registrieren lassen.

Die Steuerschuld entsteht bei der Stadtwerke GmbH mit Ausstellung der Rechnung, spätestens mit Ablauf des der Ausführung der Leistung folgenden Kalendermonats. Für die Ausstellung der Rechnung ist § 14a Abs. 5 UStG zu beachten. Unter den übrigen Voraussetzungen des § 15 UStG kann die Stadtwerke GmbH die Steuer als Vorsteuer abziehen (§ 15 Abs. 1 Satz 1 Nr. 4 UStG).

Die Einfuhr des Gases durch die russische Firma ist steuerbar gem. § 1 Abs. 1 Nr. 4 UStG aber steuerfrei gem. § 5 Abs. 1 Nr. 6 UStG.

FALL 28

Ort der Lieferung, Verkaufskommission

Sachverhalt: Die Jönes GmbH aus Krefeld stellt Damenoberbekleidung für den gesamten europäischen Markt her. Zur Absatzsteigerung auf dem französischen Markt bedient sie sich der Junot SNC, einer nach deutschem Recht vergleichbaren OHG, die es als Kommissionärin übernimmt, die Waren der GmbH im eigenen Namen, aber für Rechnung der GmbH auf dem französischen Markt zu verkaufen. Am 5. 2. 2018 lässt die Junot SNC die Ware mit eigenem Lkw abholen und zu ihrem Lager in der Nähe von Paris transportieren. Im Mai 2018 gelingt es ihr, das gesamte Kontingent an ein französisches Warenhaus zu veräußern. Am 10. 6. 2018 geht bei der GmbH folgende Abrechnung der SNC ein (Auszug):

Verkaufserlös Kollektion	85 000 €
abzgl. vereinbarter Provision i. H. v. 20 %	17 000 €
abzgl. Transport- u. Lagerkosten	3 000 €
zu Ihren Gunsten	65 000 €

Den Betrag von 65 000 € überwies die Junot SNC noch im Juni 2018 auf das Konto der GmbH.

Frage: Wie ist die Beziehung zwischen der Jönes GmbH und der Junot SNC umsatzsteuerrechtlich zu beurteilen, und welche Rechtsfolgen ergeben sich hieraus für den vorliegenden Fall?

LÖSUNG

1. Da es die Junot SNC gewerbsmäßig übernimmt, Waren für Rechnung eines Anderen im eigenen Namen zu kaufen oder zu verkaufen, wird sie als Kommissionärin tätig. Wegen § 3 Abs. 3 UStG bewirkt im Falle der Verkaufskommission der Kommittent an den Kommissionär eine Lieferung, und zwar unter Beachtung der Vorgaben des BFH in seinem Urteil vom 25. 11. 1986 (BStBl 1987 II 278) erst in dem Zeitpunkt, zu dem der Kommissionär die Kommissionsware an den Abnehmer, hier das französische Warenhaus, veräußert. Daraus folgt zweierlei:
   - Im Zeitpunkt der Abholung am 5. 2. 2018 liegt seitens der Jönes GmbH noch keine Lieferung an die Junot SNC vor.
   - Im Zeitpunkt der Veräußerung im Mai 2018 liegt zeitgleich sowohl die Lieferung von Junot SNC an das französische Warenhaus als auch die Lieferung der Jönes GmbH an Junot SNC vor.
2. Unter Beachtung der Vorgaben zur Ortsbestimmung im § 3 Abs. 6 und Abs. 7 UStG ist für die Ortsbestimmung stets zu fragen, ob der konkreten Lieferbeziehung eine Warenbewegung zugrunde liegt oder nicht. Warenbewegt wird die Lieferung stets dann, wenn entweder der Leistende oder der Leistungsempfänger für den Transport der Ware verantwortlich zeichnet. Eine nicht warenbewegte Lieferung liegt grundsätzlich in den Fällen der Grundstückslieferung oder der Lieferung an beweglichen Gegenständen unter Beachtung der Eigentumsverschaffung nach §§ 929, 930 und 931 BGB vor.

In den Fällen der Kommissionslieferung erfolgt der Transport vom Kommittenten an den Kommissionär noch nicht im Rahmen einer zugrunde liegenden Lieferbeziehung. In dem Moment, wo der Kommittent an den Kommissionär liefert, befindet sich in der Regel – wie im vorliegenden Fall auch – die Ware bereits beim Kommissionär. Damit ist die Warenbewegung ausschließlich der Lieferbeziehung zwischen der Junot SNC und dem französischen Warenhaus, nicht dagegen der Lieferbeziehung zwischen der Jönes GmbH und der Junot SNC zuzuordnen. Gem. § 3 Abs. 7 Satz 1 UStG liefert die Jönes GmbH folglich an die Junot SNC dort, wo sich der Gegenstand im Zeitpunkt der Verschaffung der Verfügungsmacht befindet, also an dem Ort, wo sich das Lager in der Nähe von Paris befindet. Daraus folgt die Nichtsteuerbarkeit der Lieferung von der Jönes GmbH an die Junot SNC in Deutschland.

3. Wegen der durch diese Falllösung ausgelösten binnenmarktrechtlichen Problematik, insbesondere eines durch die Jönes GmbH ausgelösten innergemeinschaftlichen Verbringens mit Erwerbsteuerpflicht in Frankreich und steuerpflichtiger Lieferung ebenfalls in Frankreich, verbunden mit der Verpflichtung einer Fiskalvertreterbestellung, lässt Abschn. 1a.2 Abs. 7 Satz 2 UStAE als Vereinfachungsregelung zu, dass im Falle der Verkaufskommission die Lieferung zwischen Kommittent und Kommissionär bereits zu dem Zeitpunkt als erbracht angesehen werden kann, wenn das Kommissionsgut bei der Zurverfügungstellung an den Kommissionär vom Ausgangs- in den Bestimmungsmitgliedstaat gelangt. Unter Beachtung dieser Vereinfachungsregelung muss damit die Warenbewegung bereits der Lieferbeziehung zwischen der Jönes GmbH und der Junot SNC zugeordnet werden.

   Der Lieferort bestimmt sich dann gem. § 3 Abs. 6 Satz 1 UStG und liegt dort, wo mit dem Abtransport der Ware nach Frankreich begonnen wird, also in Krefeld. Macht die Jönes GmbH von dieser Vereinfachungsregelung Gebrauch, führt sie im Inland einen steuerbaren, aber gem. § 4 Nr. 1 Buchst. b UStG i. V. m. § 6a Abs. 1 UStG steuerbefreiten Umsatz aus. Unter Beachtung der binnenmarktrechtlichen Besonderheiten, wie Angabe der steuerbefreiten Lieferung in der Zusammenfassenden Meldung nach § 18a UStG sowie Deklarierung gem. § 18b UStG in der entsprechenden Voranmeldung mit dem Betrag von 65 000 €, könnte sich die Jönes GmbH ihrer steuerlichen Verpflichtungen in Frankreich entledigen. Wegen der Besonderheiten der Rechnungserteilung vgl. § 14a Abs. 3 UStG.

FALL 29

Ort der Lieferung (§ 3 Abs. 6 und Abs. 7 UStG); Reihengeschäft

Sachverhalt: Der Kölner Unternehmer Kurz bestellt am 5. 1. 2018 bei seinem Großhändler Monz aus Düsseldorf Maschinenteile, die dieser wiederum bei der Schmitz GmbH & Co. KG Koblenz und diese schließlich beim Maschinenteilehersteller Jupiter AG Chemnitz bestellt. Die Teile werden direkt von Chemnitz nach Köln transportiert.

a) Für den Transport ist die Jupiter AG verantwortlich.

b) Kurz holt die Teile mit eigenem Lkw ab.

c) Auf Anweisung der Fa. Monz aus Düsseldorf werden die Teile vom Spediteur Jönes aus Berlin von Chemnitz nach Köln transportiert.

In allen drei Fallvarianten erfolgt der Transportbeginn am 31. 1. 2018, Ankunft der Ware am 1. 2. 2018 in Köln. Die Fa. Monz liefert für 35 700 €, die Schmitz GmbH & Co. KG für 29 000 € und die Jupiter AG für 23 800 €.

Fragen:

1. Wie sind die Leistungsbeziehungen zwischen Kurz, der Fa. Monz, der Schmitz GmbH & Co. KG und der Jupiter AG umsatzsteuerrechtlich zu würdigen?
2. Wo liegt jeweils der Ort der Lieferung?
3. Wann ist jeweils geliefert worden?

LÖSUNG

1. Die Unternehmer Monz, die Schmitz GmbH & Co. KG und die Jupiter AG haben jeweils im Reihengeschäft geliefert. Gem. § 3 Abs. 6 Satz 5 UStG liegt ein Reihengeschäft dann vor, wenn mehrere Unternehmer (hier: Monz, Schmitz GmbH & Co. KG, Jupiter AG und Kurz) über denselben Gegenstand (die Maschinenteile) Umsatzgeschäfte abschließen und dieser Gegenstand bei der Beförderung oder Versendung unmittelbar vom ersten Unternehmer (der Jupiter AG) an den letzten Abnehmer (den Kölner Unternehmer Kurz) gelangt. Im vorliegenden Sachverhalt liegen damit drei Lieferungen vor, und zwar eine Lieferung der Jupiter AG an die Schmitz GmbH & Co. KG, eine Lieferung der Schmitz GmbH & Co. KG an die Fa. Monz sowie eine Lieferung der Fa. Monz an den Kölner Unternehmer Kurz.
2. Wie bei der Ortsbestimmung bei einem zweigliedrigen Umsatzgeschäft auch, muss bei einem Reihengeschäft ebenfalls die Frage geklärt werden, welcher Lieferbeziehung die Warenbewegung zugeordnet werden kann. § 3 Abs. 6 Satz 5 UStG bestimmt, dass auch im Reihengeschäft die Warenbewegung nur einer der Lieferungen in der Reihe zugeordnet werden kann.

   Die Ortsbestimmung der warenbewegten Lieferung richtet sich grundsätzlich nach § 3 Abs. 6 Satz 1 UStG, wonach die Lieferung dort als ausgeführt gilt, wo die Beförderung oder Versendung an den Abnehmer beginnt. Die nicht warenbewegten Lieferungen in der Reihe werden gem. § 3 Abs. 7 Satz 1 UStG an dem Ort ausgeführt, wo sich der Gegenstand zur Zeit der Verschaffung der Verfügungsmacht befindet. In den Fällen des Reihengeschäfts bestimmt dabei konkretisierend § 3 Abs. 7 Satz 2 Nr. 1 UStG, dass die nicht warenbewegten Lieferungen, die der Beförderungs- oder Versendungslieferung vorangehen, dort als ausgeführt gelten, wo die Beförderung oder Versendung des Gegenstands beginnt. Gemäß § 3 Abs. 7 Satz 2 Nr. 2 UStG gelten die nicht warenbewegten Lieferungen, die der Beförderungs- oder Versendungslieferung in der Reihe nachfolgen, dort als ausgeführt, wo die Beförderung oder Versendung des Gegenstands endet.

   a) Ist die Jupiter AG für den Transport verantwortlich, muss die Warenbewegung der Lieferbeziehung Jupiter AG an die Schmitz GmbH & Co. KG zugeordnet werden. Folglich liegt der Ort dieser Lieferung von Jupiter AG an die Schmitz GmbH & Co. KG dort, wo mit der Warenbewegung begonnen wird, § 3 Abs. 6 Satz 1 UStG, also in Chemnitz. Die Lieferungen der Schmitz GmbH & Co. KG an die Fa. Monz und von der Fa. Monz an den Kölner Unternehmer Kurz sind dagegen die nicht warenbewegten Lieferungen, die der warenbewegten Lieferung nachfolgen. Gemäß § 3 Abs. 7 Satz 2 Nr. 2 UStG gelten diese Lieferungen dort als ausgeführt, wo die Beförderung oder Versendung des Gegenstands endet, also in Köln.

b) Holt der letzte Abnehmer in der Kette, hier Kurz, die Teile mit eigenem Lkw ab, ist die Warenbewegung der Lieferbeziehung der Fa. Monz an Kurz zuzuordnen. Gemäß § 3 Abs. 6 Satz 1 UStG liegt folglich der Ort für diese Lieferung von der Fa. Monz an Kurz dort, wo mit der Warenbewegung begonnen wird, also in Chemnitz. Die Lieferungen der Jupiter AG an die Schmitz GmbH & Co. KG sowie der Schmitz GmbH & Co. KG an die Fa. Monz stellen dagegen die nicht warenbewegten Lieferungen dar, die der warenbewegten Lieferung vorangehen. Gemäß § 3 Abs. 7 Satz 2 Nr. 1 UStG gelten diese Lieferungen dort als ausgeführt, wo die Beförderung oder Versendung des Gegenstands beginnt, also ebenfalls in Chemnitz.

c) Erfolgt der Transport durch einen in der Mitte der Reihe stehenden Unternehmer, kann die Warenbewegung sowohl der Lieferung **an** ihn als auch der Lieferung **durch** ihn zugeordnet werden.

Aufgrund einer Wertentscheidung des Gesetzgebers in § 3 Abs. 6 Satz 6 UStG ist im Grundsatz in diesen Fällen die Warenbewegung der Lieferung an ihn zuzuordnen. Die amtliche Begründung spricht insoweit von einer widerlegbaren Vermutung.

Unter Beachtung dieser Vorgabe wäre folglich die Warenbewegung gem. § 3 Abs. 6 Satz 6 erster Halbs. UStG der Lieferung Schmitz GmbH & Co. KG an Fa. Monz zuzuordnen. Gemäß § 3 Abs. 6 Satz 1 UStG liegt der Ort für diese warenbewegte Lieferung dort, wo mit der Warenbewegung begonnen wird, also in Chemnitz. Die Lieferung der Jupiter AG an Schmitz GmbH & Co. KG sowie die Lieferung der Fa. Monz an Kurz stellen die nicht warenbewegten Lieferungen dar. Da die Lieferung der Jupiter AG an die Schmitz GmbH & Co. KG als nicht warenbewegte Lieferung der warenbewegten Lieferung vorangeht, liegt der Ort dieser nicht warenbewegten Lieferung gem. § 3 Abs. 7 Satz 2 Nr. 1 UStG dort, wo die Warenbewegung beginnt, also in Chemnitz. Die Lieferung der Fa. Monz an Kurz dagegen geht als nicht warenbewegte Lieferung der warenbewegten Lieferung nach, so dass gem. § 3 Abs. 7 Satz 2 Nr. 2 UStG der Ort dieser Lieferung dort liegt, wo die Warenbewegung endet, also in Köln.

Für den Fall dagegen, dass der für den Transport zuständige Unternehmer gem. § 3 Abs. 6 Satz 6 zweiter Halbs. UStG nachweist, dass er den Gegenstand als Lieferer befördert oder versendet hat, muss die Warenbewegung der Lieferung **durch** ihn zugeordnet werden. In diesem Falle wäre die Warenbewegung der Lieferbeziehung der Fa. Monz an Kurz zuzuordnen, die gem. § 3 Abs. 6 Satz 1 UStG damit in Chemnitz ausgeführt worden wäre. Sowohl die Lieferung Jupiter AG an Schmitz GmbH & Co. KG als auch die Lieferung der Schmitz GmbH & Co. KG an die Fa. Monz wären dagegen als nicht warenbewegte Lieferungen gem. § 3 Abs. 7 Satz 2 Nr. 1 UStG dort ausgeführt, wo mit der Warenbewegung begonnen wird, also in Chemnitz.

Der mittlere Unternehmer tätigt die Beförderung oder Versendung in seiner Eigenschaft als Lieferer, wenn er unter der USt-IdNr. des Mitgliedstaats auftritt, in dem die Beförderung oder Versendung beginnt, und wenn er aufgrund der mit seinem Vorlieferanten und seinem Auftraggeber vereinbarten Lieferkonditionen Gefahr und Kosten der Beförderung oder Versendung übernommen hat (Abschn. 3.14 Abs. 10 UStAE).

3. Nach wie vor umstritten ist die Frage nach dem Zeitpunkt der Lieferung. Zum Teil wird unter Bezugnahme auf die zivilrechtliche Betrachtungsweise verlangt, dass nur unter den Voraussetzungen der Gefahrtragungsregeln der §§ 446, 447 BGB bereits mit der Übergabe an die Transportperson die Lieferung schon als ausgeführt gilt. Ansonsten ergäbe sich der Zeitpunkt der Lieferung alleine aus § 3 Abs. 1 UStG mit tatsächlich verschaffter Verfügungsmacht, also letztlich durch Übergabe des Gegenstands an den Abnehmer. Richtigerweise sollte m. E. unter Hinweis auf die Formulierung im § 3 Abs. 6 Satz 1 UStG (... gilt die Lieferung dort als ausgeführt ...) die Vorschrift sowohl orts- als auch zeitbezogen interpretiert werden.

   Richtig gelesen bedeutet die Aussage im § 3 Abs. 6 Satz 1 UStG, dass die Lieferung als ausgeführt gilt, wenn mit der Beförderung oder Versendung begonnen wird (Zeitfiktion), und zwar dort, wo sich der Gegenstand bei Beginn der Beförderung oder Übergabe an den Beauftragten befindet (Ortsfiktion). Damit gilt: In dem Zeitpunkt, in dem mit der Beförderung oder Versendung in den Fällen des § 3 Abs. 6 Satz 1 UStG begonnen wird, wird auch geliefert, und zwar dort, wo die Beförderung beginnt oder der Gegenstand an den Beauftragten übergeben wird. Dies wird nunmehr auch von der Finanzverwaltung im BMF-Schreiben vom 26. 9. 2005, BStBl 2005 I 937, vertreten.

   Hieraus folgt für die Fallvariante a), dass die Lieferung der Jupiter AG an die Schmitz GmbH & Co. KG mit Beginn des Transports am 31. 1. 2018 als ausgeführt gilt, während die nachfolgenden Lieferungen der Schmitz GmbH & Co. KG an die Fa. Monz und von der Fa. Monz an Kurz am 1. 2. 2018 zeitlich als ausgeführt anzusehen sind.

   In der Fallvariante b) sind alle Lieferungen in der Reihe mit Beginn des Transports am 31. 1. 2018 ausgeführt.

   In der Fallvariante c) sind unter Beachtung des Grundsatzes von § 3 Abs. 6 Satz 6 erster Halbs. UStG die Lieferungen der Jupiter AG an die Schmitz GmbH & Co. KG sowie die Lieferung der Schmitz GmbH & Co. KG an die Fa. Monz am 31. 1. 2018, die Lieferung der Fa. Monz an Kurz dagegen am 1. 2. 2018 ausgeführt worden. Sofern dem Unternehmer der Nachweis nach § 3 Abs. 6 Satz 6 zweiter Halbs. UStG gelingt, wären alle Lieferungen in der Reihe am 31. 1. 2018 ausgeführt worden.

FALL 30

Ort der Lieferung (§ 3 Abs. 6, Abs. 7 und Abs. 8 UStG); Reihengeschäft

Sachverhalt: Die Maschinenbaufirma Meier in Herford (Westf.) kauft bei der Fa. Präzisionstechnik-KG in München eine automatische Zeitkarten-Stechuhr der Fa. Kienzle in Zürich in der Schweiz. Da die KG die Uhr nicht vorrätig hat, bestellt sie diese ihrerseits bei der Fa. Kienzle in Zürich und vereinbart den Transport des Geräts am 19. 2. 2018 direkt von Zürich nach Herford. Die Fa. Kienzle führt den Transport mit eigenem Fahrzeug durch und händigt vereinbarungsgemäß der KG den zollamtlichen Beleg der von der KG zu tragenden Einfuhrumsatzsteuer i. H. v. 6 412 € aus. Meier vereinbarte mit der KG die Lieferkondition „versteuert und verzollt". Noch am 19. 2. 2018 nimmt Meier die Uhr in Betrieb.

Frage: Wie sind die Lieferbeziehungen zwischen den Firmen Meier, Kienzle und der Präzisionstechnik-KG umsatzsteuerrechtlich zu beurteilen?

LÖSUNG

Die Fa. Präzisionstechnik-KG sowie die Fa. Kienzle führen Umsätze im Rahmen eines Reihengeschäfts aus. Mehrere Unternehmer, nämlich die Fa. Kienzle, die Fa. Präzisionstechnik-KG und die Fa. Meier, schließen über denselben Gegenstand, die automatische Zeitkarten-Stechuhr, Umsatzgeschäfte ab, bei nur einer Warenbewegung vom ersten Unternehmer in der Reihe, der Fa. Kienzle Zürich, an den letzten Abnehmer, die Fa. Meier. Gemäß § 3 Abs. 6 Satz 5 UStG ist auch bei einem Reihengeschäft die warenbewegte Lieferung nur einer Lieferbeziehung zuzuordnen. Da die Fa. Kienzle aus Zürich den Warentransport durchführt, ist die Warenbewegung der Lieferung der Fa. Kienzle an die Präzisionstechnik-KG zuzuordnen. Der Ort dieser Lieferung bestimmt sich grundsätzlich nach § 3 Abs. 6 Satz 1 UStG und liegt dort, wo mit der Warenbewegung begonnen wird, also in Zürich.

Eine Ortsverlagerung gem. § 3 Abs. 8 UStG ins Inland scheidet in der Lieferbeziehung Kienzle an Präzisionstechnik-KG aus. Zwar gelangt der Gegenstand bei der Lieferung durch die Beförderung aus dem Drittlandsgebiet Schweiz in das Inland. In der Lieferbeziehung Kienzle an die Präzisionstechnik-KG ist jedoch nicht der Leistende, die Fa. Kienzle, Schuldner der Einfuhrumsatzsteuer. Aufgrund der vertraglichen Vereinbarung ist alleine die Präzisionstechnik-KG, nicht zuletzt durch die Aushändigung der zollamtlichen Belege, als Schuldner der deutschen Einfuhrumsatzsteuer anzusehen.

Die Lieferbeziehung Präzisionstechnik-KG an Meier ist als nicht warenbewegte Lieferung zu qualifizieren. Gemäß § 3 Abs. 7 Satz 2 Nr. 2 UStG liegt der Ort dieser der warenbewegten Lieferung nachfolgenden Lieferung dort, wo die Warenbewegung endet, also in Herford. § 3 Abs. 8 UStG kann auch in dieser Lieferbeziehung nicht zum Tragen kommen. Zwar ist der Leistende diesmal Schuldner der deutschen Einfuhrumsatzsteuer. § 3 Abs. 8 UStG verlangt jedoch eine warenbewegte Lieferung, so dass für die nicht warenbewegte Lieferung Präzisionstechnik-KG an Meier der § 3 Abs. 8 UStG zwingend ausscheiden muss.

Die KG erbringt einen steuerbaren Umsatz gem. § 1 Abs. 1 Nr. 4 UStG. Da die KG Schuldnerin der Einfuhrumsatzsteuer ist, kann sie gem. § 15 Abs. 1 Satz 1 Nr. 2 UStG die von ihr zu tragende Einfuhrumsatzsteuer als Vorsteuer geltend machen. Die Fa. Meier kann, sofern ihr durch die KG USt gesondert in Rechnung gestellt wird, gem. § 15 Abs. 1 Satz 1 Nr. 1 UStG ebenfalls den Vorsteuerabzug beanspruchen. Ausschlussgründe sind nicht ersichtlich.

FALL 31

Innergemeinschaftliches Reihengeschäft mit deutschem Zwischenhändler

Sachverhalt: Die Johannes Schwarz KG aus Nürnberg bestellt Maschinenteile beim Turiner Maschinenbauer Turelli S. A. (Italien). Dieser befördert auftragsgemäß die Teile unmittelbar zum Kunden der Schwarz KG, dem deutschen Abnehmer, der Deutschland AG München. Die Beförderung erfolgt mittels eigenen Lkws der Turelli S. A.

Die Schwarz KG und die Deutschland AG benutzen ihre deutsche, Turelli S. A. ihre italienische USt-IdNr.

Frage: Welche umsatzsteuerrechtlichen Konsequenzen werden beim deutschen Zwischenhändler, der Johannes Schwarz KG, ausgelöst?

LÖSUNG

Die Schwarz KG bewirkt an die Deutschland AG eine Lieferung im Reihengeschäft, § 3 Abs. 6 Satz 5 UStG. Mehrere Unternehmer, die Turelli S. A., die Johannes Schwarz KG und die Deutschland AG, schließen mehrere Umsatzgeschäfte über denselben Gegenstand, die Maschinenteile, ab, bei nur einer Warenbewegung von der Turelli S. A. in Turin direkt zum Abnehmer, der Deutschland AG in München.

Der Warentransport durch die Turelli S. A. ist der Lieferbeziehung Turelli S. A. an Schwarz KG zuzuordnen. Der Ort dieser warenbewegten Lieferung bestimmt sich entsprechend § 3 Abs. 6 Satz 1 UStG und liegt in Turin. Turelli S. A. leistet aus italienischer Sicht innergemeinschaftlich steuerfrei (vgl. für das deutsche Recht § 6a Abs. 1 UStG), da bei der Warenbewegung der Gegenstand von einem Mitgliedstaat in einen anderen Mitgliedstaat gelangt und der Leistungsempfänger dieser Lieferung, die Johannes Schwarz KG, als regelversteuernder Unternehmer mit Vorsteuerabzugsberechtigung den innergemeinschaftlichen Erwerb besteuern muss.

Die Johannes Schwarz KG bewirkt einen innergemeinschaftlichen Erwerb, § 1a Abs. 1 UStG, in Deutschland, § 3d Satz 1 UStG. Ihre Lieferung an die Deutschland AG beurteilt sich als nicht warenbewegte Lieferung nach § 3 Abs. 7 Satz 2 Nr. 2 UStG und wird dort ausgeführt, wo die Warenbewegung endet, also in München.

Der deutsche Zwischenhändler, die Johannes Schwarz KG, löst somit – unter Beachtung der allgemeinen Vorschriften zum Ort der Lieferung und zum innergemeinschaftlichen Erwerb – zum einen einen steuerbaren und steuerpflichtigen innergemeinschaftlichen Erwerb sowie eine daran anschließende steuerbare und steuerpflichtige Lieferung in Deutschland aus. In Höhe der USt aus dem innergemeinschaftlichen Erwerb steht ihr der Vorsteuerabzug nach § 15 Abs. 1 Satz 1 Nr. 3 UStG zu.

Die Vereinfachungsregelungen für das innergemeinschaftliche Dreiecksgeschäft (§ 25b UStG) greifen dagegen nicht ein, da gem. § 25b Abs. 1 Satz 1 Nr. 2 UStG ein innergemeinschaftliches Dreiecksgeschäft stets nur dann vorliegt, wenn die in der Reihe tätigen Unternehmer in jeweils verschiedenen Mitgliedstaaten für Zwecke der USt registriert sind. Da sowohl die Schwarz KG als auch die Deutschland AG mit ihrer deutschen USt-IdNr. auftreten, scheidet daher die Annahme eines innergemeinschaftlichen Dreiecksgeschäfts zwingend aus.

FALL 32

Innergemeinschaftliches Dreiecksgeschäft mit deutschem Endabnehmer

Sachverhalt: Die Maier Optik GmbH & Co. KG aus Köln bestellt hochwertige optische Gläser bei der italienischen Pinetta S. r. l. aus Venedig, die ihrerseits diese Gläser bei der französischen France S. A. Paris ordert. Weisungsgemäß befördert France S. A. die Ware am 10. 11. 2018 mittels eigenem Lkw von Paris nach Köln. France S. A. rechnet vereinbarungsgemäß mit Rechnung vom 5. 12. 2018 über 19 335 € gegenüber Pinetta und Pinetta mit Rechnung vom 11. 12. 2018 über 24 278 € ab. Die KG tritt mit ihrer deutschen, Pinetta mit ihrer italienischen und France S. A. mit ihrer französischen USt-IdNr. auf.

Fragen:

1. Welche umsatzsteuerrechtlichen Konsequenzen löst die Warenlieferung für den Abnehmer, die Maier Optik GmbH & Co. KG aus Köln, aus?
2. Unterstellt, nicht France S. A., sondern die Maier GmbH & Co. KG wäre für den Transport verantwortlich, welche umsatzsteuerrechtlichen Konsequenzen löst der Transport für die Maier Optik GmbH & Co. KG und die France S. A. aus?

LÖSUNG

1. Die France S. A. aus Paris sowie die Fa. Pinetta aus Venedig bewirken Lieferungen im Reihengeschäft (§ 3 Abs. 6 Satz 5 UStG). Als Unternehmer schließen sie Umsatzgeschäfte über ein und denselben Gegenstand, die optischen Gläser, ab, bei nur einer Warenbewegung vom ersten Unternehmer in der Reihe, France S. A. Paris, zum letzten Abnehmer, der Maier Optik GmbH & Co. KG.

   Der Warentransport durch die France S. A. Paris ist der Lieferbeziehung France S. A. an Pinetta zuzuordnen. Der Ort dieser warenbewegten Lieferung liegt entsprechend § 3 Abs. 6 Satz 1 UStG in Frankreich. Wegen der bei dieser Warenbewegung erfolgten Grenzüberschreitung ist die Lieferung der France S. A. in Paris steuerfrei (vgl. für das deutsche Recht § 6a Abs. 1 UStG).

   Die Pinetta S. r. l. bewirkt als regelversteuernder vorsteuerabzugsberechtigter Unternehmer mit verwendeter USt-IdNr. gem. § 3d Satz 1 UStG in Deutschland einen innergemeinschaftlichen Erwerb, steuerbar nach § 1 Abs. 1 Nr. 5 UStG und steuerpflichtig. Außerdem liegt wegen der verwendeten italienischen USt-IdNr. auch ein innergemeinschaftlicher Erwerb in Italien vor (§ 3d Satz 2 UStG). Darüber hinaus bewirkt sie an die Maier Optik GmbH & Co. KG eine nicht warenbewegte Lieferung, die gem. § 3 Abs. 7 Satz 2 Nr. 2 UStG am Ende der Warenbewegung, also in Köln, ausgeführt ist. Diese Lieferung ist steuerbar und steuerpflichtig.

   Wegen des in Deutschland steuerpflichtigen innergemeinschaftlichen Erwerbs und der daran anschließenden steuerpflichtigen Lieferung müsste sich die Pinetta S. r. l. grundsätzlich in Deutschland registrieren lassen und ihre Umsätze in einer deutschen Umsatzsteuererklärung deklarieren.

Von dieser Registrierungspflicht kann der ausländische Unternehmer nur dann Abstand nehmen, sofern er im Rahmen eines innergemeinschaftlichen Dreiecksgeschäfts geleistet hat. Sofern nämlich die tatbestandlichen Voraussetzungen des innergemeinschaftlichen Dreiecksgeschäfts nach § 25b Abs. 1 UStG und die weiteren zusätzlichen Voraussetzungen des § 25b Abs. 2 UStG erfüllt sind, geht zum einen die Steuerschuld für die Lieferung an den letzten Abnehmer auf diesen über, und zum anderen gilt der durch den ausländischen Unternehmer bewirkte innergemeinschaftliche Erwerb als besteuert. Voraussetzung hierfür ist, dass zum einen

- drei Unternehmer über denselben Gegenstand Umsatzgeschäfte abschließen und dieser Gegenstand unmittelbar vom ersten Lieferer an den letzten Abnehmer gelangt,
- die Unternehmer in jeweils verschiedenen Mitgliedstaaten für umsatzsteuerliche Zwecke registriert sind,
- der Gegenstand der Lieferung aus dem Gebiet eines Mitgliedstaats in das Gebiet eines anderen Mitgliedstaats gelangt und
- der Gegenstand der Lieferung durch den ersten Lieferer oder den ersten Abnehmer befördert oder versendet wird.

Liegen diese Voraussetzungen vor, spricht der Gesetzgeber in § 25b Abs. 1 Satz 1 UStG von einem sog. innergemeinschaftlichen Dreiecksgeschäft, das auch zwischen den vorliegend am Reihengeschäft beteiligten Unternehmern France S. A., Pinetta S. r. l. und der Maier Optik GmbH & Co. KG besteht. Der Gegenstand der Lieferung ist durch den ersten Lieferer in der Reihe befördert oder versendet worden, der Gegenstand ist aus dem Gebiet eines Mitgliedstaats, Frankreich, in das Gebiet eines anderen Mitgliedstaats, Deutschland, gelangt, und es sind drei Unternehmer an dem Reihengeschäft beteiligt, die jeweils in verschiedenen Mitgliedstaaten für umsatzsteuerliche Zwecke registriert sind.

Die zuvor beschriebenen Rechtsfolgen des Übergangs der Steuerschuldnerschaft und der Fiktion, dass der innergemeinschaftliche Erwerb als besteuert gilt, setzen jedoch gem. § 25b Abs. 2 UStG weiterhin voraus, dass

- der Lieferung an den letzten Abnehmer ein innergemeinschaftlicher Erwerb vorausgegangen ist,
- der erste Abnehmer in dem Mitgliedstaat, in dem die Beförderung oder Versendung endet, nicht ansässig ist. Er muss gegenüber dem ersten Lieferer und dem letzten Abnehmer dieselbe USt-IdNr. benutzen, die ihm von einem anderen Mitgliedstaat erteilt worden ist, als dem, in dem die Beförderung oder Versendung beginnt oder endet,
- der erste Abnehmer dem letzten Abnehmer eine Rechnung erteilen muss, in der die Steuer nicht gesondert ausgewiesen ist und in der auf das Vorliegen eines innergemeinschaftlichen Dreiecksgeschäfts sowie auf die Steuerschuldnerschaft des letzten Abnehmers hingewiesen worden ist und
- der letzte Abnehmer die USt-IdNr. des Mitgliedstaats verwenden muss, in dem die Beförderung oder Versendung endet.

Auch diese zusätzlichen Voraussetzungen liegen im Verhältnis zwischen Pinetta S. r. l. und der Maier Optik GmbH & Co. KG vor. Der Lieferung an die Maier Optik GmbH & Co. KG geht ein innergemeinschaftlicher Erwerb der Pinetta S. r. l. aus Venedig voraus. Die Pinetta S. r. l. ist in Italien registriert, einem Land, in dem die Beförderung oder Versendung nicht beginnt oder endet, und sie hat sowohl gegenüber der France S. A. als auch der Maier Optik GmbH & Co. KG dieselbe, nämlich die italienische, USt-IdNr. verwendet. In ihrer Rechnung gegenüber dem Abnehmer, der Maier Optik GmbH & Co. KG, hat sie die Steuer nicht gesondert ausgewiesen, und der letzte Abnehmer, die Maier Optik GmbH & Co. KG, hat die USt-IdNr. des Mitgliedstaats, nämlich Deutschland, verwendet, in dem die Beförderung oder Versendung endete.

Hieraus folgt, dass die Steuer für die Lieferung der Pinetta S. r. l. an die Maier Optik GmbH & Co. KG durch diese geschuldet wird. Gemäß § 13a Abs. 1 Nr. 5 UStG ist in diesen Fällen die Maier Optik GmbH & Co. KG für die an sie ausgeführte Lieferung als Steuerschuldner anzusehen. Gemäß § 25b Abs. 4 UStG gilt dabei die vereinbarte Gegenleistung i. H. v. 24 278 € als Entgelt. Bei einem Steuersatz von 19 % schuldet damit die Maier Optik GmbH & Co. KG für die durch die Pinetta S. r. l. an sie ausgeführte Lieferung 4 612,82 € USt. Der Steueranspruch entsteht mit Ablauf des Voranmeldungszeitraums, in dem die Lieferung an die Maier Optik GmbH & Co. KG ausgeführt worden ist. Da die Warenbewegung am 10. 11. 2018 erfolgte, hat die Maier Optik GmbH & Co. KG in der Voranmeldung 11/2018 diese Umsatzsteuerschuld zu deklarieren. Die Maier Optik GmbH & Co. KG ist unter den übrigen Voraussetzungen des § 15 UStG zum Vorsteuerabzug berechtigt (§ 25b Abs. 5 UStG).

2. Erfolgt der Transport der Ware nicht durch den ersten oder zweiten Unternehmer in der Kette, sondern durch den letzten Abnehmer, scheidet zwingend die Annahme eines innergemeinschaftlichen Dreiecksgeschäfts aus (§ 25b Abs. 1 Satz 1 Nr. 4 UStG). Ein Übergang der Steuerschuldnerschaft auf die Maier Optik GmbH & Co. KG scheidet zwingend aus.

FALL 33

Ort der sonstigen Leistung: Güterbeförderungsleistungen in ein Drittland

Sachverhalt: Die Speditionsfirma Intertrans aus Freiburg befördert am 10. 4. 2018 Ware für die Ferdi Uhland KG aus Düsseldorf von Düsseldorf nach Bern (Schweiz). Intertrans rechnet gegenüber der KG über 1 400 € ohne Umsatzsteuerausweis ab. Ca. 1/10 der gesamten Fahrtstrecke entfällt auf die Schweiz.

Frage: Erbringt Intertrans eine in Deutschland steuerpflichtige Leistung?

LÖSUNG

Intertrans erbringt mit der Beförderungsleistung gegenüber der Ferdi Uhland KG eine sonstige Leistung gem. § 3 Abs. 9 Satz 1 UStG. Der Ort dieser Güterbeförderungsleistung bestimmt sich nach § 3a Abs. 2 Satz 1 UStG und ist dort, wo der Leistungsempfänger, die Ferdi Uhland KG, ihr Unternehmen betreibt, also in Düsseldorf. Die von Intertrans erbrachte sonstige Leistung ist steuerbar nach § 1 Abs. 1 Nr. 1 Satz 1 UStG, jedoch steuerfrei nach § 4 Nr. 3 Satz 1 Buchst. a

Doppelbuchst. aa UStG. Damit hat Intertrans zu Recht ohne Umsatzsteuerausweis gegenüber der Uhland KG abgerechnet.

Es bleibt darauf hinzuweisen, dass die Ortsbestimmung nach § 3b UStG nicht eingreift, da diese Vorschrift ab dem 1. 1. 2010 keine Regelung mehr trifft für eine Güterbeförderung an einen anderen Unternehmer für dessen Unternehmen.

FALL 34

Innergemeinschaftliche Güterbeförderung: Leistungsempfänger als Privatmann

Sachverhalt: Privatmann Günter Zebig aus Detmold beauftragt das französische Speditionsunternehmen Intertrans, Metz (Frankreich), seinen Umzug von Detmold nach Metz durchzuführen. Vereinbarter Preis: 12 180 €.

Frage: Welche Pflichten treffen Intertrans in Deutschland und welche in Frankreich?

LÖSUNG

Intertrans führt mit der Güterbeförderung eine sonstige Leistung aus, die gem. § 3b Abs. 3 UStG im Inland steuerbar ist. Da die Beförderung einen Gegenstand betrifft und in dem Gebiet von zwei verschiedenen EU-Mitgliedstaaten (Deutschland und Frankreich) beginnt und endet, handelt es sich um eine innergemeinschaftliche Güterbeförderung, deren Ortsbestimmung sich nach der Sondervorschrift des § 3b Abs. 3 UStG richtet. Der Leistungsempfänger ist ein Privatmann ohne USt-IdNr., so dass auch der in § 3b Abs. 3 UStG geforderte Leistungsempfänger vorhanden ist.

Die steuerbare Leistung ist auch steuerpflichtig, da die auf Güterbeförderungen anzuwendende Steuerbefreiung des § 4 Nr. 3 Satz 1 Buchst. a UStG keine Anwendung auf innergemeinschaftliche Güterbeförderungen findet (§ 4 Nr. 3 Satz 1 Buchst. a Doppelbuchst. aa UStG).

Intertrans hat wegen dieses steuerpflichtigen Inlandsumsatzes in Deutschland eine Voranmeldung abzugeben und die USt i. H. v. 1 944,71 € an das Finanzamt abzuführen. Der Wechsel der Steuerschuldnerschaft greift mangels Unternehmereigenschaft des Leistungsempfängers (Günter Zebig) nicht. Hinsichtlich des zuständigen Finanzamts ist die USt-Zuständigkeitsverordnung zu beachten.

FALL 35

Innergemeinschaftliche Güterbeförderung mit Steuerschuldnerwechsel

Sachverhalt: Sachverhalt wie Fall 34, nur ist Zebig Unternehmer, der bei dem Auftrag seine deutsche USt-IdNr. verwendet. Transportiert werden Gegenstände des Unternehmens.

Frage: Wie muss Intertrans gegenüber Zebig abrechnen?

LÖSUNG

Die Beförderungsleistung der französischen Speditionsfirma Intertrans beurteilt sich nach wie vor als innergemeinschaftliche grenzüberschreitende Güterbeförderung. Da der Leistungsempfänger ein Unternehmer ist, der die Leistung für sein Unternehmen bezieht, richtet sich der Leistungsort nach § 3a Abs. 2 Satz 1 UStG und ist in Detmold.

Da der Leistungsempfänger ein Unternehmer ist, kommt § 13b Abs. 1 und Abs. 5 Satz 1 UStG zur Anwendung. Der Leistende ist ein im übrigen Gemeinschaftsgebiet ansässiger Unternehmer (§ 13b Abs. 7 Satz 2 UStG); es wird an den Leistungsempfänger eine inländische steuerbare und steuerpflichtige sonstige Leistung ausgeführt, deren Leistungsort sich nach § 3a Abs. 2 Satz 1 UStG richtet, und der Leistungsempfänger ist ein Unternehmer, ungeachtet der Frage, ob die Leistung für sein Unternehmen oder für seinen Privatbereich ausgeführt wird (§ 13b Abs. 5 Satz 6 UStG).

Intertrans muss eine Rechnung i. S. d. § 14 Abs. 7 UStG ausstellen, in der keine USt gesondert ausgewiesen wird. Zebig ist unter den weiteren Voraussetzungen des § 15 UStG grundsätzlich zum Vorsteuerabzug berechtigt (§ 15 Abs. 1 Satz 1 Nr. 4 UStG).

FALL 36

Innergemeinschaftliche Güterbeförderung: Ortsverlagerung gem. § 3a Abs. 2 Satz 1 UStG

Sachverhalt: Sachverhalt wie in Fall 34, nur ist Zebig Unternehmer aus Venlo (Niederlande), der seine niederländische USt-IdNr. benutzt. Intertrans soll Bürogegenstände aus der Zweigniederlassung des Zebig in Detmold zur neuen Zweigniederlassung Zebigs nach Metz (Frankreich) befördern.

Frage: Welche Konsequenzen löst die von Zebig verwendete niederländische USt-IdNr. für Intertrans und für Zebig aus?

LÖSUNG

Intertrans erbringt an den Unternehmer Zebig eine sonstige Leistung, die wiederum als innergemeinschaftliche grenzüberschreitende Güterbeförderung zu behandeln ist. Die Beförderung beginnt und endet in den Gebieten zweier verschiedener EU-Mitgliedstaaten (Deutschland und Frankreich). Da der Leistungsempfänger Zebig die niederländische USt-IdNr. verwendet, ist der Leistungsort gem. § 3a Abs. 2 Satz 1 UStG in den Niederlanden.

Der Umsatz ist dort steuerbar und steuerpflichtig. Damit erbringt Intertrans eine in den Niederlanden steuerbare und steuerpflichtige Leistung. Intertrans müsste folglich mit niederländischer USt gegenüber Zebig abrechnen. Diese Verpflichtung trifft Intertrans jedoch nur dann, sofern nicht das niederländische Umsatzsteuerrecht die Steuerschuldnerschaft des in den Niederlanden steuerpflichtigen Umsatzes von Intertrans auf den Leistungsempfänger Zebig verlagert. Die Verlagerung der Steuerschuldnerschaft hätte gleichzeitig das Übergehen sämtlicher, ansonsten den Leistenden treffenden umsatzsteuerrechtlichten Pflichten auf den Leistungsempfänger zur Folge.

FALL 37

Vor- und Nachläufe zur innergemeinschaftlichen Güterbeförderung

Sachverhalt: Van Niehues, Unternehmer aus Arnheim (Niederlande), beauftragt den spanischen Spediteur Garcos, Ware von Madrid nach Neuss in den dortigen Hafen zu transportieren. Für die Weiterbeförderung per Binnenschiff von Neuss in sein Auslieferungslager im Hafen Emmerich kann van Niehues günstig den Binnenschiffer Hans Schmidt gewinnen. Sowohl gegenüber Garcos als auch gegenüber Schmidt tritt van Niehues mit seiner niederländischen USt-IdNr. auf. Garcos beginnt mit dem Transport am 2. 5. 2018 und erreicht den Neusser Hafen am 4. 5. 2018. Am 17. 5. 2018 transportiert Schmidt die Ware weiter nach Emmerich.

Fragen:

1. Wo liegt der Leistungsort für die Güterbeförderung des Garcos?
2. Wie beurteilt sich die Güterbeförderungsleistung des Schmidt?

LÖSUNG

1. Im Verhältnis zu seinem Auftraggeber, dem niederländischen Unternehmer van Niehues, erbringt der spanische Spediteur Garcos eine sonstige Leistung. Da die Beförderung einen Gegenstand betrifft und in dem Gebiet von zwei verschiedenen EU-Mitgliedstaaten (Spanien und Deutschland) beginnt und endet, handelt es sich um eine innergemeinschaftliche Güterbeförderung, deren Ortsbestimmung sich nach § 3a Abs. 2 Satz 1 UStG richtet.

   Da der Auftraggeber, van Niehues, bei der Auftragsvergabe seine niederländische USt-Id-Nr. benutzt hat, ist der Ort der Güterbeförderungsleistung in den Niederlanden. Mangels eingreifender Befreiung ist diese steuerbare Leistung in den Niederlanden steuerpflichtig. Verlagert sich entsprechend den Vorgaben in der MwStSystRL die Steuerschuld des in den Niederlanden steuerpflichtigen Umsatzes des Garcos auf den Leistungsempfänger van Niehues, begründet dies für Garcos die Pflicht, in seiner Rechnung keine niederländische USt ausweisen zu dürfen.

2. Die Güterbeförderungsleistung des Hans Schmidt ist dagegen keine innergemeinschaftliche Güterbeförderungsleistung, da sie nicht in zwei verschiedenen EU-Mitgliedstaaten beginnt und endet. Der Leistungsort bestimmt sich nach § 3a Abs. 2 Satz 1 UStG und ist damit ebenfalls in den Niederlanden. Die Güterbeförderungsleistung ist im Inland nicht steuerbar. In den Niederlanden wird die Steuerschuld auf den Leistungsempfänger wechseln.

FALL 38

Ort der sonstigen Leistung und unzutreffender Steuerausweis

Sachverhalt: Der Dortmunder Stuckateur Gustav Klinker hat im Wohnhaus des Steuerberaters Bantze in Lüdinghausen im Juli 2018 die Zimmerdecken mit Stuckarbeiten versehen. Hierüber hat er Bantze eine Rechnung über 14 200 € zzgl. 2 698 € USt geschickt.

Rechtsanwalt Heidemann, ein Bekannter Bantzes, ist anlässlich eines Besuchs bei Bantze von diesen Stuckdecken so sehr angetan, dass er Klinker beauftragt, in seinem Wohnhaus in Bielefeld und in seinem Ferienhaus am Plattensee (Ungarn) die Raumdecken mit Stuckarbeiten zu versehen. Nach Durchführung der Arbeiten erteilt Klinker dem Rechtsanwalt Heidemann eine Rechnung über 20 000 € zzgl. 3 800 € USt. Dieser Rechnungsbetrag entfällt je zur Hälfte auf die Arbeiten in Bielefeld und in Ungarn.

Klinker gibt Bantze wegen der „Vermittlung" der Aufträge für Heidemann eine Gutschrift über 2 698 €, so dass Bantze an ihn nur noch 14 200 € überweist.

Frage: Wie sind die geschilderten Leistungen zu besteuern?

LÖSUNG

Klinker erbringt mit seinen Stuckarbeiten sonstige Leistungen in Form von Werkleistungen (§ 3 Abs. 9 Satz 1 UStG) sowohl gegenüber Bantze als auch gegenüber Heidemann. Klinker schuldet als Erfolg die fertig gestellten Stuckdecken, wobei er lediglich Nebenstoffe in Gestalt von Gips u. a. verwendet, während sein handwerkliches Können im Vordergrund steht. Sämtliche Leistungen sind im Leistungsaustausch erbracht, da ein Entgelt vereinbart wurde.

Der Ort dieser sonstigen Leistungen richtet sich nach § 3a Abs. 3 Nr. 1 Satz 2 Buchst. c UStG, da es sich hier um Bauleistungen an Gebäuden handelt. Die gegenüber Bantze erbrachte Leistung ist somit steuerbar, desgleichen die in Bielefeld durchgeführte Leistung an Heidemann. Demgegenüber sind die in Ungarn durchgeführten Stuckarbeiten nicht steuerbar, da Ungarn Ausland ist.

Da Klinker trotz der Tatsache, dass die Leistung gegenüber Heidemann, soweit das Ferienhaus in Ungarn betroffen ist, nicht steuerbar ist, USt in der Rechnung an Heidemann offen ausweist, erfüllt er insoweit den Tatbestand des unrichtigen Steuerausweises. Nach der Rechtsprechung des BFH vom 7. 5. 1981 (BStBl 1981 II 547) liegt ein Fall des § 14c Abs. 1 Satz 1 UStG vor (vgl. auch Abschn. 14c.1 Abs. 1 Satz 5 Nr. 4 UStAE), so dass Klinker nach § 14c Abs. 1 Satz 2 UStG die Möglichkeit zur Berichtigung der Rechnung hat. Klinker schuldet den Betrag von 1 900 € gem. § 14c Abs. 1 Satz 1 UStG. Erst in dem Voranmeldungszeitraum, in dem die Rechnung berichtigt wird und die Rückzahlung erfolgt, darf Klinker seine USt-Schuld nach § 17 Abs. 1 UStG um 1 900 € mindern.

Die Tatsache, dass Klinker dem Steuerberater Bantze eine Gutschrift über 2 698 € gibt, ändert nichts daran, dass er die Leistung an Bantze mit 14 200 € netto i. H. v. 2 698 € umsatzversteuern muss. Klinker hat Bantze eine Provision dafür gegeben, dass er durch ihn die Möglichkeit erhalten hat, zwei weitere Aufträge auszuführen. Damit ist der Leistungspreis für die bei Bantze durchgeführten Stuckarbeiten nicht verändert worden, sondern es sind der Rechnungsbetrag von 16 898 € und die Provision von 2 698 € miteinander verrechnet worden.

Klinker schuldet daher USt i. H. v. 2 698 € für den ersten Auftrag, 1 900 € für den in Bielefeld durchgeführten Auftrag und 1 900 € nach § 14c Abs. 1 Satz 1 UStG für den in Ungarn durchgeführten Auftrag.

Die Provision von 2 698 € stellt zwar Entgelt für eine sonstige Leistung (Vermittlungsleistung) des Bantze dar. Diese ist jedoch nicht steuerbar, weil Bantze insoweit nicht im Rahmen seines Unternehmens tätig wird.

FALL 39

Die funktionsändernde Werkleistung

Sachverhalt: Papiergroßhändler Papandreos, Athen (Griechenland), beauftragt die deutsche Papierfabrik Pagru GmbH, Stuttgart, mit der Herstellung festen weißen Kartonblatts. Die hierfür notwendigen Materialien (Materialwert 10 500 €) lässt Papandreos zu der Pagru GmbH nach Stuttgart transportieren. Vereinbarungsgemäß berechnet die Pagru GmbH Papandreos für die Herstellung des Kartonblatts mit Rechnung vom 7. 5. 2018 35 000 € netto zzgl. eventuell anfallender USt. Das Kartonblatt wird am 15. 4. 2018 von Stuttgart zum Auslieferungslager des Papandreos nach Athen versendet. Die Pagru GmbH benutzt ihre deutsche, Papandreos seine griechische USt-IdNr.

Fragen:

1. Wie ist die Leistung der Pagru GmbH umsatzsteuerrechtlich zu beurteilen?
2. Welche Auswirkungen hat das gefundene Ergebnis auf die Rechnungserteilung der Pagru GmbH?

LÖSUNG

1. Die Pagru GmbH erbringt mit der Lohnveredelungsleistung (Herstellung des weißen festen Kartonblatts) eine sonstige Leistung (§ 3 Abs. 9 Satz 1 UStG). Diese sonstige Leistung wird gem. § 3a Abs. 2 Satz 1 UStG am Sitz des Leistungsempfängers erbracht. Da der Auftraggeber Papandreos seine griechische USt-IdNr. bei der Auftragsvergabe benutzt hat, ist der Leistungsort für die Pagru GmbH in Griechenland. § 3a Abs. 3 Nr. 3 Buchst. c UStG kommt nicht zur Anwendung, da der Leistungsempfänger Unternehmer ist und die Leistung für sein Unternehmen bezieht.
2. Die Verlagerung der steuerpflichtigen Lohnveredelungsleistung von Deutschland nach Griechenland hat grundsätzlich zur Konsequenz, dass der deutsche Unternehmer Pagru GmbH in Griechenland eine Rechnung mit griechischer USt für die dort ausgeführte steuerpflichtige griechische Lohnveredelungsleistung erteilen muss. Da die Pagru GmbH in Griechenland keine Betriebsstätte unterhält und somit dort auch steuerlich nicht registriert ist, müsste sie sich zur Erfüllung ihrer griechischen Umsatzsteuerverpflichtungen ggf. eines griechischen Fiskalvertreters bedienen. Wegen der damit verbundenen Komplikationen sehen die Umsatz-

steuerrechte aller übrigen EU-Mitgliedstaaten in Umsetzung von Art. 196 der MwStSystRL vor, dass in diesen Fällen die Steuerschuldnerschaft vom Leistenden auf den Leistungsempfänger übergeht. Da auch in Griechenland der Übergang der Steuerschuldnerschaft in diesem Fall vorgesehen ist, wird damit gleichzeitig der Leistende verpflichtet, eine Rechnung ohne Umsatzsteuerausweis zu erstellen (§ 14a Abs. 1 UStG). Die Pagru GmbH muss den Umsatz in ihre Zusammenfassende Meldung aufnehmen.

FALL 40

Lohnveredelungsleistung und Wechsel der Steuerschuldnerschaft

Sachverhalt: Die Modeboutique Klaus Stallmann aus Dortmund beauftragt unter Verwendung ihrer deutschen USt-IdNr. die niederländische Textilfabrik Meerhus B. V. aus Den Haag mit der Herstellung spezieller Lederblousons. Die Lederstücke, die für die Lederblousons benötigt werden und mit einem besonderen Werbeaufdruck versehen sind, stammen von Stallmann. Die Blousons sollen anlässlich des 50-jährigen Bestehens der Modeboutique verkauft werden. Am 3. 5. 2018 transportiert Stallmann die Lederstücke nach Den Haag, am 10. 7. 2018 liefert Meerhus B. V. die fertigen Blousons an Stallmann aus. Am 10. 8. 2018 rechnet Meerhus B. V. gegenüber Stallmann mit 21 750 € (wie vereinbart) netto ab.

Frage: Hat die niederländische Firma Meerhus B. V. zu Recht gegenüber Stallmann ohne gesondert ausgewiesene USt abgerechnet?

LÖSUNG

Die von der niederländischen Textilfabrik Meerhus B. V. erbrachte Lohnveredelungsleistung (Arbeiten an beweglichen körperlichen Gegenständen) ist eine sonstige Leistung, deren Ort gem. § 3a Abs. 2 Satz 1 UStG in Dortmund liegt. Diese Lohnveredelungsleistung ist im Inland steuerbar und steuerpflichtig.

Es handelt sich um einen steuerpflichtigen Umsatz i. S. d. § 13b Abs. 1 UStG. Ein im übrigen Gemeinschaftsgebiet ansässiger Unternehmer gem. § 13b Abs. 7 Satz 2 UStG erbringt eine steuerpflichtige sonstige Leistung, deren Leistungsort sich nach § 3a Abs. 2 Satz 1 UStG richtet. Da der Leistungsempfänger, Klaus Stallmann, auch Unternehmer ist, wird er für diese Leistung zum Steuerschuldner (§ 13b Abs. 5 Satz 1 UStG).

Die Steuer entsteht gem. § 13b Abs. 1 UStG mit Ausführung des Umsatzes, also am 10. 7. 2018. Der Umsatz ist in der Voranmeldung 7/2018 zu erfassen. Die USt beträgt 4 132,50 €. Gleichzeitig kann Stallmann diese Steuer als Vorsteuer geltend machen (§ 15 Abs. 1 Satz 1 Nr. 4 UStG).

Die Nettorechnung der niederländischen Firma ist zutreffend. Gemäß § 14 Abs. 7 UStG ist die niederländische Firma zur Ausstellung einer Rechnung verpflichtet. In der Rechnung ist auf die Steuerschuldnerschaft des Leistungsempfängers hinzuweisen und in der Rechnung darf die USt nicht gesondert ausgewiesen werden. Sollte in der Rechnung der Hinweis auf den Steuerschuldnerwechsel fehlen, so würden die Rechtsfolgen dadurch nicht beeinträchtigt.

Im Ergebnis ist somit festzuhalten, dass die Meerhus B. V. ohne gesonderten Umsatzsteuerausweis abrechnen muss. Dieses Ergebnis ist interessensgerecht, da hierdurch die Meerhus B. V. allein wegen dieses Umsatzes keinen Erklärungspflichten in Deutschland nachkommen muss.

FALL 41

Deutscher Auftragnehmer – Ware bleibt im Inland

Sachverhalt: Horst Schmidt betreibt eine Druckerei in Flensburg. Von dem dänischen Unternehmer Willemson aus Sonderburg (Dänemark) erhält er am 12. 4. 2018 den Auftrag, auf vorgefertigten und von Willemson zur Verfügung gestellten Werbeplakaten das Firmenlogo Willemson aufzudrucken. Schmidt ist für ein besonderes Druckverfahren bekannt. Vereinbart werden 5 375 € zzgl. eventuell anfallender USt. Willemson benutzt bei Auftragserteilung seine dänische USt-IdNr. Nach Fertigstellung der Lohnveredelung am 2. 5. 2018 bittet Willemson Schmidt, die Werbeplakate direkt nach Kiel zu transportieren. Dort sollen sie von der Jungblut OHG in Empfang genommen werden, die mit diesen Plakaten für Willemson in Deutschland einen Reklamefeldzug starten soll. Die Plakate sollen an deutsche Unternehmer verteilt werden, die sie behalten können. Der Transport von Flensburg nach Kiel am 3. 5. 2018 wird von Schmidt als Serviceleistung gegenüber Willemson nicht besonders berechnet.

Frage: Muss Schmidt für seine Lohnveredelungsleistung mit deutscher USt abrechnen?

LÖSUNG

Mit dem Aufdrucken des Firmenlogos erbringt Schmidt eine sonstige Leistung, die gem. § 3a Abs. 2 Satz 1 UStG dort ausgeführt wird, wo der Leistungsempfänger sein Unternehmen betreibt, also in Dänemark. Damit ist die Leistung im Inland nicht steuerbar. In Dänemark wechselt die Steuerschuld auf den dänischen Leistungsempfänger. Schmidt muss den Umsatz in seiner USt-Voranmeldung (§ 18b UStG) angeben und eine Zusammenfassende Meldung (§ 18a UStG) abgeben.

FALL 42

Deutscher Auftraggeber – Ware bleibt im EU-Land des Auftragnehmers

Sachverhalt: Die deutsche Maiblom KG aus Saarbrücken lässt seit geraumer Zeit von der französischen Pierrot S. A. aus Metz (Frankreich) Lederjacken herstellen. Das Ledermaterial stammt von der KG, die bei der Auftragserteilung stets ihre deutsche USt-IdNr. verwendet. Am 10. 4. 2018 beauftragt die KG die Pierrot S. A. abermals zur Anfertigung einer kompletten Kollektion zum Preise von 85 000 € netto. Die Kollektion ist für ein Pariser Modehaus bestimmt, deren Sonderwünsche bei der Herstellung bereits mit berücksichtigt werden sollen. Nach Fertigstellung der Lederjacken bei Pierrot S. A. holt die KG die Kollektion mit eigenem Lkw in Metz ab und transportiert sie direkt zum Modehaus nach Paris. Der Wert des Ledermaterials beträgt 58 000 €. Das Material wird am 28. 4. 2018 von der KG mit eigenem Lkw nach Metz transportiert; Pierrot S. A. stellt die Kollektion am 10. 6. 2018 fertig. Noch am selben Tage transportiert die KG die

Lederjacken von Metz nach Paris. Die Maiblom KG ist zur quartalsweisen Abgabe der Zusammenfassenden Meldung verpflichtet.

Fragen:

1. Kommt ein Wechsel der Steuerschuldnerschaft gem. § 13b UStG zur Anwendung?
2. Wie beurteilt sich der Transport des Leders am 28. 4. 2018 durch die Maiblom KG von Saarbrücken nach Metz?
3. Wo liegt der Leistungsort für die Lieferung der Lederjacken von der Maiblom KG an das Pariser Modehaus?

LÖSUNG

1. Voraussetzung für einen Wechsel der Steuerschuldnerschaft nach § 13b UStG ist, dass ein im Ausland ansässiger Unternehmer eine inländische steuerpflichtige Werklieferung oder sonstige Leistung erbracht hat. Die Lohnveredelungsleistung der Pierrot S. A. ist eine sonstige Leistung, die gem. § 3a Abs. 2 Satz 1 UStG dort ausgeführt wird, wo der Leistungsempfänger sein Unternehmen betreibt, also in Saarbrücken. Pierrot S. A. erbringt somit in Deutschland eine steuerbare und steuerpflichtige Lohnveredelungsleistung an die Maiblom KG. Steuerschuldner wird die Maiblom KG gem. § 13b Abs. 1 i. V. m. Abs. 5 Satz 1 UStG.
2. Da die Gegenstände, an denen die Lohnveredelung ausgeführt wird, endgültig in Frankreich verbleiben und die Maiblom KG während der Lohnveredelungsleistung die Verfügungsmacht an dem Ledermaterial nicht verloren hat, führt der Materialtransport nach Frankreich am 28. 4. 2018 zu einem umsatzsteuerlich relevanten innergemeinschaftlichen Verbringen. Dieses Verbringen führt in Deutschland für die Maiblom KG zu einer steuerbaren, aber steuerbefreiten fiktiven innergemeinschaftlichen Lieferung (§ 3 Abs. 1a UStG, § 6a Abs. 2 UStG). Gemäß § 10 Abs. 4 Satz 1 Nr. 1 UStG ist die Bemessungsgrundlage mit 58 000 € anzusetzen. Gemäß § 18a UStG hat die Maiblom KG diese Lieferung in der Zusammenfassenden Meldung für das 2. Quartal 2018 und gem. § 18b UStG in der Voranmeldung für den Monat Mai 2018 zu erklären. Gleichzeitig bewirkt dieses innergemeinschaftliche Verbringen einen innergemeinschaftlichen fiktiven Erwerb der Maiblom KG in Metz (vgl. für das deutsche Recht § 1a Abs. 2 UStG) mit einem möglichen Vorsteuerabzug in gleicher Höhe. Wegen des steuerpflichtigen innergemeinschaftlichen Erwerbs in Frankreich und der Möglichkeit des Vorsteuerabzugs ebenfalls in Frankreich muss sich die Maiblom KG zur Erfüllung der französischen Erklärungspflichten ggf. eines französischen Fiskalvertreters bedienen.
3. Die Lieferung an das Pariser Modehaus führt zu einer Lieferung der Maiblom KG, steuerbar und steuerpflichtig in Frankreich. Der Ort bestimmt sich nach § 3 Abs. 6 Satz 1 UStG und liegt in Metz. Erst hier wird mit der Beförderung des geschuldeten Gegenstands, der fertigen Lederjacken, begonnen. Der Umstand, dass bei der Lohnveredelungsleistung bereits die Sonderwünsche des Modehauses berücksichtigt wurden, kann hieran nichts ändern. Der gegenüber dem Modehaus geschuldete Gegenstand besteht in den fertigen Lederjacken, und mit deren Beförderung wird erst am 10. 6. 2018 nach Fertigstellung durch die Pierrot S. A. in Metz begonnen.

FALL 43

Ort der sonstigen Leistung: Vermittlungsleistung

Sachverhalt: Der in Berlin ansässige Agent Hubert Meier vermittelt am 7. 1. 2018 für die in Cottbus tätige Maschinenfabrik Jonas Metall GmbH die Reparatur von drei elektronischen Maschinenteilen der italienischen Turelli S. r. l. (einer GmbH nach deutschem Recht). Turelli verwendet gegenüber der Jonas Metall GmbH ihre italienische USt-IdNr., die Jonas Metall GmbH tritt gegenüber Meier mit ihrer deutschen USt-IdNr. auf. Nach Fertigstellung der Reparaturarbeiten Ende Januar 2018, bei der nur Kleinteile und Schmierstoffe ausgewechselt wurden, holt Turelli die Maschinenteile am 31. 1. 2018 per Lkw in Cottbus ab und transportiert sie nach Italien.

Frage: Wo liegt der Ort der von Hubert Meier erbrachten Vermittlungsleistung?

LÖSUNG

Hubert Meier erbringt mit seiner Vermittlungsleistung an die Maschinenfabrik Jonas Metall GmbH im Januar 2018 eine sonstige Leistung (§ 3 Abs. 9 Satz 1 UStG). Der Ort der sonstigen Leistung bestimmt sich nach § 3a Abs. 2 Satz 1 UStG. Der Leistungsort ist somit Cottbus. § 3a Abs. 3 Nr. 4 UStG findet keine Anwendung, da der Leistungsempfänger Unternehmer ist und die Leistung für sein Unternehmen bezieht. Somit ist die Vermittlungsleistung steuerbar und mangels Steuerbefreiung auch steuerpflichtig. Die Steuerbefreiung für Vermittlungsleistungen (§ 4 Nr. 5 UStG) kommt nicht zur Anwendung.

FALL 44

Ort der Vermittlungsleistung

Sachverhalt: Hubert Jensen aus Dortmund vermittelt gewerbsmäßig Umsätze aller Art. Er ist regelversteuernder Unternehmer mit Vorsteuerabzugsberechtigung und eigener deutscher USt-IdNr.

Im Zeitraum April 2018 bis Juni 2018 vermittelte er:

a) Für den Leipziger Unternehmer Meiser am 10. 4. 2018 eine Versendungslieferung von Dresden nach Zürich (Schweiz);

b) für den Bielefelder Unternehmer Schmidt am 21. 5. 2018 eine Lieferung an den französischen Unternehmer Jaspar aus Metz (Frankreich). Jaspar trat unter seiner französischen USt-IdNr. auf und transportierte die Ware mit eigenem Lkw von Bielefeld nach Metz;

c) für den niederländischen Unternehmer van Meeren aus Venlo (Niederlande) am 30. 5. 2018 dessen Versendungslieferung nach Dortmund. Der Dortmunder Abnehmer verwendete seine deutsche, van Meeren sowohl beim Liefergeschäft als auch gegenüber Jensen seine niederländische USt-IdNr.;

d) für den französischen Bauunternehmer Dinault aus Paris (Frankreich) die Vermietung eines von Dinault in Aachen erbauten Mehrfamilienhauses an private Mieter. Einem Versehen zufolge benutzte Dinault bei dem Vermittlungsauftrag seine niederländische USt-IdNr.;

e) für den italienischen Unternehmer Pasta, Regelversteuerer und voll vorsteuerabzugsberechtigt, aus Venedig (Italien) am 13. 6. 2018 den Erwerb einer Maschine (Anlagegut) für dessen Betriebsstätte in Köln. Die Maschine wird von der belgischen Ferre N. V. mittels Lkw von Gent (Belgien) nach Köln geliefert. Bei dem Liefergeschäft wie auch bei dem Vermittlungsauftrag benutzt Pasta seine italienische USt-IdNr.

Frage: Wo liegt jeweils der Ort der Vermittlungsleistung?

LÖSUNG

a) Der Ort der für den Leipziger Unternehmer Meiser vermittelten Versendungslieferung liegt gem. § 3a Abs. 2 Satz 1 UStG in Leipzig. Bleibt hinzuweisen darauf, dass die Versendungslieferung Meisers gem. § 4 Nr. 1 Buchst. a UStG i. V. m. § 6 Abs. 1 Satz 1 Nr. 1 UStG steuerbefreit ist und diese steuerbefreite vermittelte Leistung gem. § 4 Nr. 5 Satz 1 Buchst. a UStG die Steuerbefreiung der Vermittlungsleistung nach sich zieht.

b) Die Lieferung des Bielefelder Unternehmers Schmidt am 21. 5. 2018 stellt eine in Bielefeld (§ 3 Abs. 6 Satz 1 UStG) steuerbare, aber gem. § 4 Nr. 1 Buchst. b UStG i. V. m. § 6a Abs. 1 UStG steuerbefreite innergemeinschaftliche Lieferung dar. Der Liefergegenstand gelangt von einem Mitgliedsland (Deutschland) in ein anderes Mitgliedsland (Frankreich), der Erwerber, Jaspar, hat in Frankreich den innergemeinschaftlichen Erwerb zu besteuern. Jensen führt mit seiner Vermittlungsleistung an den Bielefelder Unternehmer Schmidt eine in Bielefeld gem. § 3a Abs. 2 Satz 1 UStG steuerbare sonstige Leistung aus. Da sich diese Vermittlungsleistung nicht auf Gegenstände der Ausfuhr bezieht, bleibt die sonstige Leistung Jensens steuerpflichtig. § 4 Nr. 5 UStG findet keine Anwendung.

c) Die für van Meeren vermittelte Versendungslieferung am 30. 5. 2018 stellt eine für van Meeren in den Niederlanden (Ort entsprechend § 3 Abs. 6 Satz 1 UStG, Venlo) steuerbare, aber steuerbefreite innergemeinschaftliche Lieferung dar. Die Vermittlungsleistung von Jensen beurteilt sich gem. § 3a Abs. 2 Satz 1 UStG. Leistungsort ist somit Venlo. Es bleibt darauf hinzuweisen, dass, gestützt auf Art. 196 der MwStSystRL in allen EU-Mitgliedstaaten in Fällen wie diesem, die Steuerschuldnerschaft von dem in dem Land des steuerpflichtigen Umsatzes nicht ansässigen Unternehmer auf den Leistungsempfänger übergeht. Unterstellt, die Niederlande haben eine solche Regelung nationalgesetzlich umgesetzt, würde die aus der steuerpflichtigen Vermittlungsleistung des Jensen in den Niederlanden resultierende USt vom Leistungsempfänger, dem Niederländer van Meeren, geschuldet. Damit müsste Jensen in seiner Rechnung ohne offenen Umsatzsteuerausweis abrechnen. Jensen muss diesen Umsatz in seiner USt-Voranmeldung (§ 18b UStG) und seiner Zusammenfassenden Meldung (§ 18a UStG) angeben.

d) Die Vermittlungsleistung gegenüber dem französischen Unternehmer Dinault bezieht sich auf die Vermietung eines Grundstücks. Maßgeblich für die Ortsbestimmung bleibt somit allein die den Belegenheitsort als Leistungsort festlegende Vorschrift des § 3a Abs. 3 Nr. 1 UStG. Die Verwendung anderer USt-IdNrn. vermag bei der Leistungsortbestimmung gem.

§ 3a Abs. 3 Nr. 1 UStG zu keiner anderen Lösung zu führen. Die Vermittlungsleistung von Jensen ist im Inland steuerbar und steuerpflichtig. Die Vermittlungsleistung wird folglich gem. § 3a Abs. 3 Nr. 1 UStG dort ausgeführt, wo das Grundstück liegt, also in Aachen. Eine Steuerbefreiung nach § 4 Nr. 5 UStG kommt nicht in Betracht.

e) Jensen vermittelt dem italienischen Unternehmer Pasta am 13. 6. 2018 den innergemeinschaftlichen Erwerb einer Maschine. Da der Gegenstand der Lieferung durch Ferre N. V. an Pasta von einem EU-Mitgliedsland (Belgien) in ein anderes (Deutschland) erfolgt und Pasta ein regelversteuernder Unternehmer mit Vorsteuerabzugsberechtigung ist, bewirkt er den Tatbestand des innergemeinschaftlichen Erwerbs. Gemäß § 3d Satz 1 UStG liegt der Ort dieses innergemeinschaftlichen Erwerbs – ungeachtet des weiteren Ortes gem. § 3d Satz 2 UStG wegen seiner verwendeten italienischen USt-IdNr. – im Inland (Köln), da sich hier der Gegenstand am Ende der Versendung oder Beförderung befindet. Da der Auftraggeber, der Leistungsempfänger der Vermittlungsleistung, Pasta, Jensen gegenüber seine italienische USt-IdNr. benutzt, liegt gem. § 3a Abs. 2 Satz 1 UStG der Ort der Vermittlungsleistung in Italien.

   Auch hier bleibt darauf hinzuweisen, dass in Umsetzung von Art. 196 der MwStSystRL – bei unterstellter italienischer Regelungsumsetzung – sich die Steuerschuldnerschaft für diesen in Italien steuerbaren und steuerpflichtigen Vermittlungsumsatz von Jensen auf den Leistungsempfänger, Pasta, verlagert. Auch hier muss Jensen dann ohne Umsatzsteuerausweis gegenüber Pasta abrechnen.

FALL 45

Vermittlungsleistung und Wechsel der Steuerschuldnerschaft

Sachverhalt: Die Hans Schmeinck KG aus Düsseldorf lässt sich eine Warenlieferung nach Paris an den dortigen Unternehmer Jaque Pierre SC durch den in Metz (Frankreich) ansässigen Vermittler Dinault (regelversteuernder, voll vorsteuerabzugsberechtigter Unternehmer) vermitteln. Die Ware wird von der Hans Schmeinck KG mit eigenem Lkw am 20. 4. 2018 von Düsseldorf nach Paris (Frankreich) transportiert. Dinault rechnet gegenüber der Hans Schmeinck KG am 3. 5. 2018 über 3 000 € ab, die die Hans Schmeinck KG am 5. 6. 2018 auf das Konto Dinaults überweist. Jaque Pierre SC und Dinault treten jeweils mit ihrer französischen, die Hans Schmeinck KG tritt nur unter ihrer deutschen USt-IdNr. auf.

Frage: Welche umsatzsteuerrechtlichen Konsequenzen ergeben sich für die Hans Schmeinck KG aus der Vermittlungsleistung des französischen Unternehmers Dinault?

LÖSUNG

Hinsichtlich der Vermittlungsleistung des französischen Unternehmers Dinault wird die deutsche Hans Schmeinck KG aus Düsseldorf zum Steuerschuldner gem. § 13b Abs. 1 und Abs. 5 Satz 1 UStG.

Dinault ist ein im übrigen Gemeinschaftsgebiet ansässiger Unternehmer (§ 13b Abs. 7 Satz 2 UStG), der mit seiner Vermittlungsleistung eine im Inland steuerbare und steuerpflichtige sonstige Leistung ausführt. Der Ort seiner Vermittlungsleistung liegt gem. § 3a Abs. 2 Satz 1 UStG in Düsseldorf. Der vermittelte Umsatz besteht in einer Lieferung der Schmeinck KG an den französischen Unternehmer Jaque Pierre SC. Es handelt sich hierbei um eine gem. § 3 Abs. 6 Satz 1 UStG im Inland steuerbare, aber gem. § 4 Nr. 1 Buchst. b UStG i. V. m. § 6a Abs. 1 UStG steuerbefreite innergemeinschaftliche Lieferung. Die Ware gelangt von einem EU-Mitgliedstaat in einen anderen, und der Erwerber, Jaque Pierre SC, hat im Bestimmungsmitgliedsland Frankreich den innergemeinschaftlichen Erwerb zu besteuern.

§ 13b UStG kommt zur Anwendung, es entsteht bei der Schmeinck KG eine USt i. H. v. 570 € und zwar mit Ablauf April 2018 (Ausführung des Umsatzes: 20. 4. 2018). Bei Vorliegen der übrigen Voraussetzungen des § 15 UStG kann dieser Betrag von 570 € als Vorsteuer in der Voranmeldung 4/2018 abgezogen werden.

FALL 46

Ort der sonstigen Leistung: Beratungsleistung

Sachverhalt: Der Steuerbeamte Werner Dahse aus Münster (Westf.) hat im Jahre 2018 seinen Erholungsurlaub zusammen mit seiner Familie an der polnischen Ostseeküste verbracht. Am 17. 8. 2018 erleidet er in Warschau in Polen einen Verkehrsunfall, als sein Fahrzeug mit einem Linienomnibus der Stadtwerke Warschau kollidiert. In dem sich anschließenden Zivilprozess vor dem zuständigen Gericht in Warschau wird Dahse von dem Rechtsanwalt Kellermann aus Frankfurt/Oder vertreten.

Frage: Erbringt Kellermann mit seiner Beratungstätigkeit eine steuerbare Leistung?

LÖSUNG

Mit der Beratung und Prozessvertretung erbringt Kellermann seinem Mandanten Dahse gegenüber eine sonstige Leistung (§ 3 Abs. 9 Satz 1 UStG). Die Steuerbarkeit dieser sonstigen Leistung hängt u. a. davon ab, ob die Leistung im Inland ausgeführt wird. Der Ort der sonstigen Leistung bestimmt sich grundsätzlich nach § 3a UStG. Soweit die Leistungsbestimmung des § 3a Abs. 4 UStG nicht eingreift, bestimmt sich der Ort der Leistung nach § 3a Abs. 1 UStG.

Voraussetzung für die Leistungsortsbestimmung des § 3a Abs. 4 UStG ist zunächst, dass eine der in § 3a Abs. 4 Satz 2 UStG beschriebene Leistung vorliegt.

Nach § 3a Abs. 4 Satz 2 Nr. 3 UStG ist die rechtliche Beratung, insbesondere die Leistung eines Rechtsanwalts, eine der Leistungen, für die sich der Leistungsort nach § 3a Abs. 4 UStG bestimmen kann. Die Bestimmung des Leistungsortes nach § 3a Abs. 4 Satz 1 UStG , dem Sitz des Leistungsempfängers, ist jedoch davon abhängig, ob der Leistungsempfänger Unternehmer ist oder als Nichtunternehmer seinen Sitz oder Wohnsitz in einem Drittland hat. Dahse ist als Beamter kein Unternehmer, sein Wohnsitz in Münster befindet sich im Inland. Damit greift § 3a Abs. 4 UStG nicht, so dass sich der Leistungsort nach § 3a Abs. 1 UStG bestimmt. Kellermann erbringt seine Leistung in Frankfurt/Oder, dem Ort, von dem aus er sein Unternehmen betreibt. Die Beratungsleistung ist somit steuerbar.

FALL 47

Ort der sonstigen Leistung: Telekommunikation

Sachverhalt: Die amerikanische Telefongesellschaft USTK bietet via Satellit Telekommunikationsleistungen auf dem deutschen Markt, zunächst lokal beschränkt im Großraum Frankfurt, an. Im Laufe des Monats Januar 2018 erbrachte sie an die Kabelfabrik KAHE-AG aus Wiesbaden laut Abrechnung vom 10. 2. 2018 Telekommunikationsleistungen i. H. v. 1 238 € ohne Umsatzsteuerausweis. Gegenüber dem Beamten und Internet-Freak Jakob Kaiser aus Koblenz rechnet sie ebenfalls mit Datum vom 10. 2. 2018 über 950 € für erbrachte Telekommunikationsleistungen im Monat Januar 2018 ab.

Frage: Erbringt die USTK in Deutschland steuerbare Leistungen? Eine auf elektronischem Weg erbrachte Leistung liegt nicht vor.

LÖSUNG

Die amerikanische Telefongesellschaft USTK erbringt sowohl gegenüber der KAHE-AG als auch gegenüber Kaiser im Januar 2018 sonstige Leistungen in Form von Telekommunikationsleistungen. Die Finanzverwaltung definiert im BMF-Schreiben vom 18. 11. 1997 (BStBl 1997 I 960) die Telekommunikationsleistungen als Leistungen, mit denen die Übertragung, die Ausstrahlung oder der Empfang von Signalen, Schrift, Bild und Ton oder Informationen jeglicher Art über Draht, Funk, optische und sonstige elektromagnetische Medien gewährleistet werden (vgl. auch Abschn. 3a.10 UStAE).

Bis zum 31. 12. 1996 wurden Telekommunikationsleistungen stets dort ausgeführt und besteuert, wo der leistende Unternehmer seinen Sitz hatte, § 3a Abs. 1 UStG. Durch das Umsatzsteueränderungsgesetz 1997 wurde die sonstige Leistung auf dem Gebiet der Telekommunikation in den Katalog der sonstigen Leistungen im § 3a Abs. 4 UStG durch eine neue Nr. 12 aufgenommen. Danach verlagerte sich der Ort der sonstigen Leistung dorthin, wo der Leistungsempfänger seinen Sitz hat, sofern die Telekommunikationsleistung an ihn als einen Unternehmer für sein Unternehmen ausgeführt worden ist oder aber er die Leistung als Nichtunternehmer mit Sitz in einem Drittlandsgebiet empfangen hat (§ 3a Abs. 3 Satz 1 und Satz 3 UStG). Ab dem 1. 1. 2010 fand § 3a Abs. 4 UStG nur noch dann Anwendung, wenn die Leistung an einen Nichtunternehmer mit Wohnsitz im Drittland erbracht wurde. Ab dem 1. 1. 2015 ist die Neuregelung im § 3a Abs. 5 UStG zu beachten.

Hieraus folgt für die Leistung an die Kabelfabrik KAHE-AG aus Wiesbaden, dass die Telekommunikationsleistungen der amerikanischen Telefongesellschaft USTK im Januar 2018 gem. § 3a Abs. 2 Satz 1 UStG dort ausgeführt worden sind, wo der Leistungsempfänger, die KAHE-AG, ihren Sitz hat, also in Wiesbaden.

Der Ort der von USTK an Kaiser erbrachten Telekommunikationsleistung im Januar 2018 dagegen bestimmt sich grundsätzlich nach § 3a Abs. 1 UStG, also dem Sitz der amerikanischen Telefongesellschaft. Gemäß § 3a Abs. 6 UStG verlagert sich jedoch der Ort der von der USTK an Kaiser erbrachten Leistung in das Inland. Die Leistung wird nämlich von einem Drittlandsunternehmer erbracht, ist im § 3a Abs. 5 Satz 2 UStG bezeichnet und wird im Inland genutzt oder ausgewertet. Abweichend vom § 3a Abs. 1 UStG gilt die Leistung daher als im Inland ausgeführt. Damit erbringt die amerikanische Telefongesellschaft USTK auch gegenüber Kaiser eine in Deutschland steuerbare Leistung.

Es bleibt darauf hinzuweisen, dass die Leistungsempfängerin KAHE-AG aus Wiesbaden nach § 13b UStG zur Steuerschuldnerin für die an sie ausgeführte steuerpflichtige sonstige Leistung eines im Ausland ansässigen Unternehmers wird. Gegenüber Jakob Kaiser dagegen greift der Wechsel der Steuerschuldnerschaft nicht ein, da Kaiser Privatmann und nicht Unternehmer ist. Die Gefahr eines nicht versteuerten Letztverbrauchs bleibt insoweit bestehen. Auf die Regelung des § 18 Abs. 4c und Abs. 4d UStG (Einortregistrierung) wird hingewiesen.

FALL 48

Elektronische Dienstleistung

Sachverhalt: Der amerikanische Unternehmer Bill Ewing betreibt in New York ein Unternehmen, das die Bereitstellung von Software verschiedenster Art und deren Aktualisierung zum Gegenstand hat. Zu seinen Kunden gehören sowohl Unternehmer, die derartige Leistungen für ihr Unternehmen beziehen, als auch Privatpersonen. Neben Kunden in den USA hat Bill Ewing auch zahlreiche Abnehmer in Europa. So erbringt er im März 2018 entsprechende Leistungen gegenüber dem deutschen Unternehmer Bader in Hamburg für dessen Unternehmen und gegenüber der deutschen Privatperson Schlüter mit Wohnsitz in Köln.

Frage: Welche umsatzsteuerrechtlichen Folgen ergeben sich hinsichtlich der Leistungen an Bader und Schlüter?

LÖSUNG

Bill Ewing erbringt als Unternehmer im Rahmen seines Unternehmens sonstige Leistungen i. S. d. § 3 Abs. 9 Satz 1 UStG. Es handelt sich bei der Bereitstellung von Software und deren Aktualisierung um auf elektronischem Weg erbrachte sonstige Leistungen (Abschn. 3a.12 Abs. 3 Nr. 2 UStAE).

Zur Bestimmung des Leistungsorts ist auf den Leistungsempfänger abzustellen:

Die elektronische Dienstleistung an den Unternehmer Bader für dessen Unternehmen wird gem. § 3a Abs. 2 Satz 1 UStG dort ausgeführt, wo der Empfänger sein Unternehmen betreibt; also in Hamburg. Da die Leistung auch entgeltlich ausgeführt wird, handelt es sich um einen steuerbaren Umsatz gem. § 1 Abs. 1 Nr. 1 Satz 1 UStG. Mangels Steuerbefreiung ist der Umsatz auch steuerpflichtig zu 19 %. Es entsteht demzufolge deutsche USt. Steuerschuldner ist gem. § 13b UStG der Leistungsempfänger. Ein im Ausland ansässiger Unternehmer (§ 13b Abs. 7 Satz 1 UStG) erbringt im Inland eine steuerbare und steuerpflichtige sonstige Leistung (§ 13b Abs. 2 Nr. 1 UStG) an einen Unternehmer (§ 13b Abs. 5 Satz 1 UStG). Der Amerikaner muss eine Nettorechnung erstellen. Der deutsche Unternehmer Bader wird zum Steuerschuldner und kann bei Vorliegen der übrigen Voraussetzungen des § 15 UStG einen Vorsteuerabzug geltend machen (§ 15 Abs. 1 Satz 1 Nr. 4 UStG).

Für die elektronische Dienstleistung an die Privatperson Schlüter enthält § 3a Abs. 5 UStG eine Regelung. Der Leistungsort bestimmt sich nach § 3a Abs. 5 UStG und befindet sich am Wohnsitz des Leistungsempfängers; also in Köln. Voraussetzungen für die Anwendung des § 3a Abs. 5 UStG sind das Vorliegen einer elektronischen Dienstleistung (§ 3a Abs. 5 Satz 2 Nr. 3 UStG) und zwar an einen Nichtunternehmer (§ 3a Abs. 5 Satz 1 UStG). Damit erbringt der amerikanische Unternehmer Ewing im Inland eine steuerbare sonstige Leistung (§ 1 Abs. 1 Nr. 1 Satz 1 UStG), die mangels Steuerbefreiung auch steuerpflichtig ist und zwar zu 19 % (§ 12 Abs. 1 UStG). Ein Wechsel der Steuerschuldnerschaft auf den Leistungsempfänger Schlüter erfolgt nicht, da Schlüter kein Unternehmer ist. Somit bleibt der Amerikaner Steuerschuldner und muss seine steuerlichen Pflichten erfüllen.

Hinsichtlich des Besteuerungsverfahrens ist § 18 Abs. 4c UStG zu beachten. Für nicht im Gemeinschaftsgebiet ansässige Unternehmer, die als Steuerschuldner ausschließlich Umsätze nach § 3a Abs. 5 UStG im Gemeinschaftsgebiet erbringen, ist das sog. Einortprinzip eingeführt worden. Diese Unternehmer können sich ein Land der EU auswählen, in dem sie ihren steuerlichen Pflichten nachkommen. In der abzugebenden Erklärung sind sämtliche Umsätze innerhalb der EU mit dem jeweiligen Steuersatz des Landes, in dem die Leistung ausgeführt wurde, zu erfassen. Das Steueraufkommen wird dann auf die betroffenen Länder verteilt. Sucht sich der Drittlandsunternehmer nicht Deutschland als Registrierungsland aus, dann muss er in Deutschland gem. § 18 Abs. 4d UStG keinerlei Erklärungen abgeben.

Für im übrigen Gemeinschaftsgebiet ansässige Unternehmer ist ab dem 1. 1. 2015 ein besonderes umsatzsteuerliches Besteuerungsverfahren („Mini-one-stop-shop") eingeführt worden. Auf § 18 Abs. 4e UStG wird hingewiesen.

FALL 49

Sonderfall des Orts der sonstigen Leistung

Sachverhalt: Daniel Schmitz betreibt in Passau eine Fahrzeugvermietung. Neben der Vermietung von Pkws vermietet er auch Lkws. Im Jahre 2018 vermietet er u. a. einen Lkw an einen österreichischen Unternehmer aus Salzburg und an einen Schweizer Unternehmer aus Zürich. Die beiden Leistungsempfänger nutzen die Lkws in ihrem jeweiligen Heimatland und zwar im Rahmen ihrer jeweiligen Unternehmen. Die Vermietungsdauer beträgt jeweils 20 Tage.

Frage: Sind die Vermietungsumsätze des Unternehmers Schmitz in Deutschland steuerbar?

LÖSUNG

Schmitz ist Unternehmer i. S. d. § 2 Abs. 1 UStG. Die Vermietung der Lkws gehört als Grundgeschäft in den Rahmen seines Unternehmens. Bei der Vermietung handelt es sich um sonstige Leistungen gem. § 3 Abs. 9 Satz 2 UStG.

Fraglich ist, wo sich der jeweilige Leistungsort befindet. Zunächst ist festzustellen, dass die Vermietung eines Lkws, eines Beförderungsmittels i. S. d. Abschn. 3a.5 Abs. 2 UStAE, nicht als Katalogleistung des § 3a Abs. 4 UStG anzusehen ist. § 3a Abs. 4 Satz 2 Nr. 10 UStG führt zwar die Vermietung beweglicher körperlicher Gegenstände auf, ausgenommen sind allerdings Beförderungsmittel. Danach kann sich der Leistungsort nur nach § 3a Abs. 7 UStG oder nach § 3a Abs. 3 Nr. 2 UStG richten.

§ 3a Abs. 7 UStG enthält eine Sonderregelung für die Vermietung u. a. eines ausschließlich zur Beförderung von Gegenständen bestimmten Straßenfahrzeugs. § 3a Abs. 7 UStG geht dem § 3a Abs. 3 Nr. 2 UStG voran. Voraussetzungen für die Anwendung des § 3a Abs. 7 UStG sind das Vorhandensein eines inländischen leistenden Unternehmers, ein im Drittlandsgebiet ansässiger Leistungsempfänger, der Unternehmer ist und das Fahrzeug für sein Unternehmen nutzt, und die **kurzfristige** Nutzung des Fahrzeugs im Drittland. Diese Voraussetzungen treffen für die Vermietung an den Schweizer Unternehmer zu, so dass der Leistungsort im Drittlandsgebiet (hier: die Schweiz) liegt. Der Umsatz ist in Deutschland nicht steuerbar.

Hinsichtlich der Vermietung an den österreichischen Unternehmer findet § 3a Abs. 7 UStG keine Anwendung, da der Leistungsempfänger nicht im Drittlandsgebiet ansässig ist und das Fahrzeug auch nicht im Drittlandsgebiet genutzt wird. Folglich bestimmt sich der Leistungsort nach § 3a Abs. 3 Nr. 2 Satz 1 UStG und ist dort, wo das Fahrzeug zur Verfügung gestellt wird. Dies ist Passau. Es handelt sich auch um eine kurzfristige Vermietung. Die Leistung des Schmitz ist demzufolge in Deutschland steuerbar gem. § 1 Abs. 1 Nr. 1 Satz 1 UStG und auch steuerpflichtig.

Der österreichische Leistungsempfänger kann sich die in der Rechnung des Schmitz ausgewiesene USt bei Vorliegen der übrigen Voraussetzungen im Vorsteuer-Vergütungsverfahren (§ 18 Abs. 9 UStG) beim Bundeszentralamt für Steuern wiederholen.

FALL 50

Ort der sonstigen Leistung: Vermietung von Beförderungsmitteln

Sachverhalt: Die Fa. Auto-Meier in Goslar vermietet Personenwagen und Lastkraftwagen. Der Mieter eines Fahrzeugs hat der Fa. Meier seine Fahrerlaubnis nachzuweisen, eine Sicherheit zu stellen und erhält dann gegen Anzahlung eines Teils des erwarteten Entgelts ein vollkaskoversichertes Fahrzeug aufgetankt zur Verfügung gestellt.

Am 25. 6. 2018 erscheint der Lehrer Hansen bei der Fa. Meier, um sich ein Fahrzeug für seine geplante Urlaubsreise zu mieten. Nach Vorweisen seiner Euro-Scheckkarte als Sicherheit und Anzahlung eines Betrags von 250 € wird ihm ein Pkw ausgehändigt.

Hansen benutzt das gemietete Fahrzeug wie folgt:

Er fährt damit 160 km zur tschechischen Grenze. Anschließend durchquert er Tschechien und die Slowakei und fährt nach Budapest in Ungarn. Dabei ist er 1 300 km außerhalb des Inlands gefahren. Die Rückreise gestaltet sich so, dass Hansen weitere 700 km in Ungarn fährt, um dann nach Grenzübertritt in Eger im Inland 640 km bis nach Goslar zu fahren.

Insgesamt hat Hansen der Fa. Auto-Meier für die Benutzung des Kfz unter Einbeziehung der vorausgezahlten 250 € einen Betrag von 970 € zu zahlen. Der Pkw wird von Hansen – wie vereinbart – am 10. 7. 2018 zurückgegeben.

Frage: Welchen Anteil dieser Zahlung hat die Fa. Auto-Meier der USt zu unterwerfen?

LÖSUNG

Die Überlassung (Vermietung) des Fahrzeugs an den Lehrer Hansen durch die Fa. Auto-Meier stellt eine sonstige Leistung dar (§ 3 Abs. 9 Satz 2 UStG). Diese Leistung wird gegen Entgelt ausgeführt und erfolgt somit im Leistungsaustausch (Abschn. 1.1 UStAE).

Weitere Voraussetzung für die Steuerbarkeit eines Umsatzes ist jedoch, dass der Umsatz im Inland erbracht wird. Inland ist nach § 1 Abs. 2 Satz 1 UStG der Geltungsbereich des Umsatzsteuergesetzes, also die Bundesrepublik Deutschland, mit Ausnahme des Gebiets von Büsingen, der Insel Helgoland, der Freizonen des Kontrolltyps I nach § 1 Abs. 1 Satz 1 des Zollverwaltungsgesetzes (Freihäfen), der Gewässer und Watten zwischen der Hoheitsgrenze und der jeweiligen Strandlinie sowie der deutschen Schiffe und der deutschen Luftfahrzeuge in Gebieten, die zu keinem Zollgebiet gehören.

Der Ort der sonstigen Leistung ist in §§ 3a, 3b, 3e, 3f UStG geregelt. Grundsätzlich ergibt sich der Leistungsort aus § 3a Abs. 1 UStG. In den Absätzen 2 bis 8 sind jedoch für eine Vielzahl von sonstigen Leistungen von der Grundregel abweichende Leistungsorte bestimmt. Für unentgeltliche Wertabgaben enthält § 3f UStG eine eigene Ortsbestimmung. Es bedarf daher einer genauen Prüfung der Vorschriften.

Nach § 3a Abs. 1 UStG wird eine sonstige Leistung an dem Ort ausgeführt, von dem aus der Unternehmer sein Unternehmen betreibt. Dabei gilt, wenn die sonstige Leistung von einer Betriebsstätte ausgeführt wird, diese Betriebsstätte als Ort der sonstigen Leistung.

Nach § 3a Abs. 1 UStG wäre im vorliegenden Fall somit Goslar der Ort der Vermietungsleistung, wenn nicht eine der nachfolgenden Sonderregelungen Platz greifen würde.

Nach § 3b Abs. 1 Satz 1 UStG ist für Beförderungsleistungen grundsätzlich der Ort, wo die Beförderung durchgeführt wird, Ort der sonstigen Leistung. Hansen fährt jedoch selbst und wird nicht befördert, so dass auch diese Ausnahmevorschrift nicht zutrifft. Da es sich nicht um einen unentgeltlichen Vorgang handelt, kommt § 3f UStG ebenfalls nicht zur Anwendung.

Nach § 3a Abs. 4 UStG ist der Ort des Leistungsempfängers der Leistungsort. Voraussetzung hierfür ist zum einen eine sonstige Leistung i. S. d. § 3a Abs. 4 Satz 2 Nr. 1 bis 14 UStG, zum anderen ein Leistungsempfänger, der als Nichtunternehmer Sitz oder Wohnsitz in einem Drittland hat.

Beide Voraussetzungen sind vorliegend nicht erfüllt. Die Vermietungsleistung ist als sonstige Leistung nicht in § 3a Abs. 4 Satz 2 UStG aufgeführt, da insbesondere § 3a Abs. 4 Satz 2 Nr. 10 UStG die Vermietung von Beförderungsmitteln ausschließt. Der Pkw ist ein Beförderungsmittel (vgl. Abschn. 3a.5 Abs. 2 UStAE). Darüber hinaus hat Hansen als Leistungsempfänger seinen Wohnsitz nicht in einem Drittland.

Der Leistungsort bestimmt sich nach § 3a Abs. 3 Nr. 2 UStG und ist Goslar. Unerheblich ist die Nutzung des Pkw sowohl im Inland als auch im Ausland, da für die Leistungsortsbestimmung gem. § 3a Abs. 3 Nr. 2 Satz 1 UStG nicht auf die Nutzung, sondern auf den Ort abzustellen ist, an dem das Fahrzeug zur Verfügung gestellt wird. Die Ausnahmeregelung in § 3a Abs. 6 UStG findet bereits deswegen keine Anwendung, da die Fa. Auto-Meier ihr Unternehmen nicht von einem im Drittland liegenden Ort aus betreibt, sondern von Goslar. Auch § 3a Abs. 7 UStG kommt nicht zur Anwendung.

Die somit in vollem Umfang steuerbare und steuerpflichtige Leistung führt bei einer Bemessungsgrundlage i. H. v. 815,13 € (§ 10 Abs. 1 Satz 1 und Satz 2 UStG) unter Zugrundelegung des Regelsteuersatzes i. H. v. 19 % zu einer USt i. H. v. 154,87 €. Diese entsteht i. H. v. 39,92 € mit Ablauf Juni 2018 und i. H. v. 114,95 € mit Ablauf Juli 2018.

2.2.5 Entgelt

Wie jedes Steuergesetz steht auch das Umsatzsteuergesetz unter dem Grundsatz der Tatbestandsmäßigkeit der Besteuerung. Dieser Grundsatz, der seinen Ausdruck in § 38 AO findet, besagt, dass Ansprüche aus dem Steuerschuldverhältnis entstehen, wenn und soweit ein bestimmter Lebenssachverhalt einen steuerlichen Tatbestand erfüllt. Die wesentlichen umsatzsteuerrechtlichen Tatbestände enthält § 1 Abs. 1 UStG. Diese Vorschrift regelt die Besteuerung von Leistungen, von Einfuhren und von innergemeinschaftlichen Erwerben.

Unter diesen Tatbeständen wiederum ist die Leistungsbesteuerung, die aus den beiden Tatbeständen der Lieferung und der sonstigen Leistung besteht, die bedeutendste. Zur Besteuerung einer Leistung kann es nur kommen, wenn ein Leistungsaustausch vorliegt. Dieses übergeordnete Tatbestandsmerkmal wird aus der Formulierung des Gesetzes „Lieferungen und sonstige Leistungen ... gegen Entgelt" gefolgert. Unter Beachtung der Vorgaben des Europäischen Gerichtshofes ist eine Leistung gegen Entgelt dann zu bejahen, wenn:

- Zwischen dem Leistenden und dem Leistungsempfänger ein Rechtsverhältnis besteht, in dessen Rahmen gegenseitige Leistungen ausgetauscht werden,
- ein unmittelbarer Zusammenhang zwischen der erbrachten Leistung und dem erhaltenen Entgelt besteht, also entweder die Leistung auf Erhalt der Gegenleistung abzielt oder aber zumindest geeignet ist, eine Vergütung für die erbrachte Leistung auszulösen,
- der Leistungsempfänger einen Gegenstand oder sonstigen Vorteil erhält, aufgrund dessen er als Empfänger einer Lieferung oder Dienstleistung angesehen werden kann,
- beim Leistungsempfänger oder am Ende der Unternehmerkette ein Verbrauch im Sinne des gemeinsamen Mehrwertsteuerrechts vorliegt

(vgl. hierzu insgesamt BFH-Urteil vom 13. 11. 1997, BStBl 1998 II 169).

Der unmittelbare Zusammenhang zwischen Leistung und Gegenleistung ist nach Auffassung des BFH (Urteile vom 7. 5. 1981, BStBl 1981 II 495 und vom 30. 1. 1997, BStBl 1997 II 335) und der Verwaltung (Abschn. 1.1 Abs. 1 UStAE) nur anzunehmen, wenn der leistende Unternehmer erkennbar um der Gegenleistung willen leistet (Regelfall bei gegenseitigen Verträgen). Einer solchen Erwartung steht gleich, wenn der leistende Unternehmer eine Leistung erbringt, die üblicherweise vergütet wird oder nach den Umständen eine Vergütung erwarten lässt.

Ein Leistungsaustausch fehlt mangels Vorliegen eines der oben genannten Merkmale in folgenden Fällen:

- Es fehlt an zwei beteiligten Personen beim sog. Innenumsatz, also bei Organschaft und Unternehmenseinheit, sowie im Falle der unentgeltlichen Wertabgabe (auf § 3 Abs. 1b und Abs. 9a UStG wird hingewiesen),

- es fehlt am Gegenüber von zwei Leistungen in den Fällen der Erbfolge, des echten Zuschusses, der Schenkung sowie sonstiger unentgeltlicher Leistungen, die unternehmerisch motiviert erbracht werden,
- es fehlt an der Leistung bei echten Gesellschaftsbeiträgen und echten Mitgliedsbeiträgen, der Vertragsstrafe und dem echten Schadensersatz.

Unschädlich für die Annahme eines Leistungsaustauschs ist es somit, dass sich am Ende eine Entgeltserwartung nicht erfüllt oder dass das vereinbarte Entgelt uneinbringlich wird (Abschn. 1.1 Abs. 1 Satz 6 UStAE). Diese Situationen sind den genannten Ausnahmefällen fehlenden Leistungsaustauschs nicht gleichzustellen. Hier handelt es sich um zunächst steuerbare Umsätze, deren Erfassung in der Regel über § 17 UStG rückgängig zu machen ist.

Bei Schadensersatz ist Folgendes zu beachten:

Echter Schadensersatz ist umsatzsteuerrechtlich zu werten als ein Fall fehlenden Leistungsaustauschs. Der Schadensersatz kann beruhen auf einer vertraglichen Vereinbarung oder auf einem gesetzlichen Tatbestand, bei dessen Erfüllung eine Verpflichtung zur Schadensersatzleistung entsteht. Der häufigste Fall solch einer gesetzlichen Schadensersatzpflicht wird die unerlaubte Handlung sein, die nach § 823 BGB zum Schadensersatz verpflichtet.

Eine Schwierigkeit ergibt sich daraus, dass der Schadensfall oftmals Anlass für einen Leistungsaustausch beider Beteiligten ist. Hier sprechen wir von einem sog. unechten Schadensersatz. Folgender Überblick soll die umsatzsteuerrechtliche Situation im Schadensersatzrecht verdeutlichen:

ABB. 3: Vgl. auch Abschn. 1.3 Abs. 1 UStAE

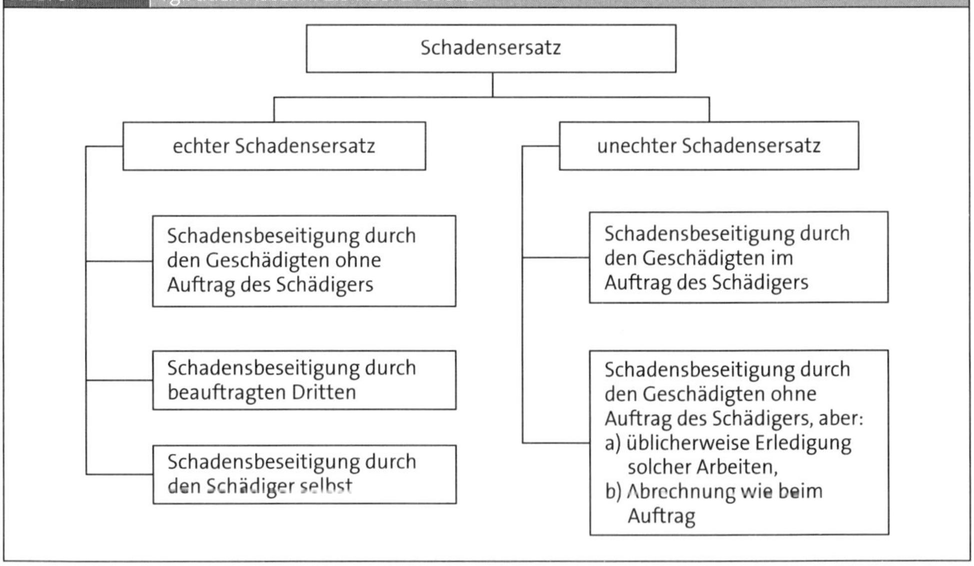

FALL 51

Begriff des Leistungsaustauschs

Sachverhalt: Ein Modehändler, die Fa. Weide-KG in Münster, bezieht seit Jahren von dem türkischen Textilgroßhändler Bastürk (B) Waren. Jährlich übersendet B zu Beginn eines Jahres eine Musterkollektion von Stoffen, wonach die KG anschließend die gewünschten Textilien bei B ordert. Im Winter 2017 erscheint bei der KG ein Vertreter eines „Interessenverbandes europäischer Tuchfabrikanten in Luxemburg" und verspricht der KG eine Zahlung von 40 000 € für den Fall, dass sie sich an einem Kaufboykott gegen B für alle Kollektionen beteilige. Die KG geht darauf ein und sendet im Februar 2018 der Fa. B ihre Kollektion ohne Bestellung nach Istanbul zurück.

Im Mai 2018 erhält die KG eine Überweisung von 40 000 € über eine luxemburgische Bank. Zwar erfasst die KG diesen Betrag als Betriebseinnahme, veranlasst in umsatzsteuerrechtlicher Hinsicht jedoch nichts.

Frage: Hat die KG den genannten Betrag umsatzsteuerrechtlich zu erfassen?

LÖSUNG

Obwohl die KG eine Zahlung dafür erhält, dass sie gerade nichts tut, erbringt sie eine Leistung gegen Entgelt und damit einen steuerbaren Umsatz gem. § 1 Abs. 1 Nr. 1 Satz 1 UStG. Es sind zwei Beteiligte vorhanden, nämlich die KG und die Interessengemeinschaft, und es besteht kein Zweifel daran, dass die Zahlung der 40 000 € ursächlich wegen der Boykottbeteiligung erbracht wird. Fraglich erscheint nur, ob es sich auch um ein Leistungsverhalten der KG handelt. Inhalt einer Leistung kann sowohl ein positives Tun als auch ein Unterlassen sein. Maßgeblich ist, ob das Unterlassen die „Zuwendung eines Rechtsgutes" darstellt, d. h. in irgendeiner Weise einen wirtschaftlichen Wert für den Leistungsempfänger darstellt. Diese Frage muss man hier bejahen: Dadurch, dass die KG keine Geschäfte mit der Fa. B tätigt, fördert sie die wirtschaftlichen Interessen des Zahlenden, also der Interessengemeinschaft.

Da hier keine Lieferung gegeben ist, stellt sich das Verhalten der KG als eine sonstige Leistung dar, § 3 Abs. 9 Satz 2 UStG. Der Ort einer sonstigen Leistung bestimmt sich nach § 3a UStG. Nach dem Grundsatz des § 3a Abs. 1 Satz 1 UStG wird eine sonstige Leistung dort ausgeführt, wo der handelnde Unternehmer sein Unternehmen betreibt. Etwas anderes gilt nur, wenn eine der Sondervorschriften der Absätze 2 bis 8 des § 3a UStG gilt (§§ 3b, 3e und 3f UStG kommen offensichtlich nicht zur Anwendung). Die Ortsbestimmung nach § 3a Abs. 4 Satz 2 UStG mit den Ziffern 8 oder 9 scheidet aus, da es vorliegend weder um einen Verzicht von Patent- und Urheberrechten und dgl. (Nr. 8) noch um ein Unterlassen beruflicher oder gewerblicher Tätigkeit (Nr. 9), sondern nur um das Unterlassen eines Warenbezugs geht. Folge ist, dass der Ort der sonstigen Leistung gem. § 3a Abs. 2 Satz 1 UStG in Luxemburg ist, da der Interessenverband als Unternehmer seinen Sitz in Luxemburg hat.

Die Leistung ist somit im Inland nicht steuerbar. Sie ist steuerbar und steuerpflichtig in Luxemburg; dort kommt es zum Wechsel der Steuerschuldnerschaft. Die Weide-KG muss diesen

Umsatz in der USt-Voranmeldung (§ 18b UStG) und der Zusammenfassenden Meldung (§ 18a UStG) angeben.

FALL 52

Leistungen an Arbeitnehmer

Sachverhalt: Frank Busse arbeitet als Tischler in der Möbelhandlung Hölscher KG in Herford. Anlässlich seiner Eheschließung kauft Busse im Juni 2018 mit einem 10 %igen Personalrabatt, den jeder Firmenangehörige erhält, bei der Hölscher KG Möbel für seine Wohnungseinrichtung, nämlich:

- 1 Wohnzimmerschrank zum Preise von 1 646 € (Ladenpreis 1 829 €, Einkaufspreis ohne USt 1 100 €),
- 1 Sesselgarnitur zum Preise von 1 040 € (Ladenpreis 1 156 €, Einkaufspreis ohne USt 580 €),
- 1 Schlafzimmer zum Preise von 2 063 € (Ladenpreis 2 293 €, Einkaufspreis ohne USt 1 320 €).

Die Ladenpreise verstehen sich laut Allgemeiner Geschäftsbedingungen jeweils ausschließlich Transport. Wünscht der Kunde auch noch den Transport der gekauften Gegenstände, berechnet hierfür die KG pauschal 70 € zzgl. USt bei einer Transportstrecke bis 100 km. Weitere Transporte sind individuell zu vereinbaren.

Auf Bitten Busses überlässt die Hölscher KG ihm zum Transport der Möbel einen betrieblichen Kleintransporter, mit dem Busse die gesamten Möbel in drei Fahrten nach Hause transportiert. Seine Wohnung liegt 27 km von der Firma Hölscher entfernt. Der Kleintransporter hat im Monat Juni 2018 lt. Fahrtenbuch der KG insgesamt 1 200 km zurückgelegt und 140 € für Öl und Benzin verbraucht. An anteiligen fixen Kosten sind 46 € für Kfz-Steuer und Versicherung angefallen. AfA ist nicht mehr zu berücksichtigen, weil das Fahrzeug bereits abgeschrieben ist; der Berichtigungszeitraum nach § 15a UStG ist ebenfalls abgelaufen. Bei der Anschaffung ist der Vorsteuerabzug in voller Höhe vorgenommen worden.

Frage: Welche umsatzsteuerrechtlichen Folgen löst dieser Vorgang bei der Hölscher KG aus?

LÖSUNG

Es handelt sich im vorliegenden Falle um Leistungen der Hölscher KG als Arbeitgeber an den Tischler Busse als ihren Arbeitnehmer. Bei Leistungsbeziehungen zwischen Arbeitgeber und Arbeitnehmer sind zwei Situationen voneinander zu unterscheiden: Zum einen können Leistungen eines Arbeitgebers an einen Arbeitnehmer oder dessen Angehörige erfolgen, für die ein Entgelt wie unter fremden Dritten berechnet wird. Dieser Fall stellt umsatzsteuerrechtlich keine Besonderheit dar, da ein Leistungsaustausch vorliegt. Seine Steuerbarkeit richtet sich nach § 1 Abs. 1 Nr. 1 Satz 1 UStG. Zum anderen können Leistungen eines Arbeitgebers an einen Arbeitnehmer oder dessen Angehörige aufgrund des Arbeitsverhältnisses erfolgen, bei denen der

Leistungsempfänger entweder ein zu geringes oder gar kein besonders berechnetes Entgelt aufwenden muss.

Im vorliegenden Fall wendet Busse ein geringeres Entgelt für die Möbel auf, als ein Fremder dies tun müsste, da ihm ein 10 %iger Personalrabatt gewährt wird. Zum anderen darf er das Betriebsfahrzeug kostenlos benutzen.

Die Gewährung von Personalrabatt durch einen Unternehmer beim Wareneinkauf durch seine Mitarbeiter bedeutet lediglich einen Umsatz mit Preisnachlass, nicht jedoch eine Leistung gegen Entgelt in Gestalt eines ideellen Arbeitsanteils von Seiten des Arbeitnehmers. Die KG hat an Busse Waren geliefert und dafür einen Kaufpreis erhalten, den sie um den Personalrabatt gemindert hat. Dies wirkt sich umsatzsteuerrechtlich im Rahmen des § 10 UStG als Minderung der Bemessungsgrundlage aus. Die Tatsache, dass der Rabatt Busse als Mitarbeiter der KG gewährt wurde, ist umsatzsteuerrechtlich nicht relevant. Die Arbeitsleistung eines Mitarbeiters ist kein von seinem Arbeitgeber im Rahmen von Warenlieferungen angestrebtes Entgelt. Die Arbeitsleistung schuldet Busse der KG aus dem Arbeitsvertrag, nicht wegen ins Auge gefasster Warenlieferungen. Insoweit liegt eine Warenlieferung vor, deren Bemessungsgrundlage bei einem Steuersatz von 19 % 3 990,76 € beträgt (4 749 € : 1,19). Die USt beträgt dementsprechend 758,24 € (vgl. auch BFH-Urteil vom 17. 9. 1981, BStBl 1981 II 775, sowie Abschn. 1.8 Abs. 1 Satz 6 UStAE).

Die kostenlose Überlassung des Fahrzeugs stellt einen steuerbaren Umsatz gem. § 1 Abs. 1 Nr. 1 Satz 1 UStG dar. Die Hölscher KG hat als Unternehmer an ihren Arbeitnehmer Busse eine sonstige Leistung (§ 3 Abs. 9 Satz 2 UStG) ausgeführt, ohne dass Busse für die Fahrzeugüberlassung ein besonders berechnetes Entgelt aufzuwenden hat. Diese unentgeltliche Leistung wird gem. § 3 Abs. 9a Nr. 1 UStG einer sonstigen Leistung gegen Entgelt gleichgestellt.

Die Steuerbarkeit dieses Sachverhalts ergibt sich daraus, dass in der Fahrzeugüberlassung mehr als eine bloße Aufmerksamkeit zu sehen ist. Leistungsort ist Herford gem. § 3f Satz 1 UStG.

Bemessungsgrundlage für diesen steuerbaren und steuerpflichtigen Umsatz sind gem. § 10 Abs. 4 Satz 1 Nr. 2 UStG die bei Ausführung dieses Umsatzes entstandenen Ausgaben, soweit sie zum vollen oder teilweisen Vorsteuerabzug berechtigt haben. Im vorliegenden Falle ist somit als Bemessungsgrundlage derjenige Anteil der Kosten für Benzin und Öl anzusetzen, der dem Anteil der Fahrleistung entspricht. Wenn 162 km von 1 200 km auf die drei Fahrten des Busse entfallen, sind 18,90 € von den 140 € zu versteuern, was einer USt von 3,59 € entspricht. Unberücksichtigt bleiben die anteiligen fixen Kosten, weil für die genannten Positionen ein Vorsteuerabzug nicht gegeben war.

Die Steuer entsteht gem. § 13 Abs. 1 Nr. 2 UStG mit Ablauf des Voranmeldungszeitraums, in dem die Leistungen ausgeführt worden sind; hier mit Ablauf Juni 2018.

FALL 53

Abgrenzung zwischen vertraglichem Leistungsverzicht und Schadensersatz

Sachverhalt: Der Steuerpflichtige Rottmayr ist von Beruf Kraftfahrzeughändler in München. Er verkauft Fahrzeuge der Firma Maybach-KG. Die Fa. Maybach-KG hat das Gebiet der Bundesrepublik Deutschland in Händlerbezirke eingeteilt. Die Händler sind angewiesen, Fahrzeuge nur in ihren eigenen Bezirken zu verkaufen. Für den Fall, dass einer der Händler ein Kraftfahrzeug in dem Händlerbezirk eines anderen Händlers veräußert, hat er an den betroffenen anderen Händler eine von der Fa. Maybach-KG festgesetzte und von allen Händlern vertraglich anerkannte Entschädigungssumme zu leisten. Rottmayr hat im Kalenderjahr 2018 insgesamt 9 040 € solcher Zahlungen erhalten. Er vertritt die Auffassung, dass diese Zahlungen nicht der USt unterliegen.

Frage: Hat Rottmayr diese Zahlungen aufgrund steuerbaren Leistungsaustauschs erhalten?

LÖSUNG

Die Zahlung der 9 040 € an Rottmayr stellt kein Entgelt für eine von ihm erbrachte Leistung, sondern eine nicht steuerbare Vertragsstrafe außerhalb des Leistungsaustauschs, also einen nicht steuerbaren Schadensersatz, dar.

Im Falle des Schadensersatzes will sich der aufgrund Vertrags oder Gesetzes zum Schadensersatz Verpflichtete lediglich seiner Schadensersatzpflicht entledigen, d. h. der Empfänger einer echten Schadensersatzleistung hat keine Leistung i. S. d. UStG bewirkt. Schadensersatz wird nicht geleistet, weil derjenige, der den Ersatz leistet, eine Lieferung oder sonstige Leistung erhalten hat, sondern weil er verpflichtet ist, z. B. wegen des Begehens einer unerlaubten Handlung, für bestimmte Schadensfolgen einzustehen (Abschn. 1.3 Abs. 1 Satz 2 UStAE). Das gilt auch für den Fall, dass der Schadensersatz pauschal durch Vereinbarung einer Vertragsstrafe erfüllt wird. Dabei ist unbeachtlich, ob die Vertragsstrafe wegen Nichterfüllung oder nicht gehöriger Erfüllung (§§ 340, 341 BGB) geleistet wurde (Abschn. 1.3 Abs. 3 UStAE).

Rottmayr erbringt durch sein Nicht-Verhalten keine Leistung i. S. d. § 1 Abs. 1 Nr. 1 Satz 1 UStG. Er handelt weder im positiven noch im negativen Sinne: Er tut nichts, er duldet nichts, er unterlässt nichts. Indem ein anderer Vertreter der Fa. Maybach-KG in Rottmayrs Bezirk ein Fahrzeug verkauft, hat Rottmayr nichts getan, aber auch nichts unterlassen. Da er nichts von dem Kaufwilligen wusste, kann man auch nicht von einem bewussten Unterlassen Rottmayrs sprechen. Dasselbe gilt für die Frage, ob er etwas geduldet hat. Während bei einem Unterlassen die Nichtvornahme eigener Handlungen zur Leistung wird, ist bei einem Dulden das Leistungsverhalten des Duldenden darin zu sehen, dass er fremdes Handeln geschehen lässt. Auch insoweit gilt: Wenn Rottmayr nichts von einem möglichen Kunden weiß, kann er diesen auch nicht einem benachbarten Vertreterkollegen überlassen. Hier fehlt es bei ihm an einem Leistungsbewusstsein. Ein solches wird man aber im Regelfall von einem Unternehmer fordern müssen, es sei denn, es handelt sich um eine Situation, für die der Gesetzgeber aufgrund einer Unterstellung etwas Abweichendes vorschreibt, wie er es in § 1 Abs. 1 Nr. 1 Satz 2 UStG getan hat. Es wäre eine lebensfremde Konstruktion, wollte man einem Unternehmer einen Sachverhalt, den er verspätet erfährt, als ein Leistungsverhalten unterschieben

Darüber hinaus wurden die Zahlungen auch nicht aufgrund einer Vereinbarung zwischen Rottmayr und dem jeweiligen Verletzer seines Vertreterbezirks, sondern aufgrund einer Vereinbarung der Fa. Maybach-KG mit dem jeweiligen Vertreter geleistet. Diese Vereinbarungen sind als Verträge zugunsten Dritter (§§ 328 ff. BGB) für den jeweils Geschädigten abgeschlossen worden. Sinn dieser Vereinbarungen war für die Fa. Maybach-KG zu verhindern, dass zwischen ihren Vertretern streitige Auseinandersetzungen, möglicherweise vor Gericht, als Folge solcher

Gebietsverletzungen entstehen könnten. Dies zu verhindern, wurde diese pauschale Vertragsstrafe vereinbart.

FALL 54

Echter und unechter Schadensersatz

Sachverhalt: Am 26. 2. 2018 kommt es in der Stadt Fulda zu einem Verkehrsunfall, in den ein Omnibus der Fuldaer Verkehrsbetriebe GmbH und der Apotheker Hinrich verwickelt sind. Hinrich hat diesen Unfall schuldhaft verursacht. Der Schaden an dem Omnibus wird von dem Werkstattbetrieb behoben, der dem Verkehrsbetrieb angegliedert ist. Anschließend wird dem schuldigen Unfallgegner Hinrich eine Rechnung über 1 500 € zzgl. 285 € USt übersandt, die dieser anstandslos begleicht.

Am 1. 3. 2018 beschädigt der Steueroberinspektor Rieke schuldhaft eine Straßenbahn der Verkehrsbetriebe GmbH der Stadt Fulda. Die GmbH lässt durch einen Sachverständigen die Höhe des Schadens ermitteln, die sich auf 1 190 € beläuft. Auf der Grundlage des Sachverständigengutachtens rechnet die GmbH mit dem schuldigen Unfallgegner ab.

Frage: Erbringt die Verkehrsbetriebe GmbH in den beiden geschilderten Fällen steuerbare Leistungen oder nicht?

LÖSUNG

Grundsätzlich führt die Regulierung von Verkehrsunfällen nicht zu einem umsatzsteuerrechtlich erheblichen Sachverhalt, sondern zu einem nicht steuerbaren Schadensersatz. Andererseits ist aber auch bei Sachverhalten dieser Art ein steuerbarer Leistungsaustausch durchaus denkbar. Möglich ist, dass der Schadensfall nur der Anlass für vertragliche, umsatzsteuerbare Beziehungen und Leistungen zwischen den Beteiligten, hier der Verkehrsbetriebe GmbH und dem jeweiligen Unfallgegner, ist. Nach § 1 Abs. 1 Nr. 1 Satz 1 UStG wird die Leistung eines Unternehmers besteuert. Wenn er eine Lieferung oder eine sonstige Leistung im Inland gegen Entgelt erbringt, ist die Leistung steuerbar. Für einen Leistungsaustausch ist dabei erforderlich, dass

- zwei Beteiligte vorhanden sind, von denen wenigstens der Leistende Unternehmer ist,
- eine Leistung und eine Gegenleistung miteinander ausgetauscht werden,
- und schließlich der Unternehmer mit seinem Verhalten darauf abzielt, für die von ihm erbrachte Leistung eine Gegenleistung zu erhalten, bzw. die von ihm erbrachte Leistung geeignet ist, eine Vergütung auszulösen (vgl. hierzu BFH, BStBl 1981 II 495).

Die Frage nach der Steuerbarkeit der Leistung beantwortet sich also danach, ob man die an die GmbH bewirkten Zahlungen als Schadensersatz einzuordnen hat oder ob hier eine Zahlungsverpflichtung aufgrund vertraglicher Vereinbarung bestand (Abschn. 1.3 Abs. 1 Satz 3 bis 5 UStAE). Die Zahlungen an die GmbH wären dann als Schadensersatz einzustufen, wenn sie auf § 249 BGB zurückzuführen wären. Nach § 249 BGB ist der Schädiger dem Geschädigten gegenüber dazu verpflichtet, entweder denjenigen Zustand wiederherzustellen, der vor dem schadensstiftenden Ereignis bestand (Naturalrestitution), oder Entschädigung in Geld zu leisten. Diese beiden Fälle stellen echten Schadensersatz und damit keinen Leistungsaustausch im umsatzsteuerrechtlichen Sinne dar. Der zum Schadensersatz Verpflichtete wird tätig, um seiner Schadensersatzverpflichtung nachzukommen, nicht um eine Leistung zu erlangen.

In dem Fall Hinrich, in dem die Verkehrsbetriebe GmbH als Geschädigte den an ihrem Fahrzeug entstandenen Schaden selbst beseitigt hat, können sie aus zwei verschiedenen Gründen tätig geworden sein: Zum einen kann hier der Geschädigte eine Geldzahlung i. H. v. 1 785 € gefordert haben als Schadensersatz und den Schaden in eigener Werkstatt beseitigt haben, weil die GmbH mit ihrer Werkstatt wie ein Dritter zur Reparatur des Omnibusses imstande war. Zum anderen kann die GmbH als Geschädigte im Rahmen der Reparatur aufgrund eines Auftrags des Schädigers Hinrich tätig geworden sein. In diesem Fall wäre das Schadensereignis nur der Anlass für das Zustandekommen eines Auftragsverhältnisses. Diese Situation bezeichnet man als unechten Schadensersatz, der anders als der echte Schadensersatz einen steuerbaren Leistungsaustausch darstellt (Abschn. 1.3 Abs. 1 Satz 4 und Satz 5 UStAE; Abschn. 1.3 Abs. 11 UStAE).

Ob hier ein Auftragsverhältnis vorliegt, kann unter zwei Gesichtspunkten entschieden werden. Ein Auftrag kann sowohl ausdrücklich erteilt werden, er kann aber auch konkludent (stillschweigend) aufgrund der Umstände angenommen werden.

Von einer ausdrücklichen Auftragserteilung sagt der Sachverhalt nichts. Es wäre zudem lebensfremd, anzunehmen, dass ein Kraftfahrzeugführer bei einem Unfall den Fahrer eines Linienbusses bezüglich der Unfallreparatur beauftragt.

Die Annahme eines konkludent erteilten Auftrags des Schädigers an den Geschädigten kann nur dann in Betracht kommen, wenn ein darauf gerichteter Wille der Beteiligten eindeutig feststellbar ist. Allein der offene Ausweis der USt in der Rechnung des Geschädigten reicht dafür ebenso wenig aus wie der Umstand, dass die Verkehrsbetriebe üblicherweise Reparaturen dieser Art selbst ausführen.

Entscheidend ist vielmehr, dass der Schädiger im Falle der Auftragserteilung an den Geschädigten aufgrund der allgemeinen Versicherungsbedingungen Gefahr läuft, seinen Versicherungsschutz zu verlieren. Allein dieser Umstand spricht vorliegend gegen die Annahme eines konkludent erteilten Auftrags; es bleibt somit beim nicht steuerbaren Schadensersatz. Die GmbH schuldet die in der Rechnung ausgewiesene USt i. H. v. 285 €.

Im Falle der Schadensabrechnung mit dem Schädiger Rieke, bei dem das Sachverständigengutachten zur Grundlage der Abrechnung herangezogen wird, handelt es sich um einen weiteren Fall von echtem, nicht steuerbarem Schadensersatz: Die GmbH als Geschädigte fordert und erhält von dem schuldigen Unfallgegner eine Zahlung i. H. v. 1 190 €, weil ihr ein Schaden zugefügt worden ist. Zur Wiederherstellung der beschädigten Straßenbahn in den ursprünglichen Zustand ist der Schädiger Rieke außerstande. Die GmbH bewirkt nach allem an Rieke keine Leistung. Ob, wann und wie die GmbH den Schaden später einmal beseitigt, steht gar nicht zur Diskussion, der Schaden ist von Seiten des Schädigers ausgeglichen durch die Geldzahlung.

FALL 55

Vertragsstrafe und Leistungsaustausch

Sachverhalt: Hans Müller in Lemgo befasst sich mit der Herstellung kunstgewerblicher Gegenstände. Am 15. 8. 2018 schließt Müller mit dem Schreibwarengeschäft Kuhlmann in Herford folgenden Vertrag:

Müller liefert an die Firma Kuhlmann Christbaumschmuck für insgesamt 3 000 € einschließlich USt. Die Lieferung soll bis spätestens 2. 12. 2018 erfolgen. Beginnend am 4. 12. 2018 ist Müller für jeden Werktag, den er zu spät liefert, zur Zahlung von 100 € Vertragsstrafe verpflichtet. Hat Müller nicht bis 9. 12. 2018 geliefert, hat er 1 000 € Schadensersatz zu zahlen, wobei die Firma Kuhlmann von ihrer Abnahmepflicht frei wird.

Müller erscheint am 7. 12. 2018 und liefert die Ware mit folgender Rechnung:

Weihnachtsschmuck	3 000,00 €
hierin USt (19 %) enthalten	478,99 €

Die Firma Kuhlmann gibt Müller einen Verrechnungsscheck über 2 600 € in Verbindung mit einer unwidersprochenen Abrechnung, die wie folgt lautet:

Weihnachtsschmuck	3 000 €
abzgl. Vertragsstrafe	400 €
mithin:	2 600 €

Abwandlung: Müller erscheint am 14. 12. 2018. Die Firma Kuhlmann nimmt die Ware nicht ab. Müller hinterlässt nach längerer Verhandlung einen Verrechnungsscheck über 1 000 €.

Frage: Welche umsatzsteuerrechtlichen Folgen ergeben sich hieraus für Müller und die Firma Kuhlmann?

LÖSUNG

Im Ausgangsfall bewirkt Müller, wenn auch verspätet, eine Leistung im Leistungsaustausch.

Er erbringt mit Herstellung des Weihnachtsschmucks und Auslieferung an die Firma Kuhlmann eine steuerbare Werklieferung gem. § 3 Abs. 4 UStG. Der Lieferort bestimmt sich nach § 3 Abs. 6 Satz 1 und Satz 2 UStG, da hier eine Beförderungslieferung vorliegt und das fertige Werk vom liefernden Unternehmer zum Abnehmer transportiert wird. Dies gilt ungeachtet der zivilrechtlichen Erfüllung erst mit Abnahme in Herford. Ort der Lieferung ist daher Lemgo.

Die Bemessungsgrundlage der steuerpflichtigen Werklieferung bestimmt sich nach § 10 Abs. 1 Satz 1 und Satz 2 UStG und umfasst alles, was der Leistungsempfänger Kuhlmann aufwendet, um die Leistung zu erhalten, jedoch abzgl. der USt.

Ursprünglich vereinbart waren als Preis 3 000 €. Dies zugrunde gelegt, ergibt sich eine Bemessungsgrundlage von 2 521,01 € und eine USt von 478,99 €.

Fraglich ist, welchen Einfluss die von Müller zu tragende Vertragsstrafe auf diese ursprüngliche Bemessungsgrundlage hat.

Vertragsstrafen können in zwei Formen – entsprechend der zivilrechtlichen Regelung in §§ 340, 341 BGB – vereinbart sein: Zum einen als solche neben der Erfüllung, zum anderen als eine anstatt Erfüllung.

Soweit die Vertragsstrafe neben der Erfüllung – wie vorliegend – vereinbart worden ist, beeinflusst die Vertragsstrafe die Bemessungsgrundlage der zugrunde liegenden Leistung nicht. Die Vertragsstrafe ist also nicht als Entgeltsminderung zu behandeln. Es verbleibt daher bei der Bemessungsgrundlage von 2 521,01 € und einer USt von 478,99 €. Die Vertragsstrafe stellt damit sog. echten Schadensersatz dar (Abschn. 1.3 Abs. 3 Satz 3 UStAE).

Wird die Vertragsstrafe an Stelle einer Erfüllung geleistet (gezahlt), fehlt es bereits an einer Leistung im Leistungsaustausch. Im Falle der **Abwandlung** ist die Zahlung des Betrags von 1 000 € daher mangels Leistungsaustauschs nicht steuerbar.

Die Fa. Kuhlmann ist gem. § 15 Abs. 1 Satz 1 Nr. 1 UStG nicht zum Vorsteuerabzug berechtigt für den Fall, dass die Leistung ausgeführt wurde. Die Angabe „3 000 €, hierin USt (19 %) enthalten 478,99 €" reicht für eine Rechnung i. S. d. § 14 Abs. 1 UStG nicht aus. Der BFH hat durch Urteil vom 27. 7. 2000 (BStBl 2001 II 426) entschieden, dass eine Rechnung, in der zwar der Bruttopreis, der Steuersatz und der Umsatzsteuerbetrag, nicht aber das Entgelt ausgewiesen ist, grundsätzlich nicht zum Vorsteuerabzug berechtigt. Die Vereinfachungsregelung in Abschn. 202 Abs. 4 Satz 2 UStR 2000 konnte nach dem BMF-Schreiben vom 5. 6. 2001 (BStBl 2001 I 360) bis zum 31. 12. 2001 weiter angewandt werden, damit die betroffenen Unternehmer ihre Abrechnungen bzw. Quittungen bis dahin entsprechend umstellen konnten. Die aktuelle Rechtslage ergibt sich aus Abschn. 15.11 Abs. 4 Satz 1 UStAE. Die Angabe des Entgelts in der Rechnung ist für den Vorsteuerabzug zwingend erforderlich (Abschn. 15.2a Abs. 1 Satz 3 UStAE). Der Einbehalt des Betrags von 400 € beeinflusst als Vertragsstrafe nicht die Höhe des Vorsteuerabzugs (vgl. BFH, BStBl 1994 II 589).

Im Falle der **Abwandlung** scheidet ein Vorsteuerabzug bereits wegen fehlender Leistung für das Unternehmen der Fa. Kuhlmann aus.

2.3 Steuerbarkeit gemäß § 1 Abs. 1 Nr. 4 UStG

Steuerbar ist gem. § 1 Abs. 1 Nr. 4 UStG die Einfuhr von Gegenständen im Inland oder in den österreichischen Gebieten Jungholz und Mittelberg (Einfuhrumsatzsteuer). Für den umsatzsteuerrechtlichen Einfuhrtatbestand ist nicht allein entscheidend, dass der Gegenstand aus dem Drittlandsgebiet in das Inland gelangt, sondern hier auch grundsätzlich der Besteuerung unterliegt, d. h. im Regelfall eine Einfuhrumsatzsteuerschuld entsteht. Danach liegt z. B. keine Einfuhr im umsatzsteuerrechtlichen Sinne vor, wenn sich die Drittlandsware in einem zollrechtlichen Versandverfahren befindet.

Die österreichischen Gemeinden Mittelberg (Kleines Walsertal) und Jungholz in Tirol gehören zum Ausland i. S. d. § 1 Abs. 2 Satz 2 UStG; die Einfuhr in diese Gebiete unterliegt jedoch der deutschen Einfuhrumsatzsteuer.

Die Besteuerung der Einfuhr obliegt nicht den Finanzämtern, sondern erfolgt durch die Zollverwaltung. Bei der Berechnung der USt werden die Einfuhrtatbestände nicht mitberücksichtigt. Die entstandene Einfuhrumsatzsteuer kann gem. § 15 Abs. 1 Satz 1 Nr. 2 UStG grundsätzlich als Vorsteuer abgezogen werden.

FALL 56

Einfuhr im Inland

Sachverhalt: Der Unternehmer Alois Spange betreibt in Darmstadt eine Schreinerei. Für dieses Unternehmen benötigte er eine neue Hobelbank. Diese bestellte er am 20. 2. 2018 bei dem Hersteller Rütli in Zürich. Spange lässt die Hobelbank am 25. 2. 2018 von seinem Angestellten in Zürich abholen und nach Darmstadt transportieren. Bei Grenzübertritt fällt deutsche Einfuhrumsatzsteuer an.

Frage: Hat Spange einen steuerbaren Umsatz getätigt?

LÖSUNG

Die Lieferung des Herstellers Rütli ist in Zürich ausgeführt und ist damit im Inland nicht steuerbar. § 3 Abs. 8 UStG findet keine Anwendung, da der Lieferer Rütli nicht Schuldner der Einfuhrumsatzsteuer ist.

Der Unternehmer Spange erbringt einen steuerbaren Umsatz gem. § 1 Abs. 1 Nr. 4 UStG; eine Einfuhr im Inland. Der Gegenstand, die Hobelbank, gelangt aus dem Drittland (Schweiz) in das Inland und es fällt bei Grenzübertritt Einfuhrumsatzsteuer an. Dieser steuerbare Umsatz ist auch steuerpflichtig, da eine Steuerbefreiung nach § 5 UStG nicht zur Anwendung kommt. Die Bemessungsgrundlage bestimmt sich nach § 11 UStG. Die Besteuerung der Einfuhr erfolgt durch die Zollverwaltung.

Die entstandene Einfuhrumsatzsteuer kann vom Unternehmer Spange als Vorsteuer abgezogen werden, wenn die Gegenstände für sein Unternehmen im Inland oder in den österreichischen Gebieten Jungholz und Mittelberg eingeführt worden sind (Abschn. 15.8 Abs. 1 Satz 1 UStAE). Diese Voraussetzung liegt nach dem Sachverhalt vor, so dass die Einfuhrumsatzsteuer von Spange als Vorsteuer abgezogen werden kann. Zum Zeitpunkt des Vorsteuerabzugs ist § 16 Abs. 2 Satz 1 UStG zu berücksichtigen.

2.4 Steuerbarkeit gemäß § 1 Abs. 1 Nr. 5 UStG

Die Richtlinien-Vorgaben auf EU-Ebene zwingen den deutschen Gesetzgeber, das deutsche UStG stets an diese Vorgaben anzupassen.

Die binnenmarktrechtlichen Vorschriften sind durch folgende Grundsätze gekennzeichnet:

1. Einfuhren und die damit verbundene Einfuhrumsatzsteuer, Ausfuhren und die damit grundsätzlich verbundene Steuerbefreiung gem. § 6 UStG sind nur noch im Warenverkehr mit

Drittstaaten möglich. Grenzkontrollen zu umsatzsteuerrechtlichen Zwecken an den Grenzen zu anderen EU-Mitgliedstaaten sind ab 1. 1. 1993 beseitigt worden.

2. Private Abnehmer können Waren (Ausnahme: neue Fahrzeuge) im EU-Ausland mit der Steuer dieses Landes belastet erwerben und in ihr Heimatland ohne wert- und mengenmäßige Begrenzung mitnehmen.
3. Der Warenverkehr innerhalb der EU wird bei beteiligten vorsteuerabzugsberechtigten Unternehmern mittels des Tatbestands „innergemeinschaftlicher Erwerb" (vgl. § 1a UStG) und der als innergemeinschaftlich bezeichneten, steuerfrei behandelten Lieferung seitens des Leistenden (vgl. § 4 Nr. 1 Buchst. b UStG i. V. m. § 6a UStG) erfasst.
4. Handelt es sich bei dem Leistungsempfänger um einen Unternehmer ohne Vorsteuerabzugsberechtigung, einen Kleinunternehmer, einen pauschalierenden Land- und Forstwirt oder um eine juristische Person, die als Nichtunternehmer auftritt, verbleibt es bei einer steuerfreien innergemeinschaftlichen Lieferung durch den Leistenden und einem innergemeinschaftlichen Erwerb seitens des Leistungsempfängers nur, soweit geliefert werden:
   - Verbrauchsteuerpflichtige Waren,
   - neue Fahrzeuge,
   - andere Waren bei Überschreiten einer sog. Erwerbsschwelle oder bei Option zur Erwerbsbesteuerung.
5. Greifen diese einschränkenden Voraussetzungen für diesen Personenkreis nicht ein, verbleibt es – wie bei erwerbenden Privatpersonen – bei der Anwendung der allgemeinen Vorschriften. Für den Fall einer Versendungs-/Beförderungslieferung durch den leistenden Unternehmer und des Überschreitens sog. Lieferschwellen, bezogen auf das jeweilige Bestimmungsland, wird der Ort jedoch über § 3c UStG in das Bestimmungsland verlegt (sog. Versandhandelsregelung).
6. Sonderregelungen kommen u. a. zum Ansatz für das Verbringen von Gegenständen des Unternehmens über eine EU-Grenze. Dieses Verbringen wird, sofern es zur Verfügung des Unternehmers und nicht nur vorübergehend erfolgt, im Abgangsland einer innergemeinschaftlichen (steuerfreien) Lieferung, im Ankunftsland einem innergemeinschaftlichen Erwerb gleichgestellt.

Durch das USt-Änderungsgesetz 1997 ist in Umsetzung der Vorgaben der 2. Vereinfachungsrichtlinie die Regelung zum sog. innergemeinschaftlichen Dreiecksgeschäft in einem § 25b UStG ins Umsatzsteuerrecht aufgenommen worden. Die Vorschrift soll der Vereinfachung vor allem im Hinblick auf ausländische Unternehmer dienen, die durch die Ortsvorschriften in § 3 Abs. 6 und Abs. 7 UStG ansonsten im Inland steuerpflichtige Umsätze ausführen und damit registrierungspflichtig werden.

Der innergemeinschaftliche Erwerb ersetzt vereinfacht gesprochen die bis 1993 an den deutschen Außengrenzen angefallene Einfuhrumsatzsteuer für Waren, die ins Inland eingeführt werden. Statt durch den Zoll muss der Umsatz nunmehr von dem Leistungsempfänger im Inland als steuerbarer Umsatz, eben dem innergemeinschaftlichen Erwerb, erfasst werden. Auslösen kann aber den innergemeinschaftlichen Erwerb grundsätzlich nur ein Unternehmer, der die Ware für sein Unternehmen erworben hat. Ist der Empfänger dagegen ein nicht vorsteuerabzugsberechtigter Unternehmer, ein Kleinunternehmer, pauschalierender Land- und Forstwirt oder juristische Person, die nicht Unternehmer ist oder nicht für ihr Unternehmen erwirbt, so muss er

- entweder die maßgebliche Erwerbsschwelle von 12 500 € überschritten
- oder zur innergemeinschaftlichen Erwerbsbesteuerung optiert
- oder verbrauchsteuerpflichtige Waren (Mineralöle, Alkohol, alkoholische Getränke und Tabakwaren)
- oder neue Fahrzeuge (§ 1b Abs. 3 UStG) erworben haben, um einen innergemeinschaftlichen Erwerb auslösen zu können.

Privat erwerbende Personen sind von der Erwerbsbesteuerung ausgeschlossen, mit Ausnahme des Erwerbs neuer Fahrzeuge (vgl. § 1b UStG).

Voraussetzung für einen steuerbaren Umsatz gem. § 1 Abs. 1 Nr. 5 UStG ist neben dem Vorliegen eines innergemeinschaftlichen Erwerbs das Vorhandensein eines Erwerbsorts im Inland sowie das Vorliegen eines entgeltlichen Vorgangs. Der Erwerbsort bestimmt sich nach § 3d Satz 1 UStG und ist dort, wo sich der Gegenstand am Ende der Beförderung oder Versendung befindet. Eine Sonderregelung enthält § 3d Satz 2 UStG.

ABB. 4: Innergemeinschaftlicher Erwerb

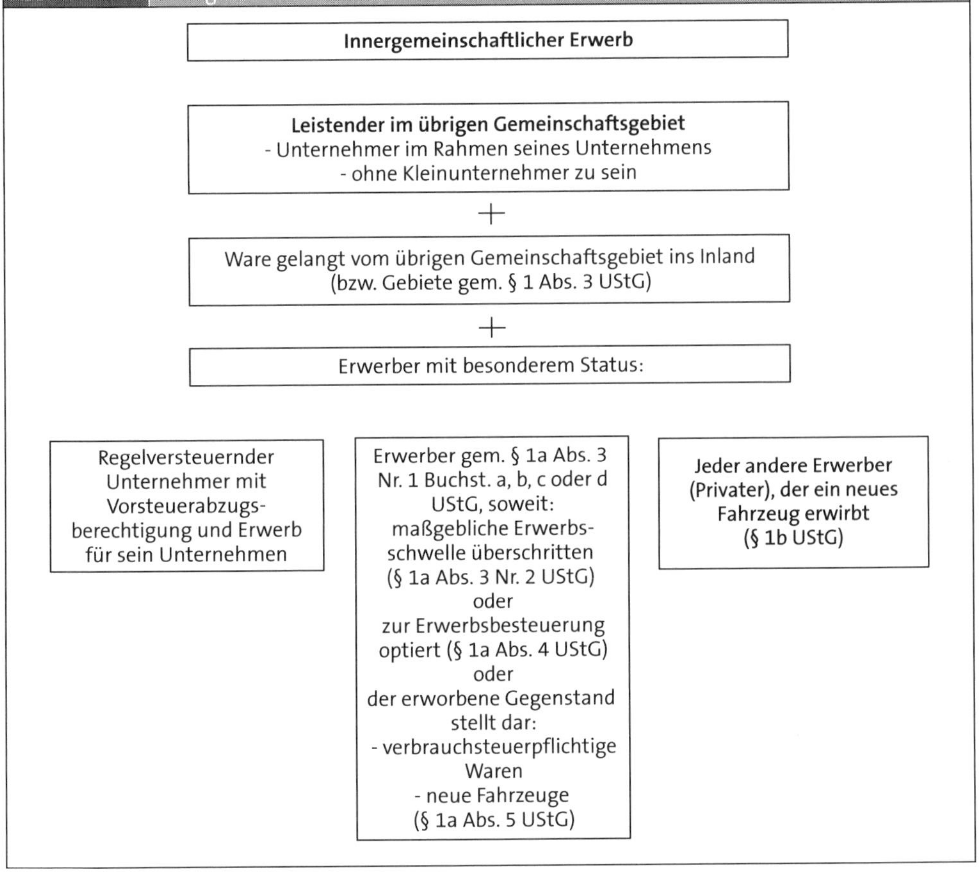

FALL 57

Innergemeinschaftlicher Erwerb: Ort, Bemessungsgrundlage, Zeitpunkt, Vorsteuer

Sachverhalt: Maschinenbauer Hans Schmidt aus Oberhausen, regelversteuernder Unternehmer mit Vorsteuerabzugsberechtigung, erwirbt vom französischen Lieferanten France S. A., Paris (Frankreich), Maschinenteile für sein Unternehmen. France S. A. liefert die Teile mit eigenem Lkw: Transportbeginn am 30. 6. 2018 in Paris, Ankunft in Oberhausen am 2. 7. 2018.

Vereinbarungsgemäß erteilt France S. A. eine Rechnung über 150 000 € zzgl. 30 000 € Transportkosten ohne gesonderten Umsatzsteuerausweis. Die Rechnung (Ausstellungsdatum 1. 9. 2018) geht Hans Schmidt am 3. 9. 2018 zu und weist die von §§ 14, 14a UStG geforderten Mindestangaben auf. France S. A. tritt unter ihrer französischen, Hans Schmidt unter seiner deutschen USt-IdNr. auf.

Fragen:

1. Wie hoch ist die Erwerbsteuerschuld des Hans Schmidt?
2. In welchem Voranmeldungszeitraum ist sie zu erfassen?
3. Wann und in welcher Höhe steht Hans Schmidt der Vorsteuerabzug zu, unterstellt, er verwendet die Maschinenteile zur Ausführung steuerpflichtiger Umsätze?
4. Welche Änderungen würde das zuvor gefundene Ergebnis erfahren, wenn Hans Schmidt
   a) ohne USt-IdNr.
   b) mit seiner italienischen USt-IdNr. aufgetreten wäre?

LÖSUNG

1. Mit dem Erwerb der Maschinenteile hat Schmidt einen gem. § 1 Abs. 1 Nr. 5 UStG steuerbaren und steuerpflichtigen Umsatz bewirkt.

   Da die France S. A. als Unternehmer im Rahmen ihres Unternehmens Maschinenteile vom übrigen EU-Gebiet (Frankreich) ins Inland befördert hat und der Maschinenbauer Hans Schmidt ein regelversteuernder Unternehmer mit Vorsteuerabzugsberechtigung ist, liegt seitens Schmidt ein innergemeinschaftlicher Erwerb gem. § 1a Abs. 1 UStG vor. Der Ort dieses innergemeinschaftlichen Erwerbs bestimmt sich nach § 3d Satz 1 UStG und liegt im Inland.

   Die Bemessungsgrundlage dieses auch steuerpflichtigen innergemeinschaftlichen Erwerbs bestimmt sich nach § 10 Abs. 1 Satz 1 und Satz 2 UStG und beläuft sich auf 180 000 €. Ausgeführt worden ist die Leistung durch die France S. A. mit Beginn der Beförderung am 30. 6. 2018 (entsprechend § 3 Abs. 6 Satz 1 UStG). Die Transportkosten gehören mit zur Bemessungsgrundlage, da sie das (Teil-)Entgelt für die unselbständige Transportnebenleistung darstellen. Die USt beträgt folglich bei einem Steuersatz von 19 % 34 200 €.

2. Unter Beachtung der Vorgaben des § 13 Abs. 1 Nr. 6 UStG ist die Erwerbsteuerschuld des Hans Schmidt im Voranmeldungszeitraum 7/2018 zu erfassen.

   Maßgebend für den Entstehungszeitpunkt ist gem. § 13 Abs. 1 Nr. 6 UStG der Zeitpunkt der Ausstellung der Rechnung, spätestens jedoch der Ablauf des dem Erwerb folgenden Kalendermonats.

   Der Erwerb erfolgte zeitlich am 30. 6. 2018 mit Beginn des Transports. In Übereinstimmung mit den Vorschriften zur Lieferung muss der Zeitpunkt des innergemeinschaftlichen Erwerbs kongruent mit dem Zeitpunkt der innergemeinschaftlichen Lieferung sein. Verliert der Leistende gem. § 3 Abs. 6 Satz 1 UStG mit Beginn der Beförderung oder Versendung die Verfügungsmacht an dem gelieferten Gegenstand, so muss – quasi als Kehrseite der Medaille – der Erwerber bereits als Verfügungsberechtigter angesehen werden. Mit Beginn des Transports am 30. 6. 2018 lag folglich seitens der Fa. France S. A. die Lieferung und seitens des Hans Schmidt der innergemeinschaftliche Erwerb vor. Der auf diesen Erwerb folgende Kalendermonat war somit der Monat Juli 2018. Da die Rechnung erst im Monat September 2018 ausgestellt worden ist (Rechnungsdatum ist entscheidend, OFD Saarbrücken, Vfg. v. 15. 3. 1994, UR 1994, 411), verbleibt es beim Voranmeldungszeitraum 7/2018 als dem maßgebenden Voranmeldungszeitraum.

3. Hans Schmidt steht im Voranmeldungszeitraum 7/2018 ein Vorsteueranspruch i. H. v. 34 200 € zu. Die Abzugsfähigkeit richtet sich nach § 15 Abs. 1 Satz 1 Nr. 3 UStG und ist nicht vom Vorliegen einer Rechnung des Lieferanten oder gar eines Steuerausweises abhängig. Das Recht auf Vorsteuerabzug entsteht bei einem innergemeinschaftlichen Erwerb regelmäßig zu demselben Zeitpunkt, in dem die Erwerbsteuer selbst entsteht.

4. Das zuvor gefundene Ergebnis wird nicht dadurch verändert, wenn Hans Schmidt als Leistungsempfänger ohne USt-IdNr. auftreten oder aber seine italienische USt-IdNr. verwenden würde.

   Wäre er ohne USt-IdNr. aufgetreten, hätte er nach wie vor den Tatbestand des innergemeinschaftlichen Erwerbs gem. § 1 Abs. 1 Nr. 5 UStG i. V. m. § 1a Abs. 1 UStG verwirklicht. Das Innehaben oder Verwenden einer USt-IdNr. ist hierfür nicht erforderlich. Hans Schmidt muss jedoch bei einem solchen Verhalten berücksichtigen, dass der Leistende die an ihn ausgeführte Lieferung auch nach dem Recht der übrigen EU-Mitgliedstaaten nicht steuerfrei ausführen kann. Entsprechend den deutschen Vorgaben im § 6a Abs. 3 UStG i. V. m. § 17c Abs. 1 UStDV kann die France S. A. nur dann steuerfrei liefern, wenn sie die USt-IdNr. des Leistungsempfängers buchmäßig nachweisen kann bzw. die Unternehmereigenschaft des Abnehmers belegen kann. Ist sie hierzu nicht in der Lage, verbleibt es bei einer in Frankreich steuerbaren und steuerpflichtigen Lieferung an Hans Schmidt. Zusätzlich zu dieser in Frankreich entstandenen USt würde bei Hans Schmidt im Inland Erwerbsteuer in der zuvor beschriebenen Höhe ausgelöst werden. Der Vorsteuerabzug bliebe ebenfalls im selben Umfange erhalten.

   Hätte Hans Schmidt seine italienische USt-IdNr. verwendet, bliebe es gem. § 3d Satz 1 UStG nach wie vor bei der Erwerbsbesteuerung in Deutschland als dem Mitgliedstaat, in dem sich der Gegenstand am Ende der Beförderung oder Versendung befindet. Darüber hinaus hätte Hans Schmidt aber mit der verwendeten italienischen USt-IdNr. gem. § 3d Satz 2 UStG den Erwerbstatbestand auch in Italien verwirklicht. Diese aus Gründen der Kontrolle geschaffene (zusätzliche) Erwerbsbesteuerung in dem Mitgliedsland, dessen USt-IdNr. verwendet wird, bleibt allerdings nur so lange bestehen, wie der Erwerber nicht den Nachweis seiner Besteuerung durch das Land erbracht hat, in dem sich der Gegenstand am Ende der Beförderung oder Versendung befindet. Solange Hans Schmidt folglich die Besteuerung des innergemeinschaftlichen Erwerbs im Inland den italienischen Behörden nicht nachweisen kann, verbleibt es gem. § 3d Satz 2 UStG bei der (zusätzlichen) Erwerbsbesteuerung auch in Italien. Die Erwerbsteuer kann in Italien nicht als Vorsteuer abgezogen werden (vgl. § 15 Abs. 1 Satz 1 Nr. 3 UStG).

FALL 58

Erwerb von Ware aus einem EU-Mitgliedsland und Weiterlieferung in ein Drittland/ein anderes EU-Mitgliedsland

Sachverhalt: Die Baustoff GmbH aus Köln erhält am 10. 8. 2018 10t Baustahlmatten von der Stahlfabrik Iron Plc., London (Großbritannien), per Schiff und Lkw auf ihr Warenlager im Neusser Hafen angeliefert. Bereits am 15. 8. 2018 gelingt es der Baustoff GmbH, 2 t der Baustahlmatten an die Bauunternehmung Flügli GmbH, Bern (Schweiz), und 7t an die Bozener Fa. Pinetta (Italien) weiter zu liefern. Der Transport erfolgt jeweils durch die Baustoff GmbH selbst. Die Baustoff GmbH hat in allen Fällen ihre deutsche USt-IdNr. verwendet und bei ihren Lieferungen Rechnungen ohne Umsatzsteuerausweis erteilt. Iron Plc. London tritt unter ihrer britischen USt-IdNr. auf.

Die verbleibende 1 t Baustahlmatten wird an inländische Abnehmer im Laufe des Jahres 2018 geliefert.

Fragen:

1. Wie beurteilt sich umsatzsteuerrechtlich der Erwerb der 10 t Baustahlmatten?
2. Konnte die Baustoff GmbH zutreffenderweise ohne Umsatzsteuerausweis in den Rechnungen an die Flügli GmbH und die Fa. Pinetta abrechnen?
3. Welche Anforderungen muss die Rechnung an die Bozener Fa. Pinetta erfüllen, um als ordnungsgemäß gelten zu können?

LÖSUNG

1. Der Erwerb der 10 t Baustahlmatten löst bei der deutschen Baustoff GmbH den Tatbestand des innergemeinschaftlichen Erwerbs aus (§ 1a Abs. 1 UStG). Es liegt eine Warenbewegung von einem EU-Mitgliedsland in ein anderes vor (von Großbritannien nach Deutschland). Der Leistende im übrigen EU-Gebiet, die Iron Plc., ist ein Unternehmer, der im Rahmen seines Unternehmens geleistet hat; der Erwerber, die Baustoff GmbH, ist ein regelversteuernder Unternehmer mit Vorsteuerabzugsberechtigung und Erwerb für das Unternehmen.

   Der innergemeinschaftliche Erwerb ist in Deutschland steuerbar, da gem. § 3d Satz 1 UStG der Ort des innergemeinschaftlichen Erwerbs in Neuss liegt.

   Grundsätzlich ist der innergemeinschaftliche Erwerb auch steuerpflichtig, sofern nicht einer der im § 4b UStG genannten Befreiungstatbestände eingreift. Vorliegend ist der innergemeinschaftliche Erwerb nur insoweit steuerpflichtig, als die erworbenen Baustahlmatten im Mengenumfang von 1 t im Inland weitergeliefert worden sind. Im Umfang der übrigen 9 t greift die Befreiungsvorschrift des § 4b Nr. 4 UStG i. V. m. § 15 Abs. 3 Nr. 1 Buchst. a UStG ein.

   Soweit die Baustoff GmbH 2 t Baustahlmatten für die Lieferung an die schweizerische Bauunternehmung Flügli GmbH verwendet hat, tätigt sie eine in Neuss steuerbare (Leistungsort: § 3 Abs. 6 Satz 1 UStG), aber gem. § 4 Nr. 1 Buchst. a UStG i. V. m. § 6 Abs. 1 Satz 1 Nr. 1 UStG steuerbefreite Ausfuhrlieferung.

   Im Umfang von 7 t Baustahlmatten liegt seitens der Baustoff GmbH mit ihrer Weiterlieferung an die Bozener Fa. Pinetta eine in Neuss ausgeführte steuerbare (Leistungsort: § 3 Abs. 6 Satz 1 UStG), aber steuerbefreite innergemeinschaftliche Lieferung gem. § 4 Nr. 1 Buchst. b UStG i. V. m. § 6a Abs. 1 UStG vor. Der Liefergegenstand, die 7 t Baustahlmatten, gelangen vom Inland in das übrige EU-Gebiet (Italien), und der Leistungsempfänger, die Fa. Pinetta, löst in Italien als regelversteuernder Unternehmer mit Vorsteuerabzugsberechtigung den Tatbestand des innergemeinschaftlichen Erwerbs aus.

   Sowohl die steuerbefreite Ausfuhrlieferung als auch die steuerbefreite innergemeinschaftliche Lieferung schließen gem. § 15 Abs. 3 Nr. 1 Buchst. a UStG den Vorsteuerabzug nicht aus, so dass der diesbezügliche innergemeinschaftliche Erwerb gem. § 4b Nr. 4 UStG steuerbefreit bleibt.

2. Wegen ihrer steuerbefreiten Lieferungen gegenüber der Berner Fa. Flügli GmbH als Ausfuhrlieferung und gegenüber der Bozener Fa. Pinetta als innergemeinschaftliche Lieferung, war die Baustoff GmbH berechtigt, ohne Umsatzsteuerausweis abzurechnen. Sie hat jedoch dafür Sorge zu tragen, dass sie die in den §§ 8 und 9 UStDV für die Ausfuhrlieferung und in den §§ 17a und 17c UStDV für die innergemeinschaftliche Lieferung normierten Nachweisverpflichtungen erfüllt. Insbesondere die Inanspruchnahme der Steuerbefreiung für die Lieferung gegenüber der Bozener Fa. Pinetta erfordert gem. § 17a Abs. 2 UStDV den belegmäßigen Nachweis, z. B. durch eine Gelangensbestätigung des Abnehmers, und gem. § 17c Abs. 1 UStDV den buchmäßigen Nachweis der USt-IdNr. des Abnehmers.

3. Während die für die Lieferung an die Berner Fa. Flügli GmbH erteilte Rechnung – abgesehen von einem Hinweis auf die Steuerbefreiung – keine von den bisherigen Anforderungen abweichenden Vorgaben beinhalten muss, hat die Baustoff GmbH für ihre steuerfreie innergemeinschaftliche Lieferung an die Bozener Fa. Pinetta die besonderen Vorgaben des § 14a Abs. 3 UStG zu berücksichtigen. Danach ist sie verpflichtet, in der Rechnung sowohl ihre eigene als auch die USt-IdNr. der Fa. Pinetta aufzuführen. Nach § 14 Abs. 4 Satz 1 Nr. 8 UStG muss die Rechnung einen Hinweis auf die Steuerbefreiung enthalten. Der Hinweis auf die Steuerbefreiung ist an keine besondere Form gebunden und kann sowohl in deutscher als auch in ausländischer Sprache ausgebracht werden. Die Rechnung muss bis zum 15. Tag des Monats, der auf den Monat folgt, in dem der Umsatz ausgeführt worden ist, ausgestellt werden. Ein Doppel der Rechnung muss gem. § 14b Abs. 1 Satz 1 UStG zehn Jahre lang aufbewahrt werden.

FALL 59

Innergemeinschaftliches Verbringen

Sachverhalt: Der niederländische Blumenhändler van Bommel besucht an mehreren Wochenenden im Jahr Märkte im Inland, um hier die mitgebrachten Blumen zu veräußern.

Die nicht verkauften Blumen nimmt er wieder mit zurück in die Niederlande, um sie dort zu veräußern.

Frage: Wie ist der Vorgang in Deutschland umsatzsteuerrechtlich zu beurteilen?

LÖSUNG

Die Veräußerung der Blumen auf den Märkten im Inland stellt Lieferungen i. S. d. § 3 Abs. 1 UStG dar. Van Bommel ist auch als Unternehmer gem. § 2 Abs. 1 UStG anzusehen. Wird ein Umsatz im Inland ausgeführt, kommt es für die Besteuerung nicht darauf an, ob der Unternehmer deutscher Staatsangehöriger ist, seinen Wohnsitz oder Sitz im Inland hat, im Inland eine Betriebsstätte unterhält, die Rechnung erteilt oder die Zahlung empfängt (§ 1 Abs. 2 Satz 3 UStG). Der Lieferort bestimmt sich nach § 3 Abs. 6 Satz 1 und Satz 2 UStG und ist auf den jeweiligen Märkten im Inland. Da die Lieferungen auch gegen Entgelt ausgeführt werden, sind die Umsätze steuerbar gem. § 1 Abs. 1 Nr. 1 Satz 1 UStG. Mangels Steuerbefreiung sind die Umsätze auch steuerpflichtig. Der Steuersatz beträgt gem. § 12 Abs. 2 Nr. 1 UStG i. V. m. Anlage 2 Nr. 8 zum UStG 7 %. Damit entsteht eine USt-Zahllast für den niederländischen Unternehmer van Bommel. Zuständig für die USt des van Bommel ist nach der USt-Zuständigkeitsverordnung das Finanzamt Kleve.

Fraglich ist, ob van Bommel neben den steuerbaren Lieferungen auch noch steuerbare Umsätze nach § 1 Abs. 1 Nr. 5 UStG, innergemeinschaftliche Erwerbe im Inland gegen Entgelt, ausführt. Als innergemeinschaftlicher Erwerb gegen Entgelt gilt gem. § 1a Abs. 2 UStG das Verbringen eines Unternehmensgegenstands aus dem übrigen Gemeinschaftsgebiet in das Inland durch einen Unternehmer zu seiner Verfügung, ausgenommen zu einer nur vorübergehenden Verwendung. Diese Voraussetzungen liegen hier vor, da van Bommel die Blumen, die Unternehmensgegenstände, mit Verkaufsabsicht (endgültige Verwendung) in das Inland verbringt. Damit ist ein innergemeinschaftlicher Erwerb anzunehmen. Der Erwerbsort ist auf den jeweiligen Märkten, nämlich am Ende der Beförderung oder Versendung (§ 3d Satz 1 UStG). Das Entgelt wird durch § 1a Abs. 2 UStG (... gegen Entgelt ...) fingiert.

Aus Vereinfachungsgründen enthält Abschn. 1a.2 Abs. 6 Satz 4 UStAE folgende Regelung: Verbringt der Unternehmer Gegenstände zum Zweck des Verkaufs außerhalb einer Betriebsstätte in den Bestimmungsmitgliedstaat und gelangen die nicht verkauften Waren unmittelbar anschließend wieder in den Ausgangsmitgliedstaat zurück, kann das innergemeinschaftliche Verbringen aus Vereinfachungsgründen auf die tatsächlich verkaufte Warenmenge beschränkt werden. Daraus ergibt sich, dass van Bommel nur den Erwerb derjenigen Blumen im Inland der Besteuerung unterwerfen muss, die im Inland auch veräußert werden. Die Erwerbsteuer kann gem. § 15 Abs. 1 Satz 1 Nr. 3 UStG als Vorsteuer abgezogen werden.

FALL 60

Innergemeinschaftlicher Erwerb durch die in § 1a Abs. 3 Nr. 1 UStG genannten Personen

Sachverhalt: Die Stadt Herne erwirbt am 12. 6. 2018 (Rechnung vom selben Tage) einen neuen Pkw vom belgischen Autohaus De Haan, Brüssel (Belgien), zum Preis von netto 40 000 €. Das Fahrzeug dient ausschließlich Repräsentationszwecken des Oberbürgermeisters.

Daneben hat die Stadt Herne für ihre Bußgeldstelle zwei mit dem Hauptcomputer verbundene transportable Computer beim niederländischen Computergroßhändler De Jong PC, Arnheim (Niederlande), mit Lieferung vom 19. 6. 2018 zum Preis von 11 250 € erworben. De Jong PC liefert die Computer mit eigenem Lkw an. Eine Rechnung hat De Jong PC bislang noch nicht erteilt.

Da die Stadt Herne bislang nicht am innergemeinschaftlichen Handel teilgenommen hat, verfügt sie über keine USt-IdNr. Für 2018 sind keine weiteren Erwerbe aus anderen EU-Staaten geplant.

Fragen:

1. Liegt seitens der Stadt Herne ein Umsatz in Form eines innergemeinschaftlichen Erwerbs vor?
2. Muss die Stadt Herne für ihre Erwerbe eine (deutsche) USt-IdNr. beantragen?
3. Wie beurteilen Sie die Lieferungen des Autohauses De Haan aus Brüssel und des Computergroßhändlers De Jong PC aus Arnheim?

LÖSUNG

1. Die Stadt Herne erwirbt sowohl den Pkw als auch die beiden Computer für ihren hoheitlichen Bereich, tritt folglich als juristische Person des öffentlichen Rechts auf, die nicht Unternehmer ist. Damit kann sie gem. § 1a Abs. 3 und Abs. 4 UStG die Erwerbsteuerbarkeit nur dann auslösen, wenn sie entweder die maßgebliche Erwerbsschwelle von 12 500 € überschritten oder aber – mit einer Bindungsfrist für 2 Jahre – zur Erwerbsbesteuerung optiert hat.

   Eine Ausnahme von dieser Beschränkung greift gem. § 1a Abs. 5 UStG nur beim Erwerb neuer Fahrzeuge oder aber verbrauchsteuerpflichtiger Waren (Mineralöle, Alkohol, alkoholische Getränke sowie Tabakwaren) ein. Diese Gegenstände kann eine juristische Person, die nicht Unternehmer ist oder die den Gegenstand nicht für ihr Unternehmen erworben hat, nach den allgemeinen Voraussetzungen des § 1a Abs. 1 UStG innergemeinschaftlich erwerben.

   Hinsichtlich des für Repräsentationszwecke erworbenen Pkw aus Brüssel löst die Stadt Herne folglich gem. § 1a Abs. 5 UStG i. V. m. § 1a Abs. 1 UStG die Erwerbsbesteuerung aus. Die Beurteilung dieses Erwerbsteuertatbestands geschieht nach den allgemeinen Voraussetzungen. Der Ort liegt gem. § 3d Abs. 1 UStG in Herne, der Erwerb ist steuerbar und steuerpflichtig. Die Bemessungsgrundlage bestimmt sich nach § 10 Abs. 1 Satz 1 und Satz 2 UStG und beträgt 40 000 €, die USt auf den Erwerb 7 600 €. Die Steuer entsteht gem. § 13 Abs. 1 Nr. 7 UStG am 12. 6. 2018 und ist folglich für den Voranmeldungszeitraum 6/2018 zu erklären. Mangels Unternehmereigenschaft steht der Stadt Herne kein Vorsteuerabzug gem. § 15 Abs. 1 UStG zu.

   Der Erwerb der beiden Computer führt dagegen nicht zu einem innergemeinschaftlichen Erwerb durch die Stadt Herne.

   Sie hat nicht betragsmäßig die maßgebende Erwerbsschwelle überschritten.

   Die in § 1a Abs. 3 Nr. 2 UStG genannte Erwerbsschwelle von 12 500 € ist überschritten und führt zu einer Erwerbsbesteuerung, wenn

   – entweder der Gesamtbetrag der Entgelte für Erwerbe im vorangegangenen Kalenderjahr 12 500 € überstiegen hat
   – oder der Gesamtbetrag der Entgelte für Erwerbe im laufenden Kalenderjahr voraussichtlich 12 500 € übersteigen wird.

   Bezogen auf die erstmalige Anwendung der Erwerbsschwellenregelung für das Jahr 1993 sowie für diejenigen Erwerber, die die Frage der Erwerbsschwelle im laufenden Jahr erstmals beantworten müssen, kommt es – mangels relevanten Vorjahres – nur auf die Vorausschau des laufenden Jahres an. Die Vorausschau bleibt auch dann maßgebend, wenn sich die tatsächlichen Verhältnisse anders entwickeln.

   Hinsichtlich des Jahres 2018 liegt der Gesamtbetrag der Entgelte für Erwerbe der Stadt Herne voraussichtlich unter 12 500 €. Der für die Erwerbsschwelle maßgebliche Betrag von 12 500 € setzt sich dabei zusammen aus dem Gesamtbetrag der Erwerbe aus allen Mitgliedstaaten, berechnet nach dem Entgelt (§ 10 Abs. 1 Satz 2 UStG). Bei der Berechnung der maßgebenden Erwerbsschwelle sind folgende Umsätze auszuscheiden:

- Umsätze von Kleinunternehmern aus dem übrigen Gemeinschaftsgebiet an die im § 1a Abs. 3 Nr. 1 UStG bezeichneten Unternehmer;
- Umsätze von verbrauchsteuerpflichtigen Waren und neuen Fahrzeugen.

Unter Außerachtlassung des Entgelts für den Pkw-Neuwagen-Erwerb liegt der Gesamtbetrag der Entgelte für Erwerbe mit einer Gegenleistung für die beiden Computer von 11 250 € voraussichtlich unter der Erwerbsschwelle von 12 500 €.

2. Sofern die Stadt Herne keinen Gebrauch von § 1a Abs. 4 UStG macht, hat sie keinen Anspruch auf eine deutsche USt-IdNr. gem. § 27a UStG.

   Sie kann gem. § 27a Abs. 1 Satz 2 UStG nur dann mit Erfolg eine solche USt-IdNr. beantragen, wenn sie diese für innergemeinschaftliche Lieferungen oder innergemeinschaftliche Erwerbe benötigt. Hinsichtlich der beiden erworbenen Computer scheidet schon mangels Erwerbsteuertatbestands die Notwendigkeit einer USt-IdNr. aus. Soweit sie dagegen den Erwerbsteuertatbestand hinsichtlich des erworbenen neuen Pkw ausgelöst hat, benötigt sie auch insoweit keine deutsche USt-IdNr. Die Kontrollzwecken dienende USt-IdNr. verliert bei der Erwerbsbesteuerung neuer Fahrzeuge ihre Funktion, da der Erwerb dieser Gegenstände ungeachtet des Status des Erwerbers stets den Tatbestand des innergemeinschaftlichen Erwerbs auslöst. Auch der Privatmann bewirkt bei Erwerb eines neuen EU-ausländischen Pkw einen innergemeinschaftlichen Erwerb (vgl. § 1b Abs. 1 UStG). Der Leistende kann daher in diesen Fällen stets – ohne weitere Nachweisverpflichtungen – die Steuerbefreiung in Anspruch nehmen (vgl. für das deutsche Recht § 6a Abs. 1 Satz 1 Nr. 2 Buchst. c UStG). Allein wegen des Erwerbs neuer Fahrzeuge besteht folglich kein Anspruch auf die Erteilung einer (deutschen) USt-IdNr.

3. Die Lieferung des Autohauses De Haan aus Brüssel ist eine in Brüssel steuerbare, aber steuerbefreite innergemeinschaftliche Lieferung (vgl. für das deutsche Recht § 6a Abs. 1 UStG). Der Erwerb neuer Fahrzeuge aus anderen EU-Mitgliedstaaten löst im Inland stets den Tatbestand des innergemeinschaftlichen Erwerbs aus, ungeachtet des Status des Erwerbers (vgl. § 1a Abs. 5 UStG, § 1b UStG).

   Die Beurteilung der Lieferungen der beiden Computer durch die Fa. De Jong PC aus Arnheim hängt entscheidend davon ab, ob De Jong PC die für Deutschland maßgebliche Lieferschwelle i. H. v. 100 000 € gem. § 3c Abs. 3 Satz 2 Nr. 1 UStG überschritten hat. Beträgt der Gesamtbetrag der Entgelte der Lieferungen der Fa. De Jong PC nach Deutschland entweder tatsächlich im vorangegangenen Jahr oder aber im laufenden Jahr mehr als 100 000 €, verlagert sich der Ort der Lieferungen gem. § 3c Abs. 1 UStG ins Inland. In diesem Falle hätte die Fa. De Jong PC im Inland steuerbar und mit 19 % steuerpflichtig an die Stadt Herne geliefert. Hat die Fa. De Jong PC dagegen die maßgebliche Lieferschwelle nicht überschritten und auch nicht auf die Anwendung der Lieferschwelle gem. § 3c Abs. 4 UStG verzichtet, bleibt es bei der Lieferortbestimmung des § 3 Abs. 6 Satz 1 UStG. Die Umsätze wären in den Niederlanden steuerbar und mit niederländischer USt steuerpflichtig.

Kapitel 3: Steuerbefreiungen

Sofern ein Lebenssachverhalt einen umsatzsteuerrechtlichen Tatbestand (§ 38 AO) erfüllt, liegt ein steuerbarer Umsatz vor. Nicht jeder steuerbare Umsatz jedoch führt zur Entstehung von USt. Insbesondere in den §§ 4 bis 9 UStG hat der Gesetzgeber Regelungen geschaffen, nach denen bestimmte Umsätze von der USt befreit sind.

Die einzelnen Steuerbefreiungen sind auf verschiedene gesetzgeberische Gründe zurückzuführen. Zum Ersten spricht der Gesetzgeber Steuerbefreiungen dort aus, wo es aus wirtschaftlichen Gründen erforderlich erscheint. Hier wären als Beispiel solche Befreiungen zu nennen, die Wettbewerbsverzerrungen vermeiden helfen sollen, etwa die Steuerbefreiungen der Ausfuhrlieferungen. Eine Reihe anderer Befreiungsvorschriften beruht auf rechtssystematischen Erwägungen: Wo der fragliche Sachverhalt bereits durch eine andere Verkehrsteuer erfasst wird, verzichtet der Gesetzgeber auf die Umsatzbesteuerung. Die größte Zahl der Steuerbefreiungen jedoch beruht auf sozialen Erwägungen. Leistungen, die als besonders förderungswürdig betrachtet werden, weil sie gegenüber sozial schwachen Leistungsempfängern erbracht werden oder weil sie kulturelle oder sportliche Angelegenheiten betreffen, bleiben gleichfalls steuerfrei.

Eine Steuerbefreiung kann die gewünschte Wirkung einer Entlastung jedoch dann nicht erreichen, wenn sie nur auf einer bestimmten Umsatzstufe innerhalb der Umsatzkette gewährt wird. In einem solchen Falle kann wegen fehlenden Vorsteuerabzugs sogar eine höhere Endbelastung als ohne Befreiung dadurch eintreten, dass die Steuer Preisbestandteil auf der nächsten Umsatzstufe wird und dort die Bemessungsgrundlage erhöht.

Diese Wirkung kann vermieden werden, wenn trotz der Steuerbefreiung der Vorsteuerabzug gewährt wird. Man spricht hier von sog. systemgerechten Steuerbefreiungen, wie sie z. B. bei der steuerfreien Ausfuhrlieferung (§ 4 Nr. 1 Buchst. a UStG) vorliegt. Einen anderen Weg zur Vermeidung von Nachteilen eröffnet der Gesetzgeber durch § 9 UStG, indem er für bestimmte steuerbefreite Umsätze dem Unternehmer die Möglichkeit einer Option zur Steuerpflicht einräumt und auf diese Weise den vollen Vorsteuerabzug ermöglicht.

ABB. 5: Steuerbefreiungen

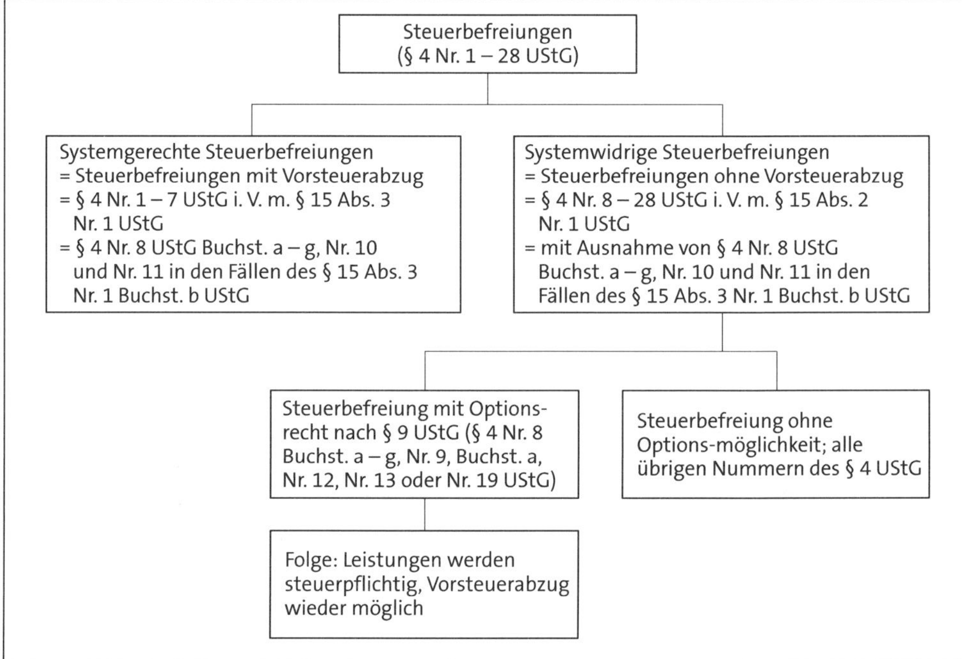

Für die steuerbaren Umsätze i. S. d. § 1 Abs. 1 UStG kommen insbesondere folgende Steuerbefreiungsvorschriften in Betracht:

Steuerbare Umsätze	Steuerbefreiungsvorschrift
gem. § 1 Abs. 1 Nr. 1 UStG	§ 4 UStG
gem. § 1 Abs. 1 Nr. 4 UStG	§ 5 UStG
gem. § 1 Abs. 1 Nr. 5 UStG	§ 4b UStG

Zum 1. 1. 1993 sind die Zollgrenzen innerhalb der EU weggefallen. Die Ausfuhr ist innergemeinschaftlich durch die innergemeinschaftliche Lieferung ersetzt worden.

Gelangt der Liefergegenstand vom Inland ins übrige EU-Gebiet und hat der Leistungsempfänger den innergemeinschaftlichen Erwerb im EU-Ausland zu besteuern, beurteilt sich die inländische Lieferung als steuerbefreite innergemeinschaftliche Lieferung gem. § 6a UStG. Unbeachtlich ist, ob der Liefergegenstand vom Inland ins übrige EU-Gebiet durch Versenden, Befördern oder durch Abholen des Leistungsempfängers gelangt.

Die Steuerbefreiung kann vom leistenden Unternehmer jedoch grundsätzlich nur dann in Anspruch genommen werden, wenn er gem. § 6a Abs. 3 UStG i. V. m. §§ 17a und 17b UStDV den Transport des Gegenstands in das übrige EU-Gebiet nachgewiesen hat und den gem. § 17c UStDV erforderlichen Buchnachweis erbringen kann. Der Nachweis ist allerdings keine materiellrechtliche Voraussetzung für die Steuerbefreiung.

ABB. 6: Innergemeinschaftliche Lieferung

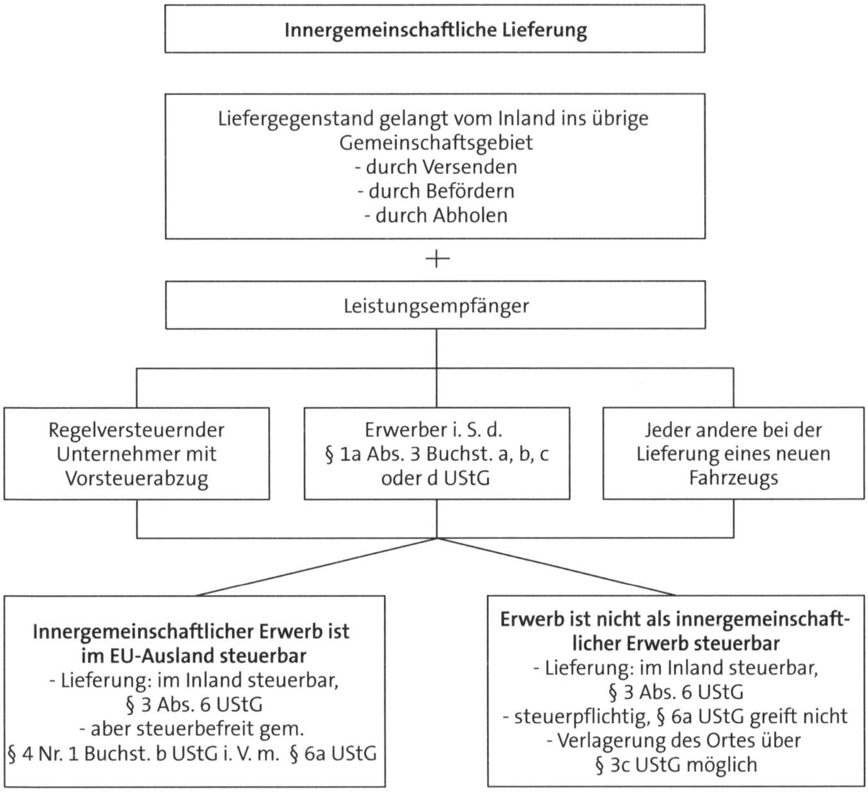

LITERATURHINWEIS

Siehe hierzu auch im „Lehrbuch Umsatzsteuer" die Ausführungen zu den Steuerbefreiungen (Kapitel 8, insbesondere 8.2. bis 8.4).

FALL 61

Steuerbefreiung von Ausfuhrlieferungen

Sachverhalt: Jakob Benteler betreibt einen Kraftfahrzeughandel mit Reparaturwerkstatt in Friedberg in Hessen in der Nähe der Bundesautobahn. Am 6. 2. 2018 fährt ein Pkw auf das Grundstück Bentelers, das nach seinem amtlichen Kennzeichen aus der Schweiz kommt. Der Fahrer des Pkw, der sich als Bauunternehmer Heiner Bürgli aus Zürich vorstellt, kauft für seinen Pkw ein Ersatzrad. Dieses Rad kostet nach Bentelers Auskunft 140 €. Bürgli möchte das Rad jedoch billiger überlassen haben, da er meint, es handele sich um eine steuerfreie Lieferung. Er werde das Rad noch am selben Tage in die Schweiz ausführen.

Frage: Kann Benteler dem Käufer unter diesen Umständen das Rad billiger, also umsatzsteuerfrei, überlassen?

LÖSUNG

Die Veräußerung des Rads stellt eine steuerbare Lieferung gem. § 1 Abs. 1 Nr. 1 Satz 1 UStG i. V. m. § 3 Abs. 1 UStG dar. Benteler verschafft durch Übereignung des Rads dem Erwerber Bürgli Verfügungsmacht. Benteler handelt als Unternehmer im Rahmen seines Unternehmens. Er erhält in Form der Zahlung vom Abnehmer eine Gegenleistung. Lieferort ist Friedberg in Hessen (§ 3 Abs. 6 Satz 1 UStG), die Lieferung ist somit steuerbar.

Die Lieferung des Rads könnte jedoch eine gem. § 4 Nr. 1 Buchst. a UStG i. V. m. § 6 UStG steuerfreie Ausfuhrlieferung sein. Nach § 6 Abs. 1 Satz 1 Nr. 2 UStG liegt eine Ausfuhrlieferung i. S. v. § 4 Nr. 1 Buchst. a UStG dann vor, wenn bei einer Lieferung der Abnehmer den Gegenstand der Lieferung in das Drittlandsgebiet befördert hat und ein ausländischer Abnehmer ist. Diese vom Unternehmer gem. § 6 Abs. 4 UStG nachzuweisenden Voraussetzungen sind im vorliegenden Fall erfüllt:

1. Das Rad soll als Liefergegenstand in die Schweiz, also in das Drittlandsgebiet, gelangen.
2. Bürgli ist ausländischer Abnehmer (§ 6 Abs. 2 Satz 1 Nr. 1 UStG), weil er seinen Sitz im Drittlandsgebiet hat.
3. Benteler könnte den Nachweis führen, dass die Ware in das Drittlandsgebiet gelangt ist, wenn Bürgli ihm einen Beleg über die Tatsache der Ausfuhr zukommen lässt. Benteler müsste nach § 9 UStDV nachweisen:
   a) Den Namen und die Anschrift des Unternehmers,
   b) die handelsübliche Bezeichnung und die Menge des ausgeführten Gegenstands,
   c) den Ort und den Tag der Ausfuhr,
   d) eine Ausfuhrbestätigung der Grenzzollstelle.

§ 6 Abs. 3 UStG enthält jedoch eine Sondervorschrift für den Fall, dass bei Abhollieferungen i. S. d. § 6 Abs. 1 Satz 1 Nr. 2 UStG der Gegenstand der Lieferung zur Ausrüstung oder Versorgung eines Beförderungsmittels bestimmt ist. Neben Boot und Flugzeug ist das Kraftfahrzeug als Beförderungsmittel im Sinne dieser Vorschrift anzusehen. Bei dem Rad handelt es sich um einen Ausrüstungsgegenstand für das Fahrzeug. Bei der Lieferung eines Gegenstands zur Ausrüstung oder Versorgung eines Beförderungsmittels liegt eine steuerfreie Ausfuhrlieferung nur vor, wenn der Abnehmer ein ausländischer Unternehmer ist und das Beförderungsmittel den Zwecken des Unternehmens des Abnehmers dient.

Auch diese Voraussetzungen des § 6 Abs. 3 UStG hat der liefernde Unternehmer nachzuweisen (§ 6 Abs. 4 Satz 1 UStG). Hierbei wird Benteler bereits der Nachweis darüber, dass Bürgli Unternehmer ist, schwer fallen und erst recht der Nachweis darüber, dass das Kfz als das in Rede stehende Beförderungsmittel den Zwecken des Unternehmens des Abnehmers dient (s. auch Abschn. 6.4 Abs. 3 UStAE). Benteler wird somit die Lieferung des Rads zunächst als steuerpflichtigen Umsatz zu behandeln haben.

FALL 62

Steuerbefreiungen und Reihengeschäft über die Drittlandsgrenze

Sachverhalt: Der Schweizer Unternehmer Zwingli bestellt am 5. 2. 2018 bei der Berliner Fiberglas GmbH eine Spezialfiberglasmaschine für 150 000 €. Die GmbH ihrerseits, die die Maschine nicht vorrätig hat, bestellt sie am 10. 2. 2018 bei der Fa. Glas AG Münster für 100 000 € mit der Bitte, die Maschine unmittelbar von Münster nach Bern zu transportieren zu den Lieferkonditionen „verzollt und versteuert". Die von der AG mit eigenem Lkw durchgeführte Beförderung wird am 10. 3. 2018 ausgeführt, am Grenzübergang entrichtet der Angestellte im Namen und für Rechnung der AG die Schweizer Einfuhrumsatzsteuer.

Abwandlung: Nicht die AG, sondern Zwingli führt den Transport am 10. 3. 2018 durch.

Frage: Wie ist die Warenbewegung von Münster nach Bern umsatzsteuerrechtlich zu beurteilen?

LÖSUNG

Die Glas AG und die Fiberglas GmbH liefern jeweils im Reihengeschäft. Mehrere Unternehmer, die AG, die GmbH und Zwingli, schließen über denselben Gegenstand, die Spezialfiberglasmaschine, mehrere Umsatzgeschäfte ab bei nur einer Warenbewegung vom ersten Unternehmer, der AG, an den letzten Unternehmer, den Unternehmer Zwingli aus der Schweiz.

Da gem. § 3 Abs. 6 Satz 5 UStG die Warenbewegung nur einer Lieferbeziehung zugeordnet werden kann, ist für die Beurteilung der in der Reihe bewirkten Lieferung von der Glas AG an die Fiberglas GmbH und von der Fiberglas GmbH an Zwingli sowohl für die Steuerbarkeit als auch für die Frage der Steuerpflicht jede Lieferung getrennt zu beurteilen.

Die Glas AG liefert an die Fiberglas GmbH gem. § 3 Abs. 6 Satz 1 UStG steuerbar in Münster, da dieser Lieferbeziehung die Warenbewegung durch die befördernde Glas AG zuzuordnen ist. Die gem. § 1 Abs. 1 Nr. 1 Satz 1 UStG steuerbare Lieferung ist jedoch steuerfrei nach § 4 Nr. 1 Buchst. a UStG i. V. m. § 6 Abs. 1 Satz 1 Nr. 1 UStG. Da die Maschine bei der Warenbewegung vom Inland in das Drittlandsgebiet Schweiz gelangt und der leistende Unternehmer befördert, greift in der Lieferbeziehung der AG zur GmbH die Ausfuhrsteuerbefreiung ein. Die Bemessungsgrundlage für diesen steuerfreien Umsatz beträgt 100 000 €.

Die nicht warenbewegte Lieferung ist der Lieferbeziehung Fiberglas GmbH Berlin an den Schweizer Unternehmer Zwingli aus Bern zuzuordnen. Gemäß § 3 Abs. 7 Satz 2 Nr. 2 UStG liegt der Ort dieser Lieferung in Bern, da die nicht warenbewegte Lieferung der GmbH an Zwingli der warenbewegten Lieferung AG an GmbH nachfolgt. Die Lieferung der Fiberglas GmbH ist damit nicht steuerbar im Inland.

Da in der Abwandlung die Warenbewegung nicht vom ersten Unternehmer in der Reihe, sondern vom letzten Abnehmer, dem Schweizer Unternehmer Zwingli aus Bern vorgenommen worden ist, muss diese Warenbewegung der Lieferbeziehung Fiberglas GmbH an Zwingli zugeordnet werden. Der Ort dieser Lieferung liegt gem. § 3 Abs. 6 Satz 1 UStG in Münster. Der nach § 1 Abs. 1 Nr. 1 Satz 1 UStG steuerbare Umsatz ist aber gem. § 4 Nr. 1 Buchst. a UStG i. V. m. § 6 Abs. 1 Satz 1

Nr. 2 UStG und § 6 Abs. 2 Satz 1 Nr. 1 UStG steuerbefreit. Bei der Warenbewegung gelangt der Gegenstand vom Inland in das Drittlandsgebiet Schweiz, und der für die Warenbewegung verantwortliche Abnehmer, Zwingli aus Bern, ist ein ausländischer Abnehmer gem. § 6 Abs. 2 Satz 1 Nr. 1 UStG. Die Bemessungsgrundlage für diesen steuerbefreiten Umsatz beträgt 150 000 €.

In der Abwandlung liefert die Glas AG an die Fiberglas GmbH im Rahmen einer nicht warenbewegten Lieferung. Gemäß § 3 Abs. 7 Satz 2 Nr. 1 UStG liegt der Ort in Münster, da die nicht warenbewegte Lieferung der warenbewegten Lieferung vorangeht. Die nach § 1 Abs. 1 Nr. 1 Satz 1 UStG steuerbare Lieferung ist auch steuerpflichtig, da mangels Warenbewegung die Steuerbefreiung nach § 4 Nr. 1 Buchst. a UStG i. V. m. § 6 UStG nicht ausgelöst werden kann. Die Bemessungsgrundlage für diesen steuerpflichtigen Umsatz beträgt gem. § 10 Abs. 1 Satz 1 und Satz 2 UStG 84 033,61 €, die USt bei einem Steuersatz von 19 % 15 966,39 €.

FALL 63

Innergemeinschaftliche Lieferung: Voraussetzungen, Bemessungsgrundlage und Verfahren

Sachverhalt: Die Textilgroßhandlung Meier und Söhne KG, Stuttgart, erwirbt am 18. 11. 2018 Textilien für umgerechnet 15 000 € von der Schweizer Firma Tüchli aus Zürich. Die Meier und Söhne KG holt die Ware am 18. 11. 2018 mit eigenem Lkw bei der Fa. Tüchli in Zürich ab, lässt die Ware noch am selben Tag an der deutschen Grenze zum freien Verkehr abfertigen und transportiert sie sofort weiter nach Turin (Italien) zur dortigen Modeboutique Pribella, die die Ware mit Kaufvertrag vom 10. 10. 2018 für 18 500 € zzgl. 1 700 € Frachtkosten von der Meier und Söhne KG erworben hatte.

Die Rechnung der Meier und Söhne KG an Pribella datiert vom 2. 1. 2019.

Pribella tritt unter ihrer italienischen und die Meier und Söhne KG unter ihrer deutschen USt-IdNr. auf.

Die Meier und Söhne KG erbringt zutreffend den Nachweis nach § 3 Abs. 6 Satz 6 zweiter Halbs. UStG. Sie ist zur quartalsweisen Abgabe der Zusammenfassenden Meldung verpflichtet.

Fragen:

1. Wie beurteilt sich die Lieferung der Meier und Söhne KG an die Turiner Modeboutique Pribella?
2. Entsteht für die Meier und Söhne KG deutsche Einfuhrumsatzsteuer?

LÖSUNG

1. Die Lieferung der Meier und Söhne KG an die Turiner Modeboutique Pribella erfolgt im Reihengeschäft, da mehrere Unternehmer (Tüchli, die KG und Pribella) Umsatzgeschäfte über denselben Gegenstand, die Textilien, abgeschlossen haben, bei nur einer Warenbewegung vom ersten Unternehmer an den letzten Abnehmer, § 3 Abs. 6 Satz 5 UStG.

Da die KG den Nachweis erbringt, den Gegenstand als Lieferer befördert oder versendet zu haben (§ 3 Abs. 6 Satz 6 zweiter Halbs. UStG), ist die Warenbewegung durch sie ihrer Lieferbeziehung an Pribella zuzuordnen. Gemäß § 3 Abs. 6 Satz 1 UStG bestimmt sich der Ort für die Lieferung der KG an Pribella damit grundsätzlich nach dem Ort des Beförderungsbeginns, also Zürich.

Mit Abfertigung der Ware zum freien Verkehr durch die Meier und Söhne KG verlagert sich jedoch der Ort der Lieferung der Meier und Söhne KG an Pribella gem. § 3 Abs. 8 UStG ins Inland. Der Gegenstand der Lieferung gelangt bei der Beförderung durch die Meier und Söhne KG an Pribella aus dem Drittlandsgebiet (Schweiz) in das Inland, und im Verhältnis zum Leistungsempfänger Pribella hat der Liefernde die Ware zum freien Verkehr abfertigen lassen. Diese damit im Inland steuerbare Lieferung stellt eine steuerbefreite innergemeinschaftliche Lieferung gem. § 6a Abs. 1 UStG dar. Die Warenbewegung erfolgt nach der Abfertigung zum freien Verkehr von einem EU-Mitgliedsland (Deutschland) in ein anderes (Italien), und der Erwerber, die Modeboutique Pribella, unterliegt in dem EU-Mitgliedsland Italien der dortigen Erwerbsbesteuerung.

Der Umsatz der Meier und Söhne KG mit einer Bemessungsgrundlage von 20 200 € ist gem. § 18b Satz 2 UStG für den Voranmeldungszeitraum 12/2018 zu erklären. Zwar kommt es gem. § 18b Satz 2 UStG grundsätzlich auf den Voranmeldungszeitraum an, in dem die Rechnung für die innergemeinschaftliche Lieferung ausgestellt wird. Erfolgt die Rechnungsausstellung jedoch später als in dem auf die Ausführung der innergemeinschaftlichen Lieferung folgenden Kalendermonat, bleibt dieser für die Bestimmung des Voranmeldungszeitraums maßgebend.

Gemäß § 18a UStG hat die Meier und Söhne KG diese steuerbefreite innergemeinschaftliche Lieferung mit der Bemessungsgrundlage i. H. v. 20 200 € in der Zusammenfassenden Meldung für das vierte Quartal 2018 zu erklären.

2. Mit Abfertigung der Ware zum freien Verkehr an der deutschen Grenze liegt seitens der Meier und Söhne KG eine Einfuhr von Gegenständen im Inland vor. Da die Abfertigung zum freien Verkehr im Auftrag und im Namen der Meier und Söhne KG erfolgte, ist diese Schuldner der bei dieser Einfuhr grundsätzlich zu entrichtenden Einfuhrumsatzsteuer. Gemäß § 15 Abs. 1 Satz 1 Nr. 2 UStG stünde der Meier und Söhne KG der Vorsteuerabzug in gleicher Höhe zu. Da jedoch die Ware unmittelbar im Anschluss an die Einfuhr zur Ausführung einer innergemeinschaftlichen Lieferung gem. § 4 Nr. 1 Buchst. b UStG i. V. m. § 6a UStG verwendet worden ist, kann die Meier und Söhne KG die Steuerbefreiung der Einfuhr gem. § 5 Abs. 1 Nr. 3 UStG in Anspruch nehmen.

FALL 64

Innergemeinschaftliche Lieferung eines Neufahrzeugs durch einen Privatmann

Sachverhalt: Privatmann Hubert Schmitz aus Flensburg erwirbt anlässlich einer Urlaubsfahrt durch Frankreich vom französischen Autohändler Alain Delont aus Metz (Frankreich) ein neues

Fahrzeug zum Preis von netto 43 750 €. Schmitz holt das Fahrzeug auf dem Rückweg seiner Urlaubsfahrt am 7. 3. 2018 in Metz ab und fährt direkt nach Flensburg.

Wegen eines Lottogewinns veräußert er das Fahrzeug bereits am 8. 5. 2018 an den dänischen Privatmann Nils Bredesen aus Kopenhagen (Dänemark) für 30 000 €. Der niedrige Preis erklärt sich aus dem Umstand, dass Schmitz das Fahrzeug unter allen Umständen sofort loswerden wollte. Bredesen holt das Fahrzeug noch am 8. 5. 2018 bei Schmitz in Flensburg ab.

Fragen:

1. Wie beurteilen sich umsatzsteuerrechtlich An- und Verkauf des Fahrzeugs bei Hubert Schmitz?
2. Steht ihm ein Vorsteuerabzug zu?
3. Wie beurteilt sich der An- und Verkauf des Fahrzeugs, wenn Hubert Schmitz den Wagen in Flensburg für 43 750 € erworben hätte?

LÖSUNG

1. Obwohl Hubert Schmitz als Privatmann den Pkw erworben hat, löst er mit dem Ankauf gem. § 1b Abs. 1 UStG den Tatbestand des innergemeinschaftlichen Erwerbs aus. Bei dem erworbenen Fahrzeug handelt es sich um ein neues Fahrzeug i. S. d. § 1b Abs. 3 UStG, das Fahrzeug gelangt bei der Lieferung an Schmitz aus dem Gebiet eines EU-Mitgliedstaats (Frankreich) in das Gebiet eines anderen EU-Mitgliedstaats (Deutschland). Diesen innergemeinschaftlichen Erwerb hat Schmitz gem. § 16 Abs. 5a UStG im Rahmen der Fahrzeugeinzelbesteuerung zu erklären. Die Bemessungsgrundlage gem. § 10 Abs. 1 UStG beträgt 43 750 €, die Erwerbsteuerschuld beläuft sich damit auf 8 312,50 €.

   Gemäß § 18 Abs. 5a UStG hat er bis spätestens zum 10. Tage nach Ablauf des Tages an dem die USt entstanden ist, eine Steuererklärung nach amtlich vorgeschriebenem Vordruck abzugeben, in der er die zu entrichtende USt selbst zu berechnen hat. Gemäß § 13 Abs. 1 Nr. 7 UStG entsteht die Steuer für den innergemeinschaftlichen Erwerb neuer Fahrzeuge gem. § 1b UStG am Tage des Erwerbs, also am 7. 3. 2018. Folglich hat Schmitz gem. § 18 Abs. 5a UStG seine Steuererklärung (spätestens) mit Ablauf des 17. 3. 2018 abzugeben.

   Trotz seiner Stellung als Privatmann wird Schmitz wegen seiner Lieferung an den Dänen Nils Bredesen, bei der das Fahrzeug vom Inland in das übrige Gemeinschaftsgebiet (Dänemark) gelangt, gem. § 2a UStG wie ein Unternehmer behandelt. Seine im Inland (§ 3 Abs. 6 Satz 1 UStG) steuerbare Lieferung ist gem. § 6a Abs. 1 UStG als innergemeinschaftliche Lieferung steuerbefreit (§ 4 Nr. 1 Buchst. b UStG). Unbeachtlich ist, dass der Erwerber des Fahrzeugs seinerseits ein Privatmann ist (§ 6a Abs. 1 Satz 1 Nr. 2 Buchst. c UStG). Bei der Weiterlieferung an Bredesen ist das Fahrzeug nach wie vor ein neues Fahrzeug, da ungeachtet der tatsächlich zurückgelegten Kilometer die erste Inbetriebnahme im Zeitpunkt des Erwerbs nicht mehr als sechs Monate zurückliegt. Trotz seiner ausgeführten steuerbefreiten innergemeinschaftliche Lieferung hat Schmitz keine Zusammenfassende Meldung abzugeben (§ 18a Abs. 1 Satz 1 UStG) und nicht die Vorgaben des § 18b UStG zu berücksichtigen. Allerdings hat er gem. § 18 Abs. 4a UStG wegen des möglichen Vorsteuerabzugs (siehe unten) eine Voranmeldung für den Kalendermonat 5/2018 abzugeben.

2. Da Schmitz mit der Fahrzeuglieferung an Bredesen für diesen einen Umsatz gem. § 2a UStG zum Unternehmer gemacht wird, steht ihm gem. § 15 Abs. 4a UStG i. V. m. § 15 Abs. 1 UStG i. V. m. § 15 Abs. 2 UStG der Vorsteuerabzug zu. Allerdings kann er den im vorliegenden Fall aus dem Erwerb gem. § 15 Abs. 1 Satz 1 Nr. 3 UStG grundsätzlich auch ohne Rechnungsausweis möglichen Vorsteuerabzug nur unter einschränkenden Voraussetzungen in Anspruch nehmen. So kann er den Vorsteueranspruch erst in dem Zeitpunkt geltend machen, in dem er die innergemeinschaftliche Lieferung des neuen Fahrzeugs an Bredesen ausführt. Des Weiteren kann als Vorsteuerbetrag nur derjenige Betrag abgezogen werden, der für die Lieferung des neuen Fahrzeugs an Bredesen geschuldet würde, wenn die Lieferung nicht steuerfrei wäre. Somit kann Schmitz im Voranmeldungszeitraum 5/2018 den Vorsteuerabzug nur i. H. v. 5 700 € (30 000 € x 19 %) geltend machen. Die Differenz zwischen der aus dem Erwerb resultierenden Erwerbsteuerschuld i. H. v. 8 312,50 € und dem möglichen Vorsteuerabzug i. H. v. 5 700 € berücksichtigt die durch die private Nutzung eingetretene unentgeltliche Wertabgabe. Der reduzierte Vorsteuerabzug macht es folglich entbehrlich, die private Nutzung des Fahrzeugs durch Schmitz zu erfassen.

3. Erwirbt Hubert Schmitz das Neufahrzeug im Inland, kann er nicht den Tatbestand des innergemeinschaftlichen Erwerbs gem. § 1b Abs. 1 UStG auslösen. Voraussetzung für den innergemeinschaftlichen Erwerb auch in den Fällen des § 1b Abs. 1 UStG ist stets, dass der Gegenstand, also der Pkw, von einem Mitgliedsland in ein anderes bei dem Erwerbsvorgang gelangen muss.

   Der Verkauf des Pkw an den Dänen Bredesen ist weiterhin für Schmitz ein steuerbarer, aber steuerbefreiter innergemeinschaftlicher Lieferumsatz. Er wird gem. § 2a UStG als Unternehmer behandelt (s. o.). Unter den Vorgaben des § 15 Abs. 4a UStG kann Schmitz weiterhin den Vorsteuerabzug geltend machen. Voraussetzung ist allerdings, dass er bei seinem inländischen Ankauf eine Rechnung mit gesondertem Umsatzsteuerausweis erhalten hat. Anders als in den Fällen des innergemeinschaftlichen Erwerbs, muss für einen Vorsteuerabzug aus einer inländischen Eingangsleistung stets eine Rechnung mit Umsatzsteuerausweis oder zumindest eine Kleinbetragsrechnung mit den Erfordernissen des § 33 UStDV vorliegen. Hätte Schmitz beispielsweise den Wagen im Inland von einem Privatmann erworben, bliebe er auf der in seinem Einkaufspreis enthaltenen Restmehrwertsteuer sitzen. Der Vorsteuerabzug gem. § 15 Abs. 4a UStG bliebe ihm versagt.

FALL 65

Steuerbefreiung von Vermittlungsleistungen

Sachverhalt: Heinrich Hüser ist selbständiger Arzneimittelvertreter in Münster (Westf.). Im Februar 2018 vermittelt Hüser Lieferungen der Arzneimittelfabrik Bogner GmbH in München an die Westdeutsche Südfrucht-Reederei mit Sitz in Wilhelmshaven. Die Arzneimittel finden Verwendung an Bord der Frachtschiffe der Westdeutschen Südfrucht-Reederei auf den Fahrten nach Südafrika und Amerika.

Hüser erhält von der Firma Bogner GmbH eine Gutschrift über 2 850 € als Provision.

Frage: Welche umsatzsteuerrechtliche Folge wird durch die Vermittlungsleistung Hüsers ausgelöst?

LÖSUNG

Hüser ist als selbständiger Vertreter Unternehmer i. S. d. § 2 Abs. 1 UStG. Indem Hüser eine Lieferung der genannten Arzneimittelfirma an die Reederei vermittelt, erbringt er eine sonstige Leistung i. S. v. § 3 Abs. 9 Satz 1 UStG. Die Leistung ist steuerbar, denn sie erfolgt im Leistungsaustausch. Ort der sonstigen Leistung ist München gem. § 3a Abs. 2 Satz 1 UStG.

Die von Hüser erbrachte Vermittlungsleistung ist jedoch steuerfrei. Nach § 4 Nr. 5 Satz 1 Buchst. a UStG ist die Vermittlung der unter § 4 Nr. 1 Buchst. a, Nr. 2 bis 4b, Nr. 6 und Nr. 7 UStG fallenden Umsätze steuerfrei. Hüser hat hier einen unter § 4 Nr. 2 UStG fallenden Umsatz vermittelt. Nach § 4 Nr. 2 UStG sind u. a. steuerfrei die Umsätze für die Seeschifffahrt. § 8 UStG umschreibt im Einzelnen, was das Gesetz unter Umsätzen für die Seeschifffahrt versteht. Nach § 8 Abs. 1 Nr. 3 UStG zählen zu den Umsätzen für die Seeschifffahrt die Lieferungen von Gegenständen, die zur Versorgung der in § 8 Abs. 1 Nr. 1 UStG bezeichneten Wasserfahrzeuge bestimmt sind. Hierbei handelt es sich um Wasserfahrzeuge für die Seeschifffahrt, die dem Erwerb durch die Seeschifffahrt zu dienen bestimmt sind (Abschn. 8.1 Abs. 2 Satz 1 UStAE). Bei den Schiffen der Deutschen Südfrucht-Reederei handelt es sich um Wasserfahrzeuge der Seeschifffahrt, d. h. der auf hoher See als Transportfahrzeuge verwendeten Schiffe.

Die Arzneimittel sind Gegenstände, die der Versorgung der Seeschiffe dienen. Hierunter fallen auch alle zum Verbrauch durch Besatzungsmitglieder oder Fahrgäste bestimmte Gegenstände (Abschn. 8.1 Abs. 4 UStAE).

Somit ist die Vermittlungsleistung Hüsers steuerfrei, da er eine nach § 4 Nr. 2 UStG i. V. m. § 8 UStG steuerbefreite Lieferung vermittelt hat.

FALL 66

Grundstücksveräußerung und Teiloption

Sachverhalt: Optiker Helmut Killi aus Dortmund ließ in 2012 auf eigenem geerbten Grundstück durch den Bauunternehmer Hagelkranz GmbH & Co. KG ein zweigeschossiges Haus für 1 000 000 € zzgl. 190 000 € USt errichten.

Nach Fertigstellung am 15. 12. 2012 nutzte er das Gebäude in der unteren Etage für seinen Optikerbetrieb, in die obere Etage zog eine Familie ein. Beide Etagen sind gleich groß. Den Vorsteuerabzug machte er in 2012 i. H. v. 95 000 € geltend. Weitere Erklärungen hat Killi gegenüber dem Finanzamt nicht abgegeben. Die Miete für die obere Etage beläuft sich auf 1 200 € je Monat.

5 Jahre später kann er das gesamte Grundstück mit aufstehendem Gebäude günstig für 1 500 000 € an den Bauunternehmer Josef Wenning aus Witten verkaufen. Abredegemäß erteilt Killi für die mit Wirkung zum 1. 1. 2018 erfolgte Grundstücksübertragung (Übergang von Besitz, Gefahr, Lasten und Nutzungen) eine Rechnung, in der er wie folgt abrechnet (Auszug):

Fall 66

„Verkauf Haus netto	1 500 000 €
davon steuerpflichtig zu 19 % (Erdgeschoss)	750 000 €
davon steuerfrei (1. Etage)	750 000 €“

Die Teiloption ist ebenfalls im notariellen Vertrag erklärt worden.

Vereinbarungsgemäß trägt der Käufer die anfallende Grunderwerbsteuer. Wenning will das Erdgeschoss des Gebäudes zunächst als Büro für seine Bauunternehmung nutzen.

Fragen:

1. Wie beurteilt sich der Vorsteuerabzug Killis in 2012?
2. Welche Umsätze bewirkt Killi mit der Vermietung der oberen Etage?
3. Welche umsatzsteuerrechtlichen Konsequenzen ergeben sich aus dem Verkauf zum 1. 1. 2018? Eine Geschäftsveräußerung im Ganzen soll nicht vorliegen.
4. Unterstellt, Killi hätte neben dem Grundstück auch noch sein Optikergeschäft verkauft zum Gesamtkaufpreis von 2 800 000 € und in der Rechnung 120 000 € USt offen ausgewiesen. Welche umsatzsteuerrechtlichen Konsequenzen würde dieser Verkauf auslösen?

LÖSUNG

1. Da Helmut Killi das Gebäude in 2012 insgesamt für unternehmerische Zwecke (Optikerbetrieb und Vermietung) nutzt, ist das Gebäude seinem Unternehmensvermögen zuzurechnen. Damit liegen die Voraussetzungen für den Vorsteuerabzug in 2012 gem. § 15 Abs. 1 Satz 1 Nr. 1 UStG vor. Da er aber von vornherein beabsichtigte, die Hälfte des hergestellten Gebäudes zu privaten Wohnzwecke zu vermieten, scheidet insoweit gem. § 15 Abs. 2 Satz 1 Nr. 1 UStG i. V. m. § 4 Nr. 12 Satz 1 Buchst. a UStG die Vorsteuerabzugsmöglichkeit aus. Killi hat damit zutreffenderweise in 2012 lediglich 50 % der insgesamt in Rechnung gestellten USt, also 95 000 €, geltend gemacht.
2. Die Vermietung der oberen Etage stellt eine sonstige Leistung i. S. d. § 3 Abs. 9 Satz 2 UStG, eine Duldungsleistung, dar. Ort der sonstigen Leistung ist gem. § 3a Abs. 3 Nr. 1 Satz 2 Buchst. a UStG Dortmund. Es handelt sich, da auch ein Entgelt gegeben ist, um einen steuerbaren Umsatz gem. § 1 Abs. 1 Nr. 1 Satz 1 UStG. Dieser steuerbare Umsatz ist steuerfrei gem. § 4 Nr. 12 Satz 1 Buchst. a UStG. Eine Möglichkeit der Option gem. § 9 UStG besteht nicht. Die Bemessungsgrundlage für die in monatlichen Teilleistungen ausgeführte Vermietungsleistung beträgt nach § 10 Abs. 1 Satz 1 und Satz 2 UStG 1 200 € im Monat.
3. Mit Wirkung zum 1. 1. 2018 bewirkt Killi eine Lieferung an den Bauunternehmer Wenning. Die Lieferung umfasst das gesamte Grundstück einschließlich des Gebäudes als wesentlichen Bestandteil. Durch die feste Verbindung des unternehmerisch genutzten Gebäudes mit dem Grund und Boden hat Killi das geerbte Grundstück in sein Unternehmensvermögen eingelegt. Da das Grundstück insgesamt dem Unternehmensvermögen zuzurechnen war, bewirkt Killi mit der Veräußerung des Grundstücks insgesamt eine Lieferung an den Bauunternehmer Wenning. Die Lieferung ist steuerbar nach § 1 Abs. 1 Nr. 1 Satz 1 UStG (der Ort bestimmt sich nach § 3 Abs. 7 Satz 1 UStG) und grundsätzlich steuerfrei nach § 4 Nr. 9 Buchst. a UStG.

Entgegen der früheren Rechtsauffassung kann der leistende Unternehmer unter Beachtung des BFH-Urteils vom 26. 6. 1996 (BStBl 1997 II 98) die nach § 9 Abs. 1 UStG grundsätzlich mögliche Option auf nur einen Teil seiner Lieferung erstrecken. Während früher wegen des nur einheitlichen Lieferumsatzes auch nur die Option einheitlich ausgeübt werden konnte, lässt damit die Rechtsprechung – unter ausdrücklicher Bezugnahme auf das EuGH-Urteil vom 4. 10. 1995, BStBl 1996 II 392 – nunmehr die sog. Teiloption zu. Da Killi in seiner Abrechnung nur 50 % des Lieferumsatzes steuerpflichtig behandelt, hat er insoweit von der Möglichkeit der Teiloption Gebrauch gemacht. Die Teiloption ist auch gem. § 9 Abs. 3 Satz 2 UStG in dem gem. § 311b Abs. 1 BGB notariell zu beurkundenden Vertrag erklärt worden. Die Option ist zulässig gem. § 9 Abs. 1 UStG, da Killi das Grundstück an einen anderen Unternehmer für dessen Unternehmen hinsichtlich der steuerpflichtig behandelten Etage veräußert. Ein Ausschluss nach § 9 Abs. 2 UStG kommt bei einem Grundstücksverkauf nicht in Betracht.

Der gesamte Lieferumsatz ist daher zu 50 % steuerfrei gem. § 4 Nr. 9 Buchst. a UStG und zu 50 % infolge Option nach § 9 Abs. 1 UStG steuerpflichtig.

Die Bemessungsgrundlage bestimmt sich nach § 10 Abs. 1 UStG und unter Beachtung der Vorgaben in Abschn. 10.1 Abs. 7 UStAE. Der BFH hat mit Urteil vom 20. 12. 2005 V R 14/04 (NWB DokID: KAAAB-81748, UR 2006, 337) ausgeführt, dass die Grunderwerbsteuer, die der Käufer eines Grundstücks vereinbarungsgemäß zahlt, das Entgelt für die Grundstückslieferung nicht erhöht.

Unter Beachtung dieser Rechtsprechung ergibt sich eine Bemessungsgrundlage für den nach § 4 Nr. 9 Buchst. a UStG steuerfrei übertragenen Grundstücksteil von 750 000 €. Für den steuerpflichtigen Grundstücksteil ergibt sich auf der Basis der Bemessungsgrundlage von 750 000 € eine USt i. H. v. 142 500 € im VZ 1/2018. Steuerschuldner ist gem. § 13b Abs. 2 Nr. 3 und Abs. 5 Satz 1 UStG der Leistungsempfänger, also der Bauunternehmer Wenning. Bei der Abrechnung des Killi wurde § 14a Abs. 5 UStG beachtet.

Es ist darauf hinzuweisen, dass durch diese Teiloption der Veräußerer eine mögliche Vorsteuerberichtigung nach § 15a UStG i. V. m. § 44 UStDV vermieden hat. Soweit ersichtlich, bezieht sich die Möglichkeit der Teiloption auf diejenigen Häuser, die nach räumlichen Gesichtspunkten eine Trennung ermöglichen. Eine nur quotale Aufteilung ist hingegen nicht möglich. Eine Beschränkung der Option nur auf das Gebäude und nicht auch auf das Grundstück wird allgemein abgelehnt. Wegen der festen Verbindung zwischen Grundstück und Gebäude kann die Teiloption nur den Teil des Gebäudes inkl. des dazu gehörenden Grund und Bodens betreffen.

4. Veräußert Killi nicht nur seinen Grund und Boden nebst aufstehendem Gebäude, sondern auch noch sein Optikergeschäft, bewirkt er eine Geschäftsveräußerung im Ganzen, die gem. § 1 Abs. 1a UStG nicht steuerbar ist.

Eine Geschäftsveräußerung im Ganzen liegt dann vor, wenn die wesentlichen Grundlagen eines Unternehmens oder eines gesondert geführten Betriebs an einen Unternehmer für dessen Unternehmen übertragen werden. Ausreichend ist, dass der Erwerber seine unternehmerische Tätigkeit durch den Übertragungsakt beginnt oder nach dem Erwerb in veränderter Form fortführt. Eine Übereignung in mehreren Akten ist ebenfalls als Geschäftsveräußerung im Ganzen dann anzusehen, wenn die einzelnen Teilakte in wirtschaftlichem Zusammenhang stehen und der Wille auf Erwerb des Unternehmens gerichtet ist. Stets muss jedoch die Übertragung auf nur einen Erwerber vorliegen.

Killi hätte somit einen nicht steuerbaren Umsatz ausgeführt. Die trotzdem in der Rechnung offen ausgewiesene USt i. H. v. 120 000 € müsste er in diesem Fall bis zur Rechnungsberichtigung gem. § 14c Abs. 1 UStG schulden (Abschn. 14c.1 Abs. 1 Satz 5 Nr. 4 UStAE). Hinsichtlich des Verfahrens ist § 14c Abs. 1 Satz 3 UStG i. V. m. § 14c Abs. 2 Satz 3 bis 5 UStG zu beachten.

Es ist darauf hinzuweisen, dass der Erwerber wegen der Regelung im § 1 Abs. 1a Satz 3 UStG i. V. m. § 15a Abs. 10 UStG eine mögliche Vorsteuerberichtigung – sei es durch den Veräußerer, sei es durch seine mit dem erworbenen Unternehmen bewirkten Ausgangsumsätze veranlasst – vornehmen muss.

FALL 67

Grundstücksvermietung

Sachverhalt: Heinz Zobel besitzt in Münster (Westf.) ein Mietwohnhaus, dessen Kellerräume zu einer zweigeschossigen Tiefgarage ausgebaut sind. Die beiden Etagen der Tiefgarage sind in Abstellplätze für Personenkraftwagen unterteilt. Unter anderem hat Zobel Parkraum dieser Tiefgarage wie folgt vermietet:

- Klaus Wacker ist Wohnungsmieter in dem fraglichen Mietwohnhaus. Er hat mit Zobel gesondert vom Mietvertrag über die Wohnräume einen Vertrag geschlossen, wonach er für die Dauer von drei Jahren berechtigt ist, ein Fahrzeug auf Platz Nr. 86 zu parken, wofür er pro Kalenderjahr 400 € zu Beginn des jeweiligen Jahres zu entrichten hat.
- Albert Kruse ist freischaffender Reporter, der in Münster und Umgebung eine Darstellung der Architektur und der Geschichte münsterländischer Schlösser und Wasserburgen erarbeiten will. Für die voraussichtliche Aufenthaltsdauer im Münsterland, nämlich vier Monate, hat er den Platz Nr. 34 gemietet, wofür er im voraus 200 € zu entrichten hatte.
- Dietrich Schulze ist am 24. 4. 2018 mit seiner Ehefrau zum Einkaufsbummel in Münster erschienen. Er parkt sein Fahrzeug von 14.30 Uhr bis 18.00 Uhr auf dem Platz Nr. 19. Die Tankwarte einer auf Zobels Grundstück befindlichen Tankstelle vermieten im Namen Zobels nicht an Dauermieter vermietete Stellplätze, nämlich die Nr. 1 bis 20. Schulze zahlt bei Verlassen der Tiefgarage 5,80 €.

Frage: Wie sind die Leistungen Zobels zu beurteilen?

LÖSUNG

Mit dem Vermieten der Abstellplätze für Kraftfahrzeuge wird Heinz Zobel Unternehmer i. S. d. § 2 Abs. 1 UStG. Der Abschluss von Dauerleistungsverträgen, um Einnahmen zu erzielen, stellt unternehmerisches Handeln dar. Es handelt sich um eine nachhaltige Tätigkeit zur Erzielung von Einnahmen.

Zobel führt an Wacker, Kruse und Schulze mit der Vermietung von Abstellplätzen für Fahrzeuge sonstige Leistungen i. S. d. § 3 Abs. 9 Satz 2 UStG aus. Es handelt sich, da ein Entgelt vereinbart ist, um steuerbare sonstige Leistungen (Duldungsleistungen). Leistungsort ist nach § 3a Abs. 3 Nr. 1 Satz 2 Buchst. a UStG Münster, also der Belegenheitsort des Grundstücks.

Diese sonstigen Leistungen sind grundsätzlich steuerfrei nach § 4 Nr. 12 Satz 1 Buchst. a UStG, da es sich um die Vermietung von Grundstücksflächen handelt. Gem. § 4 Nr. 12 Satz 2 UStG greift jedoch diese Steuerbefreiung dann nicht ein, wenn die Grundstücksvermietung Plätze betrifft, die dem Abstellen von Fahrzeugen dienen. Voraussetzung ist alleine, dass die Parkplatzvermietung nicht als bloße Nebenleistung zu einer ansonsten steuerfreien Grundstücksvermietung nach § 4 Nr. 12 Satz 1 Buchst. a UStG zu sehen ist, deren Schicksal sie teilen würde. Hieraus folgt für die Leistungen des Zobel: Soweit er die Parkfläche an den Mieter Wacker vermietet hat, bleibt es bei der Steuerfreiheit gem. § 4 Nr. 12 Satz 1 Buchst. a UStG, da die Parkflächenvermietung eine unselbständige Nebenleistung zur steuerfreien Wohnflächenvermietung ist, deren Schicksal sie teilt. Hierbei ist unschädlich, wenn die Vereinbarungen über Wohnungsmiete und Miete des Abstellplatzes in zwei getrennten Verträgen erfolgen (Abschn. 4.12.2 Abs. 3 Satz 5 UStAE).

Die beiden anderen Vermietungen sind steuerpflichtig. Zobel hat wegen des Umsatzes an Kruse 31,93 € und wegen des Umsatzes an Schulze 0,93 € an USt zu entrichten.

FALL 68

Steuerbefreiung von Hilfsgeschäften

Sachverhalt: Der selbständige Versicherungsvertreter Berthold Kaiser hat im August 2015 ein Kraftfahrzeug Marke Maybach erworben. Dieses Fahrzeug hat Kaiser ausschließlich in dem Unternehmen seiner Versicherungsagentur verwendet.

Für private Zwecke stand ein anderes Fahrzeug zur Verfügung. Am 7. 2. 2018 veräußert Kaiser das unternehmerisch genutzte Fahrzeug für 12 500 € an die Firma Autozentrum Münster KG.

Frage: Welche umsatzsteuerrechtlichen Folgen löst die Veräußerung des Fahrzeugs aus?

LÖSUNG

Versicherungsvertreter Kaiser ist Unternehmer i. S. d. § 2 Abs. 1 UStG. Die Veräußerung des Fahrzeugs stellt eine steuerbare Lieferung gem. § 1 Abs. 1 Nr. 1 Satz 1 UStG, § 3 Abs. 1 UStG dar. Sie erfolgt im Inland und gegen Entgelt. Diese Veräußerung eines Anlagegutes stellt ein Hilfsgeschäft dar (vgl. Abschn. 2.7 Abs. 2 UStAE).

Die Lieferung ist steuerfrei. Nach § 4 Nr. 28 UStG ist die Lieferung eines Gegenstands i. S. v. § 1 Abs. 1 Nr. 1 UStG steuerfrei, wenn der Unternehmer den gelieferten Gegenstand ausschließlich für eine nach § 4 Nr. 8 bis 27 UStG steuerfreie Tätigkeit verwendet hat. Kaisers Tätigkeit als Versicherungsvertreter bestand darin, anderen Personen Versicherungsschutz zu verschaffen, und war somit steuerfrei gem. § 4 Nr. 11 UStG. Die Folge hiervon ist, dass die Veräußerung des Fahrzeugs ebenfalls steuerfrei ist.

Fall 68

Bei Anschaffung des Fahrzeugs durfte Kaiser keinen Vorsteuerabzug vornehmen, da er das Fahrzeug ausschließlich zur Ausführung steuerfreier Umsätze nach § 4 Nr. 11 UStG verwenden wollte (vgl. § 15 Abs. 2 Satz 1 Nr. 1 UStG). Aufgrund des ohne die Vorschrift des § 4 Nr. 28 UStG steuerpflichtigen Hilfsgeschäfts hätte eine Berichtigung der Vorsteuer gem. § 15a UStG stattfinden müssen. Indem das Gesetz das Hilfsgeschäft von vornherein steuerfrei lässt, erübrigen sich die steuerliche Erfassung des Hilfsgeschäfts und die Berichtigung der Vorsteuer.

Kapitel 4: Bemessungsgrundlage

Die USt wird durch Anwendung eines bestimmten Prozentsatzes (= Steuersatz gem. § 12 UStG) auf die Bemessungsgrundlage ermittelt. Dabei handelt es sich um den „Wert“ des Umsatzes in Euro ausgedrückt. Die Bestimmung der Höhe der Bemessungsgrundlage erfolgt grundsätzlich nach § 10 UStG. Dabei ist insbesondere auch eine Abgrenzung gegenüber dem Begriff des zivilrechtlichen Preises vorzunehmen, denn es muss verhindert werden, dass Steuer von der Steuer erhoben wird. Das geltende Umsatzsteuersystem beruht u. a. auf dem Grundsatz, dass eine Kumulierung der USt vermieden werden soll. Im Verhältnis zum zivilrechtlichen Preis gesehen ist die Bemessungsgrundlage also als Preis abzgl. USt zu verstehen. Der Ausgangswert der Bemessungsgrundlage kann im Einzelfall einer Korrektur dergestalt unterliegen, dass bestimmte „Zuschläge“ die Bemessungsgrundlage erhöhen, bestimmte „Abschläge“ sie mindern. Um sicherzustellen, dass auch nach Durchführung der Versteuerung eintretende Umstände stets zur Erfassung der zutreffenden Besteuerungsgrundlage führen, hat der Gesetzgeber die Berichtigungsvorschrift des § 17 UStG geschaffen. Unter Beachtung der Vorgaben des Art. 16 Abs. 1, Abs. 2 und Art. 26 Abs. 1 Buchst. a der MwStSystRL dürfen bei § 10 Abs. 4, Abs. 5 UStG solche Ausgaben grundsätzlich nicht angesetzt werden, bei deren Eingangsumsatz der Unternehmer keinen Vorsteuerabzug geltend machen konnte.

Einen Überblick über die Problematik der Bemessungsgrundlage gibt die folgende Übersicht:

ABB. 7: Bemessungsgrundlage

Steuerbarer Umsatz	Bemessungsgrundlage	Gesetzliche Regelung
Lieferungen und sonstige Leistungen	Entgelt	§ 10 Abs. 1 UStG
	Einkaufspreis zzgl. Nebenkosten oder Selbstkosten	§ 10 Abs. 4 Satz 1 Nr. 1 UStG
	Ausgaben	§ 10 Abs. 4 Satz 1 Nr. 2 UStG § 10 Abs. 4 Satz 1 Nr. 3 UStG
Einfuhr im Inland	Zollwert	§ 11 Abs. 1 UStG
Innergemeinschaftlicher Erwerb	Entgelt	§ 10 Abs. 1 UStG
	Einkaufspreis zzgl. Nebenkosten oder Selbstkosten	§ 10 Abs. 4 Satz 1 Nr. 1 UStG

LITERATURHINWEIS

Siehe hierzu auch im „Lehrbuch Umsatzsteuer“ die Ausführungen zur Bemessungsgrundlage (Kapitel 9, insbesondere 9.2. bis 9.4) und zur Margen- und Differenzbesteuerung (Kapitel 15.2).

FALL 69

Umfang des Entgelts beim Finanzierungskauf

Sachverhalt: Julius Berg ist Inhaber eines Möbelgeschäfts in Lüdinghausen. Er kauft Möbel von Möbelgroßhändlern oder unmittelbar von Herstellern und verkauft sie in seinem Ladengeschäft an private Kunden. Am 19. 3. 2018 erscheint in seinem Ladengeschäft der Kunde Wenzel. Er möchte Wohnzimmermöbel kaufen, ist jedoch außerstande, bar zu zahlen.

Bei Ratenzahlungsgeschäften arbeitet Berg mit der örtlichen Sparkasse wie folgt zusammen: Der Kunde, der bei Berg Möbel auf Abzahlung kauft, bekommt von ihm einen Rechnungsbetrag genannt, der sich zusammensetzt aus Anzahlung und Raten. Anzahl, Höhe und Fälligkeit der Raten werden im Einzelnen bestimmt. Auf dem Vordruck, auf dem der Kunde die Möbel bestellt, beantragt er gleichzeitig bei der Sparkasse einen Kredit über den Restkaufpreis, d. h. über den Gesamtrechnungsbetrag abzgl. Anzahlung. Aus dem Inhalt des Bestellscheins kann der Kunde ersehen, welcher Anteil des Kaufpreises Finanzierungskosten sind und welcher Anteil auf den Kaufpreis der Möbel entfällt. Gleichzeitig enthält der Bestellschein die Angabe des für die Kreditgewährung maßgebenden Jahreszinses, und es ist eine gesonderte Abrechnung von Ratenzahlung und Zinszahlung vorgesehen. Außerdem weist der Kunde in dem Bestellschein die Sparkasse an, die Darlehensvaluta an Berg auszuzahlen. Berg übernimmt für alle sich aus dem Darlehensgeschäft für das Kreditinstitut ergebenden Forderungen die selbstschuldnerische Bürgschaft gegenüber der Sparkasse. In Fällen, in denen die Zahlungen der Kunden ausbleiben, sollen außer den Kaufpreisraten von Berg auch die Finanzierungsanteile zwangsweise zugunsten der Sparkasse beigetrieben werden.

Wenzel kauft am 19. 3. 2018 bei Berg Möbel für einen Gesamtbetrag von 14 404,95 €. Er leistet eine Anzahlung i. H. v. 4 404,95 € und verpflichtet sich zur Zahlung von 20 Monatsraten zu 500 €. Die Kreditzinsen belaufen sich auf insgesamt 1 250 €.

Aus der Rechnung an Wenzel ergibt sich:

Lieferung von Möbeln	10 855,00 €
zzgl. Kreditzinsen	1 250,00 €
	12 105,00 €
zzgl. 19 %USt	2 299,95 €
Gesamtbetrag	14 404,95 €
abzgl. Anzahlung	4 404,95 €
Rest	10 000,00 €

Zu zahlen lt. Vereinbarung in 20 Monatsraten à 500 €.

Frage: Wie ist der geschilderte Möbelkauf umsatzsteuerrechtlich zu behandeln?

LÖSUNG

Der geschilderte Möbelkauf führt zu zwei steuerbaren Umsätzen gegenüber Wenzel.

Zum einen erbringt Berg mit der Veräußerung der Möbel Lieferungen (§ 3 Abs. 1 UStG). Zum anderen stellt die Kreditgewährung der örtlichen Stadtsparkasse eine selbständige sonstige Leistung (§ 3 Abs. 9 Satz 1 UStG) dar.

Möbellieferung und Kreditgewährung stellen dabei unter Beachtung der BFH-Rechtsprechung (Urteil vom 18. 12. 1980, BStBl 1981 II 197) sowie Abschn. 3.11 Abs. 1–6 UStAE keine einheitliche Leistung, sondern zwei selbständig zu beurteilende Umsatzvorgänge dar.

Entsprechend den in Abschn. 3.11 Abs. 2 UStAE (vgl. insoweit auch BFH-Urteil, BStBl 1981 II 197) geforderten Voraussetzungen für die Annahme zweier selbständiger Leistungen sind in dem von Wenzel unterzeichneten Bestellschein:

- Die Lieferung und die sonstige Leistung (Kreditgewährung) mit den dafür aufzuwendenden Entgelten gesondert vereinbart,
- in der Vereinbarung über die Kreditgewährung der Jahreszins mit angegeben,
- und schließlich die getrennte Abrechnung der Entgelte für beide Leistungen vorgesehen.

Die sonstige Leistung der Sparkasse ist steuerbar, da sich der Leistungsort gem. § 3a Abs. 1 UStG (§ 3a Abs. 4 Satz 2 Nr. 6 Buchst. a i. V. m. Abs. 4 Satz 1 UStG greift mangels Sitz in einem Drittland des Wenzel nicht ein) in Lüdinghausen, also im Inland, befindet. Sie ist jedoch steuerfrei gem. § 4 Nr. 8 Buchst. a UStG. Die Bemessungsgrundlage bestimmt sich nach dem Zinsanteil, also 1 250 €.

Die Lieferung der Möbel durch Berg ist steuerbar und steuerpflichtig. Die Bemessungsgrundlage bestimmt sich nach § 10 Abs. 1 Satz 1 und Satz 2 UStG und umfasst alles, was der Leistungsempfänger aufwendet, jedoch ohne die USt. Da die Kreditgewährung nicht Teil dieser Lieferung ist, sind die Kreditzinsen nicht Teil des Entgelts. Daraus ergibt sich als Bemessungsgrundlage:

14 404,95 € abzgl. 1 250 € = 13 154,95 € : 1,19 = 11 054,58 €.

Die USt beläuft sich unter Anwendung des Regelsteuersatzes von 19 % gem. § 12 Abs. 1 UStG auf 2 100,37 €.

Da Berg in seiner Rechnung einen höheren Steuerbetrag als geschuldet ausgewiesen hat, schuldet er die Differenz zusätzlich gem. § 14c Abs. 1 Satz 1 UStG (vgl. Abschn. 14c.1 Abs. 1 Satz 5 Nr. 1 UStAE), mithin 199,58 €. Er hat jedoch die Möglichkeit der Rechnungsberichtigung (§ 14c Abs. 1 Satz 2 UStG i. V. m. § 17 Abs. 1 UStG).

FALL 70

Entgelt und durchlaufender Posten

Sachverhalt: Der Handelsvertreter Gottlieb Meier aus Cottbus übernachtet am 2. 5. 2018 im Concord-Hotel in Frankfurt/Main, wo er am Morgen des 3. 5. 2018 folgende Rechnung zu begleichen hat:

Übernachtung	128,00 €
Frühstück	15,00 €
Minibar	5,00 €
Ferngespräch (4 Einheiten)	2,20 €
1 Telegramm	6,40 €
1 Eintrittskarte f. Kabarett	40,00 €
Hotel-Film-Service	9,80 €
zu zahlen:	206,40 €

Das Concord-Hotel hält stets eine Anzahl von Eintrittskarten bereit, die es an Hotelgäste abgibt. Dies geschieht mit einem Aufschlag von 3 € pro Eintrittskarte für Verwaltungskosten. Mit dem Film-Service hat es Folgendes auf sich: Das Fernsehgerät, das sich in jedem Hotelzimmer befindet, ist mit einem Zusatzgerät ausgerüstet, mit dem der Gast zu angegebenen Zeiten durch Tastendruck Filme abrufen kann. Nach einer Probelaufdauer von zwei Minuten, in denen der Gast entscheiden kann, ob er diesen Film sehen möchte, belastet der Automat seine Zimmerrechnung mit dem genannten Betrag von 9,80 €.

Gerät und Filme gehören der Hotel-Film GmbH, das Hotel erhält einen Provisionsbetrag von 50 % der eingespielten Summe. Auf dem Gerät wird der Gast darüber informiert, dass das Gerät Eigentum der GmbH ist.

Frage: Welchen Betrag hat das Concord-Hotel der USt zu unterwerfen?

LÖSUNG

Das Concord-Hotel bewirkt an den Handelsvertreter mit der Zimmervermietung eine sonstige Leistung (§ 3 Abs. 9 Satz 2 UStG), die steuerbar und steuerpflichtig ist. Steuersatz 7 % gem. § 12 Abs. 2 Nr. 11 UStG. Die Steuerbefreiung gem. § 4 Nr. 12 Satz 1 Buchst. a UStG scheitert an der nur kurzfristigen Beherbergung (§ 4 Nr. 12 Satz 2 UStG). Dasselbe gilt für die Beköstigung mit einem Frühstück, das zu der Übernachtung im Verhältnis einer üblichen Nebenleistung steht. Als unselbständige Nebenleistung teilt sie das Schicksal der Hauptleistung, ist also wie die Vermietung des Zimmers steuerbar. Der Steuersatz beträgt 19 %, da nur die reine Übernachtungsleistung ermäßigt zu besteuern ist. Die Entnahme der Getränke aus der Zimmerbar stellt steuerbare und steuerpflichtige Lieferungen dar. § 12 Abs. 2 Nr. 1 und Nr. 11 UStG finden keine Anwendung.

Die technische Leistung, ein Ferngespräch zu ermöglichen, erbringt die Telekom. Die in Rechnung gestellten 2,20 € könnten daher im Namen und für Rechnung der Telekom vereinnahmte Beträge sein, die gem. § 10 Abs. 1 Satz 6 UStG als durchlaufende Posten nicht zum Entgelt gehören.

Ein durchlaufender Posten liegt dann vor, wenn der fragliche Unternehmer das Entgelt vereinnahmt und verausgabt, ohne selbst eine Leistung erbracht zu haben, wobei er durch sein Tun lediglich Rechtsbeziehungen zwischen Dritten zum Erlöschen bringt. Er hat kein eigenes Recht, die Zahlung zu fordern, ausgenommen seinen Erstattungsanspruch, und er hat selbst keine Pflicht zu zahlen, ausgenommen die Verpflichtung, Vereinnahmtes an den an sich Berechtigten weiterzuleiten.

Im vorliegenden Falle allerdings findet § 10 Abs. 1 Satz 6 UStG keine Anwendung, weil Rechtsbeziehungen nur zwischen der Telekom und dem Concord-Hotel als dem Anschlussinhaber bestehen. Die Telefonnutzung ist somit eine sonstige Leistung des Hotels an Meier, die steuerbar (Ort gem. § 3a Abs. 2 Satz 1 UStG, also Cottbus, wenn die Leistung für das Unternehmen des Meier erfolgte, ansonsten gem. § 3a Abs. 1 UStG Frankfurt/Main) und zu 19 % steuerpflichtig ist.

Anders hingegen ist es bei den Telegrammkosten. Die Post AG erbringt die technische Leistung des Telegramms für denjenigen, der sich als Absender des Telegramms aus dem Vordruck ergibt. Für die Post ist erkennbar, dass das Hotel nur die Funktion des Boten hat und Meier derjenige ist, demgegenüber die Post ihre Leistung erbringen soll. Das bedeutet, dass die Telegrammgebühr von 6,40 € für das Concord-Hotel nur durchlaufender Posten ist.

Etwas anderes gilt bei der Eintrittskarte für das Kabarett. Hätte das Hotel die Karte auf den Namen Meiers beschafft, dann hätte lediglich eine Vermittlungsleistung mit durchlaufendem Posten vorgelegen. Die Tatsache, dass das Hotel die Karten ein- und weiterverkauft, bedeutet, dass es in Bezug auf den gesamten vereinbarten Preis von 40 € eine steuerbare und steuerpflichtige sonstige Leistung nach § 3 Abs. 9 Satz 1 UStG erbringt, die es mit 7 % zu versteuern hat.

Auch die 9,80 € für die Filmvorführung schließlich sind kein durchlaufender Posten, sondern vom Concord-Hotel mit 19 % zu versteuern. Bietet ein Unternehmer im Rahmen seines Unternehmens die Leistungen anderer (fremder) Unternehmer an, muss er dies deutlich kennzeichnen und für seine Kunden ersichtlich machen, dass er im fremden Namen und für fremde Rechnung handelt (vgl. auch Abschn. 2.1 Abs. 3 Satz 4 UStAE). Der Hinweis auf dem Zusatzgerät zum Fernsehgerät, dass dieses der GmbH gehört, informiert den Hotelkunden noch nicht hinreichend darüber, dass er hier nicht zum Hotel, sondern zu einem Dritten in rechtsgeschäftliche Beziehungen tritt. Auch hier wird also der volle Leistungspreis beim Hotel erfasst.

Damit hat das Hotel Leistungen für insgesamt 200 €, mithin mit einer Bemessungsgrundlage von insgesamt 183,90 € ausgeführt. Die USt beträgt somit insgesamt 16,10 €. Die USt auf die 7 %igen Umsätze beläuft sich auf 10,99 € und auf die 19 %igen Umsätze auf 5,11 €.

FALL 71

Differenzbesteuerung im Gebrauchtwagenhandel

Sachverhalt: Gustav Lenz ist von Beruf Kraftfahrzeugreparateur und Kraftfahrzeughändler. Am 21. 3. 2018 erscheint bei ihm der Realschullehrer Sager. Sager will ein neues Kraftfahrzeug erwerben, aber den Kauf dieses Neufahrzeugs zum Teil dadurch finanzieren, dass er ein Ge-

Fall 71

brauchtfahrzeug in Zahlung gibt. Der Preis für das Neufahrzeug beläuft sich auf 21 000 €. Die beiden Parteien einigen sich darauf, dass das von Sager angebotene Gebrauchtfahrzeug mit 8 000 € (= gemeiner Wert) in Zahlung genommen werden soll, so dass Sager zusätzlich 13 000 € zu zahlen hat.

Lenz bereitet das Gebrauchtfahrzeug in seiner Werkstatt auf, indem er eine neue Kupplung einbaut, Lackschäden beseitigt und es verkaufsfertig macht. Er verkauft den Gebrauchtwagen für 9 800 € an einen Studenten.

Die Kosten für Instandsetzung und Aufbereitung beliefen sich auf insgesamt 1 058,60 €.

Frage: Wie ist die Lieferung des Neufahrzeugs sowie die Weiterveräußerung des in Zahlung genommenen Altfahrzeugs umsatzsteuerrechtlich zu beurteilen?

LÖSUNG

Der Verkauf des Neufahrzeugs durch Lenz stellt umsatzsteuerrechtlich eine Lieferung dar (§ 1 Abs. 1 Nr. 1 Satz 1 UStG, § 3 Abs. 1 UStG). Angesichts der Tatsache, dass die Gegenleistung des Käufers in der Lieferung eines Gebrauchtfahrzeugs und einer Barzahlung besteht, ist der Umsatz als ein Tausch mit Baraufgabe zu beurteilen (§ 10 Abs. 2 Satz 2 UStG i. V. m. § 3 Abs. 12 Satz 1 UStG). Der Ort bestimmt sich nach § 3 Abs. 6 Satz 1 UStG. Die Bemessungsgrundlage für die Lieferung des Neufahrzeugs ist die Summe des gemeinen Werts der Sachleistung, hier der Hingabe des Gebrauchtfahrzeugs i. H. v. 8 000 €, zzgl. der Barzahlung von 13 000 €, also insgesamt 21 000 €, jedoch abzgl. der USt, mithin 17 647,06 €. Die USt i. H. v. 19 % (§ 12 Abs. 1 UStG) beträgt 3 352,94 €. Da laut Sachverhalt der gemeine Wert des in Zahlung genommenen Pkw 8 000 € betrug, erübrigt sich eine Wertermittlung für diesen Pkw gem. Abschn. 10.5 Abs. 4 Satz 6 UStAE.

Im Hinblick auf die Lieferung des Gebrauchtfahrzeugs kommt als umsatzsteuerrechtliche Sonderregelung die sog. Differenzbesteuerung des § 25a UStG zur Anwendung. Diese Vorschrift findet u. a. dort Anwendung, wo Lieferungen von Kraftfahrzeugen oder Anhängern im Rahmen einer Lieferung nach § 1 Abs. 1 Nr. 1 Satz 1 UStG umgesetzt werden oder im Rahmen einer unentgeltlichen Wertabgabe i. S. v. § 3 Abs. 1b UStG entnommen werden. Voraussetzung ist, dass ein Unternehmer das Fahrzeug im Gemeinschaftsgebiet für sein Unternehmen erworben hat, also z. B. nicht selbst aus dem Drittland importiert hat. Voraussetzung für die Anwendung des § 25a UStG ist ferner, dass USt im Rahmen des Kraftfahrzeugerwerbs nicht angefallen ist, sei es, dass der Fahrzeugveräußerer diese nicht schuldete, sei es, dass ein Unternehmer das Fahrzeug veräußert hat unter Anwendung des § 25a UStG. Die USt wird i. S. d. genannten Voraussetzungen des § 25a UStG dann nicht geschuldet, wenn Veräußerer ein Nichtunternehmer in Gestalt einer Privatperson oder die öffentliche Hand in ihrer nichtunternehmerischen Sphäre ist. Gleiches gilt bei dem Umsatz eines Unternehmers, wenn dieser Umsatz unter eine Steuerbefreiung fällt.

Diese Voraussetzungen liegen hier vor. Lenz hat als Kraftfahrzeughändler das Gebrauchtfahrzeug von einem Privatmann zum Zwecke der unternehmerischen Weiterveräußerung erworben. USt ist dabei nicht angefallen, da Sager als Privatmann sie nicht schuldet.

Die Folgen der sog. Differenzbesteuerung des § 25a UStG beziehen sich in erster Linie auf die Bemessungsgrundlage beim Weiterverkauf des Fahrzeugs. Als Bemessungsgrundlage wird nur eine sog. Marge angesetzt in Höhe des Betrags, um den der Verkaufspreis den Einkaufspreis des

Gebrauchtwagens übersteigt (§ 25a Abs. 3 UStG). In den Fällen, in denen eine Lieferung ohne besonderes Entgelt stattfindet, also bei Lieferungen an Arbeitnehmer, Gesellschafter usw. oder deren Angehörige, wird als Bemessungsgrundlage der Betrag angesetzt, um den der Fahrzeugwert des § 10 Abs. 4 Satz 1 Nr. 1 UStG den Einkaufspreis übersteigt (§ 25a Abs. 3 Satz 1 UStG). Gleiches gilt für den Fall der unentgeltlichen Wertabgabe gem. § 3 Abs. 1b UStG. Unter den Begriff „Einkaufspreis" fällt nur der an den Vorlieferer für das Fahrzeug gezahlte Betrag, d. h. sonstige Kosten im Sinne von Nebenkosten gehören nicht dazu. Die in dieser genannten Marge enthaltene USt gehört nicht zur Bemessungsgrundlage, die Preisdifferenz ist als Bruttobetrag zu verstehen.

Im vorliegenden Falle ist somit die Marge i. H. v. 1 800 € umsatzsteuerrechtlich zu erfassen, da insoweit der Veräußerungspreis den Einkaufspreis übersteigt. Für die Bemessungsgrundlage ist die USt herauszurechnen, so dass diese sich auf 1 800 € : 1,19 = 1 512,61 € errechnet. Die USt belauft sich i. H. v. 19 % als dem Regelsteuersatz (§ 12 Abs. 1 UStG) auf 287,39 €. Die dem Händler entstandenen Kosten verringern die Marge nicht. Sonstige umsatzsteuerrechtliche Folgen werden nicht gezogen. Dem Händler bleibt jedoch der allgemeine Vorsteuerabzug, z. B. aus dem Erwerb von Material oder der Inanspruchnahme von Drittleistungen wie Arbeit einer Lackiererei o. Ä.

FALL 72

Verdeckter Preisnachlass/Differenzbesteuerung, § 25a UStG

Sachverhalt: Hermann Rademacher ist Kraftfahrzeugmeister und Kraftfahrzeughändler in Bünde (Westf.). Am 2. 2. 2018 verkauft Rademacher ein Neufahrzeug für insgesamt 15 306,72 € zzgl. 2 908,28 € offen ausgewiesener USt an Privatmann Block.

Unter „Zahlungsvereinbarungen" wird eingetragen, dass Rademacher ein Gebrauchtfahrzeug mit 6 500 € in Zahlung nimmt, Block den Restbetrag i. H. v. 11 715 € bei Übernahme des Neufahrzeugs bar zu zahlen habe.

Das Geschäft wird vertragsgemäß abgewickelt und der Neuwagen am 6. 3. 2018 ausgeliefert. Am 29. 3. 2018 veräußert Rademacher den Gebrauchtwagen an den Privatmann Säger für insgesamt 6 800 €, nachdem er auf dieses Fahrzeug für Reparaturen 680 € an Selbstkosten aufgewendet hat. Auf Drängen Rademachers stellt Block diesem eine Rechnung über 5 714,29 € zzgl. 1 085,71 € USt aus.

Fragen:

1. Wie beurteilt sich die Veräußerung des Neuwagens?

2. Wie beurteilt sich die Veräußerung des Gebrauchtwagens bei Rademacher?

3. Welche Konsequenzen löst der Umsatzsteuerausweis in der Rechnung Blocks aus?

LÖSUNG

1. Die Veräußerung des Neufahrzeugs durch Rademacher an Block stellt eine Lieferung i. S. v. § 3 Abs. 1 UStG dar, weil Rademacher seinem Kunden mit Übereignung des Fahrzeugs Verfügungsmacht verschafft. Die Lieferung ist auch steuerbar (§ 1 Abs. 1 Nr. 1 Satz 1 UStG), da sie im Inland (§ 3 Abs. 6 Satz 1 UStG) und gegen Entgelt erfolgt.

   Da die Gegenleistung hier in der Lieferung eines Gebrauchsfahrzeugs zzgl. einer Baraufgabe erfolgt, liegt ein Tausch mit Baraufgabe vor (§ 3 Abs. 12 Satz 1 UStG).

   Bei einem Tausch mit Baraufgabe besteht die Bemessungsgrundlage aus der Summe des gemeinen Werts für die Sachleistung zzgl. der Baraufgabe, vermindert um die USt.

   Die Inzahlungnahme des gebrauchten Pkw mit 6 500 € ist zu einem höheren Preis als dem gemeinen Wert erfolgt. In Höhe der Differenz liegt ein sog. verdeckter Preisnachlass vor, der das Entgelt für die Lieferung des Neuwagens mindert (Abschn. 10.5 Abs. 4 Satz 4 UStAE).

   Ist der gemeine Wert nicht anhand eines amtlichen Schätzpreises feststellbar, kann der Kfz-Händler bei Verkauf des gebrauchten Pkw innerhalb einer Frist von drei Monaten seit Übernahme gem. Abschn. 10.5 Abs. 4 Satz 6 Nr. 2 UStAE den gemeinen Wert wie folgt ermitteln:

Verkaufserlös Alt-Pkw	6 800 €
./. Reparaturkosten (Selbstkosten)	680 €
./. 15 % Verkaufskosten (Pauschbetrag von 6 800 €)	1 020 €
= Gemeiner Wert	5 100 €

   Somit hat Rademacher einen verdeckten Preisnachlass i. H. v. 1 400 € gewährt (Inzahlungnahmepreis 6 500 €, gemeiner Wert 5 100 €). Die Bemessungsgrundlage beträgt daher gem. § 10 Abs. 2 Satz 2 UStG:

Gemeiner Wert Alt-Pkw	5 100,00 €
zzgl. Baraufgabe	11 715,00 €
	16 815,00 €
abzgl. 19 %USt	2 684,75 €
Bemessungsgrundlage	14 130,25 €

   Aufgrund des offenen Steuerausweises in der Rechnung i. H. v. 2 908,28 € schuldet er die Differenz zu der gesetzlich geschuldeten USt i. H. v. 2 684,28 €, mithin 223,53 € gem. § 14c Abs. 1 Satz 1 UStG, solange er keine berichtigte Rechnung gem. § 14c Abs. 1 Satz 2 UStG i. V. m. § 17 UStG erteilt (Abschn. 10.5 Abs. 5 UStAE).

2. Mit dem Verkauf des Gebrauchtwagens bewirkt Rademacher eine Lieferung gem. § 3 Abs. 1 UStG. Der Ort bestimmt sich nach § 3 Abs. 6 Satz 1 UStG. Die Lieferung ist steuerbar nach § 1 Abs. 1 Nr. 1 Satz 1 UStG und steuerpflichtig mit einem Steuersatz von 19 %. Die Bemessungsgrundlage bestimmt sich in Abweichung von § 10 Abs. 1 UStG nach § 25a Abs. 3 Satz 1 UStG. Der Verkauf erfolgt im Rahmen der Differenzbesteuerung nach § 25a UStG. Rademacher ist als Kraftfahrzeughändler Wiederverkäufer (§ 25a Abs. 1 Nr. 1 UStG), das von ihm gelieferte

Fahrzeug stellt keine der im § 25a Abs. 1 Nr. 3 UStG benannten Gegenstände dar und er hat schließlich das Fahrzeug im Inland von dem Privatmann Block geliefert bekommen, der für diesen Umsatz keine USt schuldete (§ 25a Abs. 1 Nr. 2 Satz 2 Buchst. a UStG). Soweit Block in seiner Rechnung an Rademacher – unzutreffend – USt gesondert in Rechnung gestellt hat, wird dadurch die Differenzbesteuerung nicht ausgeschlossen. Der Privatmann Block ist mangels Unternehmereigenschaft nicht berechtigt, USt in einer Rechnung gesondert auszuweisen. Eine mögliche Schuld nach § 14c Abs. 2 UStG hindert nicht die Anwendung der Differenzbesteuerung.

Damit bestimmt sich die Bemessungsgrundlage nach § 25a Abs. 3 UStG nach der Differenz zwischen Verkaufspreis und Einkaufspreis. Nach Auffassung der Finanzverwaltung (vgl. Abschn. 25a.1 Abs. 10 UStAE) gilt bei Anwendung der Differenzbesteuerung als Einkaufspreis nach § 25a Abs. 3 UStG der tatsächliche Wert des Gebrauchtgegenstands. Dies ist der Wert, der bei der Ermittlung des Entgelts für den Kauf des neuen Gegenstands tatsächlich zugrunde gelegt wird. Bei der Inzahlungnahme von Gebrauchtfahrzeugen kommt damit der nach Abschn. 10.5 Abs. 4 UStAE zu ermittelnde Wert in Ansatz. Daraus ergibt sich:

Verkaufspreis	6 800,00 €
./. Einkaufspreis	5 100,00 €
Marge oder Differenz	1 700,00 €
darin enthalten 19 % USt	271,43 €
Bemessungsgrundlage gem. § 25a Abs. 3 UStG	1 428,57 €

Es ist darauf hinzuweisen, dass nach Auffassung der Finanzverwaltung (vgl. Abschn. 25a.1 Abs. 10 Satz 4 UStAE) wegen des Ansatzes des Einkaufspreises im Rahmen des § 25a Abs. 3 UStG auf der Basis des ermittelten gemeinen Werts für die Neuwagenlieferung auf die Offenlegung des verdeckten Preisnachlasses verzichtet werden kann. In diesen Fällen muss dann im Rahmen des § 25a Abs. 3 UStG als Einkaufspreis der höhere Wert angesetzt werden. Lediglich in den Fällen, in denen durch den Gebrauchtwagenverkauf eine negative Marge entstehen würde, verbietet sich diese aus Gründen der Praktikabilität ansonsten zu begrüßende Verwaltungsauffassung.

3. Da Block nicht zum gesonderten Ausweis von USt in einer Rechnung befugt war, schuldet er den in seiner Rechnung gesondert ausgewiesenen Steuerbetrag i. H. v. 1 085,71 € gem. § 14c Abs. 2 Satz 2 UStG.

FALL 73

Differenzbesteuerung

Sachverhalt: Am 2. 1. 2018 erscheint bei dem Kraftfahrzeughändler Josef Hülsmann der Maurer Alfred Schnieder. Schnieder erwirbt bei Hülsmann ein fabrikneues Kraftfahrzeug zum Preise von 32 450 €. Der Kauf dieses Neufahrzeugs wird davon abhängig gemacht, dass Hülsmann ein Gebrauchtfahrzeug Schnieders in Zahlung nimmt, dessen Anrechnungspreis nach langen Verhandlungen auf 9 200 € festgesetzt wird.

Fall 73

Das Gebrauchtfahrzeug bedurfte einer gründlichen Überholung. Die Überholung von Kupplung und Bremsanlage verursachte Kosten i. H. v. 614,80 €, für 720 € wurden neue Reifen montiert; die Lackiererei Deppe nahm eine Ganzlackierung vor und stellte der Fa. Hülsmann hierfür 795 € zzgl. 151,05 € USt in Rechnung.

Hülsmann veräußerte das überholte Fahrzeug am 14. 3. 2018 an die Fahrschule Roth zum Preis von 12 400 €. Da die Firma Roth das Fahrzeug betrieblich verwenden wollte, bat sie um eine Rechnung mit offenem Steuerausweis. Hülsmann schrieb daraufhin eine Rechnung, in der er einen Umsatzsteuerbetrag von 1 979,83 € offen auswies. Er selbst versteuerte den Umsatz, den er mit diesem Gebrauchtfahrzeug ausgeführt hatte, i. H. v. 1 979,83 €, nahm aber aus der Rechnung der Fa. Deppe einen Vorsteuerabzug i. H. v. 151,05 € vor.

Fragen:

1. Kommt im Hinblick auf die Weiterlieferung des Gebrauchtfahrzeugs durch Hülsmann die Differenzbesteuerung gem. § 25a UStG zur Anwendung?
2. Welche Folgen hat der gesonderte Umsatzsteuerausweis in der Rechnung gegenüber der Fa. Roth?

LÖSUNG

Bei diesem Umsatz liegen zunächst die allgemeinen Voraussetzungen für eine Anwendung des § 25a UStG vor: Hier wird durch einen Unternehmer ein Kraftfahrzeug im Gemeinschaftsgebiet für das Unternehmen erworben (§ 25a Abs. 1 UStG), wobei USt nicht geschuldet wird, da es sich bei dem Maurer Schnieder um einen Privatmann handelt.

Die Weiterveräußerung des Gebrauchtfahrzeugs stellt insoweit etwas Besonderes dar, als sie an einen Unternehmer für dessen Unternehmensbereich erfolgt und USt offen ausgewiesen wird. Die eigentliche Bedeutung der sog. Differenzbesteuerung besteht darin, dass aus der Differenz von Ein- und Verkaufspreis betreffend das Gebrauchtfahrzeug USt entrichtet und keine weitere umsatzsteuerrechtliche Konsequenz gezogen wird. Insbesondere heißt es in § 14a Abs. 6 Satz 2 UStG, dass die Vorschriften über den gesonderten Ausweis der Steuer in einer Rechnung gem. § 14 Abs. 4 Satz 1 Nr. 8 UStG keine Anwendung finden. Damit meint der Gesetzgeber nicht nur den Steuerausweis bezogen auf den gesamten Kaufpreis des Fahrzeugs, sondern auch den auf die Marge bezogenen Steuerausweis. Frage ist, welche Konsequenz im vorliegenden Falle der Verstoß gegen diese Vorschrift hat.

Nach § 25a Abs. 8 Satz 1 UStG kann der Unternehmer bei jeder Lieferung, also einzelfallbezogen, auf die Anwendung der sog. Differenzbesteuerung verzichten. Dieser Verzicht ist formfrei möglich, kann also schriftlich, mündlich oder konkludent erklärt werden. Angesichts der Regelung des § 14a Abs. 6 Satz 2 UStG stellt ein offener Steuerausweis bei der Veräußerung des Gebrauchtfahrzeugs einen Verzicht auf die Anwendung des § 25a UStG dar. Nur wenn der leistende Unternehmer die volle Bemessungsgrundlage nach § 10 Abs. 1 UStG der Besteuerung des Umsatzes zugrunde legt und dies durch Ausweis der USt hierauf dokumentiert, liegt ein Verzicht nach § 25a Abs. 8 Satz 1 UStG vor. Weist er dagegen – entgegen § 14a Abs. 6 Satz 2 UStG – die USt auf die Marge aus, löst er zum einen die USt auf die Differenz gem. § 25a UStG und zum anderen nach Auffassung der Verwaltung (Abschn. 25a.1 Abs. 16 Satz 2 und Satz 3

UStAE) in Höhe des unberechtigten Steuerausweises eine Steuerschuld gem. § 14c Abs. 2 UStG aus. Hülsmann hat somit wegen des offenen Steuerausweises i. H. v. 1 979,83 € wirksam gem. § 25a Abs. 8 Satz 1 UStG auf die Anwendung der Differenzbesteuerung verzichtet.

Es bleibt darauf hinzuweisen, dass von dieser Situation des Steuerausweises bei Weiterveräußerung die Tatsache eines unberechtigten Steuerausweises bei Erwerb des Fahrzeugs scharf zu trennen ist. Bei einem Steuerausweis durch den Privatmann wird auf jeden Fall USt gem. § 14c Abs. 2 Satz 2 UStG durch diesen ausgelöst. Der erwerbende Unternehmer kann ungeachtet dessen die Differenzbesteuerung auslösen, ohne jedoch ein Vorsteuerabzugsrecht zu erlangen.

Da Hülsmann für das Fahrzeug einen Preis von 12 400 € erlöst hat, muss er nach § 10 Abs. 1 UStG USt i. H. v. 1 979,83 € entrichten, den aus dem o. g. Preis herauszurechnenden Steuerbetrag. Aus der Rechnung der Lackiererei Deppe steht ihm ein Vorsteuerabzug i. H. v. 151,05 € zu. Es bleibt darauf hinzuweisen, dass ihm dieser Vorsteuerabzug auch bei Anwendung des § 25a UStG zugestanden hätte.

FALL 74

Privatnutzung Pkw

Sachverhalt: Der Unternehmer Heiner Semloch betreibt in Hamm ein Fliesenfachgeschäft. Zum Unternehmen des Semloch gehört ein Fahrzeug der Marke Mercedes Benz, das er im Januar 2016 für 60 000 € zzgl. 11 400 € USt von der ortsansässigen Mercedes-Niederlassung erworben hat. Semloch hat bei der Anschaffung zu Recht den vollen Vorsteuerabzug in Anspruch genommen. Laut ordnungsgemäßem Fahrtenbuch nutzt er das Fahrzeug im Jahre 2018 zu 25 % für private Fahrten. Für den Pkw sind im Jahre 2018 folgende Kosten (netto) angefallen:

Benzin, Öl, Reparatur	10 000 €
Kfz-Steuer	400 €
Kfz-Versicherung	800 €
„Abschreibung“ gem. § 15a UStG	12 000 €
Garagenmiete (steuerpflichtig)	500 €
= Summe	23 700 €

Frage: Wie ist die Privatnutzung des Pkw im Jahre 2018 umsatzsteuerrechtlich zu beurteilen?

LÖSUNG

Der an sich unentgeltliche Vorgang kann nur dann der Besteuerung unterliegen, wenn er einem entgeltlichen Vorgang gleichgestellt wird. Eine derartige Gleichstellung nehmen § 3 Abs. 1b UStG und § 3 Abs. 9a UStG vor. Diese Gleichstellung ist erforderlich, um den Unternehmer nicht gegenüber einer Privatperson unangemessen zu bevorteilen. Da es sich gegenüber einem Dritten um eine Vermietung des Pkw handeln würde, ist die Vorschrift des § 3 Abs. 9a UStG zu prüfen.

Nach § 3 Abs. 9a Nr. 1 UStG wird die Verwendung eines dem Unternehmen zugeordneten Gegenstands, der zum vollen oder teilweisen Vorsteuerabzug berechtigt hat, durch den Unternehmer für Zwecke, die außerhalb des Unternehmens liegen, einer sonstigen Leistung gegen Entgelt gleichgestellt. Diese Voraussetzungen liegen hier vor. Der Pkw ist von Semloch seinem Unternehmen zugeordnet worden (Abschn. 15.2c Abs. 2 Satz 1 Nr. 2 UStAE). Die Zuordnungsentscheidung ist durch die Vornahme des vollen Vorsteuerabzugs bei Anschaffung dokumentiert worden. Eine Zuordnung zum Unternehmen war auch möglich, da der Pkw zu mehr als 10 % für unternehmerische Zwecke genutzt wird (§ 15 Abs. 1 Satz 2 UStG). Da das Fahrzeug auch unternehmensfremd (privat) genutzt wird, liegen die Voraussetzungen des § 3 Abs. 9a Nr. 1 UStG vor und es handelt sich hinsichtlich der Privatnutzung um eine gleichgestellte sonstige Leistung gegen Entgelt. Der Leistungsort bestimmt sich nach § 3f Satz 1 UStG und ist dort, wo Semloch sein Unternehmen betreibt; also in Hamm. Damit stellt die Privatnutzung einen steuerbaren Vorgang gem. § 1 Abs. 1 Nr. 1 Satz 1 UStG dar.

Dieser steuerbare Umsatz ist mangels Steuerbefreiung i. S. d. § 4 UStG auch steuerpflichtig. Der Steuersatz beträgt gem. § 12 Abs. 1 UStG 19 %. Als Bemessungsgrundlage sind gem. § 10 Abs. 4 Satz 1 Nr. 2 UStG die bei Ausführung dieser Umsätze entstandenen Ausgaben, soweit sie zum vollen oder teilweisen Vorsteuerabzug berechtigt haben, anzusetzen. Zu diesen Ausgaben gehören auch die Anschaffungs- oder Herstellungskosten des Wirtschaftsguts, die gleichmäßig auf den Zeitraum nach § 15a UStG zu verteilen sind. Die Ausrichtung auf den Zeitraum nach § 15a UStG ist im Rahmen des Richtlinien-Umsetzungsgesetzes vom 9. 12. 2004 rückwirkend mit Wirkung ab dem 1. 7. 2004 in das UStG eingefügt worden. Ob diese Regelung mit der MwStSystRL im Einklang steht, war zweifelhaft. Das FG München hatte in dieser Rechtsfrage den EuGH angerufen und zwar mit Beschluss vom 1. 2. 2005 (EFG 2005, 649). Der EuGH hat mit Urteil vom 14. 9. 2006 die deutsche Rechtsauffassung bestätigt. Nach Ausscheiden der nicht vorsteuerbehafteten Ausgaben (Kfz-Steuer und Kfz-Versicherung) bleiben 22 500 € an berücksichtigungsfähigen Ausgaben über. Davon entfallen 25 % (lt. Fahrtenbuch) auf die Privatfahrten; dies sind 5 625 €. Unter Anwendung des Steuersatzes von 19 % ergibt sich eine USt i. H. v. 1 068,75 €.

Da es sich um monatliche Teilleistungen handelt (§ 13 Abs. 1 Nr. 1 Buchst. a Satz 2 und Satz 3 UStG), entsteht die Steuer anteilig mit Ablauf des jeweiligen Voranmeldungszeitraums (§ 13 Abs. 1 Nr. 2 UStG).

Ein Vorsteuerabzug aus den laufenden Kosten ist unter den weiteren Voraussetzungen des § 15 Abs. 1 Satz 1 Nr. 1 UStG möglich.

FALL 75

Änderung der Bemessungsgrundlage

Sachverhalt: Der Autohändler Sturm verkauft am 16. 1. 2018 dem Hauptschullehrer Franck ein fabrikneues Personenkraftfahrzeug zum Preis von insgesamt 25 256,40 €, wobei er in der Rechnung für das Fahrzeug die USt i. H. v. 4 032,53 € gesondert ausweist. Auf dem Bestellformular wird unter „Zahlungsvereinbarung" eingetragen: 17 256,40 € bar bei Übernahme, Rest zinslos gestundet bis zur Abwicklung des Vermittlungsvertrags vom heutigen Tage. Ebenfalls am 16. 1. 2018 hat Franck einen Vermittlungsvertrag unterzeichnet, in dem er Sturm beauftragt, in seinem Namen und für seine Rechnung ein gebrauchtes Fahrzeug zu vermitteln, das in reparierlem Zustand unter Ausschluss jeder Gewährleistung veräußert werden soll. Hierbei wird eine untere Preisgrenze von 8 000 € vereinbart (Agenturgeschäft).

Nachdem dieses Gebrauchtfahrzeug für insgesamt 924,60 € repariert und verkaufsfertig gemacht worden ist, wird es am 22. 3. 2018 an einen gewissen Schütz zum Preis von 9 200 € veräußert.

Sturm rechnet gegenüber Franck am 1. 4. 2018 wie folgt ab:

Erlös Gebrauchtwagen	9 200,00 €
Reparaturkosten u. a.	924,60 €
Provision laut Vereinbarung	275,40 €
Gutschrift	8 000,00 €

Bei der Veräußerung des Agenturfahrzeugs hatte Sturm allerdings lediglich 7 200 € von Schütz in bar erhalten. Für den Restbetrag von 2 000 € hatte Sturm ein weiteres Gebrauchtfahrzeug in Zahlung genommen. Dieses zweite Gebrauchtfahrzeug wurde von Sturm fast ein ganzes Jahr lang erfolglos zum Verkauf angeboten. Alsdann wurde es dem Schrotthändler Meier übergeben. Einen Erlös hierfür hat Sturm nicht erhalten.

Frage: Hat Sturm die Lieferung des Neufahrzeugs zutreffend versteuert?

HINWEIS

Sturm hat für dieses Geschäft nicht die Differenzbesteuerung nach § 25a UStG gewählt, weil er zunächst das Risiko der möglichen Veräußerung des Altwagens nicht tragen wollte.

LÖSUNG

Indem Sturm das Neufahrzeug an Franck verkauft und übergibt, liefert er es i. S. v. § 3 Abs. 1 UStG. Diese Lieferung ist steuerbar und steuerpflichtig. Der Steuersatz beträgt nach § 12 Abs. 1 UStG 19 %. Der Umsatzsteuerbetrag ist mit 4 032,53 € zutreffend errechnet. Mit Ablauf des Voranmeldungszeitraums Januar 2018 hat Sturm diesen Steuerbetrag anzumelden und abzuführen (Fälligkeitszeitpunkt: 10. 2. 2018).

Unbeachtlich im Rahmen der hier anzuwendenden Soll-Versteuerung (vgl. § 13 Abs. 1 Nr. 1 Buchst. a Satz 1 UStG) ist die Vereinnahmung im Januar nur i. H. v. 17 256,40 €. Es kommt zunächst nicht auf die Vereinnahmung, sondern auf die Vereinbarung an.

Für die sonstige Leistung, die Sturm aufgrund der Vermittlung des Gebrauchtwagens erbringt (§ 3 Abs. 9 Satz 1 UStG) erhält er eine Provision in Höhe des Übererlöses von 275,40 €. Ferner hat Sturm mit der Reparatur des Gebrauchtfahrzeugs eine Werkleistung erbracht, für die er als Leistungspreis 924,60 € erhält. Bei der Verrechnung des Gebrauchtwagenerlöses auf diese beiden Forderungen bedeutet dies, dass in Bezug auf die Neuwagenforderung des Sturm 2 000 € offen bleiben, für die er das zweite Gebrauchtfahrzeug im Wege eines Tauschs mit Baraufgabe in Zahlung nimmt. Der gemeine Wert dieses zweiten Gebrauchtfahrzeugs beläuft sich jedoch auf

0 €, wie bei dem erfolglosen Versuch, es zu veräußern, offenkundig wird. Nach der endgültigen Abrechnung des Sturm mit Franck ist die Neuwagenkaufpreisforderung insoweit uneintreibbar.

Umsatzsteuerrechtlich bedeutet dies, dass ein Fall des § 17 UStG vorliegt.

Nach § 17 Abs. 1 Satz 1 UStG hat im Falle der Änderung einer Bemessungsgrundlage der Unternehmer, der diesen Umsatz ausgeführt hat, den dafür geschuldeten Steuerbetrag zu berichtigen. Angesichts des Forderungsausfalls von 2 000 € brutto hat Sturm 319,33 € zu berichtigen. Bei § 17 UStG handelt es sich um eine unechte Berichtigungsvorschrift, das bedeutet, ihre steuerrechtlichen Folgen wirken nicht zurück auf die früher durchgeführte unzutreffende Besteuerung, sondern die Folgen des § 17 UStG wirken sich in demjenigen Voranmeldungszeitraum aus, in dem die Änderung der Bemessungsgrundlage eingetreten ist (§ 17 Abs. 1 Satz 7 UStG).

Nach § 17 Abs. 1 UStG ist die Folge der Änderung der Bemessungsgrundlage jedoch zweiseitig: Nicht nur der leistende Unternehmer hat die von ihm geschuldete USt, sondern der Leistungsempfänger hat grundsätzlich die aus der Leistung in Anspruch genommene Vorsteuer zu berichtigen. Es ist denkbar, dass der Leistungsempfänger die Änderung der Bemessungsgrundlage von vornherein kennt, wie es etwa beim Skontoabzug der Fall ist. In diesen Fällen ist mit Ausnahme der Anwendung des § 17 Abs. 4 UStG ein Belegaustausch zwischen den am Leistungsaustausch beteiligten Personen nicht erforderlich, so dass § 14c Abs. 1 UStG nicht zur Anwendung kommen kann.

Kann er jedoch keine Kenntnis von der Tatsache und der Höhe der Änderung der Bemessungsgrundlage haben, ist erforderlich, dass der leistende Unternehmer ihn hierüber in Kenntnis setzt. Unterbleibt in diesen Fällen die Information, kommt es also nicht zu einem Belegaustausch, trifft den Leistenden eigentlich die Rechtsfolge des § 14c Abs. 1 UStG, solange er nicht die Rechnung berichtigt oder sonst den Leistungsempfänger über die geänderte Bemessungsgrundlage informiert (vgl. für den Wechsel Abschn. 10.3 Abs. 6 UStAE). Es kann dem Unternehmer aber nicht zugemutet werden, seinem Schuldner mitzuteilen, dass er eine Forderung (hier 2 000 €) als uneinbringlich behandelt. Im vorliegenden Fall darf Sturm daher für den Voranmeldungszeitraum, in dem er das zweite Gebrauchtfahrzeug dem Schrotthändler übergibt, seine USt um 319,33 € berichtigen. Gemäß Abschn. 17.1 Abs. 5 Satz 9 UStAE braucht er, ohne die Rechtsfolge des § 14c Abs. 1 UStG fürchten zu müssen, Franck hierüber nicht zu informieren.

FALL 76

Preisnachlassgutschein

Sachverhalt: Der Unternehmer Hänschel aus München stellt in seinem Unternehmen Schuhe her. Um den Absatz seiner Schuhe zu steigern, versendet er an 1 000 zufällig ausgewählte Personen einen Gutschein über jeweils 10 €, der beim Kauf dieser Schuhe beim Einzelhändler eingelöst werden kann. Hänschel verkauft die produzierten Schuhe für 100 € zzgl. 19 € USt an den Zwischenhändler Ballack in München und der verkauft die Schuhe für 150 € zzgl. 28,50 € USt an den Einzelhändler Scholl ebenfalls aus München. Scholl verkauft ein derartiges Paar Schuhe an den Privatmann Fröhlich. Die Schuhe sollen 200 € zzgl. 38 € USt kosten. Da Fröhlich im Besitz eines Gutscheins ist, zahlt er dem Scholl lediglich einen Betrag i. H. v. 228 €. Scholl seinerseits löst den Gutschein beim Unternehmer Hänschel ein.

Frage: Welche umsatzsteuerrechtlichen Folgen löst die Gutscheinausgabe und Gutscheineinlösung aus?

LÖSUNG

Lieferung Hänschel an Ballack

Hänschel führt eine Lieferung i. S. d. § 3 Abs. 1 UStG aus. Der Lieferort ist gem. § 3 Abs. 6 Satz 1 UStG in München. Da der Umsatz auch gegen Entgelt ausgeführt wird, handelt es sich um einen steuerbaren Umsatz gem. § 1 Abs. 1 Nr. 1 Satz 1 UStG. Mangels Steuerbefreiung ist der Umsatz auch steuerpflichtig zu 19 % (§ 12 Abs. 1 UStG). Bemessungsgrundlage ist zunächst der vereinbarte Nettowert i. H. v. 100 € (§ 10 Abs. 1 Satz 1 und Satz 2 UStG), so dass eine USt i. H. v. 19 € entsteht. Bei Einlösung des Gutscheins mindert sich die Bemessungsgrundlage gem. § 17 Abs. 1 Satz 1 UStG. Die Bemessungsgrundlage mindert sich um 8,40 € (10 € : 1,19) und die USt um 1,60 € (siehe auch Abschn. 17.2 UStAE). Die Änderung ist in dem Voranmeldungszeitraum der Gutscheineinlösung vorzunehmen (§ 17 Abs. 1 Satz 7 UStG).

Der Vorsteuerabzug für Ballack ändert sich nicht. Bei Vorliegen einer ordnungsgemäßen Rechnung kann Ballack einen Vorsteuerabzug i. H. v. 19 € vornehmen. Ballack ist durch die Änderung der Bemessungsgrundlage wirtschaftlich nicht begünstigt (§ 17 Abs. 1 Satz 3 UStG).

Lieferung Ballack an Scholl

Ballack führt eine Lieferung i. S. d. § 3 Abs. 1 UStG aus. Der Lieferort ist gem. § 3 Abs. 6 Satz 1 UStG in München. Da der Umsatz auch gegen Entgelt ausgeführt wird, handelt es sich um einen steuerbaren Umsatz gem. § 1 Abs. 1 Nr. 1 Satz 1 UStG. Mangels Steuerbefreiung ist der Umsatz auch steuerpflichtig zu 19 % (§ 12 Abs. 1 UStG). Bemessungsgrundlage ist der Nettowert i. H. v. 150 € (§ 10 Abs. 1 Satz 1 und Satz 2 UStG), so dass eine USt i. H. v. 28,50 € entsteht. Aus der Anschaffung der Schuhe steht Ballack ein Vorsteuerabzug i. H. v. 19 € zu.

Scholl kann unter der Voraussetzung einer ordnungsgemäßen Rechnung einen Vorsteuerabzug i. H. v. 28,50 € in Anspruch nehmen (§ 15 Abs. 1 Satz 1 Nr. 1 UStG).

Lieferung Scholl an Fröhlich

Scholl führt eine Lieferung i. S. d. § 3 Abs. 1 UStG aus. Der Lieferort ist gem. § 3 Abs. 6 Satz 1 UStG in München. Da der Umsatz auch gegen Entgelt ausgeführt wird, handelt es sich um einen steuerbaren Umsatz gem. § 1 Abs. 1 Nr. 1 Satz 1 UStG. Mangels Steuerbefreiung ist der Umsatz auch steuerpflichtig zu 19 % (§ 12 Abs. 1 UStG). Für Scholl stellt die Gutscheineinlösung bei Hänschel ein Entgelt von dritter Seite dar, so dass sich die Bemessungsgrundlage insgesamt auf 200 € (238 € : 1,19) beläuft. Es entsteht eine USt von 38 €.

Scholl kann einen Vorsteuerabzug i. H. v. 28,50 € vornehmen.

Zusammengefasst ergibt sich aus dem Gesamtvorgang eine Steuereinnahme des Staates i. H. v. 36,40 €. Dies entspricht dem Betrag, mit dem der Endverbraucher Fröhlich tatsächlich selbst belastet ist (228 € : 1,19 = 191,60 € - 228 €).

Kapitel 5: Steuersatz

Für die steuerbaren und steuerpflichtigen Umsätze stellt sich die Frage nach dem Steuersatz. Nach § 12 UStG bestehen für die Besteuerung nach den allgemeinen Vorschriften des UStG zwei Steuersätze.

	Allgemeiner Steuersatz	Ermäßigter Steuersatz
1. 1. 1968 bis 30. 6. 1968	10 %	5,0 %
1. 7. 1968 bis 31. 12. 1977	11 %	5,5 %
1. 1. 1978 bis 30. 6. 1979	12 %	6,0 %
1. 7. 1979 bis 30. 6. 1983	13 %	6,5 %
1. 7. 1983 bis 31. 12. 1992	14 %	7,0 %
1. 1. 1993 bis 31. 3. 1998	15 %	7,0 %
1. 4. 1998 bis 31. 12. 2006	16 %	7,0 %
ab 1. 1. 2007	19 %	7,0 %

Für die im Rahmen eines land- und forstwirtschaftlichen Betriebs ausgeführten Umsätze kommen besondere Durchschnittssätze gem. § 24 UStG zur Anwendung.

LITERATURHINWEIS

Siehe hierzu auch im „Lehrbuch Umsatzsteuer“ die Ausführungen zu den Steuersätzen (Kapitel 10).

FALL 77

Steuersatz für Computerprogramm

Sachverhalt: Die Meier GmbH betreibt in Münster ein Unternehmen, das die Koordinierung, Planung und Durchführung von Softwareentwicklungsaufgaben für Bankensoftware durchführt. Im Jahre 2018 schließt sie mit einer inländischen Bank einen Rahmenvertrag zur Herstellung von Individualsoftware und zur Übertragung von dadurch geschaffenen Urheberrechten. Nach Vertragserfüllung noch im Jahre 2018 nutzte die auftraggebende Bank die Software sowohl für ihre eigenen Zwecke als auch zum Verkauf an zwei weitere Bankhäuser.

Frage: Wie sind die Umsätze der Meier GmbH im Jahre 2018 umsatzsteuerrechtlich zu beurteilen?

LÖSUNG

Die Meier GmbH erbringt mit der Entwicklung der Individualsoftware eine sonstige Leistung i. S. d. § 3 Abs. 9 Satz 1 UStG. Der Leistungsort bestimmt sich nach § 3a Abs. 2 Satz 1 UStG und ist damit im Inland gelegen. Da die sonstige Leistung auch entgeltlich ausgeführt wird, ist der

Umsatz steuerbar gem. § 1 Abs. 1 Nr. 1 Satz 1 UStG. Mangels Steuerbefreiung i. S. d. § 4 UStG ist der Umsatz auch steuerpflichtig.

Fraglich ist, ob der allgemeine oder der ermäßigte Steuersatz zur Anwendung kommt. Nach § 12 Abs. 2 Nr. 7 Buchst. c UStG ist die Einräumung, Übertragung und Wahrnehmung von Rechten, die sich aus dem Urheberrechtsgesetz ergeben, ermäßigt zu besteuern. Voraussetzung ist, dass die Übertragung des Urheberrechts der wesentliche Inhalt der Leistung ist. Ob dies der Fall ist, bestimmt sich nach dem entsprechend der vertraglichen Vereinbarung erzielten wirtschaftlichen Ergebnis. Wenn der wirtschaftliche Gehalt der Überlassung des Computerprogramms überwiegend auf seine Anwendung für die Bedürfnisse des Leistungsempfängers gerichtet ist, ist die hiermit verbundene Übertragung urheberrechtlicher Nutzungsrechte Bestandteil einer einheitlichen wirtschaftlichen Gesamtleistung, die nicht in der Übertragung urheberrechtlicher Schutzrechte, sondern in der Überlassung von Software zur Benutzung besteht (Abschn. 12.7 Abs. 1 Satz 8 UStAE). Dagegen unterliegt die Überlassung von urheberrechtlich geschützten Computerprogrammen dem ermäßigten Steuersatz, wenn dem Leistungsempfänger die in § 69c Satz 1 Nr. 1 bis 3 des Urheberrechtsgesetzes bezeichneten Rechte auf Vervielfältigung und Verbreitung nicht nur als Nebenfolge eingeräumt werden (BFH-Urteil vom 27. 9. 2001, BStBl 2002 II 114).

Nach Abwägung der dargestellten Grundsätze kommt im Beispielsfall der ermäßigte Steuersatz von 7 % zur Anwendung. Ausschlaggebend ist der Weitervertrieb des Softwareprogramms an andere Banken. Vgl. hierzu auch BFH-Urteil vom 25. 11. 2004 (BStBl 2005 II 419).

Kapitel 6: Unrichtiger oder unberechtigter Steuerausweis

Hat der Unternehmer in einer Rechnung für eine Lieferung oder sonstige Leistung einen höheren Steuerbetrag, als er nach dem UStG für den Umsatz schuldet, gesondert ausgewiesen (unrichtiger Steuerausweis), schuldet er auch den Mehrbetrag (§ 14c Abs. 1 Satz 1 UStG).

§ 14c Abs. 1 Satz 1 UStG erfasst Rechnungen mit gesondertem Steuerausweis

- für steuerpflichtige Leistungen, wenn eine höhere als die dafür geschuldete Steuer ausgewiesen wurde;
- für steuerpflichtige Leistungen in den Fällen der Steuerschuldnerschaft des Leistungsempfängers;
- für steuerfreie Leistungen;
- für nicht steuerbare Leistungen;
- für Geschäftsveräußerungen i. S. d. § 1 Abs. 1a UStG;
- für nicht versteuerte steuerpflichtige Leistungen, wenn die Steuer für die Leistung wegen des Ablaufs der Festsetzungsfrist nicht mehr erhoben werden kann.

§ 14c Abs. 1 Satz 2 UStG lässt eine Berichtigung des unrichtigen Steuerausweises unter entsprechender Anwendung des § 17 Abs. 1 UStG zu. Besondere Anforderungen bestehen allerdings in den Fällen der Geschäftsveräußerung im Ganzen und der Rückgängigmachung des Verzichts auf die Steuerbefreiung nach § 9 UStG. Insoweit sind die Regelungen des § 14c Abs. 2 Satz 3 bis 5 UStG zu beachten.

Wer in einer Rechnung einen Steuerbetrag gesondert ausweist, obwohl er zum gesonderten Ausweis der Steuer nicht berechtigt ist (unberechtigter Steuerausweis), schuldet den ausgewiesenen Betrag. Das Gleiche gilt, wenn jemand wie ein leistender Unternehmer abrechnet und einen Steuerbetrag gesondert ausweist, obwohl er nicht Unternehmer ist oder eine Lieferung oder sonstige Leistung nicht ausführt (§ 14c Abs. 2 Satz 1 und Satz 2 UStG).

§ 14c Abs. 2 Satz 1 und Satz 2 UStG erfasst folgende Fälle:

- Ein Kleinunternehmer i. S. d. § 19 Abs. 1 UStG weist in einer Rechnung einen Steuerbetrag aus.
- Ein Unternehmer erteilt eine Rechnung mit gesondertem Steuerausweis, obwohl er keine Leistung ausführt. Dies gilt nicht für Vorausrechnungen.
- Ein Unternehmer erteilt eine Rechnung mit gesondertem Steuerausweis, in der er statt des tatsächlich gelieferten Gegenstands einen anderen, von ihm nicht gelieferten Gegenstand aufführt, oder statt der tatsächlich ausgeführten Leistung eine andere, von ihm nicht erbrachte Leistung angibt.
- Ein Unternehmer erteilt eine Rechnung mit gesondertem Steuerausweis für eine Leistung, die er nicht im Rahmen seines Unternehmens ausführt.
- Ein Nichtunternehmer weist in einem Dokument einen Steuerbetrag gesondert aus.

Eine Berichtigung des unberechtigten Steuerausweises ist nur unter den Voraussetzungen des § 14c Abs. 2 Satz 3 bis 5 UStG möglich.

Sowohl eine unrichtig ausgewiesene Steuer als auch eine unberechtigt ausgewiesene Steuer kann vom Rechnungsempfänger nicht als Vorsteuer abgezogen werden (§ 15 Abs. 1 Satz 1 Nr. 1 Satz 1 UStG).

LITERATURHINWEIS

Siehe hierzu auch im „Lehrbuch Umsatzsteuer“ die Ausführungen zum unrichtigen oder unberechtigten Steuerausweis (Kapitel 11.5).

FALL 78

Überhöhter Steuerausweis in einer Rechnung

Sachverhalt: Klaus Wacker betreibt in Fürth eine Möbeltischlerei. Am 9. 5. 2018 erhält Wacker von der Möbelfabrik Hornberg in München den Auftrag, 25 Wohnzimmerschränke nach vorgegebenen Plänen zu erstellen und an die Fa. Pampolini, Möbelhandlung in Chur (Schweiz), auszuliefern. Hornberg lässt die für die Fertigung der Schränke erforderlichen Spanplatten (gemeiner Wert 5 800 €) mit eigenem Lkw zu Wacker bringen, der die Platten bei der Herstellung der Möbel auch tatsächlich verwendet. Das darüber hinaus für die Fertigstellung erforderliche Holz und Glas sowie das Kleinmaterial entnimmt Wacker seinem eigenen Lager.

Die fertigen Schränke lässt Hornberg von einem angestellten Fahrer am 12. 7. 2018 mit einem Sattelzug von Fürth abholen und nach Chur zu Pampolini bringen. Wacker hat der Firma Hornberg folgende Rechnung (Auszug) erteilt:

Rechnung:

25 Schränke, nach Plan gefertigt à 2 000 €	50 000 €
zzgl. USt (19 %)	9 500 €
abzgl. Spanplatten	5 800 €
Rechnungsbetrag	53 700 €

Wacker versteuert seine Umsätze nach vereinbarten Entgelten.

Frage: Hat Wacker einen steuerpflichtigen Umsatz ausgeführt? Prüfen Sie außerdem, ob Wacker den Tatbestand des § 14c Abs. 1 UStG verwirklicht hat. Berechnen Sie evtl. den Mehrbetrag i. S. d. § 14c Abs. 1 UStG.

LÖSUNG

Der Tatbestand des § 14c Abs. 1 Satz 1 UStG wird verwirklicht, wenn ein Unternehmer in einer Rechnung für eine Lieferung oder sonstige Leistung einen höheren Steuerbetrag gesondert ausweist, als er nach dem UStG schuldet. Berichtigt der Unternehmer den Steuerbetrag gegenüber seinem Abnehmer nicht, schuldet er auch den Mehrbetrag (vgl. insoweit Abschn. 14c.1 Abs. 1–8 UStAE).

Wacker hat an die Firma Hornberg Werklieferungen ausgeführt (§ 3 Abs. 1 UStG und § 3 Abs. 4 UStG). Aufgrund eines Werkvertrags (§§ 631, 651 BGB) hat er es übernommen, aus zum Teil selbst beschafften Hauptstoffen (Holz und Glas) Wohnzimmerschränke zu fertigen. Auch die zur Herstellung der Möbel erforderlichen Spanplatten stellen Hauptstoffe dar. Da diese jedoch vom Abnehmer Hornberg beschafft und auch tatsächlich bei der Fertigung verwendet wurden, scheiden sie als sog. echte Materialbeistellung aus dem Leistungsaustausch aus (Abschn. 3.8 Abs. 2 UStAE). Wacker erlangt an den Spanplatten folglich keine Verfügungsmacht, so dass kein Tausch mit Baraufgabe nach § 3 Abs. 12 UStG vorliegt.

Die Werklieferungen wurden im Rahmen des Unternehmens gegen Entgelt erbracht. Die Verschaffung der Verfügungsmacht erfolgte mit Beginn der Beförderung durch den Beauftragten des Abnehmers in Fürth (§ 3 Abs. 6 Satz 1 UStG).

Die Werklieferungen sind steuerbar, sie sind auch steuerpflichtig. Eine Steuerbefreiung nach § 4 Nr. 1 Buchst. a UStG i. V. m. § 6 UStG kommt nicht in Betracht. Zwar gelangen die Gegenstände in das Drittland, aber es fehlt an einem im Falle der Abhollieferung für die Steuerbefreiung erforderlichen ausländischen Abnehmer gem. § 6 Abs. 1 Satz 1 Nr. 2 UStG i. V. m. § 6 Abs. 2 UStG. Abnehmer der Werklieferungen des Wacker ist die Fa. Hornberg in München.

Bemessungsgrundlage für die steuerpflichtigen Werklieferungen ist das Entgelt. Entgelt ist alles, was der Empfänger Hornberg aufwendet, um die Werklieferung zu erhalten, jedoch abzüglich der USt (§ 10 Abs. 1 UStG). Der gemeine Wert der Spanplatten gehört nicht zur Bemessungsgrundlage, da Wacker insoweit nicht Verfügungsmacht verschafft (s. o.). Hornberg wendet insgesamt 53 700 € auf. Darin ist die USt mit 19 % = 8 573,95 € enthalten. Die Bemessungsgrundlage beträgt folglich 45 126,05 €.

Wacker schuldet für die von ihm ausgeführten Werklieferungen USt i. H. v. 8 573,95 €. In der Rechnung an Hornberg hat er jedoch USt i. H. v. 9 500 € ausgewiesen. Den Mehrbetrag von 926,05 € schuldet Wacker daher nach § 14c Abs. 1 Satz 1 UStG.

Wenn Wacker den Steuerbetrag gegenüber Hornberg berichtigt (Belegaustausch) und auch den vereinnahmten Mehrbetrag zurückzahlt, kann er den von ihm geschuldeten Steuerbetrag nach § 17 Abs. 1 UStG ändern (BFH-Urteil vom 29. 10. 1992, BStBl 1993 II 251, und vom 10. 12. 1992, BStBl 1993 II 383, sowie vom 25. 2. 1993, BStBl 1993 II 643); vgl. auch Abschn. 14c.1 Abs. 5 UStAE.

FALL 79

Verdeckter Preisnachlass und überhöhter Steuerausweis

Sachverhalt: Der Kraftfahrzeughändler Tobias Meister in Cottbus und der selbständige Handelsvertreter Klaus Richter haben einen Kaufvertrag über die Lieferung eines Personenwagens abgeschlossen. Der Verkaufspreis des neuen Pkw beträgt einschließlich Überführung 20 300 €. Im Kaufvertrag wurde vereinbart, dass ein gebrauchtes Fahrzeug mit 13 920 € in Zahlung genommen wird. Die Zuzahlung i. H. v. 6 380 € ist in bar bei Lieferung fällig. Die Vorführung des Altwagens bei der DAT-Prüfstelle ergab einen DAT-Schätzpreis (gemeiner Wert) i. H. v. 12 180 €.

Bei der Abholung des Neufahrzeugs durch Richter am 22. 7. 2018 übergab Meister diesem neben den Fahrzeugpapieren folgende Rechnung (Auszug):

Aufgrund der Bestellung vom 12. 5. 2018 erhielten Sie heute ein Kraftfahrzeug Monsun LS.

Listenpreis ab Werk	16 758,82 €
Bereitstellungskosten	300,00 €
	17 058,82 €
19 % USt	3 241,18 €
	20 300,00 €

Richter übergab sein Altfahrzeug und entrichtete durch Barscheck den vereinbarten Differenzbetrag von 6 380 €.

Frage: In welcher Höhe hat Tobias Meister aus diesem Vorgang USt zu entrichten?

LÖSUNG

Der Unternehmer Tobias Meister hat eine Lieferung gem. § 3 Abs. 1 UStG ausgeführt, denn er hat dem Handelsvertreter Klaus Richter Verfügungsmacht an dem Neufahrzeug verschafft. Die Lieferung ist steuerbar (§ 1 Abs. 1 Nr. 1 Satz 1 UStG), sie ist auch steuerpflichtig. Das Entgelt für diese Lieferung besteht in der Entgegennahme des gebrauchten Fahrzeugs und der Zuzahlung i. H. v. 6 380 €. Es liegt somit ein Tausch mit Baraufgabe vor (§ 3 Abs. 12 Satz 1 UStG). Bei einem Tausch mit Baraufgabe gehört neben der Zuzahlung auch der gemeine Wert des in Zahlung genommenen Fahrzeugs zum Entgelt (§ 10 Abs. 2 Satz 2 UStG). Der gemeine Wert entspricht dem DAT-Schätzpreis im Zeitpunkt der Übernahme des Gebrauchtwagens (Abschn. 10.5 Abs. 4 Satz 6 Nr. 1 UStAE). Die Bemessungsgrundlage für die Lieferung des Neufahrzeugs errechnet sich daher wie folgt:

Gemeiner Wert des hingegebenen Wirtschaftsguts	12 180 €
zzgl. Barzahlung	6 380 €
	18 560 €
./. USt (§ 10 Abs. 2 Satz 3 UStG)	2 963,36 €
Bemessungsgrundlage	15 596,64 €

Die USt beträgt 2 963,36 €.

Da der Kraftfahrzeughändler den Gebrauchtwagen zu einem höheren Preis als dem gemeinen Wert in Zahlung genommen hat, liegt ein verdeckter Preisnachlass vor (Abschn. 10.5 Abs. 4 Satz 4 und Bsp. 1 UStAE). Es handelt sich nicht um eine nachträgliche Entgeltsminderung, sondern hier ist vielmehr von vornherein ein um den verdeckten Preisnachlass gemindertes Entgelt für den Neuwagen vereinbart worden. In der Rechnung ist jedoch infolge Nichtberücksichtigung des verdeckten Preisnachlasses diese Entgeltsminderung nicht zum Ausdruck gekommen. Folglich ist ein höherer Steuerbetrag in der Rechnung ausgewiesen worden, als nach dem UStG für diese Lieferung geschuldet wird. Diesen Mehrbetrag i. H. v. 277,82 € schuldet der Kraftfahrzeughändler nach § 14c Abs. 1 Satz 1 UStG (Abschn. 10.5 Abs. 5 UStAE).

Eine Kürzung der USt unter entsprechender Anwendung des § 17 Abs. 1 Satz 1 UStG ist gem. § 14c Abs. 1 Satz 2 UStG nur zulässig, wenn Meister den Steuerbetrag gegenüber seinem Abnehmer Richter berichtigt. Eine besondere Form ist für diese Berichtigung nicht vorgesehen, sie soll jedoch schriftlich erfolgen. Dem Leistungsempfänger muss eine hinreichend bestimmte, schriftliche Berichtigung tatsächlich zugehen (Abschn. 14c.1 Abs. 7 Satz 4 UStAE).

Solange eine Berichtigung des Steuerbetrags gegenüber Richter unterbleibt, schuldet Meister für die Lieferung des Neufahrzeugs USt i. H. v. 3 241,18 €, davon 277,82 € nach § 14c Abs. 1 Satz 1 UStG.

Die Steuer nach § 14c Abs. 1 UStG darf beim Leistungsempfänger nicht als Vorsteuer abgezogen werden (§ 15 Abs. 1 Satz 1 Nr. 1 Satz 1 UStG).

FALL 80

Überhöhter Steuerausweis bei der Abrechnung mit Gutschriften

Sachverhalt: Der selbständige Handelsvertreter Robert Rumberg aus Karlsruhe hat im Kalenderjahr 2018 bei verschiedenen Abnehmern in der Bundesrepublik die Produkte der Firma Kühltechnik GmbH, Mannheim, angeboten und den Abschluss von Kaufverträgen vermittelt. Vereinbarungsgemäß erhält Rumberg für die Vermittlung von Abschlüssen eine Provision von 3 % des Nettoverkaufspreises zzgl. USt. Die Provision wird nach Ausführung der vermittelten Aufträge fällig und monatlich von der GmbH abgerechnet.

Am 10. 6. 2018 hat Rumberg von der GmbH die Abrechnung für den Monat Mai 2018 erhalten. Darin hat die GmbH aufgrund der im Abrechnungszeitraum ausgeführten Lieferungen eine Provision i. H. v. 12 000 € zzgl. 2 350 € USt ausgewiesen. Der Abrechnung war ein V-Scheck über 14 350 € beigefügt, den Rumberg seiner Bank vorlegte, die den Betrag von 14 350 € gutschrieb.

Fragen:

1. Wie hoch ist der Vorsteuerabzug der GmbH?
2. Wie hoch ist die Umsatzsteuerschuld des Handelsvertreters?

Gehen Sie bei der Lösung davon aus, dass § 19 UStG keine Anwendung findet.

LÖSUNG

1. Vorsteuerabzug der GmbH

Die GmbH ist Unternehmerin i. S. d. § 2 Abs. 1 UStG und daher zum Vorsteuerabzug gem. § 15 UStG berechtigt. Nach § 15 Abs. 1 Satz 1 Nr. 1 Satz 1 und Satz 2 UStG kann die GmbH die Vorsteuerbeträge abziehen, die gesondert in Rechnung gestellt wurden für Lieferungen oder sonstige Leistungen, die von einem anderen Unternehmer für das Unternehmen der GmbH ausgeführt worden sind.

Rumberg erbringt an die GmbH sonstige Leistungen, die darin bestehen, dass er für die GmbH den Abschluss von Kaufverträgen vermittelt (§ 3 Abs. 9 Satz 1 UStG). Rumberg ist folglich Unternehmer gem. § 2 Abs. 1 UStG und zum offenen Steuerausweis in Rechnungen berechtigt.

Es ist den am Leistungsaustausch beteiligten Unternehmern grundsätzlich freigestellt, wer von beiden die Abrechnung erteilt, die den Zugang zum Vorsteuerabzug ermöglicht. Die Abrechnungslast trifft grundsätzlich denjenigen, der nach dem zugrunde liegenden schuldrechtlichen

Verhältnis zur Abrechnung verpflichtet ist (vgl. § 316 BGB). Das ist in der Regel derjenige, der über die Abrechnungsgrundlagen verfügt.

Trifft danach die Abrechnungslast den Leistungsempfänger, wie § 87c HGB dies für Provisionsabrechnungen gegenüber Handelsvertretern vorschreibt, kann es sich im Regelfall nur um eine Gutschrift i. S. d. § 14 Abs. 2 UStG handeln, die den Zugang zum Vorsteuerabzug für den Leistungsempfänger (hier die GmbH) ermöglicht, wenn auch die übrigen Voraussetzungen des § 14 UStG erfüllt sind. Gutschrift ist jedes Dokument, mit dem ein Unternehmer über eine an ihn selbst ausgeführte Lieferung oder sonstige Leistung abrechnet. Diese Gutschriften gelten als Rechnungen des Unternehmers, der Lieferungen oder sonstige Leistungen an den Aussteller der Gutschrift ausführt.

Dabei ist Voraussetzung, dass über die Abrechnung mit Gutschriften zwischen dem Leistenden und dem Leistungsempfänger Einverständnis besteht. Außerdem muss die Gutschrift alle für eine Rechnung erforderlichen Merkmale i. S. d. § 14 Abs. 4 UStG enthalten und dem Leistenden zugeleitet worden sein.

Die Abrechnung der GmbH erfüllt alle Voraussetzungen für eine Gutschrift nach § 14 Abs. 2 i. V. m. Abs. 4 UStG. Die Gutschrift enthält einen gesonderten Steuerausweis i. H. v. 2 350 €. Hierbei handelt es sich um einen zu hohen Steuerausweis gem. § 14c Abs. 1 Satz 1 UStG. Der Vorsteuerabzug nach § 15 Abs. 1 Satz 1 Nr. 1 Satz 1 UStG setzt voraus, dass die in Rechnung gestellte Steuer für den berechneten Umsatz geschuldet wird (vgl. BFH-Urteil vom 2. 4. 1998, BStBl 1998 II 695). Ein Vorsteuerabzug ist damit nicht zulässig, soweit der die Rechnung ausstellende Unternehmer die Steuer nach § 14c Abs. 1 oder Abs. 2 UStG schuldet (§ 15 Abs. 1 Satz 1 Nr. 1 Satz 1 UStG). Dies gilt auch für Gutschriften (Abschn. 15.2a Abs. 10 UStAE). Die GmbH kann einen Vorsteuerabzug i. H. v. 2 291,18 € vornehmen.

2. Umsatzsteuerschuld des Handelsvertreters Rumberg

Rumberg ist Unternehmer (§ 2 Abs. 1 UStG). Er hat im Monat Mai 2018 an die GmbH steuerbare und steuerpflichtige sonstige Leistungen i. S. d. § 3 Abs. 9 Satz 1 UStG i. V. m. § 1 Abs. 1 Nr. 1 Satz 1 UStG ausgeführt. Bemessungsgrundlage nach § 10 Abs. 1 UStG für diese Leistungen ist das Entgelt i. H. v. 12 058,82 € (14 350 € : 1,19). Die USt beträgt bei einem Steuersatz von 19 % 2 291,18 €.

Daneben schuldet Rumberg nach §14c Abs. 1 Satz 1 UStG den Mehrbetrag aufgrund des überhöhten Steuerausweises in der Gutschrift i. H. v. 58,82 €. Zwar hat Rumberg selbst keine Rechnung mit gesondertem Steuerausweis erteilt, weil er nicht die Abrechnungslast für den fraglichen Leistungsaustausch hatte. Nach § 14 Abs. 2 UStG gilt aber die Gutschrift als Rechnung des Leistenden (= Gutschriftsempfänger), wenn die Voraussetzungen für die Anerkennung einer Gutschrift als Rechnung sämtlich erfüllt sind. Rumberg muss daher die Folgen eines fehlerhaften Steuerausweises in der Gutschrift gegen sich gelten lassen, denn von der dafür vorgesehenen Möglichkeit, dem Steuerbetrag zu widersprechen, hat Rumberg dem Sachverhalt zufolge offensichtlich keinen Gebrauch gemacht (Abschn. 14.3 Abs. 4 UStAE).

Rumberg selbst kann keine Berichtigung über § 14c Abs. 1 Satz 2 UStG i. V. m. § 17 UStG herbeiführen. Zur Erlangung eines richtigen Ergebnisses müsste die GmbH eine berichtigte Gutschrift erteilen und es müsste eine Rückzahlung des zuviel vereinnahmten Betrags erfolgen.

FALL 81

Unrichtiger Steuerausweis in einer Rechnung

Sachverhalt: Hubert Moosbach hat sich 2016 als selbständiger Werbeberater und Werbegestalter in Bielefeld niedergelassen. Sein Gesamtumsatz hat im Kalenderjahr 2016 zzgl. USt 3 500 000 € betragen.

Am 10. 1. 2018 hat Moosbach von dem Büromöbelhersteller van Ammern, Utrecht, den Auftrag erhalten, einen 10-seitigen Farbprospekt in englischer Sprache zu erstellen. Der Prospekt soll zur Einführung der Produkte der Fa. van Ammern auf dem englischen Markt eingesetzt werden.

Moosbach hat die Entwicklung der Werbekonzeption, die graphischen Arbeiten und die Abfassung der Werbetexte und deren Übersetzung in seinem Bielefelder Atelier erledigt. Die für den Prospekt erforderlichen Fotos wurden vom Fotostudio Zimmer, Minden, gemacht und mit van Ammern auftragsgemäß unmittelbar abgerechnet. Die reproduktionsreifen Reinzeichnungen hat Moosbach im Namen seines Auftraggebers der Firma Matterson Ltd., Manchester, zugesandt, die die Druckvorlagen zu erstellen und den Druck auszuführen hatte.

Die Fa. Matterson Ltd. hat ihre Leistung unmittelbar dem Büromöbelhersteller van Ammern in Rechnung gestellt.

Nach Erhalt der Belegexemplare aus London hat Moosbach am 18. 4. 2018 der Firma van Ammern folgende Rechnung erteilt (Auszug):

Erstellung eines Prospekts Werbeplanung, -gestaltung	8 000 €
+ 19 % USt	1 520 €
	9 520 €

Fragen:

1. Wie ist die Leistung des Werbeberaters umsatzsteuerrechtlich zu beurteilen?
2. Schuldet Moosbach die ausgewiesene USt nach § 14c Abs. 1 UStG oder nach § 14c Abs. 2 UStG?

LÖSUNG

1. Hubert Moosbach führt im Rahmen seines Unternehmens sonstige Leistungen aus, die der Werbung dienen (Abschn. 3a.9 Abs. 3 UStAE). Er betreibt eine Werbeagentur, da er neben der Werbemittlung (vgl. Abschn. 3a.9 Abs. 4 Nr. 5 UStAE) auch die Werbeberatung, -planung und gestaltung übernimmt.

   Nach § 1 Abs. 1 Nr. 1 Satz 1 UStG sind sonstige Leistungen steuerbar, wenn sie von einem Unternehmer im Rahmen seines Unternehmens im Inland gegen Entgelt ausgeführt werden. Fraglich ist in diesem Fall, ob Moosbach die sonstige Leistung im Inland ausgeführt hat.

   Gemäß § 3a Abs. 2 Satz 1 UStG werden sonstige Leistungen, die der Werbung dienen und deren Empfänger ein Unternehmer ist, abweichend von § 3a Abs. 4 UStG dort ausgeführt, wo der Empfänger sein Unternehmen betreibt. Der Ort der sonstigen Leistung der Fa. Moosbach befindet sich folglich in Utrecht (Niederlande).

Die einheitliche sonstige Leistung des Werbeunternehmers Moosbach, die aus der Planung und Gestaltung des Prospekts besteht, ist somit nicht steuerbar.

2. Obwohl der Umsatz nicht steuerbar ist, hat Moosbach in einer Rechnung für diese sonstige Leistung einen Umsatzsteuerbetrag gesondert ausgewiesen.

   Entsprechend § 14 UStG ist der Unternehmer berechtigt, in einer Rechnung einen Steuerbetrag gesondert auszuweisen, wenn er eine steuerpflichtige Lieferung oder sonstige Leistung ausgeführt hat. Dies könnte die Annahme rechtfertigen, dass eine Berechtigung zum gesonderten Steuerausweis nicht besteht, wenn die zu Grunde liegende Leistung nicht steuerbar (oder steuerfrei) ist. Ausgehend von dieser Annahme würde der Rechnungsaussteller den gesondert ausgewiesenen Steuerbetrag nach § 14c Abs. 2 Satz 1 UStG schulden. Eine Rechnungsberichtigung käme grundsätzlich nur unter den Voraussetzungen des § 14c Abs. 2 Satz 3 bis 5 UStG in Betracht.

   Der BFH (BStBl 1981 II 547) geht jedoch davon aus, dass ein Unternehmer, der für eine nicht steuerbare oder steuerfreie Leistung eine Rechnung mit gesondertem Steuerausweis erteilt, den ausgewiesenen Steuerbetrag nach § 14c Abs. 1 Satz 1 UStG mit der Möglichkeit der einfacheren Rechnungsberichtigung und nicht nach § 14c Abs. 2 UStG schuldet (Abschn. 14c.1 Abs. 1 Satz 5 Nr. 3 und Nr. 4 UStAE).

   In den Gründen der Entscheidung führt der BFH aus, dass nach § 14c Abs. 2 Satz 1 UStG nur derjenige einen in einer Rechnung gesondert ausgewiesenen Steuerbetrag schulde, der persönlich nicht zur Rechnungsausstellung i. S. d. § 14 UStG berechtigt sei. Das aber treffe nur für den Kleinunternehmer i. S. d. § 19 Abs. 1 UStG und für den Nichtunternehmer zu. Ein Unternehmer aber, der nicht Kleinunternehmer ist, ist danach zum gesonderten Steuerausweis in einer Rechnung berechtigt. Weist ein solcher Unternehmer für eine Leistung die USt gesondert aus, obwohl er nach den Vorschriften des UStG keine oder eine niedrigere Steuer schuldet, greift § 14c Abs. 1 Satz 1 UStG ein (Abschn. 14c.1 Abs. 1 UStAE).

   Moosbach schuldet den Betrag von 1 520 € nach § 14c Abs. 1 Satz 1 UStG mit der Möglichkeit, durch Berichtigung des Steuerbetrags und Rückzahlung des zu viel vereinnahmten Betrags gegenüber dem Leistungsempfänger, § 17 Abs. 1 UStG anwenden zu können.

FALL 82

Gutschrift und § 14c Abs. 2 UStG

Sachverhalt: Gastwirt Hansi Hansel hat dem Automatenaufsteller Tom Glück aus Stralsund gestattet, im Schankraum seiner Gaststätte in Stralsund einen Glücksspielautomaten aufzustellen. Als Gegenleistung erhält Hansel einen Anteil an den Einspielergebnissen. Für den Abrechnungszeitraum Mai 2018 hat Glück die folgende Abrechnung erstellt und den Betrag von 309,40 € an Hansel bar ausgezahlt:

Anteil des Gastwirts Hansel	260,00 €
+ 19 % USt	49,40 €
	309,40 €

Hansel hat dem Automatenaufsteller gegenüber erklärt, dass er seine Umsätze nach den allgemeinen Vorschriften des UStG versteuere. Tatsächlich aber hat Hansel gegenüber dem Finanzamt keine Erklärung nach § 19 Abs. 2 UStG abgegeben. Für den Eintritt in die Versteuerung nach den allgemeinen Vorschriften hätte dies aber geschehen müssen, weil die Umsatzgrenzen des § 19 Abs. 1 UStG tatsächlich nicht überschritten sind.

Fragen:

1. Ist die Abrechnung des Tom Glück als Gutschrift anzuerkennen?
2. Schuldet der Gastwirt die in der Abrechnung ausgewiesene USt nach § 14c Abs. 2 UStG?

LÖSUNG

1. Der Gastwirt Hansel hat an den Unternehmer Glück eine sonstige Leistung ausgeführt. Der Ort dieser sonstigen Leistung ist nach § 3a Abs. 2 Satz 1 UStG in Stralsund. Maßgebend ist der Ort, von dem Glück aus sein Unternehmen betreibt.

   Ein Zusammenhang mit dem Grundstück i. S. d. § 3a Abs. 3 Nr. 1 UStG liegt nicht vor, denn die Leistung bezieht sich nicht auf die Bebauung, Verwaltung, Nutzung oder Unterhaltung des Grundstücks (Abschn. 3a.3 Abs. 3 UStAE). Die sonstige Leistung erfolgt gegen Entgelt und ist daher steuerbar, sie ist auch steuerpflichtig. Nach § 19 Abs. 1 UStG wird die Steuer für diesen Umsatz jedoch nicht erhoben.

   Die Automatenaufsteller trifft im Verhältnis zu den Gastwirten, die die Automatenaufstellung gegen Ergebnisbeteiligung gestatten, die Last, über die Vergütung abzurechnen (zivilrechtliche Abrechnungslast). Bei der Abrechnung des Tom Glück kann es sich demzufolge nur um eine Gutschrift i. S. d. § 14 Abs. 2 Satz 2 UStG handeln, weil Glück als Leistungsempfänger über die erhaltene sonstige Leistung (hier: Teilleistung) abrechnet.

   Da der leistende Gastwirt Hansel nach § 19 Abs. 1 UStG Kleinunternehmer ist, findet gem. § 19 Abs. 1 Satz 4 UStG die Vorschrift über den gesonderten Ausweis der Steuer in einer Rechnung (§ 14 Abs. 4 Satz 1 Nr. 8 UStG) keine Anwendung. Da nur eine gesetzlich geschuldete Steuer als Vorsteuer abgezogen werden kann (§ 15 Abs. 1 Satz 1 Nr. 1 Satz 1 UStG), kommt ein Vorsteuerabzug beim Automatenaufsteller Glück nicht zur Anwendung.

   Der Vorsteuerabzug kann auch nicht aus Gründen des Vertrauensschutzes gewährt werden, weil der Gastwirt versichert hatte, er sei Unternehmer mit Regelversteuerung. Das Risiko einer falschen Behauptung kann nicht zulasten des Fiskus gehen. Vielmehr hat der Gutschriftaussteller sich an denjenigen zu halten, der ihm durch die falsche Versicherung vorsätzlich einen Schaden zugefügt hat. Das ist im vorliegenden Fall der Gastwirt. An ihn muss sich Tom Glück wenden, um die zum Entgelt zusätzlich ausgezahlte USt, die er nicht als Vorsteuer abziehen kann, zurückzufordern (BFH-Urteil vom 7. 5. 1981, BStBl 1981 II 547, sowie Abschn. 15.2a Abs. 9 UStAE).

2. Der Gastwirt schuldet den in der Abrechnung ausgewiesenen Steuerbetrag nach § 14c Abs. 2 UStG. Gastwirt Hansel hat zwar selbst kein Abrechnungspapier erstellt. Steuerschuldner ist nach § 13a Abs. 1 Nr. 4 UStG in den Fällen des § 14c Abs. 2 UStG der Aussteller der Rechnung. Die Gutschrift ist dem Leistenden wie eine eigene Abrechnung zuzurechnen. Der Empfänger der Gutschrift kann unrichtig oder unberechtigt ausgewiesene Steuer nach § 14c UStG schulden (Abschn. 14.3 Abs. 1 Satz 5 UStG UStAE). Der Gastwirt hätte der Gutschrift widersprechen müssen.

Kapitel 7: Steuerschuld, Steuerschuldner

7.1 Entstehung der Steuerschuld

Die Vorschrift des § 13 Abs. 1 UStG regelt die Entstehung der Steuerschuld für Lieferungen und sonstige Leistungen (§ 1 Abs. 1 Nr. 1 UStG), für unentgeltliche Wertabgaben (§ 3 Abs. 1b und Abs. 9a UStG), für die Fälle des überhöhten Steuerausweises (§ 14c Abs. 1 UStG) und des unberechtigten Steuerausweises in Rechnungen (§ 14c Abs. 2 UStG), der USt aufgrund von Änderungen der Bemessungsgrundlage (§ 17 Abs. 1 UStG) sowie der USt für den innergemeinschaftlichen Erwerb, in den Fällen des § 6a Abs. 4 Satz 2 UStG und in den Fällen des § 4 Nr. 4a Satz 1 Buchst. a Satz 2 UStG.

Danach entsteht diese Steuer unabhängig davon, wann sie durch das Finanzamt festgesetzt wird (§ 18 UStG). Für die Entstehung der Einfuhrumsatzsteuer (EUSt) gilt § 21 Abs. 2 UStG.

Die nach § 13 Abs. 1 UStG entstandene Steuerschuld darf nicht verwechselt werden mit der an das Finanzamt zu entrichtenden Umsatzsteuerschuld (Steuerzahlungsschuld). Während die Steuerschuld sich auf den jeweiligen Umsatz bezieht, ist die Steuerzahlungsschuld der Betrag, der sich nach Abzug der Vorsteuerbeträge und der sonstigen Abzugsbeträge von der Summe der Steuerbeträge für die im jeweiligen Berechnungszeitraum bewirkten Umsätze ergibt (§ 16 Abs. 1 und Abs. 2 UStG, § 18 UStG).

7.1.1 Entstehung der Steuer bei Versteuerung nach vereinbarten Entgelten (Sollversteuerung)

§ 13 Abs. 1 Nr. 1 Buchst. a Satz 1 UStG regelt den Zeitpunkt der Entstehung der Steuer bei der Versteuerung nach vereinbarten Entgelten (§ 16 Abs. 1 Satz 1 UStG). In diesen Fällen entsteht die Steuer für Lieferungen und sonstige Leistungen grundsätzlich mit Ablauf des Voranmeldungszeitraums, in dem die Leistungen bzw. Teilleistungen ausgeführt worden sind. Das gilt auch bei Leistungen i. S. d. § 3 Abs. 1b und Abs. 9a UStG nach § 13 Abs. 1 Nr. 2 UStG.

Eine Ausnahme vom Grundsatz der Sollversteuerung ergibt sich bei der Versteuerung von Anzahlungen (§ 13 Abs. 1 Nr. 1 Buchst. a Satz 4 UStG). Danach entsteht die Steuer in den Fällen, in denen das Entgelt oder ein Teil des Entgelts (Anzahlungen, Vorauszahlungen) vor Ausführung der Leistung oder Teilleistung gezahlt wird, bereits mit Ablauf des Voranmeldungszeitraums, in dem das Entgelt oder Teilentgelt vereinnahmt worden ist.

Wird eine Anzahlung für eine Leistung vereinnahmt, die voraussichtlich unter eine Befreiungsvorschrift des § 4 UStG fällt, braucht auch die Anzahlung nicht der Steuer unterworfen zu werden. Dagegen ist die Anzahlung zu versteuern, wenn bei ihrer Vereinnahmung noch nicht abzusehen ist, ob die Voraussetzungen für die Steuerfreiheit der Leistung erfüllt werden (vgl. Abschn. 13.5 Abs. 4 UStAE).

Werden Anzahlungen in ausländischer Währung geleistet, ist die einzelne Anzahlung nach dem im Monat der Vereinnahmung geltenden Durchschnittskurs umzurechnen (§ 16 Abs. 6 UStG); bei dieser Umrechnung verbleibt es, auch wenn im Zeitpunkt der Leistungsausführung ein anderer Durchschnittskurs gilt (vgl. Abschn. 13.5 Abs. 7 UStAE).

7.1.2 Entstehung der Steuer bei Versteuerung nach vereinnahmten Entgelten (Istversteuerung)

Nach § 13 Abs. 1 Nr. 1 Buchst. b UStG entsteht die Steuer bei der Versteuerung nach vereinnahmten Entgelten (§ 20 UStG) mit Ablauf des Voranmeldungszeitraums, in dem die Entgelte vereinnahmt worden sind.

Führen Unternehmer, denen die Versteuerung nach vereinnahmten Entgelten gestattet worden ist, unentgeltliche Leistungen oder Leistungen an Arbeitnehmer aus, für die kein besonderes Entgelt berechnet wird, entsteht die Steuer insoweit mit Ablauf des Voranmeldungszeitraums, in dem diese Leistungen ausgeführt worden sind (§ 13 Abs. 1 Nr. 2 UStG).

ABB. 8: Vgl. Abschn. 13.1 – 13.6 UStAE

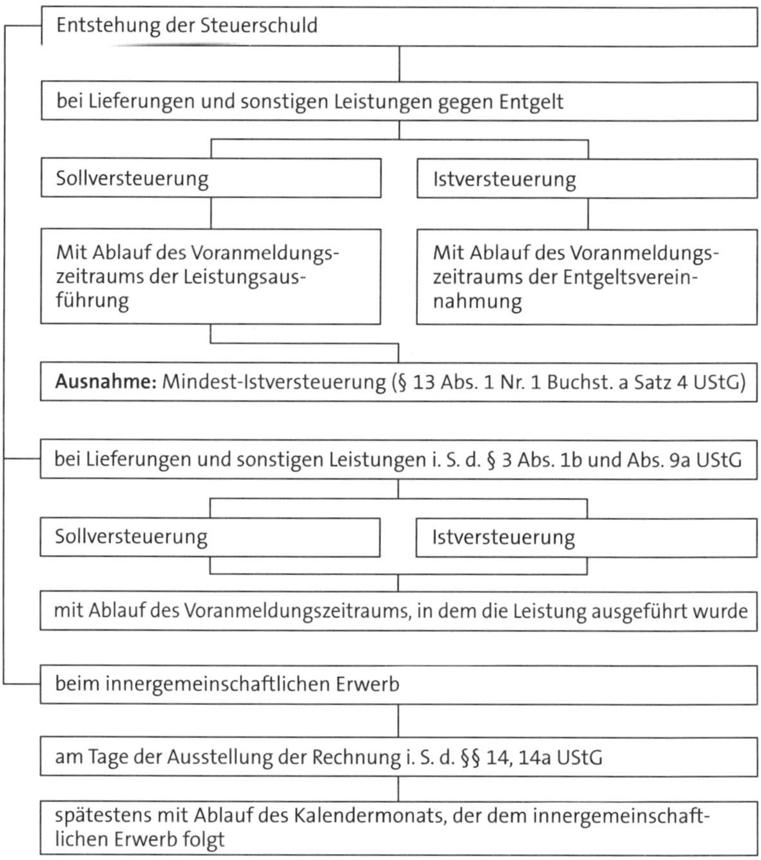

LITERATURHINWEIS

Siehe hierzu auch im „Lehrbuch Umsatzsteuer" die Ausführungen zur Entstehung der Steuer und zum Steuerschuldner (Kapitel 13.2 und 13.3).

FALL 83

Entstehung der Steuerschuld

Sachverhalt: Die Rüsche KG (Textilfabrik) mit Sitz in Heilbronn hat im Jahr 2018 die folgenden Umsätze getätigt:

a) Lieferungen von Textilien an die Ehegattin des Komplementärs Felix Rüsche. Der Netto-Einkaufspreis zzgl. Nebenkosten (Wiederbeschaffungspreis ohne USt = Teilwert) der Textilien betrug 1 200 €, der übliche Verkaufspreis hätte 1 500 € + 19 % USt betragen. Die Übergabe der Gegenstände fand am 2. 5. 2018 statt. Eine Bezahlung erfolgte nicht. Auch wurde das Kapitalkonto des Komplementärs nicht belastet.

b) Der Komplementär Felix Rüsche benutzt einen der KG gehörenden Pkw für Fahrten zwischen Wohnung und Betriebsstätte und für Privatfahrten. Der Pkw war im Jahr 2016 für 45 000 € zzgl. 8 550 € USt angeschafft worden, die KG hat einen Vorsteuerabzug i. H. v. 8 550 € vorgenommen. Ertragsteuerlich wird wegen fehlenden Fahrtenbuchs die sog. 1 %-Regelung für die Privatfahrten als Wert der Entnahme zu Grunde gelegt (§ 6 Abs. 1 Nr. 4 EStG). Die Entfernung zwischen Wohnung und Betriebsstätte beträgt 16 km. Rüsche fährt diese Strecke an 180 Tagen im Kalenderjahr.

c) Die KG hat am 1. 9. 2018 einem Mitarbeiter zu dessen 25. Dienstjubiläum neben einem Barbetrag von 1 000 € ein Farbfernsehgerät geschenkt. Der gemeine Wert des Geräts beträgt 1 026 €. Der Einkaufspreis zzgl. Nebenkosten für das Gerät hat 800 € ohne USt betragen, die USt ist zu Recht als Vorsteuer abgezogen worden (die spätere Verwendung stand noch nicht fest). Der Wiedereinkaufspreis hat sich bis zum 1. 9. 2018 nicht geändert.

Fragen:

1. In welchem Voranmeldungszeitraum und in welcher Höhe ist die USt aufgrund der vorstehenden Umsätze entstanden? Dabei ist davon auszugehen, dass die KG ihre Voranmeldungen monatlich abgibt und nach vereinbarten Entgelten versteuert.
2. Ändert sich die Lösung für den Fall, dass die KG nach vereinnahmten Entgelten versteuert?

LÖSUNG

1. Bei der Versteuerung nach vereinbarten Entgelten (Sollversteuerung) entsteht die USt mit Ablauf des Voranmeldungszeitraums, in dem die Leistung ausgeführt worden ist. Das gilt nach § 13 Abs. 1 Nr. 1 Buchst. a UStG sowohl für die gegen Entgelt ausgeführten Leistungen (§ 1 Abs. 1 Nr. 1 UStG) als auch nach § 13 Abs. 1 Nr. 2 UStG für die unentgeltlichen Wertabgaben nach § 3 Abs. 1b und Abs. 9a UStG.

   a) Die unentgeltlichen Lieferungen von Textilien an die Ehegattin des Komplementärs sind steuerbar nach § 1 Abs. 1 Nr. 1 Satz 1 UStG, weil die Personengesellschaft die Textilien für außerunternehmerische Zwecke aus dem Unternehmensvermögen entnommen hat. Die Entnahme wird gem. § 3 Abs. 1b Satz 1 Nr. 1 UStG einer Lieferung gegen Entgelt gleichgestellt. Die Bemessungsgrundlage des auch steuerpflichtigen Umsatzes ist nach § 10 Abs. 4 Satz 1 Nr. 1 UStG der Einkaufspreis zzgl. Nebenkosten und beträgt daher 1 200 €, USt 228 €. Die USt ist mit Ablauf des Voranmeldungszeitraums Mai 2018 entstanden, da am 2. 5. 2018 die willentliche Wertabgabe an den außerunternehmerischen Bereich stattgefunden hat (vgl. BFH-Urteil vom 3. 11. 1983, BStBl 1984 II 169).

b) Die KG führt mit der Überlassung des Pkw an den Komplementär Felix Rüsche eine sonstige Leistung aus, der keine Gegenleistung gegenübersteht. Die sonstige Leistung umfasst die private Verwendung des Fahrzeugs.

   Diese unentgeltliche Überlassung wird einer sonstigen Leistung gegen Entgelt gleichgestellt (§ 3 Abs. 9a Nr. 1 UStG) und ist somit steuerbar (§ 1 Abs. 1 Nr. 1 Satz 1 UStG). Die jeweilige Steuer entsteht mit Ablauf des jeweiligen Voranmeldungszeitraums (§ 13 Abs. 1 Nr. 2 UStG).

c) Sachzuwendungen (Lieferungen) an Arbeitnehmer aufgrund des Dienstverhältnisses sind auch ohne besonders berechnetes Entgelt nach § 1 Abs. 1 Nr. 1 Satz 1 UStG steuerbar, wenn es sich nicht um Aufmerksamkeiten handelt. Aufmerksamkeiten sind Zuwendungen des Arbeitgebers, die nach ihrer Art und nach ihrem Wert als Geschenke anzusehen sind, die auch im gesellschaftlichen Verkehr üblicherweise ausgetauscht werden und zu keiner ins Gewicht fallenden Bereicherung des Arbeitnehmers führen (vgl. BFH-Urteil vom 22. 3. 1985, BStBl 1985 II 641). Zu den Aufmerksamkeiten rechnen danach gelegentliche Sachzuwendungen bis zu einem Wert von 60 €, z. B. Blumen, Genussmittel, ein Buch oder ein Tonträger, die dem Arbeitnehmer oder seinen Angehörigen aus Anlass eines besonderen persönlichen Ereignisses zugewendet werden. Nach allem liegt in diesem Fall eine Aufmerksamkeit nicht vor.

   Die Lieferung des Fernsehgeräts an den Arbeitnehmer wird gem. § 3 Abs. 1b Satz 1 Nr. 2 UStG einer entgeltlichen Lieferung gleichgestellt und ist steuerbar und steuerpflichtig. Bemessungsgrundlage für die Lieferung ist nach § 10 Abs. 4 Satz 1 Nr. 1 UStG der Einkaufspreis zzgl. Nebenkosten abzgl. USt = 800 €. Die USt beträgt 152 € und ist mit Ablauf des Voranmeldungszeitraums September 2018 entstanden.

2. Versteuert die KG ihre Umsätze nach vereinnahmten Entgelten (Istversteuerung), ergibt sich kein abweichendes Ergebnis. Die Entstehung der Steuerschuld bei den unentgeltlichen Wertabgaben ist unabhängig von der Art der Versteuerung in jedem Fall nach § 13 Abs. 1 Nr. 2 UStG zu beurteilen.

FALL 84

Entstehung der Steuerschuld bei Vorauszahlungen

Sachverhalt: Der Lehrer A. Kleister hat mit der Firma West-Wohnbau GmbH, Dortmund, am 12. 1. 2018 einen Vertrag abgeschlossen, in dem sich die GmbH verpflichtet hat, auf dem Grundstück des Kleister in Holzwickede ein Einfamilienhaus zu errichten. Bei der Planung des Gebäudes wurden die Vorstellungen des Bauherrn in vollem Umfang berücksichtigt.

In dem Vertrag wurde außerdem festgelegt, dass der Bauherr den voraussichtlichen Gesamtpreis (einschl. 19 % USt) von 350 000 € in Teilen zu leisten hat, und zwar nach Fertigstellung des Kellers

50 000 €, nach Rohbauabnahme 240 000 €, nach Installation der elektrischen Anlagen 10 000 € sowie nach Übergabe des schlüsselfertigen Hauses aufgrund einer Schlussabrechnung den Rest.

Die GmbH ließ das Gebäude durch von ihr beauftragte Bauunternehmer bzw. Handwerker vertragsgemäß errichten. Am 8. 5. 2018 fordert sie mit Rechnung einen Betrag von 50 000 € für die Erstellung des Kellers, am 10. 6. 2018 einen Betrag von 240 000 € für die Errichtung des Rohbaus und am 15. 9. 2018 einen Betrag von 10 000 € für die Elektroinstallationsarbeiten bei Kleister an. Alle Rechnungen enthielten keine Leistungsspezifizierung, dagegen aber den Hinweis, dass diese in der Schlussabrechnung vorgenommen werde. Die Schlussabrechnung über noch 110 400 € erhielt Kleister am 13. 1. 2019 nachdem ihm das Einfamilienhaus am 15. 12. 2018 bezugsfertig übergeben worden war. Die Schlussabrechnung enthielt eine detaillierte Aufstellung aller von der GmbH bewirkten Leistungen im Rahmen dieses Bauauftrags und begründet auch die Preiserhöhung gegenüber dem im Vertrag genannten voraussichtlichen Gesamtpreis. Die USt ist nur in der Schlussabrechnung i. H. v. 65 526,05 € gesondert ausgewiesen.

Kleister hat die Zwischenrechnungen jeweils in der angeforderten Höhe 8–10 Tage nach Rechnungseingang pünktlich bezahlt. Aufgrund der Schlussrechnung überwies er am 30. 1. 2019 90 000 € und nach Ausführung von Nachbesserungsarbeiten am 10. 4. 2019 den Restbetrag von 20 400 €. Die baubehördliche Abnahme fand am 23. 8. 2019 statt.

Fragen: Wann ist die Umsatzsteuerschuld für die Leistung der GmbH gegenüber Kleister entstanden,

1. wenn die GmbH ihre Umsätze nach vereinbarten Entgelten versteuert?
2. wenn die GmbH ihre Umsätze nach vereinnahmten Entgelten (§ 20 UStG) versteuert?

LÖSUNG

Mit Vertrag vom 12. 1. 2018 hat es die West-Wohnbau GmbH übernommen, unter Berücksichtigung der Vorstellungen des Auftraggebers Kleister ein Einfamilienhaus zu errichten. Den Vereinbarungen der beiden Parteien liegt damit ein Werklieferungsvertrag (§ 651 BGB) zugrunde. Das Gebäude wurde von Bauunternehmern und Handwerkern erstellt, die von der GmbH zur Bewirkung ihrer Leistung beauftragt wurden. Da diese nicht in Rechtsbeziehungen zum Bauherrn Kleister getreten sind, erbringt die GmbH keine sonstige Leistung, bestehend in einer Baubetreuung, sondern liefert das schlüsselfertige Gebäude unter Verwendung von Stoffen, die sie selbst beschafft hat. Die GmbH hat damit eine Werklieferung bewirkt (§ 3 Abs. 4 UStG). Die Werklieferung ist steuerbar und steuerpflichtig.

1. Gemäß § 13 Abs. 1 Nr. 1 Buchst. a Satz 1 UStG entsteht bei der Versteuerung nach vereinbarten Entgelten (= Sollversteuerung) die Umsatzsteuerschuld mit Ablauf des Voranmeldungszeitraums, in dem die Leistung ausgeführt worden ist. Bei Werklieferungen gilt die Leistung als ausgeführt, wenn dem Auftraggeber (Bauherrn) die Verfügungsmacht an dem erstellten Werk verschafft worden ist. Dabei bedeutet Verschaffung der Verfügungsmacht, den Auftraggeber zu befähigen, im eigenen Namen über das vertragsgemäß fertig gestellte Werk verfügen zu können.

   Grundsätzlich wird die Verfügungsmacht bei Werklieferungen mit der Übergabe und Abnahme des fertigen Werks verschafft (Abschn. 13.2 Abs. 1 Satz 2 Nr. 1 UStAE). Unter Abnahme ist die Billigung der ordnungsmäßigen vertragsgemäßen Leistungserfüllung i. S. d. § 640 BGB durch den Auftraggeber zu verstehen. Dagegen ist die baubehördliche Abnahme unmaßgeblich. Soweit vertraglich keine besondere Form für die Abnahme vereinbart wurde, kann die Abnahme in jeder möglichen Form erfolgen, in der der Auftraggeber die Anerkennung der vertragsgemäßen Erfüllung vornimmt (Abschn. 13.2 Abs. 1 Satz 2 Nr. 1 Satz 5 UStAE). Erfolgt wie im vorliegenden Fall eine förmliche Übergabe, wird die Verfügungsmacht im Allgemeinen am Tag der Übergabe durch eine förmliche Abnahmehandlung verschafft. Geringfügige fehlende Arbeiten oder Nachbesserungen schließen die wirksame Abnahme grundsätzlich nicht aus. Diese Grundsätze gelten auch unter Berücksichtigung der Tatsache, dass die verwendeten Baustoffe zur Zeit der Verbindung mit dem Grundstück bürgerlich-rechtlich bereits in das Eigentum des Bauherrn übergegangen sind (§§ 946, 93, 94 BGB). Im vorliegenden Fall wurde die Verfügungsmacht am fertigen Gebäude demgemäß am 15. 12. 2018 verschafft.

Vor dem danach maßgebenden Zeitpunkt der Verschaffung der Verfügungsmacht muss der Unternehmer auch bei einheitlichen Leistungen dasjenige der USt unterwerfen, was er als Voraus- oder Abschlagszahlungen vom Auftraggeber erhalten hat. Das gilt auch, wenn den Voraus- oder Abschlagszahlungen Teilleistungen zu Grunde liegen.

Nach § 13 Abs. 1 Nr. 1 Buchst. a Satz 2 UStG entsteht die Steuerschuld für Teilleistungen bereits in dem Voranmeldungszeitraum, in dem die Teilleistungen bewirkt wurden. Teilleistungen liegen vor, wenn eine Gesamtleistung nach wirtschaftlicher Betrachtungsweise teilbar ist. Außerdem ist Voraussetzung, dass die Leistung nicht als Ganzes, sondern in Teilen geschuldet und bewirkt wird. Eine Leistung wird in Teilen geschuldet, wenn für bestimmte Teile das Entgelt gesondert vereinbart ist (§ 13 Abs. 1 Nr. 1 Buchst. a Satz 3 UStG). Eine solche Vereinbarung liegt vor, wenn für einzelne Leistungsteile gesonderte und endgültige Entgeltsabrechnungen vorgenommen werden (Abschn. 13.4 Satz 3 UStAE).

Im Fall der Gebäudeerrichtung für Kleister kann jedoch unter diesen Voraussetzungen nicht von Teilleistungen die Rede sein. Die Leistung der GmbH wird nicht in Teilen geschuldet, da keine gesonderten und endgültigen Abrechnungen der einzelnen Teile einer Gesamtleistung vorliegen. Vielmehr stellen die Zwischenrechnungen lediglich Zahlungsanforderungen dar, die an einen bestimmten Baufortschritt geknüpft sind.

Werden Anzahlungen vereinnahmt, ist auch vor Ausführung der Leistung (hier der Werklieferung am 15. 12. 2018) eine vereinnahmte Anzahlung (Vorauszahlung etc.) der USt zu unterwerfen, ohne dass die Voraussetzungen einer Teilleistung vorliegen (§ 13 Abs. 1 Nr. 1 Buchst. a Satz 4 UStG).

Somit entsteht die Steuerschuld im vorliegenden Fall wie folgt:

	Entgelt	**USt**
Voranmeldungszeitraum Mai 2018:	42 016,81 €	7 983,19 €
Voranmeldungszeitraum Juni 2018:	201 680,67 €	38 319,33 €
Voranmeldungszeitraum Sept. 2018:	8 403,36 €	1 596,64 €

Im Voranmeldungszeitraum Dezember 2018 ist die Werklieferung ausgeführt worden. Mit Ablauf dieses Monats ist daher die USt für den Umsatz insoweit entstanden, als eine Versteuerung von Anzahlungen noch nicht stattgefunden hat:

Anforderung für Keller	50 000,00 €
Anforderung für Rohbau	240 000,00 €
Anforderung für Elektroarbeiten	10 000,00 €
Anforderung mit Schlussrechnung	110 400,00 €
	410 400,00 €
abzgl. darin enthaltener USt	65 526,05 €
Bemessungsgrundlage	**344 873,95 €**
USt-Schuld für den Umsatz	65 526,05 €
./. Versteuerung Mai 2018	7 983,19 €
./. Versteuerung Juni 2018	38 319,33 €
./. Versteuerung Sept. 2018	1 596,64 €
Im Voranmeldungszeitraum Dezember 2018 entstanden	**17 626,89 €**

Abgesehen von der Versteuerung vor Ausführung der Leistung kommt es auf die Zahlung für die Entstehung der Steuerschuld nicht an. Auch der Tag der Rechnungslegung ist für die Anwendung des § 13 Abs. 1 Nr. 1 Buchst. a UStG unmaßgeblich. Deshalb kommt eine Versteuerung erst im Monat Januar 2019 nicht in Betracht. Wird die Leistung erst einige Zeit nach der Entstehung der Steuerschuld abgerechnet, weil z. B. die Ermittlung des Entgelts längere Zeit erfordert, entbindet dies den Unternehmer nicht von der Pflicht, seinen Umsatz in der Voranmeldung des Zeitraums zu erklären, in dem der Umsatz ausgeführt wurde. Gegebenenfalls hat der Unternehmer das Entgelt zunächst zu schätzen. Soweit sich dabei Abweichungen gegenüber der später erteilten Schlussrechnung ergeben, hat der Unternehmer den geschuldeten Steuerbetrag zu berichtigen.

2. Bei der Versteuerung nach vereinnahmten Entgelten entsteht die Steuerschuld nach § 13 Abs. 1 Nr. 1 Buchst. b UStG mit Ablauf des Voranmeldungszeitraums, in dem die Entgelte vereinnahmt worden sind. Auf den Zeitpunkt der Verschaffung der Verfügungsmacht kommt es dabei nicht an. Nach diesen Grundsätzen hat die GmbH die von Kleister empfangenen Zahlungen nach Herausrechnung der USt wie folgt anzumelden:

	Entgelt	**USt**
Voranmeldungszeitraum Mai 2018:	42 016,81 €	7 983,19 €
Voranmeldungszeitraum Juni 2018:	201 680,67 €	38 319,33 €
Voranmeldungszeitraum Sept. 2018:	8 403,36 €	1 596,64 €
Voranmeldungszeitraum Jan. 2019:	75 630,25 €	14 369,75 €
Voranmeldungszeitraum April 2019:	17 142,86 €	3 257,14 €

7.2 Steuerschuldner

Steuerschuldner ist nach § 13a Abs. 1 Nr. 1 UStG bei Lieferungen, sonstigen Leistungen und im Falle des § 14c Abs. 1 UStG der Unternehmer. In den Fällen des unberechtigten Ausweises der Steuer in einer Rechnung ist Steuerschuldner der Rechnungsaussteller. Beim innergemeinschaftlichen Erwerb ist der Erwerber Steuerschuldner. In den Fällen des § 6a Abs. 4 UStG ist der Abnehmer und in den Fällen des § 25b Abs. 2 UStG der letzte Abnehmer der Steuerschuldner.

In den Fällen des § 4 Nr. 4a Satz 1 Buchst. a Satz 2 UStG ist Steuerschuldner der Unternehmer, dem die Auslagerung zuzurechnen ist; daneben auch der Lagerhalter als Gesamtschuldner, wenn er entgegen § 22 Abs. 4c Satz 2 UStG die inländische USt-Identifikationsnummer des Auslagerers oder dessen Fiskalvertreters nicht oder nicht zutreffend aufzeichnet.

Wenn ein Unternehmer, der nicht im Inland ansässig ist, im Geltungsbereich des UStG einen steuerpflichtigen Umsatz ausführt, müsste er grundsätzlich auch Steueranmeldungen nach § 18 UStG abgeben. Da die Erfassung der ausländischen Unternehmer im Inland problematisch ist und demzufolge ein Steuerausfall zu befürchten ist, wird der Leistungsempfänger verpflichtet. Bis zum 31. 12. 2001 musste der Leistungsempfänger das Abzugsverfahren beachten, ab dem 1. 1. 2002 ist das Abzugsverfahren durch den Wechsel der Steuerschuldnerschaft ersetzt worden.

Nach § 13b UStG wird der Leistungsempfänger zum Steuerschuldner, wenn es sich u. a. um eine Werklieferung (§ 3 Abs. 4 UStG) oder sonstige Leistung (§ 3 Abs. 9 UStG) eines ausländischen Unternehmers handelt, die im Inland ausgeführt wurde und steuerpflichtig ist.

Allerdings wird nicht jeder Leistungsempfänger zum Steuerschuldner. Nach § 13b Abs. 5 Satz 1 UStG trifft diese Verpflichtung nur Unternehmer oder juristische Personen. Dabei spielt es keine Rolle, ob die fragliche Werklieferung oder sonstige Leistung für den unternehmerischen oder für den privaten Bereich des Empfängers ausgeführt worden ist.

Der leistende ausländische Unternehmer muss eine Nettorechnung erstellen. Der Leistungsempfänger muss die Steuer selbst berechnen und in seiner Voranmeldung angeben.

Vom Wechsel der Steuerschuldnerschaft ausgenommen sind gem. § 13b Abs. 6 UStG:

1. Personenbeförderungen, die der Beförderungseinzelbesteuerung unterliegen,
2. Personenbeförderungen, die mit einem Fahrzeug i. S. d. § 1b Abs. 2 Satz 1 Nr. 1 UStG durchgeführt werden,
3. grenzüberschreitende Personenbeförderungen im Luftverkehr,
4. Umsätze im Zusammenhang mit Messeveranstaltungen,
5. Restaurationsumsätze an Bord eines Schiffs, in einer Eisenbahn oder in einem Luftfahrzeug.

Darüber hinaus unterliegen dem Wechsel der Steuerschuldnerschaft:

1. Lieferungen sicherungsübereigneter Gegenstände durch den Sicherungsgeber an den Sicherungsnehmer außerhalb des Insolvenzverfahrens,
2. Umsätze, die unter das Grunderwerbsteuergesetz fallen,
3. Bauleistungen, einschließlich Werklieferungen und sonstige Leistungen im Zusammenhang mit Grundstücken, die der Herstellung, Instandsetzung, Instandhaltung, Änderung oder Be-

seitigung von Bauwerken dienen, mit Ausnahme von Planungs- und Überwachungsleistungen,

4. Lieferungen von Gas, Elektrizität, Wärme und Kälte eines im Ausland ansässigen Unternehmers unter den Bedingungen des § 3g UStG sowie Lieferungen von Gas über das Erdgasnetz und von Elektrizität, die nicht unter § 13b Abs. 2 Nr. 5 Buchst. a UStG fallen,
5. der Handel mit Emissionsrechten,
6. der Handel mit Altmetallen,
7. das Reinigen von Gebäuden,
8. die Lieferung von bestimmtem Gold,
9. die Lieferung von Mobilfunkgeräten, Tablet-Computern und Spielekonsolen sowie von bestimmten integrierten Schaltkreisen, wenn die Summe der Entgelte im Rahmen eines wirtschaftlichen Vorgangs mindestens 5 000 € beträgt,
10. der Handel mit Edelmetallen und unedlen Metallen, wenn die Summe der Entgelte im Rahmen eines wirtschaftlichen Vorgangs mindestens 5 000 € beträgt.

Die Steuerschuld beim Leistungsempfänger entsteht grundsätzlich mit Ausstellung der Rechnung, spätestens jedoch mit Ablauf des der Ausführung der Leistung folgenden Kalendermonats. In den Fällen des § 13b Abs. 1 UStG entsteht die Steuer mit Ablauf des Voranmeldungszeitraums, in dem die Leistung ausgeführt worden ist.

FALL 85

Leistungsempfänger als Steuerschuldner (Grundfall)

Sachverhalt: Die Masch GmbH, Maschinenfabrik in Leipzig, streitet sich mit ihrem französischen Abnehmer Pierre Bois in einer Gewährleistungsangelegenheit. Die GmbH beauftragte am 10. 2. 2018 den Rechtsanwalt Valery Moulin, Paris, mit der Wahrnehmung ihrer Interessen. Moulin gelang es, einen Vergleich herbeizuführen, demzufolge sich die streitenden Parteien auch verpflichteten, ihre Anwaltskosten jeweils selbst zu tragen. Der Vergleich wurde am 15. 4. 2018 geschlossen.

Am 2. 5. 2018 erteilte Rechtsanwalt Moulin der GmbH seine Honorarrechnung wie folgt:

„Honorar	2 500 €
	2 500 €“

Die GmbH überwies einen Betrag von 2 500 € an Moulin am 10. 6. 2018.

Fragen:

1. Ist Rechtsanwalt Moulin zur Abgabe von Steueranmeldungen i. S. d. § 18 UStG bei einem Finanzamt im Inland verpflichtet?
2. Falls der Steuerschuldnerwechsel durchzuführen ist, sind die Höhe der anzumeldenden Steuer und der Voranmeldungszeitraum der Anmeldung zu bestimmen.

LÖSUNG

Rechtsanwalt Moulin hat an die GmbH eine sonstige Leistung ausgeführt (§ 3 Abs. 9 Satz 1 UStG). Der Ort der sonstigen Leistung bestimmt sich nach § 3a Abs. 2 Satz 1 UStG und ist in Leipzig (Leistungsempfängerort). Die sonstige Leistung ist daher steuerbar (§ 1 Abs. 1 Nr. 1 Satz 1 UStG), sie ist auch steuerpflichtig. Der Steuersatz beträgt nach § 12 Abs. 1 UStG 19 %.

Die GmbH hat von Moulin für ihr Unternehmen eine sonstige Leistung erhalten, für die die USt nicht gesondert in Rechnung gestellt wurde (§ 14 Abs. 7 UStG). Die GmbH ist damit im Voranmeldungszeitraum April 2018 (§ 13b Abs. 1 UStG) Steuerschuldnerin und gleichzeitig zum Vorsteuerabzug i. H. v. 475 € berechtigt.

Moulin ist nicht zur Abgabe einer Steueranmeldung verpflichtet, weil die sonstige Leistung dem Wechsel der Steuerschuldnerschaft unterliegt.

Nach § 13b Abs. 1 UStG i. V. m. § 13b Abs. 5 Satz 1 UStG ist die GmbH als Leistungsempfängerin Steuerschuldnerin für die USt.

Die Steuer i. H. v. 475 € entsteht mit Ablauf April (Ausführung der Leistung am 15. 4. 2018). Die GmbH kann bei Vorliegen der übrigen Voraussetzungen einen Vorsteuerabzug i. H. v. 475 € geltend machen (§ 15 Abs. 1 Satz 1 Nr. 4 UStG).

FALL 86

Sonstige Leistung eines Ausländers

Sachverhalt: Im August 2018 hatte die Masch GmbH (Maschinenfabrik in Leipzig) eine Holzbearbeitungsmaschine an ihren Abnehmer in München auszuliefern. Für den Transport beauftragte die GmbH die Fa. Esterhazy, Budapest, da diese über die erforderlichen Schwertransportmittel verfügt. Der Transport wurde am 22. und 23. 8. 2018 ausgeführt. Am 2. 9. 2018 erteilte Esterhazy der GmbH eine Rechnung über 8 500 €. Die Rechnung enthielt keinen gesonderten Steuerausweis und wurde von der GmbH am 3. 10. 2018 ungekürzt bezahlt.

Fragen:

1. Wie ist die Leistung der Fa. Esterhazy umsatzsteuerrechtlich zu würdigen?
2. Wird die Masch GmbH Steuerschuldnerin?

LÖSUNG

Die Fa. Esterhazy hat an die GmbH eine sonstige Leistung ausgeführt. Da es sich um eine Beförderungsleistung an einen Unternehmer handelt, bestimmt sich der Ort nach § 3a Abs. 2 Satz 1 UStG. Die Beförderungsleistung wird im Inland ausgeführt und ist damit steuerbar (§ 1 Abs. 1 Nr. 1 Satz 1 UStG); sie ist auch steuerpflichtig.

Es liegt eine sonstige Leistung eines im übrigen Gemeinschaftsgebiet ansässigen Unternehmers vor, die im Inland steuerbar und steuerpflichtig ist. Für die Leistung i. S. d. § 13b Abs. 1 UStG wird die Leistungsempfängerin, die Masch GmbH, zur Steuerschuldnerin, da es sich bei der GmbH um einen Unternehmer handelt (§ 13b Abs. 5 Satz 1 UStG).

Die USt i. H. v. 1 615 € entsteht mit Ablauf August (Ausführung der Leistung am 23. 8. 2018). Die GmbH muss die Steuer in der Voranmeldung 8/2018 anmelden. Bei Vorliegen der übrigen Voraussetzungen kann die GmbH in der Voranmeldung 8/2018 einen Vorsteuerabzug i. H. v. 1 615 € vornehmen (§ 15 Abs. 1 Satz 1 Nr. 4 UStG).

FALL 87

Tauschähnlicher Umsatz

Sachverhalt: Die Büromöbelfabrik Bollmann (B.) in Berlin hatte auftragsgemäß an den Werbeberater Wim van Achtern, Enschede, Büromöbel zu liefern. Bei den Vertragsverhandlungen hatten sich B. und van Achtern dahingehend geeinigt, dass van Achtern den Büromöbelprospekt neu gestalten werde. Die Lieferung der Büromöbel wurde am 13. 9. 2018 mit Fahrzeugen der Fa. B. ausgeführt. Am 14. 10. 2018 übergab van Achtern der B. die Reinzeichnungen (druckfertig) für den Prospekt, die begeisternde Zustimmung bei B. auslösten.

Der gemeine Wert der Büromöbel beträgt unstreitig 17 000 €. Van Achtern berechnet für Arbeiten dieser Art üblicherweise 16 000 €. Zwischen den Beteiligten bestand Übereinstimmung, dass eine Zahlung wegen des Differenzbetrags von van Achtern nicht zu leisten ist. Rechnungen wurden daher gegenseitig nicht erteilt.

Fragen:

1. Wie ist die Leistung der Fa. Bollmann umsatzsteuerrechtlich zu würdigen?
2. Wird die Fa. Bollmann zur Steuerschuldnerin?

LÖSUNG

Bollmann hat an van Achtern am 13. 9. 2018 Lieferungen (§ 3 Abs. 1 UStG) ausgeführt, die zwar steuerbar (§ 1 Abs. 1 Nr. 1 Satz 1 UStG), jedoch als innergemeinschaftliche Lieferungen nach § 4 Nr. 1 Buchst. b UStG i. V. m. § 6a UStG steuerfrei sind. Die Bemessungsgrundlage beläuft sich auf 16 000 € (§ 10 Abs. 2 Satz 2 UStG).

Van Achtern hat an die Fa. B eine sonstige Leistung ausgeführt, deren Ort sich nach § 3a Abs. 2 Satz 1 UStG bestimmt und damit in Berlin ausgeführt wurde. Die sonstige Leistung des van Achtern ist mithin steuerbar (§ 1 Abs. 1 Nr. 1 Satz 1 UStG) und auch steuerpflichtig.

Es liegt eine sonstige Leistung eines im übrigen Gemeinschaftsgebiet ansässigen Unternehmers vor, die im Inland steuerbar und steuerpflichtig ist. Für diese in § 13b Abs. 1 UStG aufgeführte Leistung wird die Leistungsempfängerin, die Fa. B., als Unternehmerin zur Steuerschuldnerin gem. § 13b Abs. 5 Satz 1 UStG.

Obwohl keine Rechnung ausgestellt wurde, entsteht die Steuer grundsätzlich mit Ablauf Oktober (Ausführung der Leistung am 14. 10. 2018). Da im vorliegenden Fall die Vereinnahmung aber bereits im September erfolgt ist, entsteht die Steuer bereits im September 2018 gem. § 13b

Abs. 4 Satz 2 UStG. Es entsteht eine USt i. H. v. 2 714,29 € bei einer Bemessungsgrundlage von 14 285,71 €. Ein Vorsteuerabzug ist gem. § 15 Abs. 1 Satz 1 Nr. 4 UStG möglich.

FALL 88

Werklieferung eines Ausländers

Sachverhalt: Die tschechische Bauunternehmung Pavel Bratis, Prag, hat auftragsgemäß das Bürogebäude der Masch GmbH, Maschinenfabrik in Leipzig, verklinkert. Die erforderlichen Klinker hat die Fa. Bratis mit eigenem Lkw am 10. 3. 2018 angeliefert.

Nach Fertigstellung und Abnahme der Klinkerarbeiten am 15. 5. 2018 erteilte die Fa. Bratis am 12. 6. 2018 der GmbH eine Rechnung über 240 000 €. Der Betrag entspricht dem vereinbarten Festpreis. Vereinbarungsgemäß hat die GmbH am 30. 3. und 30. 4. 2018 Abschlagszahlungen von je 100 000 € entrichtet. Einen Restbetrag von 40 000 € überwies die GmbH im Juli 2018.

Frage: In welcher Höhe und in welchen Voranmeldungen hat die Masch GmbH USt anzumelden?

LÖSUNG

Die Fa. Pavel Bratis hat an die GmbH eine Werklieferung nach § 3 Abs. 4 UStG ausgeführt. Die Werklieferung wurde am 15. 5. 2018 mit Abnahme in Leipzig bewirkt und ist damit steuerbar (§ 1 Abs. 1 Nr. 1 Satz 1 UStG i. V. m. § 3 Abs. 7 Satz 1 UStG), sie ist auch steuerpflichtig. Der Steuersatz beträgt 19 %.

Die GmbH hat eine steuerpflichtige Werklieferung von einem im Ausland ansässigen Unternehmer (§ 13b Abs. 7 Satz 1 UStG) empfangen und wird daher nach § 13b Abs. 2 Nr. 1 und Abs. 5 Satz 1 UStG zur Steuerschuldnerin.

Die Steuer entsteht bei der GmbH mit Ausstellung der Rechnung, spätestens jedoch mit Ablauf des der Ausführung der Leistung folgenden Kalendermonats. In Fällen der Anzahlung entsteht insoweit die Steuer mit Ablauf des Voranmeldungszeitraums, in dem das Teilentgelt vereinnahmt worden ist (§ 13b Abs. 4 Satz 1 UStG). Mit Ablauf März und April entsteht die Steuer i. H. v. jeweils 19 000 €. Des Weiteren entsteht am 12. 6. 2018 eine USt i. H. v. 7 600 €. Gleichzeitig kann ein Vorsteuerabzug in entsprechender Höhe vorgenommen werden.

Ein innergemeinschaftliches Verbringen der Fa. Pavel Bratis hinsichtlich der Klinkersteine liegt nicht vor, da diese in eine steuerbare Werklieferung im Bestimmungsmitgliedstaat eingehen und somit eine der Art nach vorübergehende Verwendung angenommen wird (Abschn. 1a.2 Abs. 10 Nr. 1 UStAE).

FALL 89

Tauschähnlicher Umsatz mit Baraufgabe

Sachverhalt: Der Autohändler Fabian Troll, Freiburg, hat an den Kunst-Sachverständigen Hans Ranjen, Basel (Schweiz), einen gebrauchten Pkw für 18 000 € geliefert, den Ranjen am 10. 4. 2018 abgeholt hat. Ausfuhr- und Buchnachweis liegen vor. Vereinbarungsgemäß hat Ranjen teilweise als Gegenleistung für die Fahrzeuglieferung den Gemälde- und Antiquitätenbesitz des Troll begutachtet. Die Expertisen hat Ranjen während eines Urlaubs in Arosa (Schweiz) gefertigt, nachdem er die Gegenstände in Freiburg intensiv in Augenschein genommen hatte. Zusammen mit den Expertisen übersandte Ranjen dem Troll am 2. 5. 2018 die folgende Rechnung:

Gutachten	20 000 €
./. Fahrzeug	18 000 €
Zahlungsbetrag	2 000 €

Fragen:

1. Wie ist die Leistung der Fa. Troll umsatzsteuerrechtlich zu würdigen?
2. Ist Troll zum Vorsteuerabzug berechtigt?
3. In welcher Höhe muss Troll USt anmelden und an das Finanzamt abführen?

LÖSUNG

1. Troll hat an Ranjen am 10. 4. 2018 eine Lieferung ausgeführt (§ 3 Abs. 1 UStG). Ort der Lieferung ist nach § 3 Abs. 6 Satz 1 und Satz 2 UStG Freiburg, denn dort hat die Beförderung begonnen. Die Lieferung ist daher steuerbar (§ 1 Abs. 1 Nr. 1 Satz 1 UStG), sie ist jedoch als Ausfuhrlieferung steuerfrei nach § 4 Nr. 1 Buchst. a UStG i. V. m. § 6 Abs. 1 Satz 1 Nr. 2 und Abs. 2 UStG. Bemessungsgrundlage für diese steuerfreie Lieferung ist nach § 10 Abs. 1 und Abs. 2 Satz 2 UStG (tauschähnlicher Umsatz mit Baraufgabe) der Wert der Gegenleistung 20 000 € abzgl. Baraufgabe 2 000 €, also 18 000 € (vgl. Abschn. 10.5 Abs. 1 UStAE).
2. Troll ist nicht zum Vorsteuerabzug berechtigt, weil die sonstige Leistung des Schweizers nicht für Zwecke des Unternehmens ausgeführt worden ist (§ 15 Abs. 1 Satz 1 Nr. 4 UStG).
3. Ranjen hat an Troll eine sonstige Leistung ausgeführt. Der Ort dieser sonstigen Leistung bestimmt sich nach § 3a Abs. 3 Nr. 3 Buchst. c UStG. Danach ist maßgebend der Ort, an dem der wesentliche Teil der Leistung ausgeführt worden ist. Das ist bei der Begutachtung körperlicher Gegenstände der Ort, an dem diese Gegenstände in Augenschein genommen werden. Der Ort der sonstigen Leistung ist folglich Freiburg, so dass die Leistung des Ranjen steuerbar ist (§ 1 Abs. 1 Nr. 1 Satz 1 UStG).

   Obwohl die steuerpflichtige sonstige Leistung nicht für das Unternehmen des Troll ausgeführt wurde, ist Troll nach § 13b Abs. 5 Satz 6 UStG Steuerschuldner für die Leistung des Ranjen. Der Leistungsempfänger wird zum Steuerschuldner, wenn er Unternehmer oder juristische Person ist. Dabei ist es unmaßgeblich, ob die Leistung für das Unternehmen oder für außerunternehmerische Zwecke ausgeführt wurde.

Mit Ausstellung der Rechnung (2. 5. 2018) entsteht grundsätzlich eine USt i. H. v. 3 800 € gem. § 13b Abs. 2 Nr. 1 UStG. Da die Gegenleistung, die Lieferung des Pkw, aber bereits im April ausgeführt wurde, entsteht die Steuer i. H. v. 3 420 € bereits im April gem. § 13b Abs. 4 Satz 2 UStG.

FALL 90

Bauleistung

Sachverhalt: August Brömmelkamp betreibt in Warendorf ein Unternehmen, das u. a. auch den Verkauf und Einbau von Heizungsanlagen zum Gegenstand hat. Im Februar 2018 bekommt er von dem Bauunternehmer Tönies aus Gütersloh den Auftrag, in dem Einfamilienhaus des Tönies in Gütersloh eine neue Heizungsanlage einzubauen. Brömmelkamp führt den Auftrag im März 2018 aus und schreibt am 2. 4. 2018 eine Rechnung über 15 000 € zzgl. 2 850 € USt.

Frage: Welche umsatzsteuerrechtlichen Folgen ergeben sich bei Brömmelkamp und bei Tönies?

LÖSUNG

Der Unternehmer Brömmelkamp erbringt gegenüber Tönies eine Werklieferung gem. § 3 Abs. 4 UStG. Die Lieferung wird ausgeführt mit Abnahme durch Tönies. Es handelt sich um eine ruhende Lieferung und der Lieferort bestimmt sich nach § 3 Abs. 7 Satz 1 UStG und ist damit Gütersloh. Da die Werklieferung auch gegen Entgelt ausgeführt wird, ist der Umsatz steuerbar gem. § 1 Abs. 1 Nr. 1 Satz 1 UStG. Mangels Steuerbefreiung i. S. d. § 4 UStG ist der Umsatz steuerpflichtig zu 19 % (§ 12 Abs. 1 UStG). Bei einer Bemessungsgrundlage von 15 000 € (§ 10 Abs. 1 Satz 1 und Satz 2 UStG) entsteht eine USt i. H. v. 2 850 €.

Fraglich ist, ob der leistende Unternehmer (Brömmelkamp) oder aber der Leistungsempfänger (Tönies) Schuldner der USt i. H. v. 2 850 € ist. Bei der Werklieferung des Brömmelkamp handelt es sich um eine Bauleistung i. S. d. § 13b Abs. 2 Nr. 4 Satz 1 und Satz 2 UStG (vgl. Abschn. 13b.2 Abs. 5 UStAE). Ein Wechsel der Steuerschuldnerschaft ist darüber hinaus noch abhängig von der Person des Leistungsempfängers. Nach § 13b Abs. 5 Satz 2 UStG muss der Leistungsempfänger Unternehmer sein, der ebenfalls nachhaltig Leistungen i. S. d. § 13b Abs. 2 Nr. 4 Satz 1 UStG ausführt.

Bei dem Bauunternehmer Tönies ist diese Voraussetzung erfüllt. Folglich wechselt die Steuerschuld auf den Leistungsempfänger. Dies gilt auch dann, wenn die Leistung – wie hier – für den nichtunternehmerischen Bereich bezogen wird (§ 13b Abs. 5 Satz 6 UStG). Tönies schuldet die Steuer i. H. v. 2 850 €. Die Steuer entsteht gem. § 13b Abs. 2 UStG mit Ausstellung der Rechnung. Ein Vorsteuerabzug kommt nicht in Betracht, da kein Bezug für das Unternehmen vorliegt.

Fall 90

Brömmelkamp hat eine Rechnung mit gesondertem Steuerausweis ausgestellt. Dies ist gem. § 14a Abs. 5 UStG nicht richtig. Die Vorschrift über den gesonderten Steuerausweis in der Rechnung findet gem. § 14a Abs. 5 Satz 2 UStG keine Anwendung. Aufgrund des unrichtigen Steuerausweises schuldet Brömmelkamp die ausgewiesene Steuer i. H. v. 2 850 € gem. § 14c Abs. 1 Satz 1 UStG. Eine Rechnungsberichtigung ist gem. § 14c Abs. 1 Satz 2 UStG möglich.

Kapitel 8: Vorsteuerabzug

Der Vorsteuerabzug ist das besondere Merkmal des Mehrwertsteuersystems. Durch ihn wird die auf dem Vorumsatz lastende USt rückgängig gemacht, so dass eine Steuerkumulierung auf den folgenden Umsatzstufen vermieden und eine wettbewerbsneutrale Versteuerung erreicht wird. Träger der Umsatzsteuerschuld ist daher ungeachtet der Anzahl der Umsatzstufen der zum Vorsteuerabzug nicht berechtigte Verbraucher. Alle sich im Wettbewerb befindlichen Waren und Dienstleistungen (einschließlich der Einfuhren und der innergemeinschaftlichen Erwerbe) werden also auf der Stufe des Verbrauchers bei gleichem Steuersatz gleichmäßig belastet.

Der Vorsteuerabzug ist grundsätzlich bei allen für das Unternehmen ausgeführten Umsätzen, bei der Einfuhr von Gegenständen aller Art und beim innergemeinschaftlichen Erwerb von Gegenständen für das Unternehmen zulässig. Abgesehen von der Verwendung oder Inanspruchnahme der Umsätze zur Ausführung nach § 4 Nr. 8 ff. UStG steuerfreier Umsätze ist es für den Vorsteuerabzug unerheblich, für welche Zwecke der bezogene Gegenstand oder die in Anspruch genommene sonstige Leistung im Unternehmen verwendet wird (vgl. § 15 Abs. 2 UStG).

Für die Vornahme des Vorsteuerabzugs kommt es ebenfalls grundsätzlich nicht darauf an, wann die über den Umsatz ausgestellte Rechnung vom Unternehmer bezahlt worden ist, wann die Umsätze, für die dem Unternehmer Vorsteuerbeträge in Rechnung gestellt worden sind, zur Ausführung eigener Umsätze verwendet werden oder welcher Steuersatz diesen Umsätzen zu Grunde liegt. Der Vorsteuerabzug steht vielmehr dem Unternehmer unabhängig vom Zeitpunkt der späteren Verwendung zu, sobald die Voraussetzungen des § 15 Abs. 1 Satz 1 Nr. 1–5 UStG erfüllt sind und soweit § 15 Abs. 2 UStG dem nicht entgegensteht. § 15 Abs. 1a UStG und § 15 Abs. 1b UStG sind zu beachten.

Abweichend von dem Grundsatz, dass der Vorsteuerabzug vorgenommen werden kann, wenn die Leistung für das Unternehmen ausgeführt worden ist und die Rechnung vorliegt, kann auch die in Rechnungen über Anzahlungen (Abschlagzahlungen, Vorauszahlungen etc.) gesondert ausgewiesene USt als Vorsteuer abgezogen werden. Voraussetzung gem. § 15 Abs. 1 Satz 1 Nr. 1 Satz 3 UStG ist dabei, dass eine Rechnung mit gesondertem Steuerausweis vorliegt und die Zahlung bereits bewirkt worden ist.

Die Vorsteuer wird vom Unternehmer nach Maßgabe der §§ 15, 16 Abs. 2 und 18 Abs. 1 und Abs. 2 UStG bei der Steuerberechnung für den Voranmeldungs- oder Veranlagungszeitraum von der im jeweiligen Zeitraum entstandenen Steuerschuld (§ 13 UStG) abgezogen. Eine zeitliche oder sachliche Verknüpfung zwischen den Umsätzen eines bestimmten Berechnungszeitraums und den ihnen sachlich zuzuordnenden Vorumsätzen besteht dabei nicht.

Die Vorschrift des §15 UStG gliedert sich in folgende Grundtatbestände:

1. Die Gewährung des Vorsteuerabzugs (§ 15 Abs. 1, Abs. 1a und Abs. 1b UStG).
2. Der Ausschluss vom Vorsteuerabzug (§ 15 Abs. 2 und Abs. 3 UStG).
3. Die Aufteilung der Vorsteuerbeträge (§ 15 Abs. 4 UStG).
4. Einschränkungen des Vorsteuerabzugs (§ 15 Abs. 4a und Abs. 4b UStG).
5. Ermächtigungsvorschriften (§ 15 Abs. 5 UStG).

ABB. 9: Vgl. Abschn. 15.1 – 15.23 UStAE

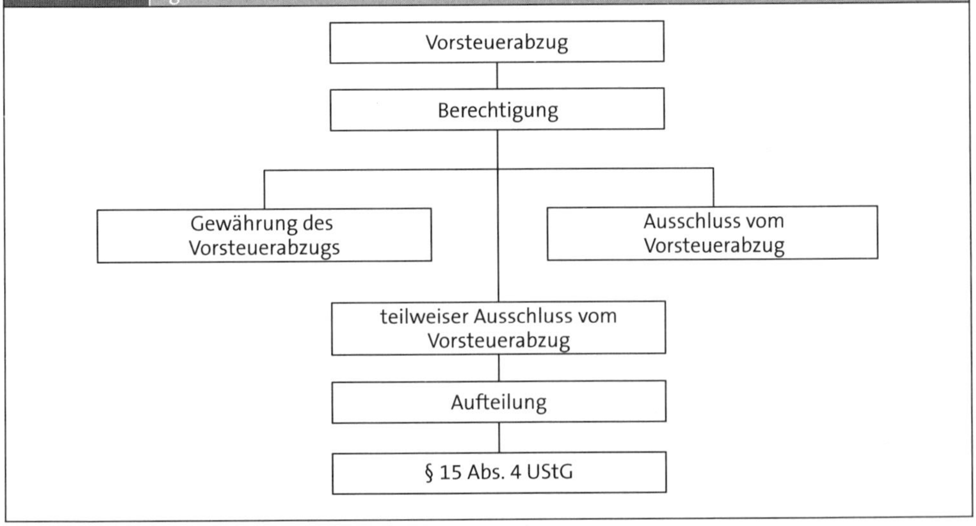

ABB. 10: Vorsteuerbeträge

Die Berechtigung zum Vorsteuerabzug ist nach § 15 Abs. 1 Satz 1 Nr. 1 UStG im Einzelfall davon abhängig, dass die fragliche Leistung für das Unternehmen bezogen wurde. Dies setzt eine Zuordnung zum Unternehmen voraus.

Der Unternehmer muss die bezogene Leistung dem Unternehmen zuordnen, wenn wirtschaftlich betrachtet nur eine Verwendung im Unternehmen in Betracht kommt.

Der Unternehmer darf die bezogene Leistung dem Unternehmen nicht zuordnen, wenn eine unternehmerische Verwendung nicht denkbar ist (z. B. Einrichtungsgegenstände für die Privatwohnung des Unternehmers).

Der Unternehmer kann die bezogene Leistung dem Unternehmen zuordnen, wenn die bezogene Leistung zwar nicht notwendigerweise und unmittelbar im Unternehmen verwendet wird, aber ein objektiv und erkennbar wirtschaftlicher Zusammenhang zum Unternehmen besteht. Nicht als für das Unternehmen ausgeführt gilt die Lieferung, die Einfuhr oder der innergemeinschaftliche Erwerb eines Gegenstands, den der Unternehmer zu weniger als 10 % für sein Unternehmen nutzt (§ 15 Abs. 1 Satz 2 UStG). Ein Vorsteuerabzug im Zusammenhang mit einer nicht wirtschaftlichen Tätigkeit im engeren Sinne ist allerdings nicht möglich (BMF vom 2. 1. 2012, BStBl 2012 I 60).

Die Entscheidung über die Zuordnung zum Unternehmen trifft der Unternehmer im Zeitpunkt des Leistungsbezugs und zwar grundsätzlich mit der Inanspruchnahme des Vorsteuerabzugs (BFH v. 27. 7 1995, BStBl 1995 II 853).

Die Zuordnung zum Unternehmen muss nicht den ganzen Leistungsbezug umfassen. Bei teilbaren Leistungen erfolgt die Zuordnungsentscheidung je nach Verwendung der Teile einer Leistung (z. B. Steuerberaterleistung für unternehmerische und nichtunternehmerische Zwecke). Entsprechendes gilt für den Empfang von Vermietungsleistungen oder Dienstleistungen aller Art (z. B. Telekommunikationsleistungen). Schließlich kann der Unternehmer auch einen einheitlichen Gegenstand (z. B. Pkw) nach Maßgabe des Anteils unternehmerischer Verwendung dem Unternehmen anteilig zuordnen (EuGH v. 4. 10. 1995, BStBl 1996 II 390, und BMF v. 27. 6. 1996, BStBl 1996 I 702; siehe auch Abschn. 15.2c Abs. 2 UStAE).

Danach sind folgende Fälle nach Wahl des Unternehmers denkbar:

a) Gegenstand wird vollständig dem Unternehmen zugeordnet:
   - Voller Vorsteuerabzug aus Anschaffung/Herstellung und den laufenden Aufwendungen;
   - unentgeltliche Wertabgabe hinsichtlich unternehmensfremder (privater) Nutzung.

b) Gegenstand wird teilweise dem Unternehmen zugeordnet:
   - Vorsteuerabzug aus Anschaffung/Herstellung und laufenden Aufwendungen nur hinsichtlich des dem Unternehmen zugeordneten Anteils;
   - keine unentgeltliche Wertabgabe hinsichtlich unternehmensfremder (privater) Nutzung.

c) Gegenstand wird vollständig dem nichtunternehmerischen Bereich zugeordnet:
   - Kein Vorsteuerabzug aus Anschaffung/Herstellung und aus den laufenden Aufwendungen nur so weit, als diese der unternehmerischen Nutzung zugeordnet werden können;
   - keine unentgeltliche Wertabgabe hinsichtlich unternehmensfremder (privater) Nutzung.

Die Finanzverwaltung verlangt im Fall der vollständigen Zuordnung, dass der Unternehmer spätestens bis zur Abgabe der USt-Jahreserklärung des Erwerbsjahres schriftlich mitteilt, welcher Gegenstand in vollem Umfang dem Unternehmen zugeordnet wurde, falls dies nicht aus dem vorgenommenem Vorsteuerabzug ersichtlich ist. Fehlt es an einer solchen Mitteilung, geht die Finanzverwaltung davon aus, dass der Gegenstand dem Unternehmen nur teilweise zugeordnet wurde (Abschn. 15.2c Abs. 17 UStAE). Der BFH fordert in seinen Urteilen vom 7. 7. 2011 – BStBl 2014 II 76 und 81 – die Dokumentation der Zuordnungsentscheidung bis zum 31. 5. (bzw. 31. 7. ab VZ 2018) des Folgejahres. Dies ist von der Finanzverwaltung übernommen worden (vgl. Abschn. 15.2c Abs. 16 UStAE).

Zu beachten ist für den Fall der teilweisen Zuordnung auch das Folgende: Beim Verkauf des Gegenstands liegt nur hinsichtlich des dem Unternehmen zugeordneten Teils eine steuerbare und steuerpflichtige Lieferung vor. Es darf daher nur für diesen Teil der Lieferung eine Rechnung mit gesondertem Steuerausweis ausgestellt werden. Der Käufer ist auch nur hinsichtlich des bisher unternehmerisch zugeordneten Teils des Fahrzeugs zum Vorsteuerabzug berechtigt, denn er erwirbt nur insoweit von einem Unternehmer aus dessen Unternehmen.

Die Ausübung des Vorsteuerabzugs setzt gem. § 15 Abs. 1 Satz 1 Nr. 1 Satz 2 UStG voraus, dass der Unternehmer eine nach den §§ 14, 14a UStG ausgestellte Rechnung besitzt. Aus diesem Grund kommt der Ausstellung von Rechnungen eine besondere Bedeutung zu. Die Voraussetzungen für die Erteilung von Rechnungen sind in §§ 14, 14a UStG sowie den §§ 31–34 UStDV geregelt. Diese Vorschriften sollen die ordnungsmäßige Durchführung des Vorsteuerabzugs beim Leistungsempfänger sicherstellen.

Da folglich der gesonderte Ausweis der USt in einer Rechnung für einen Umsatz im wesentlichen dem Interesse des Leistungsempfängers dient, besteht nach § 14 Abs. 2 Satz 1 Nr. 2 UStG eine Verpflichtung zur Erteilung einer Rechnung, soweit der Unternehmer Umsätze an einen anderen Unternehmer für dessen Unternehmen oder an eine juristische Person ausführt und es sich nicht um steuerfreie Umsätze nach § 4 Nr. 8–28 UStG handelt. Eine Rechnungserteilung kann daher in anderen Fällen – mit Ausnahme der Fälle des § 14 Abs. 2 Satz 1 Nr. 1 UStG (grundstücksbezogene steuerpflichtige Werklieferungen oder sonstige Leistungen) – unterbleiben.

Die Bestimmung des § 14c UStG regelt die Fälle des unrichtigen und des unberechtigten Ausweises der Steuer in einer Rechnung. Durch diese Regelung wird erreicht, dass von den Leistungsempfängern keine höheren Steuerbeträge als Vorsteuer abgezogen werden können, als der Fiskus vom Leistenden fordern kann (vgl. hierzu Abschn. 14c.1 und 14c.2 UStAE).

Allerdings kommt es für die Entstehung einer Steuerschuld bei unrichtigem oder unberechtigtem Steuerausweis nicht darauf an, ob der Leistungsempfänger zum Vorsteuerabzug berechtigt ist. Ein Vorsteuerabzug ist nicht zulässig, soweit der die Rechnung ausstellende Unternehmer die Steuer nach § 14c UStG schuldet (§ 15 Abs. 1 Satz 1 Nr. 1 Satz 1 UStG).

Der Vorsteuerabzug kann auch durch Erteilung einer Gutschrift durch den Leistungsempfänger erreicht werden. Eine Rechnung für eine Lieferung oder eine sonstige Leistung kann von einem Leistungsempfänger ausgestellt werden, sofern dies vorher vereinbart wurde (Gutschrift). Die Gutschrift verliert gem. § 14 Abs. 2 Satz 3 UStG die Wirkung einer Rechnung, sobald der Empfänger der Gutschrift dem ihm übermittelten Dokument widerspricht. Schließlich kann eine Rechnung auch von einem beauftragten Dritten ausgestellt werden.

Ein Vorsteuerabzug steht nur einem Unternehmer zu. Einem Unternehmer, der nicht im Inland ansässig ist, kann auf Antrag die USt, die ihm für unternehmerische Zwecke gesondert in Rechnung gestellt worden ist, in einem besonderen Verfahren vergütet werden (§ 18 Abs. 9 UStG, §§ 59–61a UStDV), dem Vorsteuer-Vergütungsverfahren.

Voraussetzung für die Vergütung der USt im besonderen Verfahren ist, dass der Unternehmer in dem Vergütungszeitraum im Inland keine Lieferungen oder sonstige Leistungen oder innergemeinschaftliche Erwerbe ausgeführt hat, es sei denn, es handelt sich um

- steuerfreie Umsätze nach § 4 Nr. 3 UStG (steuerfreie grenzüberschreitende Güterbeförderungen einschließlich damit verbundener Nebenleistungen) oder um
- innergemeinschaftliche Erwerbe und sich daran anschließende Lieferungen im Dreiecksgeschäft (§ 1 Abs. 1 Nr. 5 UStG und § 25b Abs. 2 UStG) oder um

- Umsätze, für die der Leistungsempfänger die Steuer schuldet (§ 13b UStG) oder die der Beförderungseinzelbesteuerung (§ 16 Abs. 5 UStG und § 18 Abs. 5 UStG) unterlegen haben oder um
- Umsätze i. S. d. § 3a Abs. 5 UStG und es wurde von dem Wahlrecht nach § 18 Abs. 4c UStG Gebrauch gemacht oder diese Umsätze wurden in einem anderen Mitgliedstaat erklärt und die darauf entfallende Steuer wurde entrichtet oder um
- Umsätze i. S. d. § 3a Abs. 5 UStG und es wurde von dem Wahlrecht nach § 18 Abs. 4e UStG Gebrauch gemacht.

In dem besonderen Verfahren kann die USt nicht vergütet werden, die im Zusammenhang steht mit anderen als den vorbezeichneten Umsätzen des Unternehmers im Inland.

Nicht vergütet wird außerdem die USt, die einem Reiseveranstalter für Reisevorleistungen (§ 25 Abs. 4 UStG) in Rechnung gestellt worden ist.

Der Unternehmer kann die Vergütung nach seiner Wahl für einen Zeitraum von mindestens drei aufeinander folgenden Kalendermonaten in einem Kalenderjahr beantragen (Vergütungszeitraum, vgl. § 60 UStDV). Der Vergütungszeitraum beträgt höchstens ein Kalenderjahr. Der Antrag soll alle in den Vergütungszeitraum fallenden Umsatzsteuerbeträge umfassen. Der Vergütungszeitraum kann kürzer als drei Monate sein, wenn es sich um den restlichen Zeitraum eines Kalenderjahres handelt. In dem Antrag für diesen Zeitraum kann der Unternehmer noch Umsatzsteuerbeträge aus vorangegangenen Vergütungszeiträumen des Kalenderjahres geltend machen, wenn dies bis dahin unterblieben ist.

Ein Antrag auf Vergütung kann erst gestellt werden, wenn die Vergütung mindestens 400 € beträgt. Das gilt nicht, wenn der Vergütungszeitraum das Kalenderjahr oder der letzte Zeitraum eines Kalenderjahres ist. Für diese Vergütungszeiträume muss die Vergütung mindestens 50 € betragen. Für nicht im Gemeinschaftsgebiet ansässige Unternehmer sind mindestens 1 000 € bzw. 500 € erforderlich (§ 61 Abs. 3 UStDV, § 61a Abs. 3 UStDV).

LITERATURHINWEIS

Siehe hierzu auch im „Lehrbuch Umsatzsteuer" die Ausführungen zum Vorsteuerabzug (Kapitel 12).

FALL 91

Berechtigung zum Vorsteuerabzug

Sachverhalt: Franz Donner und Klaus Klammer haben die Klammer Werbe- und Marketinggesellschaft mbH mit Sitz in Münster gegründet. Geschäftsführer der GmbH ist Klaus Klammer. Während der notarielle Vertrag am 1. 12. 2017 geschlossen wurde, ist die GmbH am 15. 2. 2018 in das Handelsregister eingetragen worden.

Im Januar 2018 sind bei der GmbH die folgenden Rechnungen eingegangen:

1. Rechnung vom 10. 1. 2018 der Fa. Tip, Münster, adressiert an die Herren F. Donner und K. Klammer, Münster, für die am 2. 12. 2017 ausgeführte Lieferung eines Personalcomputers (PC). Der Rechnungsbetrag lautete über 2 000 € zzgl. 380 € USt. Donner hatte den PC mit Zustimmung des Klammer bereits im Dezember gekauft, um den Schriftverkehr anlässlich der Firmengründung zu bewältigen. In der Eröffnungsbilanz der GmbH wurde der PC mit 2 000 € und die Vorsteuer mit 380 € aktiviert; auf der Passivseite wurde eine sonstige Verbindlichkeit i. H. v. 2 380 € ausgewiesen. Die Rechnung wurde von der GmbH im Februar 2018 ohne Abzug bezahlt.

2. Rechnung vom 12. 1. 2018 der Autovertretung Bahle, Münster, über den im November 2017 an Klammer ausgelieferten Pkw BMW 730i. Klammer hatte im November den Wagen aufgrund einer Rechnung der Fa. Bahle, die an ihn adressiert war, bereits aus privaten Mitteln bezahlt. Die Rechnung vom 12. 1. 2018 lautet (Auszug):

   „An die Klammer GmbH, Münster

   Zweitrechnung

1 Pkw BMW 730i	60 000 €
19 % USt	11 400 €
	71 400 €

   Betrag erhalten am 16. 11. 2017 durch V-Scheck.

   Diese Rechnung tritt an die Stelle der Rechnung vom 16. 11. 2017, gerichtet an Herrn Klammer, die hiermit aufgehoben wird."

   Klammer hatte den BMW bereits im Hinblick auf die Firmengründung angeschafft und bis zum Ende des Jahres fast ausschließlich privat gefahren.

   Im Gesellschaftsvertrag wurde vereinbart, dass Klammer seine Einlage durch Einbringung des BMW bewirkt (Sacheinlage). In der Eröffnungsbilanz der GmbH wurde der BMW demgemäß mit dem gemeinen Wert zum Zeitpunkt der Einlage von 59 500 € aktiviert.

   Über die Erfassung der Sacheinlage wurde ein von Donner und Klammer abgezeichneter Beleg erstellt mit folgendem Inhalt:

   An die Klammer GmbH

   Sacheinlage des Gesellschafters Klammer

1 Pkw BMW 730i, Bauj. 2017, Zeitwert	50 000 €
+ 19 % USt	9 500 €
	59 500 €

3. Rechnung vom 16. 1. 2018 des Delikatessenhändlers Salner, Münster, adressiert an die Klammer GmbH, über die Lieferung von

Getränken	1 500 €
Speisen	2 400 €
	3 900 €
zzgl. USt 19 %	285 €
zzgl. USt 7 %	168 €
	453 €
Rechnungsbetrag	4 353 €

Es handelt sich bei den Getränken und Speisen um Lieferungen an die Privatadresse Klammers, der anlässlich der Firmengründung im Dezember 2017 zu einer Fête in seine Privatwohnung eingeladen hatte. Zu den Gästen gehörten Donner und verschiedene Freunde.

4. Anlässlich der Firmengründung hatte die Klammer GmbH im Dezember 2017 bei Salner 20 echte Westfälische Schinken sowie 20 Flaschen Schinkenhäger im Geschenkkarton eingekauft. Die Aufwendungen dafür betrugen insgesamt 1 500 € zzgl. 117 € USt. Davon entfielen auf den Schinkenhäger 100 € zzgl. 19 € USt. Während 15 Schinken nebst Schnaps an verschiedene Geschäftsfreunde der GmbH bei Besuchen im Januar 2018 verschenkt wurden, übergab Klammer auch den drei Angestellten der GmbH sowie dem Mitgesellschafter Donner im Januar 2018 je einen der Geschenkkartons. Die Verwendung stand bei Anschaffung bereits fest. Den verbliebenen Präsentkarton behielt Klammer für sich. Auf allen Kartons war das Firmenzeichen der GmbH gut sichtbar angebracht worden. Die Aufwendungen wurden von der GmbH einzeln und getrennt von den übrigen Betriebsausgaben aufgezeichnet. Der Vorsteuerabzug ist im Dezember 2017 vorgenommen worden.
5. Die Rechnung des Notars Dr. Vorleser über die Beurkundung des Gesellschaftsvertrags der GmbH ist an die GmbH adressiert, am 15. 2. 2018 ausgestellt worden und lautet über 3 000 € zzgl. 570 € USt.

Frage: Kann die GmbH in den an sie adressierten Rechnungen die ausgewiesene USt als Vorsteuer abziehen?

LÖSUNG

Die GmbH ist Unternehmer gem. § 2 Abs. 1 UStG und gem. § 15 Abs. 1 Satz 1 Nr. 1 UStG berechtigt, die in Rechnungen ausgewiesene USt für Lieferungen und sonstige Leistungen als Vorsteuer abzuziehen, wenn die Umsätze für ihr Unternehmen ausgeführt wurden.

Gesellschaftsrechtlich ist in der Gründungsphase einer Kapitalgesellschaft zwischen der Vorgründungsgesellschaft, der Vorgesellschaft und der eingetragenen Kapitalgesellschaft zu unterscheiden (BGH v. 9. 3. 1981, NJW 1981, 1373; BFH-Urteil vom 8. 11. 1989, BStBl 1990 II 91). Die Vorgründungsgesellschaft ist in der Regel eine GbR, deren Zweck die gemeinsame Errichtung einer Kapitalgesellschaft ist. Sollte bereits ein Handelsgewerbe betrieben werden, handelt es sich um eine OHG. Die Vorgründungsgesellschaft ist weder mit der Vorgesellschaft noch mit der späteren Kapitalgesellschaft identisch.

Dagegen ist die Vorgesellschaft (früher auch Gründungsgesellschaft genannt) die durch den Abschluss eines notariellen Vertrags errichtete, aber noch nicht in das Handelsregister eingetragene Kapitalgesellschaft. Sie bildet mit der späteren Kapitalgesellschaft wirtschaftlich und körperschaftsteuerrechtlich eine Einheit. Das gilt auch für die USt.

a) Leistungen an die Vorgründungsgesellschaft

Dem folgend muss die Vorgründungsgesellschaft unabhängig von der späteren Kapitalgesellschaft auf ihre Unternehmereigenschaft hin überprüft werden. Soweit dabei festgestellt wird, dass sich die Tätigkeit der Vorgründungsgesellschaft allein auf die Herbeiführung des notariellen Gesellschaftsvertrags richtet und Leistungen gegen Entgelt etwa im Rahmen eines Handelsgewerbes nicht ausgeführt werden, ist die Vorgründungsgesellschaft grundsätzlich nicht Unternehmer i. S. d. § 2 Abs. 1 UStG. Ein Vorsteuerabzug aus Leistungen (z. B. Beratungsleistungen) an diese GbR ist gleichwohl nach § 15 Abs. 1 UStG möglich. Der EuGH hat mit Urteil vom 29. 4. 2004, UR 2004, 362, entschieden, dass eine allein mit dem Ziel der Gründung einer Kapitalgesellschaft errichtete Personengesellschaft auch dann zum Abzug der Vorsteuer für den Bezug von Dienstleistungen und Gegenständen berechtigt ist, wenn ihr einziger Ausgangsumsatz die Übertragung der bezogenen Leistungen mittels eines Aktes gegen Entgelt an die Kapitalgesellschaft ist. Dies ist vom BFH mit Urteil vom 15. 7. 2004, BStBl 2005 II 155, bestätigt worden. Der BFH führt aus, dass die beabsichtigten Umsätze der Kapitalgesellschaft maßgebend sind.

b) Leistungen an die Vorgesellschaft

Leistungen, die an die Vorgesellschaft ausgeführt werden, berechtigen grundsätzlich zum Vorsteuerabzug. Da die Vorgesellschaft mit der späteren Kapitalgesellschaft identisch ist, handelt es sich um denselben Unternehmer. Selbst wenn die Vorgesellschaft daher ihrerseits noch keine Leistungen gegen Entgelt getätigt haben sollte, handelt es sich beim Leistungsbezug dennoch bereits um Umsätze, die für das Unternehmen der GmbH ausgeführt worden sind und als so genannte Vorbereitungshandlungen bereits den Beginn der Unternehmereigenschaft beschreiben (Abschn. 2.6 Abs. 1 UStAE). Der Vorsteuerabzug ist bereits im Voranmeldungszeitraum des Leistungsbezugs zulässig. Voraussetzung für den Vorsteuerabzug ist nach der Rechtsprechung des EuGH nicht (mehr), dass es auch zur Entstehung einer unternehmerisch tätigen Kapitalgesellschaft kommt. Mit Urteil v. 29. 2. 1996, BStBl 1996 II 655, hat der EuGH entschieden, dass dem erfolglosen Unternehmer der Vorsteuerabzug nicht versagt werden kann, wenn ernstlich die Aufnahme einer unternehmerischen Tätigkeit beabsichtigt war. Dies ist in Abschn. 2.6 Abs. 1 UStAE übernommen worden.

Zu 1. Die Lieferung des PC ist für die GmbH bestimmt. Obwohl die GmbH vor Eintragung in das Handelsregister handelsrechtlich als Firma noch nicht besteht, betätigt die Vorgesellschaft sich wirtschaftlich betrachtet bereits als Unternehmerin (vgl. Abschn. 2.6 Abs. 1 UStAE), vertreten durch ihre künftigen Gesellschafter Donner und Klammer. Zwar ist die Rechnung nicht an die GmbH als solche adressiert, nach Wollen der Beteiligten und Inhalt der Rechnung aber ergibt sich eindeutig, dass es sich um eine Leistung an die spätere GmbH handelt. Die unrichtige Bezeichnung des Leistungsempfängers in der Rechnung ist daher hier unschädlich (vgl. Abschn. 15.2a Abs. 3 UStAE). Die GmbH kann 380 € als Vorsteuer abziehen. Die bilanzsteuerrechtliche Behandlung ist folglich zutreffend. Insbesondere handelt es sich bei dem PC nicht um eine Sacheinlage eines oder beider Gesellschafter, denn eine Anrechnung auf die Einlage ist ausweislich der Eröffnungsbilanz nicht erfolgt.

Zu 2. Die GmbH kann weder aus der Zweitrechnung der Fa. Bahle noch aus dem Beleg der Herren Donner und Klammer einen Vorsteuerabzug herleiten. Die Fa. Bahle hat im November 2017 eine Lieferung an Klammer bewirkt. Klammer hat über das Fahrzeug im eigenen Namen verfügt und liefert es seinerseits im Zeitpunkt der GmbH-Gründung an die Gesellschaft gegen Gewährung von Gesellschaftsanteilen (Sacheinlage). Die Lieferung des Fahrzeugs durch Klammer an die GmbH ist mangels Unternehmereigenschaft des Gesellschafters (vgl. § 2 Abs. 1 UStG) nicht steuerbar (§ 1 Abs. 1 Nr. 1 Satz 1 UStG). Die Gemeinschaft der Gesellschafter Donner und Klammer hat keine Lieferung an die GmbH bewirkt. Ein Vorsteuerabzug kommt für die GmbH daher auch nicht aufgrund des Belegs in Betracht.

Die Fa. Bahle hat an die GmbH eine Rechnung mit gesondertem Steuerausweis erteilt, obwohl sie an diese Gesellschaft keine Lieferung bewirkt hat. Die Fa. Bahle schuldet daher den in der Zweitrechnung ausgewiesenen Betrag von 11 400 € gem. § 14c Abs. 2 Satz 2 UStG im Voranmeldungszeitraum Januar 2018 (vgl. Abschn. 14c.2 Abs. 2 UStAE). Unerheblich für diese Umsatzsteuerschuld ist die Tatsache, dass der GmbH der Vorsteuerabzug aufgrund der Zweitrechnung zu versagen war.

Die Herren Donner und Klammer haben an die GmbH eine Rechnung mit gesondertem Steuerausweis i. H. v. 9 500 € gerichtet. Dabei kommt es für das Vorliegen einer Rechnung nicht auf deren Bezeichnung, sondern nur auf deren Inhalt an. Gemäß § 14 Abs. 1 Satz 1 UStG ist Rechnung jedes Dokument, mit dem über eine Leistung abgerechnet wird. Donner und Klammer schulden daher gemeinsam den in dem Beleg ausgewiesenen Betrag gem. § 14c Abs. 2 Satz 2 UStG.

Zu 3. Die GmbH hat aus der Rechnung der Fa. Salner keinen Vorsteuerabzug, denn die Lieferungen wurden nicht für ihr Unternehmen ausgeführt. Empfänger der Lieferungen war Klaus Klammer, der damit einen nichtunternehmerischen Zweck verfolgte.

Salner hat an die GmbH keine Lieferung ausgeführt. Die der GmbH gleichwohl in Rechnung gestellte Steuer schuldet Salner gem. § 14c Abs. 2 Satz 2 UStG neben der USt für die Lieferungen.

Zu 4. Die Überlassung der Kartons an Geschäftsfreunde der GmbH erfolgt nicht im Leistungsaustausch, denn es fehlt an einer Gegenleistung. Das Hoffen auf weitere gute Geschäftsbeziehungen scheidet als Gegenleistung aus. Die Überlassung erfolgt jedoch aus unternehmerischen Gründen, so dass die der GmbH entstandenen Aufwendungen Betriebsausgaben sind (§ 4 Abs. 4 EStG). Diese Betriebsausgaben sind jedoch nach § 4 Abs. 5 Satz 1 Nr. 1 EStG bei der Gewinnermittlung auszuscheiden, denn der Wert eines jeden Präsents übersteigt die Freigrenze von 35 €. Die Anbringung eines Werbeträgers ist unbeachtlich.

Soweit bei einem Unternehmer Aufwendungen gem. § 4 Abs. 5 Satz 1 Nr. 1 EStG bei der Gewinnermittlung ausscheiden, führt dies umsatzsteuerrechtlich dazu, dass die entsprechenden Vorsteuerbeträge nach § 15 Abs. 1a UStG nicht abziehbar sind.

Der Steuersatz beträgt 19 % für den Schnaps (§ 12 Abs. 1 UStG) und 7 % für den Schinken (§ 12 Abs. 2 Nr. 1 UStG i. V. m. Nr. 2 der Anlage 2 zum UStG). Dies führt dazu, dass die Vorsteuer für 15 Schinken und 15 Flaschen nicht abziehbar ist und zwar in folgender Höhe:

15 x 4,90 € =	73,50 €
15 x 0,95 € =	14,25 €
	87,75 €

Bei der Überlassung der Geschenke an die Arbeitnehmer handelt es sich jeweils um Lieferungen (§ 3 Abs. 1 UStG). Es liegen Sachzuwendungen an die Arbeitnehmer vor. Die Annahme, es handele sich um Aufmerksamkeiten, scheidet angesichts des Werts der Geschenke aus (vgl. auch Abschn. 1.8 Abs. 3 UStAE).

Die Lieferungen an die Arbeitnehmer sind nicht steuerbar (§ 1 Abs. 1 Nr. 1 Satz 1 UStG). Die unentgeltliche Zuwendung eines Gegenstands durch den Unternehmer an sein Personal für dessen privaten Bedarf wird zwar grundsätzlich gem. § 3 Abs. 1b Satz 1 Nr. 2 UStG einer Lieferung gegen Entgelt gleichgestellt. Da die Verwendung bereits zum Zeitpunkt der Anschaffung feststand, ist ein Vorsteuerabzug insoweit nicht möglich (BMF vom 2. 1. 2012, BStBl 2012 I 60). Die Vorsteuer ist um 17,55 € zu kürzen.

Aus vorstehenden Gründen kommt auch ein Vorsteuerabzug für die zwei Geschenkkartons an die Gesellschafter nicht in Betracht, da die Verwendung für eine unentgeltliche Wertabgabe bei Bezug bereits feststand. Die Vorsteuer ist um 11,70 € zu kürzen.

Zu 5. Fraglich ist, ob die Belastung mit Notariatskosten zu den Vorbereitungshandlungen gehört und damit auf einer Leistung beruht, die an die Vorgesellschaft ausgeführt wurde, oder ob es sich lediglich um Leistungen an die Gesellschafter oder die sog. Vorgründungsgesellschaft handelt. Der Notar wird von den Gesellschaftern beauftragt, und diese sind auch zivilrechtlich zur Kostentragung verpflichtet (BGH v. 20. 2. 1989 – II ZB 10/88, GmbHR 1989, 250).

Die Leistung des Notars richtet sich daher nicht an die Vorgesellschaft (in Einheit mit der späteren Kapitalgesellschaft), ein Vorsteuerabzug müsste daher grundsätzlich ausscheiden. Dem entspricht auch die körperschaftsteuerrechtliche Beurteilung, wonach bei Übernahme der Notariatskosten durch die GmbH eine verdeckte Gewinnausschüttung anzunehmen ist (BFH v. 11 10. 1989, BStBl 1990 II 89). Der BFH und ihm folgend mit Übergangsregelung die Finanzverwaltung (BMF v. 25. 6. 1991, BStBl 1991 I 661) verneinen nur dann das Vorliegen einer verdeckten Gewinnausschüttung, wenn im Gesellschaftsvertrag (Satzung) die Übernahme der Gründungskosten der Art und der Höhe nach genau bezeichnet ist und so als Vorbelastung der GmbH statuarisch erkennbar wird.

Ob diese zum Ertragsteuerrecht ergangene Regelung auf die USt übertragbar ist, ist durchaus zweifelhaft, weil die USt als Verkehrsteuer an die allgemeinen Grundsätze des zivilrechtlichen Rechtsverkehrs gebunden ist. Umsatzsteuerrechtlich kommt es nämlich darauf an, wer aus dem schuldrechtlichen Vertragsverhältnis, das dem Leistungsaustausch zu Grunde liegt, berechtigt oder verpflichtet ist (BFH v. 13. 9. 1984, BStBl 1985 II 21; Abschn. 15.2b Abs. 1 UStAE). Leistungsempfänger ist danach regelmäßig der Auftraggeber oder Besteller einer Leistung, und das sind im gegebenen Fall die Gesellschafter. Trotz dieser Rechtslage lässt die Finanzverwaltung den Vorsteuerabzug zu und beanstandet es demgemäß nicht, wenn die Rechnung des Notars an die GmbH adressiert wird (vgl. Verfügung der OFD Frankfurt v. 16. 1. 1995 – S 7104 – A – 47 – St IV 10).

FALL 92

Vorsteuerabzug bei Baumaßnahmen auf fremdem Grund und Boden

Sachverhalt: Die im Güterstand der Zugewinngemeinschaft lebenden Ehegatten Mathilde und Emil Munter sind je zur ideellen Hälfte Eigentümer eines Geschäftsgrundstücks in Halle. Emil Munter betreibt in allen Räumen des Gebäudes seit dem Erwerb eine Druckerei. Bereits beim Erwerb waren sich die Ehegatten darüber einig, dass das ganze Grundstück vom Ehemann für den Betrieb seiner Druckerei genutzt werden solle mit der Maßgabe, dass der Ehemann für die Gebrauchsüberlassung kein Entgelt zu entrichten habe.

Im November 2017 hat Emil Munter das Bauunternehmen Stein OHG beauftragt, das Dachgeschoss des Gebäudes auszubauen, um darin Büroräume einrichten zu können. Den Umbau hat Munter im Januar 2018 abgenommen und seit dem 1. 2. 2018 bestimmungsgemäß genutzt. Die Rechnung über die Umbauarbeiten vom 12. 2. 2018 i. H. v. 30 000 € zzgl. gesondert ausgewiesener USt (19 %) i. H. v. 5 700 € ist an Munter als Auftraggeber adressiert und von ihm aus betrieblichen Mitteln beglichen worden. Noch im Februar 2018 haben die Ehegatten von einem gemeinsamen Sparkonto 7 000 € auf das betriebliche Bankkonto des Ehemannes überwiesen.

Fragen:

1. Kann Munter in der Umsatzsteuervoranmeldung Februar 2018 die Vorsteuerbeträge aus den Umbaukosten von der Umsatzsteuerschuld aus seiner Druckerei abziehen?
2. Welche umsatzsteuerrechtlichen Folgen ergeben sich aus der Überweisung der 7 000 €?

LÖSUNG

1. Nach § 15 Abs. 1 Satz 1 Nr. 1 Satz 1 UStG kann ein Unternehmer die gesondert in Rechnung gestellten Steuern für Lieferungen und sonstige Leistungen, die von anderen Unternehmern für sein Unternehmen ausgeführt worden sind, als Vorsteuerbeträge abziehen. Der Vorsteuerabzug kann demnach nur dann in Anspruch genommen werden, wenn der Unternehmer selbst die von dem Vorunternehmer bewirkte Leistung empfangen hat.

   Im vorliegenden Fall könnten als Leistungsabnehmer sowohl die Grundstücksgemeinschaft als auch der Ehemann als Einzelunternehmer in Betracht kommen. Die Grundstücksgemeinschaft, die wesensverschieden von ihren Gemeinschaftern ist, ist jedoch nicht Unternehmer i. S. d. § 2 Abs. 1 UStG. Zwar überlässt sie das Grundstück einem Gemeinschafter zur alleinigen Nutzung und wird damit nachhaltig tätig, es fehlt jedoch an einer Einnahmeerzielung, da die Gebrauchsüberlassung unentgeltlich erfolgt. Munter dagegen ist mit dem Betrieb seiner Druckerei Unternehmer, weil er eine typische gewerbliche Tätigkeit selbständig ausübt (§ 2 Abs. 1 Satz 1 UStG).

   Die zwischen den Ehegatten bestehende Miteigentumsgemeinschaft ist eine Bruchteilsgemeinschaft i. S. d. §§ 741 ff. BGB. Nach § 743 Abs. 2 BGB ist jeder Teilhaber grundsätzlich insoweit zum Gebrauch des gemeinschaftlichen Gegenstands befugt, als nicht der Mitgebrauch des anderen Teilhabers beeinträchtigt wird. Wenn bei einer Gemeinschaft die Miteigentümer ausdrücklich vereinbaren, dass der gemeinschaftliche Gegenstand ganz einem Miteigentümer unentgeltlich zum Gebrauch überlassen werden soll, benutzt dieser den gemeinschaftlichen Gegenstand in dem vorgesehenen Umfang aufgrund des sich aus dem Miteigentum ergebenden Gebrauchsrechts nach § 743 Abs. 2 BGB. Es liegt dann keine Gebrauchsüberlassung im Rahmen eines vertraglichen Schuldverhältnisses seitens der Bruchteilsgemeinschaft vor (BFH-Urteil vom 26. 2. 1976, BStBl 1976 II 309).

   Aus der Vereinbarung der Ehegatten, dass das Grundstück für den Betrieb der Druckerei des Ehemannes genutzt werden soll, ergibt sich, dass die Ehefrau als Miteigentümerin des Grundstücks mit der alleinigen unentgeltlichen Nutzung durch ihren Ehemann einverstanden war. Dieses Einverständnis bezieht sich ebenso auf den Umfang wie auch auf die Art der alleinigen Nutzungsbefugnis (§ 745 Abs. 1 BGB). Es umfasst damit auch die dieser Nutzungsart entsprechende Veränderung der Räume.

Um das dem Ehemann nach Art und Umfang allein zustehende Gebrauchsrecht an dem Grundstück zu verwirklichen, hat er das Bauunternehmen Stein OHG im eigenen Namen und auch für eigene Rechnung beauftragt, die Umbauarbeiten durchzuführen. Er ist insoweit nicht als Gemeinschafter und Bevollmächtigter der Ehefrau aufgetreten. Da Munter nur im Hinblick auf seine unternehmerische Betätigung im Rahmen seiner Druckerei dem Bauunternehmen den Auftrag erteilte, wurden die entsprechenden Werklieferungen für das Unternehmen des Ehemannes zum Zwecke der Ausführung eigener Umsätze ausgeführt. Munter ist damit zum Vorsteuerabzug i. H. v. 5 700 € von seiner Umsatzsteuerschuld aus der Druckerei berechtigt.

Unbeachtlich ist, dass das ausgebaute Dachgeschoss kraft Gesetzes (§§ 93, 946 BGB) in das Eigentum der Miteigentumsgemeinschaft übergegangen ist. Zwar kann dieser Umstand eventuell zu einer Weiterlieferung des Ehemannes an die Gemeinschaft führen (vgl. unter 2.). Jedoch steht allein dem unternehmerisch tätigen Ehemann der Vorsteuerabzug aus der Bauleistung der Stein OHG zu. Er trat in eigenem Namen und für eigene Rechnung als Auftraggeber auf. Gegenstand der Werklieferung ist zudem nicht die Verschaffung der Verfügungsmacht an den einzelnen verbauten Gegenständen (so aber die Rechtsfolge des § 946 BGB), sondern an dem fertigen Werk selbst. Der Vorsteuerabzug kann erst mit Vorliegen der Rechnung, also im Voranmeldungszeitraum Februar 2018, geltend gemacht werden (§ 16 Abs. 2 Satz 1 UStG i. V. m. § 18 Abs. 2 UStG).

2. Trotz der Kostenbeteiligung i. H. v. 7 000 € durch die Grundstücksgemeinschaft mittels Überweisung vom gemeinsamen Ehegattensparkonto führt der zivilrechtliche Eigentumsübergang gem. § 946 BGB nicht zu einer Weiterlieferung des Ehemannes an die Gemeinschaft.

   Von einer Weiterlieferung kann nur dann ausgegangen werden, wenn der Ehemann der Gemeinschaft Verfügungsmacht an dem fertig gestellten Werk verschafft hätte. Hierzu ist erforderlich, dass nach dem Willen der Beteiligten der Besteller die Verfügungsmacht an dem Werk verliert und er zugleich Substanz, Wert und Ertrag des Bauwerks auf die Gemeinschaft überträgt.

   Hiervon ist grundsätzlich nach BMF-Schreiben v. 23. 6. 1986 (BStBl 1986 I 432) nur dann auszugehen, wenn es sich bei der Baumaßnahme weder um die Erstellung eines Scheinbestandteils (§ 95 BGB), noch um bloßen Erhaltungsaufwand, noch um den Fall handelt, dass die wirtschaftliche Verfügungsmacht und Sachherrschaft unter Ausschluss des zivilrechtlichen Eigentümers beim Werkbesteller verbleibt, weil die betriebsgewöhnliche Nutzungsdauer der Dauer der Berechtigung zur Grundstücksnutzung entspricht oder gar kürzer ist. Dies gilt auch dann, wenn – unabhängig von der zivilrechtlichen Betrachtung – an einem räumlich abgrenzbaren Teil des Bauwerks Verfügungsmacht verschafft wird. Ist hiernach eine Weiterlieferung anzunehmen, erfolgt sie unmittelbar im Anschluss an die ursprüngliche Werklieferung, wenn der Grundstückseigentümer dem Besteller die Herstellungskosten ersetzt und zugleich diesem mit Fertigstellung und Ingebrauchnahme eine (höhere) Miete berechnet.

   Entsprechend diesen Grundsätzen könnte die Annahme einer – wenn auch nicht sofortigen – Weiterlieferung nahe liegen, da die Baumaßnahme weder einem vorübergehenden Zweck dient noch Erhaltungsaufwand darstellt. Inwieweit die betriebsgewöhnliche Nutzungsdauer mit der Berechtigung des Ehemannes korrespondiert, das Grundstück nutzen zu dürfen, kann dahingestellt bleiben. Dem besonderen Umstand einer Ehegatten-Gemeinschaft ist lt. BMF-Schreiben (BStBl 1986 I 432) dadurch Rechnung zu tragen, dass in diesen Fällen die Annahme einer Weiterlieferung von dem Nachweis abhängig ist, ob eine Zahlung durch den Grundstückseigentümer geleistet wurde, um hierfür das Bauwerk als Gegenleistung zu erhalten. Kann dieser Nachweis nicht erbracht werden, handelt es sich um eine bloße Zahlung aus nichtunternehmerischen (familiären) Gründen.

Dieser Nachweis kann vorliegend aus den Gesamtumständen nicht abgeleitet werden. Bei der Überweisung der 7 000 € vom gemeinsamen Ehegattenkonto ist nicht erkennbar, dass diese Zuwendung um den Erhalt des umgebauten Dachgeschosses willen geleistet worden ist. Sowohl die unentgeltliche, nicht schuldrechtlich geregelte Nutzungsüberlassung als auch die Wertrelation von Kostenbeteiligung und erlangtem Vorteil sprechen vielmehr dafür, dass die Bezahlung auf nichtunternehmerischen Gründen beruht. Ein Unternehmer würde ohne vertragliche Grundlage zu einer solchen Kostenübernahme nicht bereit sein (vgl. BMF-Schreiben, BStBl 1986 I 432, Bsp. 9 und 10).

FALL 93

Vorsteuerabzug bei Leistungen der Gesellschafter

Sachverhalt: Die Stein-Pils-Brauerei mit Sitz in Bamberg wird in der Rechtsform einer Kommanditgesellschaft betrieben. Komplementär und geschäftsführender Gesellschafter der KG ist Eberhard Donner. Seine Kapitalbeteiligung beträgt 550 000 €. Als Kommanditisten gehören der Gesellschaft Ehrenfried Winter, Hermann Sommer und Klara Wohlgemut mit einer Einlage von je 150 000 € an.

Im Gesellschaftsvertrag der KG wurde vereinbart, dass der Komplementär Eberhard Donner für seine Tätigkeit als Geschäftsführer monatlich 3 000 € unabhängig vom Betriebsergebnis erhält. Außerdem enthält der Gesellschaftsvertrag eine Vereinbarung zwischen der KG und dem Kommanditisten Ehrenfried Winter, wonach diesem für die Überlassung eines patentrechtlich geschützten Abfüllverfahrens 0,5 % des Umsatzes – losgelöst von der Höhe seines Gewinnanspruchs – jährlich zu zahlen sind. Der verbleibende Gewinn wird nach dem Verhältnis der Kapitalbeteiligungen verteilt.

Der steuerbare und steuerpflichtige Umsatz des Jahres 2018 hat 8 000 000 € betragen. Der Gewinn wurde wie folgt verteilt (in €):

	Donner	**Winter**	**Sommer**	**Wohlgemut**
Gewinnanteile	198 000	54 000	54 000	54 000
Geschäftsführung	36 000			
Patentüberlassung		40 000		
Gewinn 436 000	234 000	94 000	54 000	54 000

Dem Komplementär hat die KG im Kalenderjahr 2018 jeweils monatlich folgende Abrechnung erteilt (Auszug):

Fall 93

Bezüge für Geschäftsführertätigkeit im Monat	3 000 €
zzgl. 19 % USt	570 €
Ihrem Konto wurden gutgebracht	3 570 €

Dem Kommanditisten Ehrenfried Winter wurde von der KG am 10. 1. 2019 folgende Gutschrift übergeben (Auszug):

Für Patentüberlassung im Jahr 2018 überweisen wir vertragsgemäß auf Ihr Konto 40 000 € zzgl. 19 % USt 7 600 € = 47 600 €.

Fragen:

1. Kann die KG für den Veranlagungszeitraum 2018 einen Vorsteuerabzug i. H. v. 6 840 € (570 € x 12) aus der Leistung des Geschäftsführers für ihr Unternehmen geltend machen?
2. Wie ist die Patentüberlassung umsatzsteuerrechtlich zu würdigen?

LÖSUNG

1. Die Stein-Pils-Brauerei KG ist Unternehmer gem. § 2 Abs. 1 UStG. Sie ist daher berechtigt, Vorsteuerbeträge von ihrer Steuerschuld abzuziehen. Zum Abzug gelangen die in Rechnung gestellten Vorsteuerbeträge für Lieferungen oder sonstige Leistungen, die von anderen Unternehmern für das Unternehmen der KG ausgeführt worden sind (§ 15 Abs. 1 Satz 1 Nr. 1 Satz 1 UStG).

   Voraussetzung für den Vorsteuerabzug ist danach, dass die KG eine Lieferung oder sonstige Leistung empfangen hat. Diese Lieferung oder sonstige Leistung muss im Leistungsaustausch erfolgt sein. Die Kommanditgesellschaft ist wesensverschieden von ihren Gesellschaftern und daher imstande, Rechtsbeziehungen mit ihren Gesellschaftern einzugehen und folglich Umsätze mit ihnen zu tätigen (vgl. Abschn. 1.6 Abs. 1 UStAE).

   Ein Gesellschafter kann an die Gesellschaft sowohl Leistungen erbringen, die ihren Grund in einem gesellschaftsrechtlichen Beitragsverhältnis haben, als auch Leistungen, die auf einem gesonderten schuldrechtlichen Austauschverhältnis beruhen. Die umsatzsteuerrechtliche Behandlung dieser Leistungen richtet sich danach, ob es sich um Leistungen handelt, die als Gesellschafterbeitrag durch die Beteiligung am Gewinn oder Verlust der Gesellschaft abgegolten werden, oder um Leistungen, die gegen Sonderentgelt ausgeführt werden und damit auf einen Leistungsaustausch gerichtet sind.

   Die Steuerbarkeit der Geschäftsführungs- und Vertretungsleistungen eines Gesellschafters an die Gesellschaft setzt das Bestehen eines unmittelbaren Zusammenhangs zwischen der erbrachten Leistung und dem empfangenen Sonderentgelt voraus (vgl. BFH-Urteile vom 6. 6. 2002, BStBl 2003 II 36, und vom 16. 1. 2003, BStBl 2003 II 732). Ein Leistungsaustausch liegt vor, wenn der Gesellschafter z. B. für seine Geschäftsführungs- und Vertretungsleistung an die Gesellschaft eine Vergütung erhält, die im Rahmen der Ergebnisermittlung in der Handelsbilanz als Aufwand behandelt wird (Abschn. 1.6 Abs. 4 Satz 4 UStAE).

   Danach stellt die Führung der Geschäfte durch den Komplementär eine steuerbare und steuerpflichtige Leistung an die Gesellschaft dar. Da eine Rechnung in Form einer Gutschrift gem. § 14 Abs. 2 Satz 2 UStG vorliegt, ist die KG zum Vorsteuerabzug berechtigt (§ 15 Abs. 1 Satz 1 Nr. 1 UStG).

2. Die Überlassung eines geschützten Patents zur Nutzung stellt eine sonstige Leistung gem. § 3 Abs. 9 Satz 2 UStG dar. Die sonstige Leistung besteht in dem Unterlassen eigener Rechtsausübung und Dulden der Rechtsausübung durch einen Anderen. Dulden und Unterlassen sind ihrer Natur nach ein fortwährendes negatives Verhalten, das in seiner Wirkung einem wiederholten positiven Handeln umsatzsteuerrechtlich gleichsteht. Gegenstand der Leistung ist dagegen nicht das einmalige Verpflichtungsgeschäft (Lizenzgewährung im Gesellschaftsvertrag), sondern das fortdauernde Erfüllungsgeschäft. Die Leistung des Kommanditisten Winter wird daher im Rahmen nachhaltiger Tätigkeit i. S. d. § 2 Abs. 1 Satz 3 UStG ausgeübt. Winter wird auch selbständig tätig, denn er ist hinsichtlich der Lizenzgewährung nicht so in ein Unternehmen eingegliedert, dass er den Weisungen des Unternehmers zu folgen verpflichtet wäre. Winter ist somit Unternehmer gem. § 2 Abs. 1 UStG, vgl. auch Abschn. 2.1 und 2.3 UStAE.

   Der Kommanditist erbringt die sonstige Leistung an die KG. Ein Leistungsaustausch liegt vor, da die KG von ihrem Gesellschafter wesensverschieden ist und für die Leistung ein Sonderentgelt unabhängig vom Gewinnanspruch als Gegenleistung gewährt. Der Leistungsaustausch ist steuerbar (§ 1 Abs. 1 Nr. 1 Satz 1 UStG; Abschn. 1.6 Abs. 1–6 UStAE).

   Die sonstige Leistung ist auch steuerpflichtig.

   Der Steuersatz beträgt 19 % (§ 12 Abs. 1 UStG). Der ermäßigte Steuersatz nach § 12 Abs. 2 Nr. 7 Buchst. c UStG kann nicht berücksichtigt werden, weil die Lizenzgewährung sich nicht aus dem Urheberrechtsgesetz, sondern aus dem Patentgesetz ergibt (vgl. auch Abschn. 12.7 UStAE).

   Über die sonstige Leistung hat der Kommanditist der KG nicht selbst eine Rechnung erteilt. Vielmehr hat die KG dem Kommanditisten Winter eine Gutschrift gem. § 14 Abs. 2 Satz 2 UStG erteilt, indem sie über eine sonstige Leistung abgerechnet hat, die an sie ausgeführt wurde. Die Gutschrift gilt als Rechnung des leistenden Unternehmers Winter.

   Während der Kommanditist aufgrund der ausgeführten steuerpflichtigen Leistung die USt i. H. v. 7 600 € als Unternehmer nach § 13a Abs. 1 Nr. 1 UStG schuldet, kann die KG in gleicher Höhe einen Vorsteuerabzug im Voranmeldungszeitraum Januar 2019 vornehmen, denn für ihr Unternehmen ist von einem anderen Unternehmer eine sonstige Leistung ausgeführt worden, für die im Wege der Gutschrift eine Rechnung mit gesondertem Ausweis der Steuer erteilt wurde (§ 15 Abs. 1 Satz 1 Nr. 1 UStG).

FALL 94

Vorsteuerabzug aus Leistungen eines Gesellschafters an eine Personengesellschaft

Sachverhalt: Der Werbeberater Roland Blaufelder und der Werbegraphiker Michael Schwarzbach haben am 2. 1. 2018 die Firma TEAM GmbH & Co. KG mit Sitz in Bergheim gegründet. Geschäftszweck der GmbH & Co. KG (im folgenden KG genannt) ist die Werbeberatung, -planung, -gestaltung sowie die Beschaffung von Werbemitteln.

Gesellschafter der KG sind die GmbH als Komplementärin sowie Blaufelder und Schwarzbach als Kommanditisten. Die Kapitalbeteiligung der GmbH beträgt 20 000 €. Die Kommanditeinlagen betragen 266 000 € für Blaufelder und 114 000 € für Schwarzbach. Die Gewinnverteilung ist aufgrund des Gesellschaftsvertrags der Kapitalbeteiligung entsprechend geregelt. Danach erhalten die GmbH als Komplementärin 5 %, Blaufelder 66,5 % und Schwarzbach 28,5 % des laufenden Betriebsergebnisses. Daneben findet eine Verzinsung der Kapitalanteile nicht statt. Außerdem hat die KG die Geschäftsführertätigkeit der GmbH zu entschädigen.

Die Abrechnung erfolgt monatlich in Höhe der Kosten, die der GmbH in Erfüllung ihrer Aufgaben erwachsen.

Das Stammkapital der Komplementär-GmbH beträgt 50 000 € und ist in vollem Umfang eingezahlt. An der GmbH sind lt. Gesellschaftsvertrag Roland Blaufelder und Michael Schwarzbach beteiligt. Während Blaufelder 70 % der Anteile an der GmbH hält, gehören Schwarzbach 30 %. Einziger Geschäftszweck der GmbH ist die Führung der Geschäfte für die Team GmbH & Co. KG. Zum Geschäftsführer der GmbH wurde Roland Blaufelder bestellt. Die Eintragungen in das Handelsregister sind erfolgt.

Bei der Erstellung der USt-Voranmeldung für den Monat Januar 2018 ergaben sich folgende Vorgänge:

1. Für den Monat Januar 2018 liegt der KG die Rechnung der Komplementär-GmbH über die vereinbarungsgemäß zu erstattenden Beträge vor. Die Rechnung wurde von der GmbH erstellt:

Bruttogehalt Geschäftsführer	8 000 €
Sonstige Kosten	500 €
+ 19 % USt	95 €
	595 €
Gesamtbetrag	**8 595 €**

2. Roland Blaufelder hatte sich im Gesellschaftsvertrag der KG gegenüber verpflichtet, seine Tätigkeit als selbständiger Werbeberater im Rahmen seiner Werbeagentur innerhalb von drei Monaten nach der Gesellschaftsgründung für 20 000 € zzgl. 3 800 € USt aufzugeben. Die KG ihrerseits verpflichtete sich, diese Bereitschaft durch Anrechnung von 20 000 € auf das Kapitalkonto Blaufelders zzgl. 3 800 € Barzahlung für die USt abzufinden.

3. Blaufelder ist seit mehr als 10 Jahren Eigentümer eines Geschäftsgrundstücks in Bergheim. Das Erdgeschoss (150 qm) ist an den Juwelier Goldmann vermietet. Die monatliche Miete für diese Ladenräume beträgt im Jahr 2018 1 800 € zzgl. 342 € USt. Die 1. und 2. Etage (je 140 qm) sind an eine Architektengemeinschaft für monatlich 2 800 € zzgl. 532 € USt vermietet. In der 3. Etage hatte Blaufelder bis zum Ablauf des Jahres 2017 seine Werbeagentur betrieben. Seit dem 1. 1. 2018 hat er diese Räume (140 qm) der TEAM GmbH & Co. KG zur Nutzung überlassen. In einem Zusatzvertrag zum Gesellschaftsvertrag vom 28. 12. 2017 hat sich die KG verpflichtet, für die Überlassung der Räume dem Kommanditisten Blaufelder monatlich 2 000 € zzgl. 380 € USt auf seinem Kapitalkonto gutzuschreiben und darüber einen

Abrechnungsbeleg zu erteilen. Die ortsübliche Miete für Geschäftsräume dieser Größenordnung beträgt 1 400 € ohne USt. Die 4. Etage (140 qm) bewohnt der von seiner Ehefrau Irene geschiedene Blaufelder mit seiner 19-jährigen Tochter Uschi. Der ortsübliche Mietwert dieser Wohnung beträgt 12 €/qm. Die zum Vorsteuerabzug berechtigenden Grundstückskosten haben im Jahr einschließlich Abschreibung berechnet auf den Zeitraum gem. § 15a UStG 28 400 € betragen. Die mit den Grundstückskosten im Zusammenhang stehenden Vorsteuerbeträge haben im VZ 2018 insgesamt 355 € betragen. Alle Ausgaben wurden von Blaufelder getragen. Bei der Anschaffung des Grundstücks hat Blaufelder den zulässigen Vorsteuerabzug vorgenommen.

Fragen:

1. Wie ist die TEAM GmbH & Co. KG hinsichtlich der Unternehmereigenschaft zu beurteilen?
2. Welche umsatzsteuerrechtlichen Konsequenzen sind
   a) für die GmbH,
   b) für den Gesellschafter Blaufelder zu ziehen?
3. Welche Vorsteuerbeträge ergeben sich für die KG im Voranmeldungszeitraum Januar 2018 aufgrund der vorstehenden Sachverhalte?

LÖSUNG

1. Die TEAM GmbH & Co. KG (im folgenden KG genannt) ist Unternehmer (§ 2 Abs. 1 UStG). Die KG ist als Gemeinschaft ihrer Gesellschafter (eine juristische Person und zwei natürliche Personen) Unternehmer, weil sie selbständig sonstige Leistungen nachhaltig mit der Absicht, Einnahmen zu erzielen, ausführt. Als eine Gesellschaft, deren Zweck auf den Betrieb eines Handelsgewerbes gerichtet ist, beabsichtigt die KG, Gewinn zu erzielen. Diese Gewinnerzielungsabsicht setzt eine nachhaltige Tätigkeit zur Erzielung von Einnahmen voraus (§ 2 Abs. 1 Satz 3 UStG). Die KG wird auch selbständig tätig, weil es dem Wesen einer Personengesellschaft des Handelsrechts fremd ist, weisungsgebunden zu handeln (BFH, BStBl 1979 II 356).

   Das Unternehmen umfasst die gesamte Tätigkeit der KG (§ 2 Abs. 1 Satz 2 UStG).

   Nicht zum Rahmen des Unternehmens gehört die Tätigkeit der GmbH. Dies folgt zum einen aus der Änderung der Rechtsprechung zur Unternehmenseinheit, wonach diese Rechtsfigur dem heutigen Umsatzsteuersystem fremd ist (BFH-Urteil vom 16. 11. 1978, BStBl 1979 II 347, sowie BFH-Urteil vom 23. 11. 1978, BStBl 1979 II 350, und BFH-Urteil vom 8. 2. 1979, BStBl 1979 II 358). Zum anderen liegt zwischen KG und GmbH auch keine Organschaft vor i. S. d. § 2 Abs. 2 Nr. 2 UStG (vgl. BFH-Urteil vom 14. 12. 1978, BStBl 1979 II 288, sowie Abschn. 2.8 Abs. 2 Satz 6 UStAE).

   Die GmbH kann demzufolge selbständige Unternehmerin sein. Das setzt jedoch voraus, dass sie Lieferungen oder sonstige Leistungen, also Leistungen gegen Entgelt, bewirkt. Im vorliegenden Fall entfaltet die GmbH eine Tätigkeit im Rahmen der Geschäftsführung für die KG, deren Komplementärin sie ist. Eine Kapitalgesellschaft ist stets selbständig, wenn sie nicht nach § 2 Abs. 2 UStG in das Unternehmen eines Organträgers eingegliedert ist; dies gilt insbesondere hinsichtlich ihrer gegen Entgelt ausgeübten Geschäftsführungs- und Vertretungsleistungen gegenüber einer Personengesellschaft (BFH-Urteil vom 6. 6. 2002, BStBl 2003 II 36).

2. a) Da die Geschäftsführertätigkeit der GmbH als sonstige Leistung gegen Sonderentgelt der GmbH an die KG zu qualifizieren ist, liegen folglich steuerbare und steuerpflichtige Umsätze der GmbH vor.

   Bemessungsgrundlage für die Leistung ist das Entgelt gem. § 10 Abs. 1 Satz 1 und Satz 2 UStG. Es ergibt sich somit ein Entgelt i. H. v. 7 222,69 € und eine USt i. H. v. 1 372,31 €. Die Steuer entsteht gem. § 13 Abs. 1 Nr. 1 Buchst. a Satz 1 UStG mit Ablauf des Voranmeldungszeitraums Januar 2018.

   b) Der Verzicht auf Weiterführung der Werbeagentur durch Blaufelder gegenüber der KG stellt eine sonstige Leistung an die KG dar, die in einem Unterlassen besteht (§ 3 Abs. 9 Satz 2 UStG). Die sonstige Leistung wird im Inland ausgeführt (§ 3a Abs. 2 Satz 1 UStG) und erfolgt als letzter Umsatz Blaufelders im Rahmen seiner Werbeagentur auch im Rahmen des Unternehmens.

   Die Gegenleistung der KG besteht in der Gewährung von Gesellschaftsrechten i. H. v. 20 000 € und einer Barleistung i. H. v. 3 800 €. Es liegt somit ein tauschähnlicher Umsatz mit Baraufgabe vor (§ 3 Abs. 12 Satz 2 UStG). Die sonstige Leistung Blaufelders ist steuerbar (§ 1 Abs. 1 Nr. 1 Satz 1 UStG), sie ist auch steuerpflichtig.

   Die Bemessungsgrundlage ergibt sich aus § 10 Abs. 1 Satz 1 und Satz 2 UStG i. V. m. § 10 Abs. 2 Satz 2 UStG. Bemessungsgrundlage ist danach der gemeine Wert der Gegenleistung zuzüglich der Baraufgabe, jedoch abzüglich der auf diesen Umsatz entfallenden USt. Die Bemessungsgrundlage beträgt folglich 20 000 € und die USt bei einem Steuersatz von 19 % 3 800 €.

   Die Gewährung der Gesellschaftsrechte durch die KG stellt keinen steuerbaren Umsatz dar. Für den Fall der Aufnahme eines Gesellschafters gegen Bareinlage ist dies vom EuGH mit Urteil vom 26. 6. 2003 (UR 2003, 443) entschieden worden. Der BFH ist dem mit Urteil vom 1. 7. 2004 (BStBl 2004 II 1022) gefolgt.

   Blaufelder ist auch nach Aufgabe seiner Werbeagentur weiterhin Unternehmer (§ 2 UStG), denn er handelt im Hinblick auf die Grundstücksvermietung weiterhin selbständig und nachhaltig zur Erzielung von Einnahmen.

   Die Umsätze aus der Vermietung des Geschäftsgrundstücks stellen sonstige Leistungen dar (§ 3 Abs. 9 Satz 2 UStG). Die Mieteinnahmen sind das Entgelt für die sonstigen Leistungen, die als Teilleistungen bewirkt werden. Die sonstigen Leistungen sind steuerbar (§ 1 Abs. 1 Nr. 1 Satz 1 UStG i. V. m. § 3a Abs. 3 Nr. 1 Satz 2 Buchst. a UStG), sie sind jedoch grundsätzlich nach § 4 Nr. 12 Satz 1 Buchst. a UStG steuerfrei.

   Blaufelder hat jedoch auf die Steuerbefreiung nach § 9 Abs. 1 UStG zulässigerweise verzichtet. Den Verzicht hat er durch den gesonderten Steuerausweis in den Rechnungen an die Mieter zum Ausdruck gebracht. Dieses konkludente Verhalten reicht für die Annahme einer wirksamen Option aus (vgl. Abschn. 9.1 Abs. 3 UStAE). Beschränkungen nach § 9 Abs. 2 UStG liegen nicht vor.

Auch die Vermietung an die KG stellt eine sonstige Leistung dar. Denn das Leistungsverhalten Blaufelders ist auf Leistungsaustausch und nicht auf Leistungsvereinigung gerichtet. Blaufelder erhält für die Nutzungsüberlassung der 3. Etage ein von seiner Gewinnbeteiligung unabhängiges Entgelt. Die über den ortsüblichen Mietwert hinausgehende Zahlung der KG ist als freiwilliges Entgelt Teil der Bemessungsgrundlage für den Umsatz Blaufelders (§ 10 Abs. 1 Satz 2 UStG). Es ist insoweit gleichgültig, ob die Leistung ganz oder teilweise auf dem Gesellschaftsverhältnis beruht (vgl. BFH-Urteil vom 16. 3. 1993, BStBl 1993 II 530, sowie Abschn. 1.6 Abs. 1–6 UStAE).

Die Nutzung der 4. Etage durch Blaufelder und seine Tochter Uschi führt zu einer unentgeltlichen Wertabgabe nach § 3 Abs. 9a Nr. 1 UStG, wenn der Unternehmer auch diesen Grundstücksteil seinem Unternehmen zugeordnet hat. (Beachte Anmerkung am Schluss der Lösung dieses Falles.) Dieser Umsatz ist steuerbar und steuerpflichtig. Eine Steuerbefreiung nach § 4 Nr. 12 Satz 1 Buchst. a UStG kommt nicht zur Anwendung (EuGH-Urteil vom 8. 5. 2003, BStBl 2004 II 378, und BFH-Urteil vom 24. 7. 2003, BStBl 2004 II 371).

Die Bemessungsgrundlage für die steuerpflichtigen Grundstücksumsätze im Januar 2018 beträgt daher insgesamt:

Erdgeschoss =	1 800 €
1./2. Etage =	2 800 €
3. Etage =	2 000 €
	6 600 €

Die USt beträgt 1 254 €.

Die Bemessungsgrundlage für den steuerpflichtigen Umsatz bzgl. der selbstgenutzten Wohnung bestimmt sich nach § 10 Abs. 4 Satz 1 Nr. 2 UStG und beträgt 28 400 € : 710 qm x 140 qm = 5 600 €, bezogen auf einen Monat = 466,67 €. Es entsteht eine USt i. H. v. monatlich 88,67 €.

Die mit den Grundstückskosten im Zusammenhang stehenden Vorsteuerbeträge i. H. v. 355 € sind in voller Höhe abziehbar.

HINWEIS

Nach dem Urteil des EuGH vom 4. 10. 1995 (Rs. C 291/92, BStBl 1996 II 390) hat der Steuerpflichtige beim Erwerb von Gegenständen ein Wahlrecht, ob er diese dem Unternehmen zuordnen will oder nicht. Grundstücke, die sowohl unternehmerischen als auch außerunternehmerischen Zwecken dienen, können danach aufgeteilt werden. Geht man hiervon aus, dann stellt die Eigennutzung keinen steuerpflichtigen Umsatz dar, sondern ist nicht steuerbar. In Folge wäre der Vorsteuerabzug aus Erwerb/Herstellung und lfd. Kosten anteilig bereits nach § 15 Abs. 1 Satz 1 Nr. 1 UStG mangels Leistung für das Unternehmen unzulässig. Es ergäbe sich in diesem Fall eine abziehbare Vorsteuer i. H. v. 285 €. Auf § 15 Abs. 1b UStG ab dem 1. 1. 2011 wird hingewiesen.

3. Die KG kann einen Vorsteuerabzug aus der Rechnung der GmbH vornehmen und zwar i. H. v. 95 €. Ein darüber hinausgehender Vorsteuerabzug ist mangels gesonderten Steuerausweises nicht möglich. Nach § 15 Abs. 1 Satz 1 Nr. 1 UStG ist für den Vorsteuerabzug Voraussetzung,

dass der abzugsberechtigte Unternehmer von einem anderen Unternehmer eine Lieferung oder sonstige Leistung, also eine Leistung, erhalten hat und eine ordnungsgemäße Rechnung gem. §§ 14, 14a UStG vorliegt.

Die KG ist zum Abzug der Vorsteuer aus der Vermietungsleistung Blaufelders berechtigt. Diese sonstige Leistung wurde von einem anderen Unternehmer für das Unternehmen der KG ausgeführt und steht nicht im Zusammenhang mit steuerfreien Umsätzen (§ 15 Abs. 1 Satz 1 Nr. 1 und Abs. 2 UStG). Die Tatsache, dass für die Teilleistung keine gesonderte Rechnung mit Steuerausweis erteilt wurde, ist unmaßgeblich. Der gesonderte Steuerausweis im Zusatzvertrag zum Gesellschaftsvertrag im Zusammenhang mit der Bezeichnung der Leistung und der an der Leistung Beteiligten i. V. m. den monatlichen Abrechnungsbelegen reicht für die Annahme einer Rechnung aus (BFH v. 7. 7. 1988, BStBl 1988 II 913). Gemäß § 14 Abs. 1 Satz 1 UStG ist Rechnung nämlich jedes Dokument, mit dem über eine Leistung abgerechnet wird, auf die Bezeichnung kommt es nicht an (vgl. Abschn. 14.1 Abs. 2 Satz 1 UStAE). Der Vorsteuerabzug im Voranmeldungszeitraum Januar 2018 beträgt 380 €.

Der KG steht schließlich aufgrund der sonstigen Leistung (Wettbewerbsverzicht Blaufelders), die für ihr Unternehmen ausgeführt wird, ein Vorsteuerabzug i. H. v. 3 800 € zu. Der Steuerbetrag ist in einer Rechnung (§ 14 Abs. 1 und Abs. 4 UStG) gesondert ausgewiesen. Auch insoweit reicht die Angabe im Gesellschaftsvertrag aus (Abschn. 14.1 Abs. 2 Satz 1 UStAE). Der Vorsteuerabzug ist auch nicht nach § 15 Abs. 2 Satz 1 Nr. 1 UStG ausgeschlossen, weil die KG diese sonstige Leistung nicht zur Ausführung eines nach § 4 Nr. 8 Buchst. f UStG steuerfreien Umsatzes in Anspruch nimmt, sondern weil diese sonstige Leistung im wirtschaftlichen Zusammenhang mit den branchentypischen, gewerblichen Umsätzen der KG steht.

FALL 95

Ausstellung von Rechnungen und Vorsteuerabzug

Sachverhalt: Agnes Semmelroth ist gelernte Rundfunk- und Fernsehmechanikerin. Nachdem sie im Frühjahr 2017 ihre Meisterprüfung bestanden hatte, eröffnete sie am 1. 7. 2017 in Halberstadt eine eigene Mechanikerwerkstatt. Die Bruttoeinnahmen des Jahres 2017 haben insgesamt 32 740 € betragen.

Zwecks Erstellung der Umsatzsteuererklärung im Jahre 2018 übergab Frau Semmelroth ihrer Steuerberaterin Ilse Sturm u. a. folgende Belege mit der Bitte, diese für den Vorsteuerabzug soweit wie möglich zu berücksichtigen:

a) Materialeinkauf, Rechnungsbetrag 290 €, Rechnungsdatum 12. 4. 2018. Der Beleg enthält den Vermerk: Im Rechnungsbetrag sind 19 % MwSt enthalten.

b) Materialeinkauf, Rechnungsbetrag 95 €, Rechnungsdatum 12. 9. 2018. Der Beleg enthält den Vermerk: Im Rechnungsbetrag sind 19 % MwSt enthalten.

c) Materialeinkauf, Rechnungsbetrag 60 €, Rechnungsdatum 14. 9. 2018. Der Beleg enthält den Vermerk: Im Rechnungsbetrag ist die gesetzliche MwSt enthalten.

d) Büromaterial, Rechnungsbetrag 75 €, Rechnungsdatum 23. 9. 2018. Der Beleg enthält den Vermerk: Im Rechnungsbetrag ist die MwSt mit 15,97 % enthalten.

e) Kfz-Reparatur, Rechnungsbetrag 250 €, Rechnungsdatum 12. 12. 2018. Der Beleg enthält den Vermerk: Im Rechnungsbetrag sind 39,92 € USt enthalten.

f) Materialeinkauf, Rechnungsbetrag 743 € + 41,17 € USt = 784,17 €, Steuersatz 19 %, Rechnungsdatum 19. 12. 2018.

g) Fahrkarte der Deutschen Bahn AG von Halberstadt nach Magdeburg vom 12. 12. 2018. Auf dem Fahrschein sind der Preis mit 10 € und die Tarifentfernung mit 45 km angegeben. Die Fahrt war unternehmerisch bedingt.

h) Taxiquittung vom 12. 12. 2018 von Magdeburg Hauptbahnhof zu einem Kunden. Außerdem enthält der Beleg nur noch die Angabe des Preises mit 7,50 € und die Entfernung mit 10 km.

i) Rechnung über eine Anzahlung i. H. v. 4 000 € zzgl. 760 € USt vom 18. 12. 2018. Es handelt sich um eine Zahlung für eine Warenlieferung, die am 10. 1. 2019 an die Fa. Semmelroth ausgeführt wurde. Der Betrag von 4 760 € wurde am 21. 12. 2018 überwiesen.

j) Rechnung über eine Abschlagzahlung i. H. v. 1 000 € zzgl. 190 € USt vom 20. 12. 2018. Die Abschlagzahlung wurde von dem Malermeister Pinsel angefordert, der die Werkstatt- und Ladenräume zu modernisieren hatte. Die Arbeiten wurden von Pinsel im Januar 2019 abgeschlossen. Frau Semmelroth überwies aufgrund der Rechnung vom 20. 12. 2018 am 22. 12. 2018 800 €.

Frage: Welche der genannten Belege enthalten die für den Vorsteuerabzug notwendigen, gesetzlich geforderten Angaben, und wie hoch ist ggf. die abziehbare Vorsteuer?

Bei der Lösung des Falles ist davon auszugehen, dass – soweit erforderlich – alle Belege den Namen und die Anschrift des liefernden oder leistenden Unternehmers, den Namen und die Anschrift der Leistungsempfängerin sowie die Menge und die handelsübliche Bezeichnung oder die Art und den Umfang der sonstigen Leistung enthalten. Auch die Steuernummer des Leistenden ist – soweit erforderlich – vorhanden; ebenso die fortlaufende Nummer, der jeweilige Leistungszeitpunkt und das Ausstellungsdatum.

LÖSUNG

Der Unternehmer kann die gesetzlich geschuldete USt für Lieferungen oder sonstige Leistungen, die von anderen Unternehmern für sein Unternehmen ausgeführt worden sind, als Vorsteuer abziehen (§ 15 Abs. 1 Satz 1 Nr. 1 Satz 1 UStG). Die Ausübung des Vorsteuerabzugs setzt gem. § 15 Abs. 1 Satz 1 Nr. 1 Satz 2 UStG voraus, dass der Unternehmer eine nach den §§ 14, 14a UStG ausgestellte Rechnung besitzt. Dabei ist als Rechnung jedes Dokument anzuerkennen, mit dem ein Unternehmer über eine Lieferung oder sonstige Leistung abrechnet. Auf die Bezeichnung des Dokuments kommt es nicht an (§ 14 Abs. 1 Satz 1 UStG). Allerdings muss das Dokument alle in § 14 Abs. 4 Satz 1 UStG geforderten Angaben enthalten. Als Rechnung im Sinne des UStG ist danach ein Beleg anzusehen, der folgende Angaben enthält:

1. Den vollständigen Namen und die vollständige Anschrift des Leistenden und des Leistungsempfängers,
2. die Steuernummer oder die USt-Identifikationsnummer des Leistenden,
3. das Ausstellungsdatum,
4. eine Rechnungsnummer,
5. die Menge und die Art der Gegenstände bzw. den Umfang und die Art der sonstigen Leistung,
6. den Zeitpunkt der Leistung oder der Vereinnahmung des Entgelts bei Anzahlungen,
7. das Entgelt sowie jede im Voraus vereinbarte Minderung des Entgelts,
8. den Steuersatz, den Steuerbetrag oder einen Hinweis auf die Steuerbefreiung,
9. einen Hinweis auf die Aufbewahrungspflicht in Fällen des § 14b Abs. 1 Satz 5 UStG,
10. in den Fällen der Ausstellung der Rechnung durch den Leistungsempfänger oder durch einen von ihm beauftragten Dritten die Angabe „Gutschrift".

Rechnungen, deren Gesamtbetrag 250 € nicht übersteigt, müssen abweichend von § 14 Abs. 4 UStG mindestens den Namen und die Anschrift des leistenden Unternehmers, die Menge und die handelsübliche Bezeichnung der gelieferten Gegenstände oder die Art und den Umfang der sonstigen Leistung, das Ausstellungsdatum, das Entgelt und den Steuerbetrag für die Leistung in einer Summe und den Steuersatz oder im Fall der Steuerbefreiung einen Hinweis auf die Steuerbefreiung enthalten (§ 33 UStDV). Sind diese Voraussetzungen erfüllt, spricht man von einer Kleinbetragsrechnung, die ebenfalls bei Vorliegen aller übrigen Tatbestandsmerkmale zum Vorsteuerabzug berechtigt (§ 35 UStDV).

Als Rechnungen i. S. d. § 14 Abs. 4 UStG gelten nach § 34 UStDV auch Fahrausweise, die für die Beförderung von Personen ausgegeben werden, wenn sie mindestens folgende Angaben enthalten:

1. Den Namen und die Anschrift des Beförderungsunternehmers,
2. das Ausstellungsdatum,
3. das Entgelt und den Steuerbetrag in einer Summe,
4. den Steuersatz, dabei ist ausreichend auch eine Angabe „V = 19 % USt." (vgl. Abschn. 14.7 Abs. 1 UStAE) und
5. im Fall der Anwendung des § 26 Abs. 3 UStG einen Hinweis auf die grenzüberschreitende Beförderung von Personen im Luftverkehr.

Die Angabe des Steuersatzes kann dann unterbleiben, wenn die Beförderungsleistung dem ermäßigten Steuersatz gem. § 12 Abs. 2 Nr. 10 UStG unterliegt. Bei Fahrausweisen der Deutschen Bahn AG kann anstelle des Steuersatzes die Tarifentfernung angegeben werden.

Als Vorsteuer kann der Unternehmer bei Rechnungen i. S. d. § 14 Abs. 1 UStG grundsätzlich den gesondert ausgewiesenen Steuerbetrag abziehen. Bei Kleinbetragsrechnungen sowie bei Fahrausweisen hat der Unternehmer für Zwecke des Vorsteuerabzugs den Rechnungsbetrag in Entgelt und Steuerbetrag aufzuteilen. Dabei ist der angegebene Steuersatz der Berechnung zugrunde zu legen. Bei Fahrausweisen ist zu beachten, dass der Steuersatz mit 19 % anzuwenden ist, wenn dieser angegeben ist oder wenn der Fahrausweis die Angabe einer Tarifentfernung von mehr als 50 km enthält. Enthält der Fahrausweis keine Angabe über den Steuersatz oder die Angabe einer Tarifentfernung von nicht mehr als 50 km, ist von einem Steuersatz von 7 % auszugehen (§ 35 Abs. 1 und Abs. 2 UStDV).

Die nach § 35 Abs. 1 UStDV vorgeschriebene Aufteilung des Rechnungsbetrags in Entgelt und Steuerbetrag kann durch Multiplikation vorgenommen werden (Abschn. 15.5 Abs. 8 UStAE i. V. m. Abschn. 15.4 Abs. 3 UStAE). Wird die Vorsteuer durch Multiplikation errechnet, beträgt der Faktor 0,1597 (= 15,97 %) bei einem Steuersatz von 19 %. Bei einem Steuersatz von 7 % beträgt der maßgebliche Faktor 0,0654 (= 6,54 %).

Die von Frau Semmelroth vorgelegten Belege sind danach im Einzelnen wie folgt zu beurteilen:

a) Es handelt sich um eine Lieferung, die an das Unternehmen Semmelroth bewirkt wurde. Da der Rechnungsbetrag 250 € übersteigt, liegt eine Kleinbetragsrechnung i. S. d. § 33 UStDV nicht vor. Der Beleg kann auch nicht als Rechnung i. S. d. § 14 Abs. 4 UStG anerkannt werden, weil der auf das Entgelt entfallende Steuerbetrag nicht angegeben ist. Die Angabe des Steuersatzes ersetzt das Fehlen dieser Voraussetzung nicht. Ein Vorsteuerabzug ist nicht zulässig.

b) In diesem Fall sind die Voraussetzungen erfüllt, die § 33 UStDV bei Rechnungen über Kleinbeträge mindestens fordert. Der Rechnungsbetrag von 95 € übersteigt die Grenze von 250 € nicht, und der Steuersatz von 19 % ist angegeben. Die Ermittlung der abziehbaren Vorsteuer erfolgt durch Aufteilung des Rechnungsbetrags in Entgelt und Steuerbetrag gem. § 35 Abs. 1 UStDV. 95 € x 15,97 % = abziehbare Vorsteuer 15,17 €.

c) Der Beleg über den Materialeinkauf vom 14. 9. 2018 erfüllt weder die Voraussetzungen für eine Rechnung i. S. d. § 14 Abs. 4 UStG, noch handelt es sich dabei um eine Kleinbetragsrechnung gem. § 33 UStDV. Der Vermerk, dass die gesetzliche Mehrwertsteuer im Rechnungsbetrag enthalten sei, ersetzt nicht die Angabe des Steuersatzes. Der Vorsteuerabzug ist auch dann nicht zulässig, wenn der Unternehmer die fehlenden Angaben auf der Rechnung über einen Kleinbetrag selbst ergänzt. Ihm bleibt nur der Weg, beim Rechnungsaussteller eine berichtigte Rechnung anzufordern (Abschn. 14.1 Abs. 5 UStAE).

d) Auch im Fall des Nachweises über den Büromaterialeinkauf kann von einer Kleinbetragsrechnung i. S. d. § 33 UStDV nicht gesprochen werden, denn bei der Angabe des für die Errechnung der Steuer maßgeblichen Faktors handelt es sich nicht um einen nach § 12 UStG anzuwendenden Steuersatz.

e) Ein Vorsteuerabzug ist nicht möglich. Es liegt keine ordnungsgemäße Rechnung vor, da der Steuersatz und die Angabe des Entgelts fehlen. Dies hat der BFH mit Urteil vom 27. 7. 2000, BStBl 2001 II 426, entschieden. Die von der Verwaltung eingeräumte Übergangsregelung ist mit Ablauf des 31. 12. 2001 ausgelaufen (BMF-Schreiben vom 5. 6. 2001, BStBl 2001 I 360).

f) Die zutreffend auszuweisende USt hätte 141,17 € betragen müssen. Bis zur Erteilung einer berichtigten Rechnung kann allerdings nur die tatsächlich ausgewiesene USt i. H. v. 41,17 € als Vorsteuer abgezogen werden. Eine Kleinbetragsrechnung liegt nicht vor.

g) Der Fahrschein der Deutschen Bahn AG vom 12. 12. 2018 enthält alle Angaben, die für die Anerkennung als Rechnung i. S. d. §14 Abs. 4 UStG durch die Bestimmung des § 34 UStDV gefordert werden. Insbesondere ist die Tarifentfernung angegeben, die bei Fahrausweisen der Deutschen Bahn AG an die Stelle des Steuersatzes treten kann. Der Vorsteuerabzug kann aus diesem Fahrausweis unter Anwendung der Vorschrift des § 35 Abs. 1 und Abs. 2 UStDV durch Aufteilung des Beförderungspreises in Entgelt und Steuerbetrag vorgenommen werden. Da die angegebene Tarifentfernung 50 km nicht übersteigt, ist bei der Berechnung der Steuersatz von 7 % zu Grunde zu legen. Die abziehbare Vorsteuer beträgt 0,65 € (10 € x 6,54 %).

h) Die Anwendung der Vorschrift des § 34 UStDV setzt voraus, dass für die Beförderung im Personenverkehr ein Fahrausweis ausgegeben wurde. Der Fahrausweis ist ein Berechtigungsschein für die Inanspruchnahme eines Verkehrsmittels im Linienverkehr. Bei der Quittung über die Benutzung des Taxis handelt es sich aber nicht um einen Fahrausweis, der einen Anspruch auf eine Beförderungsleistung begründet, da die Benutzung nicht vom Erwerb eines Berechtigungsscheins abhängt (Abschn. 15.5 Abs. 7 UStAE). § 34 UStDV ist daher nicht anwendbar. Belege über die Benutzung von Taxen, Mietwagen und Omnibussen außerhalb des Linienverkehrs berechtigen nur dann zum Vorsteuerabzug, wenn die Voraussetzungen des § 14 Abs. 4 UStG oder des § 33 UStDV erfüllt sind. Der Rechnungsbetrag der Taxiquittung übersteigt im vorliegenden Fall nicht 250 €, aber es fehlt die Angabe des Steuersatzes, die für die Anerkennung als Kleinbetragsrechnung nicht durch die Angabe der Entfernung ersetzt werden kann (§ 33 UStDV). Die Taxiquittung berechtigt die Unternehmerin daher nicht zum Vorsteuerabzug.

i) Nach § 14 Abs. 5 Satz 1 UStG ist der Unternehmer berechtigt, für vor Ausführung der Leistung vereinnahmte Entgelte oder Teilentgelte Rechnungen mit gesondertem Steuerausweis zu erteilen. Der Unternehmer, der eine Rechnung mit gesondertem Steuerausweis für eine Zahlung vor Ausführung der Leistung (Anzahlung, Abschlagzahlung etc.) erhält, ist daraus zum Vorsteuerabzug berechtigt, wenn die Rechnung vorliegt und die Zahlung geleistet worden ist (§ 15 Abs. 1 Satz 1 Nr. 1 Satz 3 UStG).

Frau Semmelroth hat die Anzahlung am 21. 12. 2018 vorgenommen. Sie ist daher im Voranmeldungszeitraum Dezember 2018 zum Vorsteuerabzug i. H. v. 760 € berechtigt.

j) Die Rechnung über die Abschlagzahlung erfüllt die Voraussetzungen des § 14 Abs. 4 UStG. Insbesondere ist es zulässig, Rechnungen mit gesondertem Steuerausweis vor Ausführung der Leistung zu erteilen mit der Folge, dass der leistende Unternehmer aufgrund der Anzahlungsversteuerung die Steuer aus dem vereinnahmten Betrag gem. § 13 Abs. 1 Nr. 1 Buchst. a Satz 4 UStG schuldet und der Leistungsempfänger nach Zahlung zum Vorsteuerabzug berechtigt ist.

Im vorliegenden Fall ist jedoch ein geringerer Betrag überwiesen worden, als in der Rechnung angefordert wurde. Nach § 13 Abs. 1 Nr. 1 Buchst. a Satz 4 UStG kommt es für die Entstehung der Steuerschuld nicht auf den angeforderten Betrag, sondern auf das vereinnahmte Entgelt an. Pinsel schuldet daher im Rahmen der Anzahlungsversteuerung (800 € ./. 19 % USt) 127,73 € USt im Voranmeldungszeitraum Dezember 2018.

Frau Semmelroth steht im selben Zeitraum auch nur ein Vorsteuerabzug in dieser Höhe zu, denn nach § 15 Abs. 1 Satz 1 Nr. 1 Satz 3 UStG kommt es auf die Zahlung an.

FALL 96

Abrechnung über die Verwertung von Sicherungsgut nach Insolvenzeröffnung

Sachverhalt: Lothar Berger betreibt seit Jahren in Kassel ein Speditionsunternehmen. Er versteuert seine Umsätze nach den allgemeinen Vorschriften des UStG. Am 15. 10. 2016 hatte Berger einen Lastzug für 100 000 € zzgl. 19 % = 19 000 € USt angeschafft. Um die Kaufpreisschuld begleichen zu können, nahm Berger bei der Sparkasse der Stadt Kassel ein Darlehen i. H. v. 75 000 € auf. Zur Sicherung des Kredits übereignete Berger der Bank den Lkw und übergab ihr den Kraftfahrzeugbrief.

Nachdem das Speditionsunternehmen Berger bereits im Laufe des Jahres 2017 mehrfach Liquiditätsengpässe zu überstehen hatte, trat im Januar 2018 die völlige, dauernde Zahlungsunfähigkeit des Firmeninhabers ein. Am 17. 3. 2018 wurde daraufhin das Insolvenzverfahren über das Vermögen des Steuerpflichtigen eröffnet. Zum Insolvenzverwalter wurde der Rechtsanwalt Dr. Armin Piepen bestellt. Dieser gab den der Bank sicherungsübereigneten Lkw am 2. 4. 2018 zur Verwertung frei mit der Maßgabe, dass der Verwertungserlös der Insolvenzmasse zuzuführen sei. Die Darlehensforderung der Bank betrug zum Zeitpunkt der Insolvenzeröffnung noch 50 000 € einschließlich aufgelaufener Zinsen.

Die Bank veräußerte den Lkw am 28. 5. 2018 für 60 000 € zzgl. 11 400 € USt (Steuersatz 19 %) an die Möbelfabrik Pohle OHG in Warburg, die den Lastzug am 3. 6. 2018 durch einen Angestellten bei Berger abholen ließ. Durch Inserate in regionalen Tageszeitungen waren der Bank bei der Suche nach evtl. Käufern insgesamt Kosten i. H. v. 250 € entstanden. In einer Rechnung des Verlages sind 47,50 € USt gesondert ausgewiesen, die die Sparkasse als abzugsfähige Vorsteuer zutreffend behandelt hat. Am 18. 6. 2018 erteilte die Sparkasse dem Insolvenzverwalter folgende Abrechnung (Auszug):

„Veräußerung des sicherungsübereigneten Lkw

Nettoverkaufspreis	60 000 €
zzgl. USt (19 %)	11 400 €
	71 400 €
abzgl. Verwertungskosten	250 €
	71 150 €
abzgl. Darlehensforderung	50 000 €
Guthaben zu Ihren Gunsten	21 150 €

Anlage: Verrechnungsscheck über 21 150 €."

Fragen:

1. Wie ist die Veräußerung des Lkw durch die Sparkasse umsatzsteuerrechtlich zu würdigen?
2. Wer ist Schuldner der USt aus der Lieferung an den Sicherungsnehmer, und wann ist die Steuerschuld entstanden?
3. Wie hoch ist die Umsatzsteuerschuld aus der Lieferung an den Sicherungsnehmer?

4. Ist die Abrechnung der Sparkasse zutreffend?
5. Wie wäre der Fall zu lösen, wenn der Insolvenzverwalter den Lkw am 28. 5. selbst an die Pohle OHG veräußert hätte?
6. Ist § 13b UStG anzuwenden?

LÖSUNG

1. Die Sicherungsübereignung vom 15. 10. 2016 erfüllt noch nicht den Tatbestand einer Lieferung gem. § 3 Abs. 1 UStG. Zwar wurde der Sparkasse der Stadt Kassel an diesem Tag durch Berger bürgerlich-rechtlich das Eigentum übertragen (§ 930 BGB), als Sicherungsnehmerin war die Sparkasse jedoch verpflichtet, von dem ihr übertragenen Eigentumsrecht nur in dem Rahmen Gebrauch zu machen, wie es den Vereinbarungen einer Sicherungsübereignung entspricht. Danach bleibt der Sicherungsgeber unmittelbarer Besitzer der übereigneten Sache, und der Sicherungsnehmer wird nicht befähigt, in eigenem Namen über den Gegenstand zu verfügen. Diese Befähigung erhält der Gläubiger erst in dem Zeitpunkt, in dem der Schuldner seinen Verpflichtungen nicht mehr nachkommt. Das bedeutet, dass der Sicherungsnehmer die Verfügungsmacht über den sicherungsübereigneten Gegenstand in dem Zeitpunkt erhält, in dem er von seinem Verwertungsrecht Gebrauch macht (Abschn. 1.2 Abs. 1 Satz 1 UStAE). Veräußert daher der Sicherungsnehmer in Ausübung seiner Verwertungsbefugnis den sicherungsübereigneten Gegenstand an einen Dritten, liegen zu diesem Zeitpunkt zwei Umsätze vor. Der Sicherungsgeber bewirkt eine Lieferung an den Sicherungsnehmer, und dieser wiederum liefert an den Erwerber (Abschn. 1.2 Abs. 1 Satz 2 UStAE sowie BFH v. 9. 3. 1995, BStBl 1995 II 564; „Doppelumsatz").

   Diese Grundsätze gelten bei der Veräußerung sicherungsübereigneter Sachen durch den Sicherungsnehmer in der Insolvenz des Sicherungsgebers mit der Maßgabe, dass der Sicherungsgeber im Zeitpunkt der Freigabe zur Verwertung durch den Insolvenzverwalter (sog. modifizierte Freigabe) durch diesen bereits eine Lieferung an den Sicherungsnehmer ausgeführt hat (BFH v. 20. 7. 1978, BStBl 1978 II 684). Die zweite Lieferung, nämlich die des Sicherungsnehmers, erfolgt dagegen erst mit der tatsächlichen Verwertung.

   Durch das Recht auf abgesonderte Befriedigung (§ 51 InsO) des Sicherungsnehmers in der Insolvenz des Sicherungsgebers wird der Sicherungsnehmer dem Pfandrechtsgläubiger gleichgestellt (§ 50 InsO). Das führt dazu, dass die sicherungsübereigneten Gegenstände bis zu ihrer Freigabe zur Verwertung zur Insolvenzmasse gehören. Erst die Freigabe des Gegenstands an den Sicherungsnehmer führt zum Übergang der Verfügungsmacht und damit zu einer Lieferung des Gemeinschuldners, vertreten durch den Insolvenzverwalter (BFH v. 24. 9. 1987, BStBl 1987 II 873).

   Dementsprechend werden im vorliegenden Fall zwei Lieferungen ausgeführt: Berger liefert am 2. 4. 2018 den Lkw an die Sparkasse, während diese ihrerseits das Fahrzeug am 28. 5. 2018 an den Erwerber Pohle OHG liefert (§ 3 Abs. 1 UStG). Die Verfügungsmacht am Lastzug wird der Pohle OHG von der Sparkasse gem. § 931 BGB durch Abtretung des Herausgabeanspruchs verschafft, denn zum Zeitpunkt der Eigentumsübertragung befindet sich der Lkw bei Berger in Kassel. Ort beider Lieferungen ist daher Kassel, und zwar für Berger nach § 3 Abs. 7 Satz 2 Nr. 1 UStG und für die Lieferung der Sparkasse nach § 3 Abs. 6 Satz 1 und

Satz 5 UStG, weil es sich um ein Reihengeschäft handelt. Beide Lieferungen sind steuerbar, sie sind auch steuerpflichtig. Eine Steuerbefreiung für die Lieferung der Bank nach § 4 Nr. 8 UStG kommt nicht in Betracht.

HINWEIS

Für den Fall, dass die Freigabe unter Verzicht auf das Auslöserecht erfolgt wäre, hätte zum Zeitpunkt der Freigabe noch keine Lieferung vorgelegen (BFH v. 21. 2. 1994, BStBl 1994 II 878). Für diesen – hier vom Sachverhalt nicht gedeckten – Fall, hätten beide Lieferungen am 28. 5. 2018 stattgefunden.

2. Mit der Eröffnung des Insolvenzverfahrens verliert der Gemeinschuldner die Verwaltungs- und Verfügungsbefugnis über das zur Insolvenzmasse gehörende Vermögen, dagegen bleiben seine Eigentums- und Gläubigerrechte von der Insolvenzeröffnung unberührt. Gemäß § 80 InsO werden die Rechte und Pflichten des Gemeinschuldners ab diesem Zeitpunkt durch den Insolvenzverwalter als Berechtigtem über fremdes Vermögen und Partei kraft Amtes ausgeübt. Die Rechtsmacht des Insolvenzverwalters entspricht in ihrer Wirkung der einer gesetzlichen Vertretung. Der Gemeinschuldner bleibt weiterhin als Träger des mit der Insolvenz belegten Vermögens Unternehmer und somit Steuerschuldner gem. § 13a UStG (BFH v. 20. 2. 1986, BStBl 1986 II 579, sowie Abschn. 2.1 Abs. 7 UStAE). Der Übergang des Vermögens in die Insolvenzmasse kann deshalb einen steuerbaren Umsatz nicht darstellen.

   Dem Gemeinschuldner sind steuerlich alle Rechtsfolgen aus Vorgängen zuzurechnen, die durch Rechtsgeschäfte des Insolvenzverwalters verwirklicht werden. Da Insolvenzrecht vor Steuerrecht geht, kann der Gemeinschuldner seine Rechte weder selbst geltend machen noch seine Pflichten wirksam erfüllen. Diese hat der Insolvenzverwalter auch im Besteuerungsverfahren für ihn wahrzunehmen. Handelt es sich um vorinsolvenzliche Umsatzsteueransprüche, hat das Finanzamt diese zur Insolvenztabelle anzumelden. Dagegen hat das Finanzamt Bescheide über nach Insolvenzeröffnung entstandene Umsatzsteuerbeträge an den Insolvenzverwalter zu richten, da es sich um Masseforderungen handelt.

   Im Fall Berger ist mit der Veräußerung (Verwertung) des Lkw durch die Bank an die Pohle OHG auch die Lieferung des Gemeinschuldners an die Sparkasse erfolgt. Mit Ablauf des Voranmeldungszeitraums April 2018 ist damit die Steuerschuld für die Lieferung des Gemeinschuldners, vertreten durch den Insolvenzverwalter, entstanden (§ 13 Abs. 1 Nr. 1 Buchst. a Satz 1 UStG). Da die Steuerschuld nach Insolvenzeröffnung entstanden ist, handelt es sich folglich um Massekosten. Der Insolvenzverwalter hat die Steuerschuld gem. § 53 InsO aus der Insolvenzmasse vorweg an das Finanzamt zu entrichten (BFH v. 4. 6. 1987, BStBl 1987 II 741, und v. 24. 9. 1987, BStBl 1987 II 873).

3. Die USt für Lieferungen oder sonstige Leistungen wird nach dem Entgelt bemessen. Entgelt ist alles, was der Empfänger einer Lieferung oder sonstigen Leistung aufwendet, um die Leistung zu erhalten, jedoch abzüglich der USt (§ 10 Abs. 1 Satz 2 UStG). Bemessungsgrundlage für die Lieferung des Gemeinschuldners an den Sicherungsnehmer ist grundsätzlich das Entgelt, das der Sicherungsnehmer bei der Veräußerung an den Dritten erzielt hat, jedoch abzüglich der dem Insolvenzverwalter berechneten Verwertungskosten (BFH, BStBl 1987 II 741). Auf die Höhe der gesicherten Forderung kommt es für die Frage der Bemessungsgrund-

lage nicht an. Sie bestimmt nur, in welcher Höhe sich der Sicherungsnehmer aus dem Erlös befriedigen kann (vgl. auch § 1247 Satz 1 BGB).

Im vorliegenden Fall hat die Sparkasse aus dem erzielten Erlös die Schuld getilgt und einen Betrag von 21 150 € an den Insolvenzverwalter ausgezahlt. Die von der Sparkasse aufgewendete Gegenleistung beträgt daher 71 150 €. Aus diesem Betrag ist die Umsatzsteuer herauszurechnen (Divisor 1,19), so dass die Bemessungsgrundlage für die Lieferung des Gemeinschuldners 59 789,92 € und die USt 11 360,08 € beträgt.

Da die Sparkasse dem Insolvenzverwalter eine Abrechnung über die Veräußerung des sicherungsübereigneten Lkw erteilt hat und darin gleichzeitig über die Lieferung des Lastzuges an sich selbst abrechnet, liegt eine Gutschrift gem. § 14 Abs. 2 Satz 2 UStG vor. Diese Gutschrift gilt als Rechnung des Gemeinschuldners, da der Spediteur Berger insbesondere auch zum gesonderten Ausweis der Steuer in einer Rechnung für diese Lieferung berechtigt ist und die Sparkasse über die Abrechnungsgrundlagen (erzielter Erlös) verfügt, somit auch die Abrechnungslast hatte.

Die Sparkasse hat jedoch in der Gutschrift einen höheren Steuerbetrag ausgewiesen, als nach dem UStG für die Lieferung des Gemeinschuldners geschuldet wird. Da die Gutschrift als Rechnung des Gemeinschuldners gilt, hat der Insolvenzverwalter gem. § 14c Abs. 1 Satz 1 UStG auch den Mehrbetrag von 39,92 € an das Finanzamt zu entrichten, denn der ausgewiesene Steuerbetrag beträgt 11 400 €. Von dieser Schuld wird der Insolvenzverwalter nur dann frei, wenn er als Empfänger der Gutschrift dem darin enthaltenen Steuerbetrag widerspricht. In diesem Fall würde die Gutschrift die Wirkung einer Rechnung (§ 14 Abs. 2 Satz 3 UStG) verlieren.

4. Die Abrechnung der Bank über die Verwertung des Sicherungsgutes ist nicht zutreffend. Unter Berücksichtigung des Vorsteuerabzugs der Sparkasse sowohl aus den Verwertungskosten als auch der Lieferung des Gemeinschuldners musste die Bank so abrechnen, dass nur eine Befriedigung ihrer danach verbleibenden Ansprüche eintrat.

   Die Abrechnung hätte richtig lauten müssen:

Erzielter Bruttoverkaufspreis	71 400,00 €
./. USt	11 400,00 €
./. Verwertungskosten	250,00 €
	59 750,00 €
+ USt (19 %)	11 352,50 €
	71 102,50 €
./. Darlehensforderung	50 000,00 €
Guthaben des Gemeinschuldners	**21 102,50 €**

5. Veräußert der Insolvenzverwalter das Sicherungsgut selbst, kann der Sicherungsnehmer (hier die Sparkasse) nur seine Rechte auf den Erlös geltend machen. Die entgeltliche Veräußerung durch den Insolvenzverwalter ist ein steuerbarer und steuerpflichtiger Umsatz des Gemeinschuldners Berger. Im Gegensatz zu der unter 1. erläuterten Verwertung durch den Sicherungsnehmer liegt in diesem Falle nur eine Lieferung vor. Denn der aus einer Sicherungsübereignung berechtigte Gläubiger (Sicherungsnehmer) hat aufgrund seines Abson-

derungsrechts noch nicht die Verfügungsmacht über das Sicherungsgut erhalten. Insoweit, als der Erlös an den Sicherungsnehmer fließt, muss sich dieser die Kürzung um die USt durch den Insolvenzverwalter gefallen lassen, denn bei der Veräußerung des Sicherungsgutes an Dritte anfallende USt gehört zu den Kosten des Pfandverkaufs, die vorweg aus dem Erlös zu decken sind. Im vorliegenden Fall ist diese Kürzung nicht von ausschlaggebender Bedeutung, da die Darlehensforderung der Sparkasse i. H. v. 50 000 € den Erlös aus der Verwertung abzüglich USt nicht überschreitet. Auch in diesem Fall gehört die USt zu den Massekosten (BFH v. 20. 7. 1987, BStBl 1978 II 684, sowie v. 4. 6. 1987, BStBl 1987 II 741).

6. Die Regelung des § 13b UStG (Leistungsempfänger als Steuerschuldner) greift im vorliegenden Fall nicht ein, weil es sich hier um eine Verwertung innerhalb des Insolvenzverfahrens handelt. Von der Regelung des § 13b UStG betroffen sind Lieferungen sicherungsübereigneter Gegenstände durch den Sicherungsgeber an den Sicherungsnehmer nur, wenn sie außerhalb des Insolvenzverfahrens stattfinden (§ 13b Abs. 2 Nr. 2 UStG).

FALL 97

Vorsteuerabzug bei teilweiser Zuordnung zum Unternehmen

Sachverhalt: Elvira von Breitenstein (EvB), Aschaffenburg, ist Immobilienmaklerin. Sie bittet ihren Steuerberater, die folgenden Geschäftsvorfälle für den Veranlagungszeitraum 2018 umsatzsteuerrechtlich zu würdigen:

1. Mit Wirkung vom 1. 4. 2018 hat EvB in Aschaffenburg eine Villa angemietet. Dem Mietvertrag zufolge hat sie an den Vermieter Eberhard Reich monatlich 6 000 € zzgl. 1 140 € USt zu überweisen. EvB nutzt die Villa seit Mietbeginn zu Wohnzwecken für sich und ihre beiden Töchter (240 qm) und als Maklerbüro (120 qm).

2. Am 1. 6. 2018 hat EvB eine Segelyacht erworben, deren Liegeplatz sich am Starnberger See befindet. Der Kaufpreis der Yacht hat 200 000 € zzgl. 38 000 € gesondert in Rechnung gestellter USt betragen. EvB beabsichtigt, die Yacht bei sich bietender Gelegenheit auch zu vermieten, um die Kosten der Unterhaltung zu reduzieren. Im Jahr 2018 hat sich bisher nicht die Gelegenheit einer Vermietung ergeben. Die Kosten der laufenden Unterhaltung haben in 2018 20 000 € betragen. In diesem Zusammenhang sind Vorsteuerbeträge i. H. v. 3 000 € in Rechnung gestellt worden.

3. Am 1. 8. 2018 hat EvB von dem Privatier Richard Vanwersch einen Porsche 911 Cabrio angeschafft. Der Kaufpreis hat insgesamt 59 500 € betragen. Eine Rechnung mit gesondertem Steuerausweis hat Vanwersch mangels Unternehmereigenschaft nicht erteilt. Der Listenpreis eines entsprechenden Neufahrzeugs hat seinerzeit einschließlich USt 93 960 € betragen. EvB führt zwar kein Fahrtenbuch, aber ihren Aufzeichnungen für Zwecke der Ermittlung der Reisekosten kann als zutreffende Schätzung entnommen werden, dass sie den Porsche zu 40 % für unternehmerische Zwecke verwendet. Die laufenden Aufwendungen für den Porsche haben seit Erwerb in 2018 für Benzin und Reparaturen 12 000 € zzgl. 19 % USt 2 280 € und für Steuern und Haftpflicht 2 000 € betragen.

Fall 97

Fragen:

1. Kann EvB die in der Mietrechnung für die Villa ausgewiesenen Steuerbeträge als Vorsteuer abziehen?
2. Kann EvB die im Zusammenhang mit der Segelyacht ausgewiesenen Steuerbeträge als Vorsteuer abziehen?
3. Welche Möglichkeiten hat EvB, den Porsche umsatzsteuerrechtlich optimal ihrem Unternehmen zu widmen? Bestimmen Sie die Höhe des Vorsteuerabzugs für jede Möglichkeit, und gehen Sie auch auf die Besteuerung der privaten Verwendung sowie auf die Folgen für einen späteren Verkauf des Fahrzeugs ein.

LÖSUNG

1. EvB ist allmonatlich zum Vorsteuerabzug i. H. v. 380 € berechtigt, § 15 Abs. 1 Satz 1 Nr. 1 Satz 1 UStG. Wenn eine Eingangsleistung wie im vorliegenden Fall sowohl für unternehmerische (Maklerbüro) als auch für nichtunternehmerische Zwecke bezogen wird, ist die Leistung aufzuteilen (Abschn. 15.2c Abs. 2 Nr. 1 UStAE; BFH-Urteil vom 20. 7. 1988, BStBl 1988 II 915). Das gilt auch für Vermietungsleistungen, die sich auf ein ganzes Gebäude beziehen. Die Aufteilung hat im Wege der Schätzung zu erfolgen und folgt hier der Aufteilung nach Nutzflächen.

   Der Vorsteuerabzug hinsichtlich der Verwendung der Villa für eigene Wohnzwecke kann nicht darauf gestützt werden, dass auch insoweit eine Rechnung mit gesondertem Steuerausweis vorliegt. Der Umstand, dass der Vermieter die USt in der Rechnung unabhängig von der Nutzung der Villa fehlerhaft ausgewiesen hat, berechtigt den Empfänger nicht zum uneingeschränkten Vorsteuerabzug, wenn die Leistung für nichtunternehmerische Zwecke bestimmt ist. Eine Zuordnung zum Unternehmen kommt insoweit nicht in Betracht.

   Der Vermieter war nicht berechtigt, für die Vermietungsleistung im vollen Umfang zur Steuerpflicht zu optieren. Nach § 9 Abs. 1 und Abs. 2 UStG ist die Option ausgeschlossen, soweit der Empfänger der Leistung das Grundstück für Zwecke verwendet, die den Vorsteuerabzug ausschließen (EuGH v. 4. 10. 1995, BStBl 1996 II 392, und BFH v. 28. 2. 1996, BStBl 1996 II 459). Der Vermieter schuldet den überhöht ausgewiesenen Steuerbetrag nach § 14c Abs. 1 Satz 1 UStG (Abschn. 14c.1 Abs. 1 Satz 5 Nr. 3 UStAE).

2. EvB ist nicht berechtigt, die Vorsteuer aus dem Erwerb und der Unterhaltung der Segelyacht im Veranlagungszeitraum 2018 abzuziehen (§ 15 Abs. 1 Satz 1 Nr. 1 UStG). Eine Zuordnung der Yacht zum Unternehmen scheidet bereits dem Grunde nach aus, weil EvB insoweit nicht als Unternehmerin tätig geworden ist.

   Nach § 2 Abs. 1 UStG ist Unternehmer, wer eine gewerbliche oder berufliche Tätigkeit selbständig zur Einnahmeerzielung ausübt. Dies setzt grundsätzlich voraus, dass tatsächlich Leistungen gegen Entgelt (im Leistungsaustausch) ausgeführt werden bzw. objektive Anhaltspunkte für eine unternehmerische Tätigkeit vorliegen. Die bloße Absicht oder Erklärung, eine unternehmerische Tätigkeit entfalten zu wollen, begründet im eigentlichen Sinne noch nicht die Unternehmereigenschaft und damit die Berechtigung zum Vorsteuerabzug nach § 15 UStG. Da es in der Gründungs- und Ingangsetzungsphase eines Unternehmens möglicherweise aber noch an der Erzielung von Einnahmen tatsächlich fehlt, ist die Frage zu beantworten, ob Vorbereitungshandlungen vorliegen.

Unter Vorbereitungshandlungen versteht man in diesem Zusammenhang die unternehmensbezogene Tätigkeit, die darauf gerichtet ist, die beabsichtigte unternehmerische Tätigkeit in Gang zu setzen, d. h. die Einnahmeerzielung zu ermöglichen. Dabei kann es sich um den Erwerb des Anlagevermögens, den Wareneinkauf vor Betriebseröffnung, um Beratungsleistungen oder Werbemaßnahmen aus Anlass der Betriebseröffnung sowie auch um die Anmietung oder Errichtung von Betriebsräumen handeln.

Diese Vorbereitungshandlungen sind der unternehmerischen Tätigkeit zuzurechnen, wenn die Ausführung entgeltlicher Leistungen ernsthaft beabsichtigt ist und die Ernsthaftigkeit dieser Absicht durch objektive Merkmale nachgewiesen oder glaubhaft gemacht wird (BMF v. 2. 12. 1996, BStBl 1997 I 1461).

Als Nachweis für die Ernsthaftigkeit können Vorbereitungshandlungen angesehen werden, die eindeutig und zweifelsfrei nur einer unternehmerischen Tätigkeit dienen können (Wareneinkauf, Anmietung von Lagerhallen oder Ladenräumen, Erwerb von Maschinen und Büroeinrichtung). In diesem Fall ist dem Unternehmer der Vorsteuerabzug grundsätzlich nicht verwehrt.

Soweit jedoch Vorbereitungshandlungen ihrer Art nach sowohl unternehmerischen als auch nichtunternehmerischen Zwecken zugeordnet werden können (z. B. Beschaffung von Personenwagen, Computer, Anmietung von Räumen in Wohngebäuden), wird von der Finanzverwaltung vor der ersten Steuerfestsetzung geprüft, ob die Verwendungsabsicht durch objektive Anhaltspunkte nachgewiesen ist (Abschn. 2.6 Abs. 3 Satz 1 UStAE).

Für den Fall, dass die vom Steuerpflichtigen behauptete Vorbereitungshandlung typischerweise nur nichtunternehmerischen Zwecken zu dienen bestimmt ist (z. B. Erwerb eines Wohnmobils oder einer Segelyacht), ist bei der Prüfung ein besonders hoher Maßstab anzulegen. Lassen sich diese objektiven Anhaltspunkte nicht ermitteln, ist zunächst grundsätzlich nicht von der Unternehmereigenschaft auszugehen (Abschn. 2.6 Abs. 3 Satz 3 UStAE).

Soweit es im zeitnahen Zusammenhang mit der Vorbereitungshandlung tatsächlich zur Ausführung von Leistungen kommen sollte (z. B. nicht nur gelegentliche Vermietung des Wohnmobils oder einer Segelyacht), ist die Steuerfestsetzung zu berichtigen und der Vorsteuerabzug nachträglich zu gewähren.

Zu beachten ist in diesem Zusammenhang auch die 10 %-Regelung des § 15 Abs. 1 Satz 2 UStG. Nicht als für das Unternehmen ausgeführt gilt die Lieferung, die Einfuhr oder der innergemeinschaftliche Erwerb eines Gegenstands, den der Unternehmer zu weniger als 10 % für sein Unternehmen nutzt.

3. Das von der Unternehmerin erworbene Fahrzeug dient tatsächlich sowohl unternehmerischen als auch nichtunternehmerischen (unternehmensfremden) Zwecken. Danach sind folgende Fälle nach Wahl der Unternehmerin entsprechend der Rechtsprechung des EuGH v. 4. 10. 1995 (BStBl 1996 II 390) und den Anweisungen des BMF v. 27. 6. 1996 (BStBl 1996 I 702) denkbar (siehe auch Abschn. 15.2c Abs. 2 UStAE).

a) Das Fahrzeug wird vollständig dem Unternehmen zugeordnet:

Grundsätzlich wäre ein Vorsteuerabzug aufgrund einer Rechnung mit gesondertem Steuerausweis möglich. Da EvB das Fahrzeug von einem Nichtunternehmer erworben hat, muss ein Vorsteuerabzug insoweit unterbleiben (§ 15 Abs. 1 Satz 1 Nr. 1 UStG). Aufgrund der Rechnungen für die laufende Unterhaltung des Fahrzeugs beträgt der Vorsteuerabzug in 2018 912 € (40 % von 2 280 €). Eine Besteuerung der privaten Verwendung kommt dann gem. § 3 Abs. 9a Nr. 1 UStG nicht mehr zur Anwendung.

Möglich ist auch, den Vorsteuerabzug i. H. v. 2 280 € vorzunehmen. In diesem Fall ist aber die private Nutzung als unentgeltliche Wertabgabe gem. § 3 Abs. 9a Nr. 1 UStG der Besteuerung zu unterwerfen. In die Bemessungsgrundlage gem. § 10 Abs. 4 Satz 1 Nr. 2 UStG sind dann nur die vorsteuerbehafteten laufenden Kosten einzubeziehen (BMF-Schreiben vom 5. 6. 2014, BStBl 2014 I 896). Danach ergibt sich eine Bemessungsgrundlage von 7 200 € und unter Anwendung eines Steuersatzes von 19 % (§ 12 Abs. 1 UStG) eine USt von 1 368 €.

Beim Verkauf des Fahrzeugs liegt wegen vollständiger Zuordnung zum Unternehmen im vollen Umfang eine steuerbare und steuerpflichtige Lieferung vor. Die Unternehmerin darf daher eine Rechnung mit gesondertem Steuerausweis erteilen (§ 14 Abs. 1 und Abs. 4 UStG).

b) Das Fahrzeug wird teilweise (40 %) dem Unternehmen zugeordnet:

Grundsätzlich wäre ein Vorsteuerabzug aufgrund einer Rechnung mit gesondertem Steuerausweis im Umfang von 40 % möglich.

Da EvB das Fahrzeug von einem Nichtunternehmer erworben hat, muss ein Vorsteuerabzug insoweit unterbleiben (§ 15 Abs. 1 Satz 1 Nr. 1 UStG). Aufgrund der Rechnungen für die laufende Unterhaltung des Fahrzeugs beträgt der Vorsteuerabzug in 2018 insgesamt 40 % von 2 280 €, folglich 912 €.

Da das Fahrzeug nur hinsichtlich seiner unternehmerischen Verwendung dem Unternehmen zugeordnet wurde, unterliegt die nichtunternehmerische (unternehmensfremde) Verwendung nicht der Besteuerung.

Beim Verkauf des Fahrzeugs liegt nur hinsichtlich des dem Unternehmen zugeordneten Teils eine steuerbare und steuerpflichtige Lieferung vor. Es darf daher nur für diesen Teil der Lieferung eine Rechnung mit gesondertem Steuerausweis ausgestellt werden. Der Käufer ist – soweit er Unternehmer ist – auch nur hinsichtlich des bisher dem Unternehmen zugeordneten Teils des Fahrzeugs zum Vorsteuerabzug berechtigt, denn er erwirbt nur insoweit von einem Unternehmer aus dessen Unternehmen.

c) Das Fahrzeug wird dem Unternehmen nicht zugeordnet:

Im Falle fehlender Zuordnung zum Unternehmen ist ein Vorsteuerabzug aufgrund der Anschaffung schon dem Grunde nach versagt. Unter den übrigen Voraussetzungen des § 15 UStG kann aus den laufenden Kosten ein Vorsteuerabzug im Verhältnis der unternehmerischen zur nichtunternehmerischen Nutzung vorgenommen werden. Vorsteuerbeträge, die unmittelbar und ausschließlich auf die unternehmerische Verwendung entfallen, z. B. Vorsteuerbeträge aus Reparaturaufwendungen in Folge eines Unfalls während einer unternehmerisch veranlassten Fahrt, können unter den übrigen Voraussetzungen des § 15 UStG in voller Höhe abgezogen werden (BMF-Schreiben vom 5. 6. 2014, BStBl 2014 I 896).

Da das Fahrzeug dem Unternehmen nicht zugeordnet wurde, unterliegt die nichtunternehmerische Verwendung nicht der Besteuerung.

Bei einer späteren Veräußerung des Fahrzeugs liegt keine Lieferung im Rahmen des Unternehmens vor. Die Erteilung einer Rechnung mit gesondertem Steuerausweis durch EvB wäre unzulässig.

HINWEIS

Die Finanzverwaltung verlangt im Fall der vollständigen Zuordnung eines Gegenstands, der teils unternehmerisch und teils nichtunternehmerisch genutzt werden soll, dass der Unternehmer spätestens bis zur Abgabe der USt-Jahreserklärung des Erwerbsjahres schriftlich mitteilt, welcher Gegenstand in vollem Umfang dem Unternehmen zugeordnet wurde. Der BFH fordert die Zuordnungsentscheidung bis zum 31. 5. bzw. 31. 7. (ab VZ 2018) des Folgejahres. Diese Auffassung ist von der Finanzverwaltung übernommen worden (vgl. Abschn. 15.2c Abs. 16 UStAE).

FALL 98

Abzug der Einfuhrumsatzsteuer als Vorsteuer

Sachverhalt: Die Alois Kunst KG, Antiquitätenhandel in München, hat bei der Fa. Kiew-Antik, Ukraine, Empire-Möbel bestellt. Die Lieferkondition lautet „unverzollt und unversteuert". Der von der Firma Kiew-Antik beauftragte deutsche Spediteur Woiczek hat die Möbel am 12. 3. 2018 auftragsgemäß von Kiew nach München befördert und an der Grenze die Einfuhrumsatzsteuer entrichtet. Den Zollbeleg über die entrichtete Einfuhrumsatzsteuer i. H. v. 6 388 € hat Woiczek der Kunst KG mit folgender Rechnung zugesandt (Auszug):

„Wir berechnen Ihnen:

1.	Einfuhrumsatzsteuer	6 388,00 €
2.	Speditionsversicherung	10,00 €
3.	Zollbehandlung, Verzollung	40,00 €
4.	Papier und Porti	8,10 €
5.	Vorlageprovision auf 6 388 € (1,5 %)	95,82 €
		6 541,92 €
zzgl. 19 % Mehrwertsteuer von 153,92 €		29,24 €
		6 571,16 €

Frage: Wie hoch ist der Vorsteuerabzug der Kunst KG?

LÖSUNG

Die Kunst KG ist Unternehmer gem. § 2 Abs. 1 UStG und damit zum Vorsteuerabzug berechtigt (§ 15 Abs. 1 UStG).

Abzugsfähig sind die Vorsteuerbeträge, die der KG von anderen Unternehmern für Lieferungen oder sonstige Leistungen in Rechnung gestellt werden, soweit die Leistungen für das Unternehmen der KG ausgeführt worden sind (§ 15 Abs. 1 Satz 1 Nr. 1 Satz 1 UStG).

Daneben ist als Vorsteuer abzugsfähig die entstandene Einfuhrumsatzsteuer für Gegenstände, die für die KG in das Inland eingeführt worden sind (§ 15 Abs. 1 Satz 1 Nr. 2 UStG).

Die Kiew-Antik, Ukraine, hat nicht steuerbare Lieferungen durch Versenden an die Kunst KG ausgeführt. Der Ort der Lieferungen ist entsprechend § 3 Abs. 6 Satz 1, Satz 3 und Satz 4 UStG zu bestimmen und liegt in Kiew. § 3 Abs. 8 UStG ist nicht anzuwenden, weil bei der vereinbarten Lieferkondition Schuldner der Einfuhrumsatzsteuer der Abnehmer bzw. der von diesem mit der Abwicklung an der Grenze beauftragte Spediteur ist.

Die Möbel werden für das Unternehmen der Kunst KG in das Inland eingeführt, der Zollbeleg über die Entrichtung der Steuer liegt vor, so dass die Kunst KG zum Abzug der Einfuhrumsatzsteuer i. H. v. 6 388 € berechtigt ist (§ 15 Abs. 1 Satz 1 Nr. 2 UStG; vgl. Abschn. 15.8 Abs. 5 und 7 UStAE).

Mit der Abwicklung der Grenzformalitäten hat der Spediteur Woiczek eine sonstige Leistung an die Kunst KG bewirkt. Die für diese Leistung gesondert in Rechnung gestellte USt i. H. v. 29,24 € kann die Kunst KG als Vorsteuer abziehen (§ 15 Abs. 1 Satz 1 Nr. 1 Satz 1 und Satz 2 UStG). Die Kosten für die sonstige Leistung des Woiczek sind nicht in der Bemessungsgrundlage für die Einfuhr enthalten.

FALL 99

Abzug der Einfuhrumsatzsteuer als Vorsteuer im Reihengeschäft

Sachverhalt: Die Eugen Kohl KG, Möbelfabrik in Detmold, hat bei der Maschinenfabrik Meyer in Dissen (Westfalen) eine Spanplattenbeschichtungsmaschine bestellt. Meyer hat für eine zügige Erledigung des Auftrags zurzeit keine Kapazitäten frei und beauftragt daher seinerseits die Fa. Beaulieu, Genf, die Maschine herzustellen. Beaulieu lässt die Maschine nach Fertigstellung auftragsgemäß von einem deutschen Spediteur nach Detmold befördern. Dort wird die Maschine von Arbeitnehmern der Fa. Kohl KG aufgestellt und in Betrieb genommen. Die vom Spediteur an der Grenze entrichtete Einfuhrumsatzsteuer beträgt lt. Zollbeleg 15 000 €.

Fragen:

1. Wie ist der Fall zu beurteilen, wenn die Maschine an der Grenze für die Fa. Kohl abgefertigt wird?
2. Wie ist der Fall zu beurteilen, wenn die Maschine an der Grenze für die Fa. Meyer abgefertigt wird?

LÖSUNG

Es handelt sich um zwei Lieferungen, die durch Reihenversendungsgeschäft (§ 3 Abs. 1 und Abs. 6 Satz 5 UStG) zur Ausführung gelangen. Beaulieu führt eine Versendungslieferung an Meyer aus, und Meyer seinerseits liefert an die Kohl KG. Die Verschaffung der Verfügungsmacht erfolgt grundsätzlich im Zeitpunkt der Übergabe des Liefergegenstands an den Spediteur (§ 3 Abs. 6 UStG). Vgl. zum Reihengeschäft auch BMF v. 18. 4. 1997, BStBl 1997 I 529. Für die unbewegte Lieferung ist § 3 Abs. 7 Satz 2 UStG zu beachten.

Zu 1.: Der Lieferkondition entsprechend erfolgt die Abfertigung an der Grenze für die Kohl KG. Für die Anwendung des § 3 Abs. 8 UStG bleibt damit kein Raum, weil weder der Lieferer noch ein Vorlieferer oder deren Beauftragter Schuldner der Einfuhrumsatzsteuer ist (vgl. Abschn. 3.13 Abs. 1 UStAE).

Die Lieferung Beaulieu an Meyer wird mit Beginn der Versendung in Genf ausgeführt (§ 3 Abs. 6 UStG) und ist nicht steuerbar (§ 1 Abs. 1 Nr. 1 Satz 1 UStG). Die Lieferung Meyer an Kohl KG ist dagegen im Inland steuerbar (§ 3 Abs. 7 Satz 2 Nr. 2 UStG).

Die Einfuhr der Maschine erfolgt für das Unternehmen der Maschinenfabrik Meyer, denn sie hatte bei Grenzübertritt die Verfügungsmacht am Liefergegenstand (vgl. Abschn. 15.8 Abs. 5 UStAE). Sie ist daher zum Vorsteuerabzug hinsichtlich der Einfuhrumsatzsteuer i. H. v. 15 000 € berechtigt (§ 15 Abs. 1 Satz 1 Nr. 2 UStG).

Zu 2.: Für die Lieferung der Fa. Beaulieu an Meyer verbleibt es auch in diesem Fall bei einem nicht steuerbaren Umsatz. Die Abfertigung an der Grenze erfolgt für die Fa. Meyer, damit ist der Lieferer, die Fa. Beaulieu, nicht Schuldner der Einfuhrumsatzsteuer.

Die Lieferung der Fa. Meyer an die Kohl KG gilt nach § 3 Abs. 7 Satz 2 Nr. 2 UStG als im Inland ausgeführt und ist damit steuerbar (§ 1 Abs. 1 Nr. 1 Satz 1 UStG). Aus diesem Grund gebührt die Verfügungsmacht am Liefergegenstand bei Grenzübertritt der Fa. Meyer, die folglich die Einfuhrumsatzsteuer als Vorsteuer abziehen kann (§ 15 Abs. 1 Satz 1 Nr. 2 UStG; vgl. Abschn. 15.8 Abs. 5 UStAE). § 3 Abs. 8 UStG kommt nur bei bewegten Lieferungen zur Anwendung.

Die Lieferung der Fa. Meyer ist auch steuerpflichtig, so dass nach § 14 Abs. 2 UStG eine Verpflichtung zur Erteilung einer Rechnung mit gesondertem Steuerausweis besteht. Aufgrund dieser Rechnung ist die Fa. Kohl berechtigt, die für die Lieferung der Maschine ausgewiesene USt als Vorsteuer abzuziehen (§ 15 Abs. 1 Satz 1 Nr. 1 UStG).

FALL 100

Vorsteuerabzug aus Reisekosten

Sachverhalt: Herbert Prange ist Inhaber der Firma Sport-Prange, Sportartikelhersteller, in Ulm. Zusammen mit seinem Prokuristen für Verkauf und Marketing, Günter Denz, hat Prange die Messe „Caravan + Boot“ in München vom 14. 2. – 15. 2. 2018 besucht. Am 1. 3. 2018 legten

Fall 100

Prange und Denz dem Buchhalter der Firma zwecks Reisekostenabrechnung folgende Belege und Unterlagen vor:

Prange und Denz benutzten für die Fahrt einen firmeneigenen Pkw.

a) Ausgaben Prange Beträge (Brutto)

Benzinrechnung 1	58,00 €
Benzinrechnung 2	69,60 €
Benzinrechnung 3	46,40 €
Parkgebühren	20,00 €
Übernachtungskosten (ohne Frühstück)	250,00 €
Telefonrechnung des Hotels	15,70 €
Verzehrrechnungen vom 14. 2. 2018	47,50 €
Verzehrrechnungen vom 15. 2. 2018	37,50 €

b) Ausgaben Denz

Verzehrrechnungen vom 14. 2. 2018	35,00 €
Verzehrrechnungen vom 15. 2. 2018	30,00 €
Übernachtungskosten (ohne Frühstück)	210,00 €

Prange und Denz haben Ulm am 14. 2. um 6.00 Uhr früh verlassen und sind am 15. 2. um 20.00 Uhr wieder in Ulm angekommen.

Alle vorgelegten Belege enthalten die für den Vorsteuerabzug erforderlichen Angaben i. S. d. § 14 Abs. 4 UStG i. V. m. § 33 UStDV (Kleinbetragsrechnungen), Steuersatz 7 % bzw. 19 %.

Frage: Wie hoch ist der Vorsteuerabzug aufgrund der im Rahmen der Geschäfts- und Dienstreisen bewirkten Lieferungen und sonstigen Leistungen?

LÖSUNG

Weil für den Besuch der Messe ausschließlich unternehmerische Gründe maßgebend waren, stehen die Vorsteuerbeträge grundsätzlich mit Leistungen im Zusammenhang, die für das Unternehmen ausgeführt worden sind (§ 15 Abs. 1 Satz 1 Nr. 1 Satz 1 UStG). Nach § 15 Abs. 1a Nr. 2 UStG a. F. waren die Vorsteuerbeträge nicht abziehbar, die auf Reisekosten des Unternehmers und seines Personals, soweit es sich um Verpflegungskosten, Übernachtungskosten oder um Fahrtkosten für Fahrzeuge des Personals handelte, entfielen. Mit Urteil vom 23. 11. 2000 (BStBl 2001 II 266) hat der BFH entschieden, dass sich der Unternehmer für den Vorsteuerabzug aus Kosten für Reisen seines Personals, soweit es sich um Übernachtungskosten handelt, unmittelbar auf Art. 17 Abs. 2 der 6. EG-Richtlinie berufen kann. Der Ausschluss dieser Ausgaben vom Vorsteuerabzugsrecht nach § 15 Abs. 1a Nr. 2 UStG a. F. ist insoweit unanwendbar.

Aufgrund des BFH-Urteils hat das BMF mit Schreiben vom 28. 3. 2001 (BStBl 2001 I 251) zum Vorsteuerabzug bei Reisekosten Stellung genommen. Danach gilt Folgendes:

1. Vorsteuerabzug aus Übernachtungskosten

Der Unternehmer kann aus Rechnungen für Übernachtungen anlässlich einer Geschäftsreise des Unternehmers oder einer unternehmerisch bedingten Auswärtstätigkeit des Arbeitnehmers (Dienstreise, Einsatzwechseltätigkeit, Fahrtätigkeit, doppelte Haushaltsführung) unter den weiteren Voraussetzungen des § 15 UStG den Vorsteuerabzug in Anspruch nehmen. Voraussetzung ist, dass der Unternehmer Empfänger der Übernachtungsleistung ist und die Rechnung auf den Namen des Unternehmers ausgestellt ist. Die Kleinbetragsregelung des § 33 UStDV bleibt unberührt.

2. Vorsteuerabzug aus Verpflegungskosten

a) Verpflegungskosten des Unternehmers

Der Unternehmer kann aus Verpflegungskosten anlässlich einer Geschäftsreise den Vorsteuerabzug unter den weiteren Voraussetzungen des § 15 UStG in Anspruch nehmen, wenn die Aufwendungen durch Rechnungen mit gesondertem Ausweis der USt auf den Namen des Unternehmers bzw. durch Kleinbetragsrechnungen belegt sind. Eine Ausnahme besteht nur hinsichtlich der unangemessenen Kosten.

b) Verpflegungskosten des Arbeitnehmers

Aus der Erstattung der Verpflegungsaufwendungen der Arbeitnehmer kann grundsätzlich kein Vorsteuerabzug vorgenommen werden, da im Regelfall keine Umsätze für das Unternehmen vorliegen. Lediglich in Fällen, in denen die Verpflegungsleistungen vom Arbeitgeber empfangen und in voller Höhe getragen werden, kann der Arbeitgeber den Vorsteuerabzug in Anspruch nehmen, wenn die Aufwendungen durch Rechnungen auf seinen Namen bzw. durch Kleinbetragsrechnungen belegt sind. Hierfür ist erforderlich, dass der Unternehmer die Speisen und Getränke entweder selbst bestellt oder – bei einer Bestellung durch den Arbeitnehmer –, dass die Speisen und Getränke mit rechtlicher Wirkung für den Unternehmer bestellt werden. Eine unentgeltliche Wertabgabe an die Arbeitnehmer ist insoweit nicht zu besteuern, da es sich um eine Leistung im überwiegend betrieblichen Interesse handelt.

Ein Vorsteuerabzug aus Reisekostenpauschbeträgen (Tagegelder, Übernachtungsgelder, Kilometergelder) ist nicht zulässig.

§ 15 Abs. 1a Nr. 2 UStG a. F. ist mit Wirkung ab dem 20. 12. 2003 aufgehoben worden.

Berechnung des Vorsteuerabzugs aus der Geschäftsreise des Prange nach München vom 14. 2. – 15. 2. 2018:

Aus den drei Benzinrechnungen ist die Vorsteuer gem. § 35 UStDV mit 15,97 % herauszurechnen	27,79 €
Parkhausunternehmer erbringen nach § 4 Nr. 12 Satz 2 UStG steuerpflichtige Vermietungsumsätze.	
Der Vorsteuerabzug beträgt (20 € x 15,97 %)	3,19 €
Die Telefonrechnung des Hotels enthält einen nach § 35 UStDV herausgerechneten Vorsteuerbetrag von	2,51 €

Aus den Übernachtungskosten ist die Vorsteuer mit 6,54 % herauszurechnen (§ 12 Abs. 2 Nr. 11 UStG). Die Leistungen des Hotels sind nach § 4 Nr. 12 Satz 2 UStG nicht von der USt befreit	16,35 €
Die Summe der Verzehrrechnungen beträgt 85 €. Aus diesem Betrag ist die Vorsteuer mit 15,97 % herauszurechnen	13,57 €
Vorsteuerabzug insgesamt	**63,41 €**

Berechnung des Vorsteuerabzugs aus der Dienstreise des Denz nach München vom 14. 2. – 15. 2. 2018:

Aus den Verzehrrechnungen ist ein Vorsteuerabzug nicht möglich, da keine Umsätze für das Unternehmen vorliegen.

Aus den Übernachtungskosten ist die Vorsteuer mit 6,54 % herauszurechnen	13,73 €
Vorsteuerabzug	**13,73 €**

FALL 101

Vorsteueraufteilung

Sachverhalt: Alois Obermoser aus Murnau (Bayern) ist Eigentümer eines Grundstücks am nahe gelegenen Staffelsee. Auf dem Grundstück hat er einen Kiosk, ein Gebäude mit sanitären Anlagen sowie einen Minigolfplatz errichten lassen. Die übrige Fläche des 15 000 qm großen Grundstücks vermietet er als Campingplatz zur vorübergehenden Benutzung an Urlauber mit Zelten und Wohnwagen sowie an Dauermieter, die aufgrund von unkündbaren 5-Jahres-Verträgen die ihnen zugewiesenen Flächen nutzen.

Der Kiosk steht nur den Campingplatzbenutzern zur Verfügung, die dort Lebensmittel, Tabakwaren, Spirituosen und Zeitschriften kaufen können. Den Verkauf hat die Ehefrau Anna übernommen, die bei ihrem Ehemann angestellt ist.

In den Sommermonaten beschäftigt Obermoser einen Studenten, der die Vermietung von 20 Ruderbooten an die Besucher des Campingplatzes für den Unternehmer Obermoser besorgt.

Im Jahr 2018 hat Obermoser folgende Einnahmen erzielt (Bruttobeträge):

a)	Aus der Überlassung von Campingflächen an Dauermieter	26 000 €
b)	Aus der Überlassung von Campingflächen an Urlauber	39 000 €
c)	Für die Benutzung der sanitären Anlagen	6 000 €
d)	Für die Vermietung von Ruderbooten	5 800 €
e)	Für die Benutzung der Minigolfanlage	12 760 €
f)	Aus dem Verkauf von Lebensmitteln	55 640 €
g)	Aus dem Verkauf von Tabakwaren	6 960 €
h)	Aus dem Verkauf von Spirituosen	18 560 €
i)	Aus dem Verkauf von Zeitschriften	3 210 €

Die Vorsteuerbeträge, die Obermoser von anderen Unternehmern für Lieferungen und sonstige Leistungen, die für sein Unternehmen ausgeführt worden sind, gesondert in Rechnung gestellt wurden, betragen im Jahr 2018 8 380 €.

Davon stehen in Zusammenhang mit

a)	der Überlassung von Campingflächen	510 €
b)	der Benutzung der sanitären Anlagen	1 950 €
c)	der Überlassung von Ruderbooten	470 €
d)	der Benutzung der Minigolfanlage	320 €
e)	dem Verkauf von Lebensmitteln	1 530 €
f)	dem Verkauf von Tabakwaren	640 €
g)	dem Verkauf von Spirituosen	1 610 €
h)	dem Verkauf von Zeitschriften	120 €
i)	der Benutzung von Gartengeräten	340 €
j)	der Anschaffung eines Zauns für das Grundstück	890 €

Von der Campingfläche im Umfang von 15 000 qm sind den Dauermietern 5 000 qm überlassen worden.

Fragen:

1. Wie hoch ist der Vorsteuerabzug unter Berücksichtigung einer Aufteilung nach § 15 Abs. 4 UStG?
2. Wie hoch ist die verbleibende Umsatzsteuerschuld des Jahres 2018?

LÖSUNG

Sind in einem Veranlagungszeitraum die Voraussetzungen für eine Gestattung und Versagung des Vorsteuerabzugs nach § 15 Abs. 1 und Abs. 2 UStG nebeneinander gegeben, ist der Unternehmer nur teilweise zum Vorsteuerabzug berechtigt. Die Feststellung des abziehbaren Vorsteuerbetrags erfolgt nach den Vorschriften des § 15 Abs. 4 UStG, wenn der Unternehmer im Veranlagungszeitraum sowohl Umsätze bewirkt, die zum Ausschluss vom Vorsteuerabzug führen, als auch Umsätze, bei denen ein solcher Ausschluss nicht eintritt. Vom Vorsteuerabzug ausgeschlossen sind solche Vorsteuerbeträge, die auf Lieferungen und sonstige Leistungen entfallen, die der Unternehmer zur Ausführung nach § 4 Nr. 8 ff. UStG steuerfreier Umsätze verwendet bzw. in Anspruch nimmt (BFH-Urteil vom 5. 2. 1998, BStBl 1998 II 492).

Obermoser hat im Veranlagungszeitraum 2018 sowohl Umsätze bewirkt, die zum Ausschluss vom Vorsteuerabzug führen, als auch Umsätze, bei denen ein solcher Ausschluss nicht eintritt. Nach § 4 Nr. 12 Satz 1 Buchst. a UStG ist die Vermietung von Grundstücken von der USt befreit. Unter die Steuerbefreiung fällt auch die Überlassung von Campingflächen an Dauermieter, bei denen das Mietverhältnis länger als 6 Monate andauert (vgl. Abschn. 4.12.3 Abs. 1 und Abs. 2 UStAE). Nicht dagegen befreit ist die kurzfristige Überlassung von Campingplätzen. Dabei kann dahinstehen, ob den Urlaubern eine bestimmte Campingfläche zugewiesen wird oder diese sich einen Platz selbst auswählen dürfen, denn wenn eine bestimmte Fläche zugewiesen wurde, liegt zwar eine Grundstücksvermietung vor, die jedoch unter § 4 Nr. 12 Satz 2 UStG fällt und daher steuerpflichtig ist. Der Steuersatz beträgt 7 % gem. § 12 Abs. 2 Nr. 11 UStG.

Dürfen sich die Benutzer die Fläche dagegen selbst aussuchen, stellt sich die Frage, ob es sich der Sache nach um eine Grundstücksvermietung, oder aber um sonstige Leistungen im Rahmen eines Vertrags besonderer Art handelt, die von § 4 Nr. 12 Satz 1 Buchst. a UStG erst gar nicht erfasst werden und daher ebenfalls steuerpflichtig sind (vgl. Abschn. 4.12.1 Abs. 2 Satz 2 UStAE und Abschn. 4.12.3 Abs. 1 UStAE). Es ist nicht erforderlich, dass die vermietete Grundstücksfläche bereits im Zeitpunkt des Abschlusses des Mietvertrags bestimmt ist. Die Konkretisierung der Grundstücksfläche kann durch den Vermieter oder den Mieter erfolgen.

Die vom Campingplatzunternehmer Obermoser in der Form von üblichen Gemeinschaftseinrichtungen gewährten Leistungen sind gegenüber der Vermietung der Campingflächen von untergeordneter Bedeutung. Sie sind als Nebenleistungen anzusehen, die den Charakter der Hauptleistung als Grundstücksvermietung nicht beeinträchtigen und ihr Schicksal teilen. Zu diesen üblichen Gemeinschaftseinrichtungen gehören insbesondere die sanitären Anlagen. Diese Nebenleistungen fallen auch dann unter die Steuerbefreiung nach § 4 Nr. 12 Satz 1 Buchst. a UStG, wenn ein besonderes Entgelt dafür berechnet wird. Das gilt jedoch nur insoweit, als sie im Zusammenhang stehen mit den steuerfreien Leistungen an die Dauermieter (vgl. Abschn. 3.10 UStAE und Abschn. 4.12.3 Abs. 3 UStAE).

Mangels anderen Aufteilungsmaßstabs erscheint es sinnvoll und gerechtfertigt, die Entgelte für die Nebenleistungen nach dem Verhältnis der Einnahmen von Dauermietern und Kurzurlaubern aufzuteilen. Die Campingflächen scheiden als objektiver Maßstab wegen unterschiedlicher Größe aus. Damit sind 2 400 € (= 26 000 : 39 000 = $^2/_5$ von 6 000 €) der Einnahmen für die Benutzung der sanitären Anlagen gem. § 4 Nr. 12 Satz 1 Buchst. a UStG steuerfrei.

Keine Nebenleistungen zur Grundstücksvermietung sind dagegen Leistungen, die nicht in der Form von üblichen Gemeinschaftseinrichtungen erbracht werden. Hierzu gehören die Vermietung von Ruderbooten, die Benutzung von Minigolfanlagen etc. Derartige Leistungen sind umsatzsteuerrechtlich gesondert zu beurteilen und fallen nicht unter die Steuerbefreiung nach § 4 Nr. 12 Satz 1 Buchst. a UStG (vgl. Abschn. 4.12.3 Abs. 4 UStAE).

Neben diesen steuerpflichtigen sonstigen Leistungen bewirkt Obermoser durch den Verkauf von Lebensmitteln, Tabakwaren, Spirituosen und Zeitschriften Lieferungen gem. § 3 Abs. 1 UStG. Diese Lieferungen sind steuerbar und in Ermangelung einer Befreiungsvorschrift auch steuerpflichtig. Während die Lieferungen von Lebensmitteln und Zeitschriften dem ermäßigten Steuersatz von 7 % gem. § 12 Abs. 2 Nr. 1 UStG unterliegen, ist auf die Lieferungen von Tabakwaren und Spirituosen der Regelsteuersatz von 19 % anzuwenden (§ 12 Abs. 1 UStG).

1. Aufteilung des Vorsteuerabzugs:

Die Aufteilungsmethode nach § 15 Abs. 4 UStG verbietet grundsätzlich eine Zuordnung der Vorsteuerbeträge nach dem Umsatzschlüssel.

Die nur teilweise abziehbaren Vorsteuerbeträge sind stattdessen nach wirtschaftlichen Kriterien zu ermitteln (BFH-Urteil vom 5. 2. 1998, BStBl 1998 II 492). Als Aufteilungsmaßstab bietet sich die Fläche an, die im Verhältnis $^1/_3$ zu $^2/_3$ zur Ausführung von Ausschlussumsätzen bzw. den Vorsteuerabzug berechtigenden Umsätzen vermietet wird.

Ausschlussumsätze sind die zur Versagung des Vorsteuerabzugs führenden Umsätze; das sind hauptsächlich die nach § 4 Nr. 8 ff. UStG steuerfreien Umsätze, im Übrigen vgl. § 15 Abs. 2 UStG.

Berechtigende Umsätze sind die steuerpflichtigen Umsätze, die nach § 4 Nr. 1–7 UStG steuerfreien Umsätze und grundsätzlich die im Ausland ausgeführten Umsätze. Außerdem gehören z. B. noch die nach dem NATO-ZAbk und dem Offshore-Steuerabkommen steuerfreien Umsätze in diese Gruppe, vgl. im Übrigen § 15 Abs. 3 UStG.

Von den nach § 15 Abs. 1 Satz 1 Nr. 1 UStG abzugsfähigen Vorsteuerbeträgen i. H. v. 8 380 € stehen 3 690 € sowohl im Zusammenhang mit der Ausführung nach § 4 Nr. 8 ff. UStG steuerfreier als auch steuerpflichtiger Lieferungen und sonstiger Leistungen.

Dabei handelt es sich um folgende Beträge:

510 €	(Überlassung von Campingflächen)
1 950 €	(Sanitäre Anlagen)
340 €	(Gartengeräte)
890 €	(Anschaffung des Zauns)
3 690 €	

Die übrigen Vorsteuerbeträge i. H. v. 4 690 € stehen ausschließlich mit steuerpflichtigen Umsätzen im Zusammenhang und sind daher im vollen Umfang abziehbar.

Danach ergibt sich folgende Berechnung:

a) In vollem Umfang abziehbare Vorsteuer	4 690 €
b) Nach Aufteilung abziehbare Vorsteuer $^{2}/_{3}$ von 3 690 €	2 460 €
Abziehbare Vorsteuer	7 150 €

2. Ermittlung der Umsatzsteuerschuld 2018:

Vermietung der Campingflächen an Dauermieter	26 000 €
zzgl. Nebenleistungen ($^{2}/_{5}$ von 6 000 €)	2 400 €
	28 400 €

Steuerpflichtige Umsätze nach Abzug der USt:

Kurzfristige Vermietung von Campingplätzen (./. USt)	36 448,60 €
zzgl. Nebenleistungen ($^{3}/_{5}$ von 6 000 € ./. USt)	3 364,49 €
Überlassung von Ruderbooten	4 873,95 €
Benutzung der Minigolfanlage	10 722,69 €
Verkauf von Lebensmitteln	52 000,00 €
Verkauf von Tabakwaren	5 848,74 €
Verkauf von Spirituosen	15 596,64 €
Verkauf von Zeitschriften	3 000,00 €
	131 855,11 €

Von den steuerbaren Umsätzen ohne USt sind

			Steuer
a)	steuerfrei – ohne Vorsteuerabzug –	28 400,00 €	
b)	steuerpflichtig		
	– zum Steuersatz von 19 %	37 042,02 €	7 037,98 €
	– zum Steuersatz von 7 %	94 813,09 €	6 636,92 €
		131 855,11 €	13 674,90 €
Davon ab nicht vom Vorsteuerabzug ausgeschlossene Vorsteuerbeträge nach Aufteilung			7 150,00 €
Umsatzsteuerschuld 2018			**6 524,90 €**

FALL 102

Vorsteueraufteilung bei unentgeltlichen Leistungen

Sachverhalt: Albert Wunder betreibt in Düsseldorf ein Baugeschäft. Außerdem ist er als Gesellschafter an der Wunder & Land OHG mit 50 % beteiligt. Mitgesellschafter und Geschäftsführer der OHG ist Paul Land. Der Geschäftszweck der OHG ist die Durchführung von Transporten aller Art, insbesondere jedoch die Bauschuttbeseitigung.

Wunder hat im Rahmen seines Baugeschäfts eine Lagerhalle auf einem zu seinem Betrieb gehörenden unbebauten Grundstück errichtet. Im Zusammenhang mit der Herstellung der Halle sind Wunder für Fremdleistungen (Holzarbeiten, Installationen etc.) 16 000 € Vorsteuer und für den Einkauf von Baustoffen 14 000 € Vorsteuer gesondert in Rechnung gestellt worden. Diese Beträge hat Wunder in seinen Voranmeldungen als Vorsteuer in vollem Umfang abgesetzt. Die Halle wurde am 10. 4. 2018 fertig gestellt.

In einem Zusatzvertrag zum Gesellschaftsvertrag der OHG vom 1. 4. 2018 hat sich Wunder gegenüber der OHG verpflichtet, dieser einen Teil der Lagerhalle ab Fertigstellung zur Unterstellung von Lastkraftfahrzeugen zunächst unentgeltlich zur Verfügung zu stellen. Die Unentgeltlichkeit wurde im Vertrag mit den ständigen guten Geschäftsbeziehungen zwischen dem Baugeschäft Wunder und der OHG begründet.

Vergütungen für die Überlassung wurden nicht vereinbart. Der Zusatzvertrag ist erstmalig zum 31. 12. 2019 kündbar. Danach ist eine entgeltliche, steuerpflichtige Überlassung beabsichtigt.

Den tatsächlichen Feststellungen zufolge hat die OHG im Jahr 2018 $^1/_3$ der Halle ständig vertragsgemäß genutzt. Die mit der Nutzung der Halle im Jahre 2018 insgesamt verbundenen Kosten ohne AfA haben 2 000 € zzgl. 60 € USt betragen.

Fragen:

1. Wie ist die Gebrauchsüberlassung an die OHG umsatzsteuerrechtlich zu würdigen?
2. In welcher Höhe ist Wunder zum Vorsteuerabzug hinsichtlich der ihm im Zusammenhang mit der Herstellung und Nutzung der Lagerhalle gesondert in Rechnung gestellten Steuerbeträge berechtigt?

LÖSUNG

Zu 1.: Albert Wunder ist Unternehmer gem. § 2 Abs. 1 UStG und als solcher zum Vorsteuerabzug gem. § 15 Abs. 1 UStG berechtigt. Zu seinem Unternehmen gehört nicht das Fuhrgeschäft. Die OHG ist als Handelsgesellschaft selbständig gewerblich tätig und daher ebenfalls Unternehmer gem. § 2 Abs. 1 UStG. Die ertragsteuerrechtliche Stellung des Wunder als Mitunternehmer der OHG ist für Zwecke der Umsatzbesteuerung ohne Bedeutung. Da es sich bei dem Unternehmen des Wunder und der OHG um zwei verschiedene Wirtschaftsgebilde handelt, kann zwischen beiden ein Leistungsaustausch stattfinden.

Wunder hat mit der Gebrauchsüberlassung an die OHG eine sonstige Leistung gem. § 3 Abs. 9 Satz 2 UStG bewirkt. Dieser Leistung steht ein Entgelt jedoch nicht gegenüber. Dem Sachverhalt zufolge liegen auch keine Zahlungsvereinbarungen für die Überlassung vor, die als gewinnunabhängige Vergütungen Entgelt darstellen könnten. Die sonstige Leistung ist daher mangels Entgelt nicht steuerbar (§ 1 Abs. 1 Nr. 1 Satz 1 UStG). Eine unentgeltliche Wertabgabe liegt mangels nichtunternehmerischer Veranlassung nicht vor (vgl. Abschn. 1.6 Abs. 7 Nr. 2 Buchst. b UStAE).

Zu 2.: Im Falle der Entgeltlichkeit wäre die Gebrauchsüberlassung gem. § 4 Nr. 12 Satz 1 Buchst. a UStG von der USt befreit. Diese Feststellung war für den Vorsteuerabzug von erheblicher Bedeutung. Nach § 15 Abs. 2 Satz 1 Nr. 3 UStG a. F. war die Steuer für Lieferungen und sonstige Leistungen vom Abzug als Vorsteuer ausgeschlossen, wenn der Unternehmer diese Leistungen zur Ausführung unentgeltlicher Umsätze, die im Falle der Entgeltlichkeit steuerfrei wären, in Anspruch nimmt. Die Tatsache, dass der Unternehmer im Falle der Entgeltlichkeit von der Möglichkeit der Option gem. § 9 UStG Gebrauch hätte machen können, änderte an dieser Lösung nichts. Zur Sicherung des Vorsteuerabzugs konnte man den Beteiligten daher nur raten, die Gebrauchsüberlassung entgeltlich zu gestalten und von der Option Gebrauch zu machen.

Der BFH hat mit dem Urteil vom 11. 12. 2003, BStBl 2006 II 384, entschieden, dass sich der Steuerpflichtige wegen der Unvereinbarkeit der Vorschrift des § 15 Abs. 2 Satz 1 Nr. 3 UStG a. F. mit Art. 6 Abs. 2 und Art. 17 der 6. EG-Richtlinie unmittelbar auf das ihm günstigere Gemeinschaftsrecht berufen kann. Danach hat das BMF mit Schreiben vom 28. 3. 2006 (BStBl 2006 I 346) ausgeführt, dass § 15 Abs. 2 Satz 1 Nr. 3 UStG a. F. nicht mehr anzuwenden ist. Bei jedem Leistungsbezug ist zu prüfen, ob der Leistungsbezug für das Unternehmen erfolgt und der Unternehmer beabsichtigt, die Eingangsleistung zur Erzielung von zum Vorsteuerabzug berechtigenden Ausgangsumsätzen zu verwenden. Dabei ist auf die gesamte, im Zeitpunkt des Leistungsbezugs bekannte Verwendungsprognose abzustellen. Eine Verwendung für zunächst unentgeltlich zu erbringende Ausgangsumsätze ist insoweit unschädlich. Das UStG wurde im Rahmen des Jahressteuergesetzes 2007 angepasst.

Da ab 2020 eine steuerpflichtige Vermietung an die OHG beabsichtigt ist, kann der volle Vorsteuerabzug in Anspruch genommen werden. Der Vorsteuerabzug ist somit von Wunder zu Recht vorgenommen worden. Eine Vorsteuerkorrektur ist nicht vorzunehmen.

FALL 103

Fahrzeuglieferer

Sachverhalt: Der als Angestellter nicht selbständig tätige Heinz Becker mit Wohnsitz in Düsseldorf erwirbt am 10. 3. 2018 von dem Kfz-Händler Knubel in Düsseldorf ein neues Fahrzeug, einen VW Passat, für 25 000 € zzgl. 4 750 € USt. Eine ordnungsgemäße Rechnung ist von Knubel ausgestellt worden; Becker hat die Rechnung durch Hingabe eines Schecks am 10. 3. 2018 beglichen. Bei herrlichem Wetter im Mai 2018 entschließt sich Becker, den VW Passat zu veräußern und ein Cabrio zu erwerben. Auf sein Inserat in der Zeitung meldet sich eine niederländische Privatperson mit Wohnsitz in Enschede und bekundet Interesse an dem Passat. Nach vorgenommener Probefahrt am 20. 5. 2018 kommt es zum Verkauf des Fahrzeugs, das zu diesem Zeitpunkt 6 500 km zurückgelegt hat. Becker einigt sich mit dem Käufer auf einen Kaufpreis i. H. v. 22 000 €. Der Niederländer nimmt das Fahrzeug mit in sein Heimatland.

Frage: Ergeben sich aus dem Kauf und dem Verkauf des Fahrzeugs umsatzsteuerrechtliche Konsequenzen für die Privatperson Becker?

LÖSUNG

Zunächst ist zu prüfen, ob der Verkauf des Fahrzeugs für Becker einen steuerbaren Umsatz i. S. d. § 1 Abs. 1 UStG darstellt. Zu beachten ist hierbei, dass Becker bisher nicht als Unternehmer tätig war und damit nicht in den Anwendungsbereich des UStG gefallen ist. Zweifelsfrei stellt der Verkauf des Fahrzeugs eine Lieferung gem. § 3 Abs. 1 UStG dar, denn Becker verschafft dem niederländischen Abnehmer die Verfügungsmacht an einem Gegenstand. Fraglich ist allerdings die Unternehmereigenschaft des Becker. Nach § 2 Abs. 1 Satz 1 UStG ist Becker nicht als Unternehmer anzusehen, denn er übt keine gewerbliche oder berufliche Tätigkeit selbständig aus. Bei dem Verkauf des Fahrzeugs handelt es sich um einen einmaligen Vorgang.

Eine Sonderregelung enthält § 2a UStG. Wer im Inland ein neues Fahrzeug liefert, das bei der Lieferung in das übrige Gemeinschaftsgebiet gelangt, wird, wenn er nicht Unternehmer i. S. d. § 2 UStG ist, für diese Lieferung wie ein Unternehmer behandelt (§ 2a Satz 1 UStG). Diese Voraussetzungen liegen hier vor; Becker verkauft ein neues Fahrzeug gem. § 1b Abs. 3 Nr. 1 UStG und dieses gelangt bei der Lieferung in das übrige Gemeinschaftsgebiet. Damit wird Becker für diese Lieferung wie ein Unternehmer behandelt. Der Verkauf des Fahrzeugs fällt in den Rahmen seines Unternehmens. Der Lieferort bestimmt sich nach § 3 Abs. 6 Satz 1 und Satz 2 UStG und ist in Düsseldorf. Da die Lieferung auch gegen Entgelt ausgeführt wird, ist der Umsatz steuerbar gem. § 1 Abs. 1 Nr. 1 Satz 1 UStG.

Es liegt eine innergemeinschaftliche Lieferung gem. § 6a Abs. 1 UStG vor; denn

- es liegt eine tatsächliche Warenbewegung vom Inland in das übrige Gemeinschaftsgebiet (Niederlande) vor,
- bei der Lieferung eines neuen Fahrzeugs kommt es auf den Status des Abnehmers nicht an (§ 6a Abs. 1 Satz 1 Nr. 2 Buchst. c UStG),

- der Erwerb des Fahrzeugs unterliegt beim Abnehmer in den Niederlanden der Umsatzbesteuerung (entsprechend § 1b UStG).

Die innergemeinschaftliche Lieferung ist steuerfrei gem. § 4 Nr. 1 Buchst. b UStG. Die Bemessungsgrundlage beträgt gem. § 10 Abs. 1 Satz 1 und Satz 2 UStG 22 000 €. Becker muss eine Voranmeldung und eine Jahressteuererklärung beim zuständigen Finanzamt abgeben (§ 18 Abs. 4a UStG).

Da Becker wie ein Unternehmer behandelt wird, steht ihm auch ein Vorsteuerabzug zu. Die Voraussetzungen des § 15 Abs. 1 Satz 1 Nr. 1 UStG sind erfüllt, da eine Lieferung von einem anderen Unternehmer (Knubel) für sein Unternehmen ausgeführt worden ist und Becker im Besitz einer ordnungsgemäßen Rechnung i. S. d. §§ 14, 14a UStG ist. Die Vorsteuer steht im Zusammenhang mit einem steuerfreien Umsatz, so dass ein Vorsteuerabzug gem. § 15 Abs. 2 Satz 1 Nr. 1 UStG grundsätzlich ausgeschlossen ist. Dieser Ausschluss wird allerdings über die Vorschrift des § 15 Abs. 3 Nr. 1 UStG teilweise wieder aufgehoben. Da die Vorsteuer im Zusammenhang steht mit einer steuerfreien innergemeinschaftlichen Lieferung, findet § 15 Abs. 3 Nr. 1 Buchst. a UStG Anwendung und der Vorsteuerabzug bleibt erhalten. Damit ist festzuhalten, dass Becker einen Vorsteuerabzug erhält.

Hinsichtlich der Höhe des Vorsteuerabzugs ist in den Fällen des Fahrzeuglieferers die Einschränkung des § 15 Abs. 4a UStG zu beachten. Abziehbar ist gem. § 15 Abs. 4a Nr. 1 UStG nur die auf die Lieferung des neuen Fahrzeugs entfallende Steuer, hier 4 750 €. Die Steuer kann gem. § 15 Abs. 4a Nr. 2 UStG nur bis zu dem Betrag abgezogen werden, der für die Lieferung des neuen Fahrzeugs geschuldet würde, wenn die Lieferung nicht steuerfrei wäre, hier 4 180 € (22 000 € x 19 %). Im Ergebnis kann Becker demnach 4 180 € an Vorsteuern geltend machen und zwar in dem Zeitpunkt, in dem er die innergemeinschaftliche Lieferung des neuen Fahrzeugs ausgeführt hat (§ 15 Abs. 4a Nr. 3 UStG).

Der niederländische Käufer des neuen Fahrzeugs muss die Erwerbsbesteuerung in den Niederlanden durchführen.

FALL 104

Vergütungsverfahren/Wechsel der Steuerschuldnerschaft

Sachverhalt: Jan van Anderen ist Möbelhändler in Amsterdam. Er hat sich insbesondere mit dem Verkauf von antiquarischen Möbeln aller Stilrichtungen in Westeuropa einen Namen gemacht.

Im Veranlagungszeitraum 2018 hat van Anderen auch Lieferungen an verschiedene Abnehmer (Unternehmer) in Nordrhein-Westfalen und Brandenburg ausgeführt und zwar für deren Unternehmen. Die Transporte wurden stets von dem durch den Niederländer beauftragten Spediteur Teuwen, Amsterdam, durchgeführt. Außerdem hat van Anderen Gutachten für Auftraggeber in Sachsen und Bayern erstellt. Bei den Auftraggebern handelt es sich ausschließlich um Unternehmer, denen van Anderen seine Leistung ohne gesonderten Steuerausweis in Rechnung gestellt hatte. Zur Erfüllung der Aufträge ist er mehrfach nach Deutschland eingereist, um hier an Ort und Stelle Antiquitäten zu begutachten. Die Expertisen hat er allerdings in Amsterdam angefertigt. Im Zusammenhang mit diesen Reisen sind ihm von Unternehmern im Inland (Hotels, Gaststätten, Tankstellen etc.) Vorsteuerbeträge i. H. v. 80 € in Rechnung gestellt worden.

Fall 104

Schließlich ist van Anderen anlässlich des Besuchs von Ausstellungen, Messen und Auktionen mehrfach nach Deutschland eingereist. Mit diesen Reisen stehen nachweislich Vorsteuerbeträge aus Reisekosten i. H. v. 110 € im Zusammenhang.

Fragen:

1. Wie sind die Lieferungen an Abnehmer im Inland umsatzsteuerrechtlich zu beurteilen?
2. Welche umsatzsteuerrechtlichen Folgen sind aus der Begutachtung von Antiquitäten im Inland zu ziehen?
3. Muss van Anderen eine Umsatzsteuererklärung bei einem deutschen Finanzamt einreichen?
4. Kann van Anderen die Erstattung der ihm in Rechnung gestellten Vorsteuerbeträge im Vergütungsverfahren durchsetzen?

LÖSUNG

Zu 1.: Van Anderen hat Lieferungen gem. § 3 Abs. 1 UStG an Abnehmer im Inland durch Versenden ausgeführt. Nach § 3 Abs. 6 Satz 1 UStG gelten die Lieferungen dort als ausgeführt, wo die Versendung beginnt. Die Versendung beginnt mit der Übergabe der Liefergegenstände an den Transportbeauftragten (§ 3 Abs. 6 Satz 4 UStG). Ort der Lieferung ist daher Amsterdam. Die Lieferungen sind folglich im Ausland ausgeführt worden und daher im Inland aus der Sicht des Lieferers nicht steuerbar (§ 1 Abs. 1 Nr. 1 Satz 1 UStG). Die Empfänger der Lieferungen müssen den Erwerb versteuern (§ 1 Abs. 1 Nr. 5 UStG).

Zu 2.: Bei der Begutachtung von Gegenständen handelt es sich um sonstige Leistungen gem. § 3 Abs. 9 Satz 1 UStG. Ort dieser sonstigen Leistungen ist nach § 3a Abs. 2 Satz 1 UStG dort, wo der Leistungsempfänger sein Unternehmen betreibt. § 3a Abs. 3 Nr. 3 Buchst. c UStG findet keine Anwendung. Die sonstigen Leistungen wurden daher im Inland ausgeführt und sind steuerbar gem. § 1 Abs. 1 Nr. 1 Satz 1 UStG. Die sonstigen Leistungen sind auch steuerpflichtig. Der Steuersatz beträgt 19 % (§ 12 Abs. 1 UStG).

Zu 3.: Van Anderen ist nicht verpflichtet, Steueranmeldungen nach § 18 Abs. 1–4 UStG abzugeben, da er im Inland nur Umsätze ausgeführt hat, für die die Leistungsempfänger zum Steuerschuldner gem. § 13b UStG werden.

Van Anderen hat seine steuerpflichtigen sonstigen Leistungen an Unternehmer ausgeführt. Nach § 13b Abs. 1 UStG schulden die Leistungsempfänger die Steuer, da es sich bei den Leistungsempfängern um Unternehmer handelt (§ 13b Abs. 5 Satz 1 UStG). Van Anderen hat auch zutreffend ohne Steuerausweis abgerechnet (§ 14 Abs. 7 UStG), so dass auch keine Steuer aufgrund eines falschen Steuerausweises entsteht.

Zu 4.: Van Anderen ist Unternehmer gem. § 2 Abs. 1 UStG. Er ist daher berechtigt, die ihm gesondert in Rechnung gestellte Steuer für Lieferungen und sonstige Leistungen, die von anderen Unternehmern für sein Unternehmen ausgeführt wurden, als Vorsteuer abzuziehen (§ 15 Abs. 1 Satz 1 Nr. 1 UStG). Unerheblich für den Vorsteuerabzug ist, ob der Unternehmer seinen Sitz im Inland hat oder nicht und ob er steuerbare Leistungen ausgeführt hat (vgl. Abschn. 15.1 Abs. 2 UStAE).

Die Vergütung der abziehbaren Vorsteuerbeträge ist nach den §§ 59–61a UStDV (Vergütungsverfahren) durchzuführen, wenn der im Ausland ansässige Unternehmer im Inland nur Umsätze ausgeführt hat, für die der Leistungsempfänger die Steuer schuldet (§ 13b UStG, § 59 Nr. 2 UStDV). Diese Voraussetzungen sind hier erfüllt. Van Anderen sind im Kalenderjahr 2018 insgesamt 190 € Vorsteuerbeträge gesondert in Rechnung gestellt worden. Die diesen Steuerbeträgen zu Grunde liegenden Leistungen wurden für sein Unternehmen ausgeführt, so dass van Anderen zum Abzug dieser Beträge als Vorsteuer berechtigt ist (§ 15 Abs. 1 Satz 1 Nr. 1 UStG).

Die Summe der zu vergütenden Beträge übersteigt nicht 400 € (für nicht im Gemeinschaftsgebiet ansässige Unternehmer beträgt die Grenze 1 000 €, § 61a Abs. 3 UStDV). Van Anderen kann daher nur das Kalenderjahr als Vergütungszeitraum wählen (§ 61 Abs. 2 UStDV). Der Antrag ist über das in den Niederlanden eingerichtete elektronische Portal an das Bundeszentralamt für Steuern zu richten (§ 61 Abs. 1 UStDV).

Kapitel 9: Berichtigung des Vorsteuerabzugs

9.1 Grundzüge

Bei Wirtschaftsgütern, die dem Unternehmen nicht nur einmalig zur Ausführung von Umsätzen dienen (z. B. Anlagevermögen, Mietwohngrundstück), bestimmt sich der Vorsteuerabzug nach den Verhältnissen im Zeitpunkt der Anschaffung oder Herstellung des Wirtschaftsguts. Soweit kein Ausschluss vom Vorsteuerabzug eintritt, ist die auf den Anschaffungs- oder Herstellungskosten ruhende Vorsteuer im Voranmeldungszeitraum der Zuführung zum Unternehmensvermögen im vollen Umfang abzugsfähig. Dagegen ist der Vorsteuerabzug zu versagen, wenn ein Wirtschaftsgut zur Ausführung nach § 4 Nr. 8 ff. UStG steuerfreier Umsätze verwendet werden soll (§ 15 Abs. 2 UStG). In beiden Fällen richtet sich der Vorsteuerabzug daher nach der voraussichtlichen Verwendung zur Ausführung von Umsätzen.

Ändert sich nun im Laufe der Nutzungsdauer eines Wirtschaftsguts die zunächst maßgebliche und dem Vorsteuerabzug zugrunde gelegte Verwendung, kann dies zu ungerechtfertigten Ergebnissen führen. Für diese Fälle sieht § 15a UStG die Berichtigung des Vorsteuerabzugs vor.

Diese Vorsteuerberichtigung steht ausschließlich im Zusammenhang mit § 15 Abs. 2 UStG (Ausschluss vom Vorsteuerabzug). Da der Vorsteuerabzug zum Zeitpunkt des Leistungsbezugs zu beurteilen ist, greift § 15a UStG grundsätzlich auch schon bei Änderungen der Verhältnisse im Erstjahr der Verwendung ein. Die Vorschrift soll den Vorsteuerabzug, der nach den Verhältnissen des Leistungsbezugs gewährt wurde, den Verhältnissen des ganzen Verwendungszeitraums (= maßgeblicher Berichtigungszeitraum) anpassen (vgl. Abschn. 15a.1 Abs. 1 UStAE).

Der Zusammenhang mit § 15 Abs. 2 UStG setzt notwendig voraus, dass eine Vorsteuerberichtigung nur für die Fälle in Betracht kommen kann, bei denen die Voraussetzungen für den Vorsteuerabzug aus der Anschaffung oder Herstellung nach § 15 Abs. 1 UStG im Zeitpunkt des Leistungsbezugs vorgelegen haben.

Nach § 15a UStG können auch Fehler bei der erstmaligen Gewährung des Vorsteuerabzugs berichtigt werden, wenn das fragliche Abzugsjahr nach den Vorschriften der AO nicht mehr geändert werden kann (BFH-Urteil vom 13. 11. 1997, BStBl 1998 II 36, sowie vom 5. 2. 1998, BStBl 1998 II 361).

Zum 1. 1. 2005 wurde der Anwendungsbereich des § 15a UStG erweitert auf

- Wirtschaftsgüter, die nur einmalig zur Ausführung eines Umsatzes verwendet werden (§ 15a Abs. 2 UStG),
- Einbau eines Gegenstands in ein Wirtschaftsgut und Ausführung einer sonstigen Leistung an einem Wirtschaftsgut (§ 15a Abs. 3 UStG) und
- andere sonstige Leistungen (§ 15a Abs. 4 UStG).

Mit Wirkung ab dem 1. 1. 2011 wurde § 15a Abs. 6a UStG eingefügt.

9.2 Durchführung der Berichtigung

Für die Berichtigung sind die im Einzelfall maßgeblichen Vorsteuerbeträge auf den jeweils in Betracht kommenden Berichtigungszeitraum von 5 Jahren bzw. 10 Jahren mit einem Fünftel bzw. einem Zehntel gleichmäßig zu verteilen. Bei einer kürzeren Verwendungsdauer ist von dem entsprechenden Anteil (z. B. bei 4 Jahren von einem Viertel) auszugehen. Endet der Berichtigungszeitraum während eines Kalenderjahres, ist für das letzte Kalenderjahr nicht der volle Jahresanteil der Vorsteuerbeträge, sondern nur der Anteil anzusetzen, der den jeweiligen Kalendermonaten entspricht. Zu beachten ist dabei § 45 UStDV.

Eine selbständige Anwendung dieser Grundsätze ist auch bei Vorsteuerbeträgen geboten, die auf nachträgliche Anschaffungkosten/Herstellungskosten entfallen (§ 15a Abs. 6 UStG).

Tritt die für eine Berichtigung maßgebende Änderung der Verhältnisse während eines Monats ein, ist für die Berechnung davon auszugehen, dass die Änderung zu Beginn des folgenden Monats (Änderungen v. 16. – 31.) eingetreten sei oder dass sie mit Ablauf des vorausgegangenen Monats (Änderungen vom 1. – 15.) eingetreten sei.

Berichtigungsbetrag ist der Unterschiedsbetrag, der sich aus dem Vergleich der Verhältnisse des Berichtigungsjahres mit denen des ursprünglichen Vorsteuerabzugs ergibt (vgl. § 15a Abs. 1 Satz 1 UStG). Das gilt auch dann, wenn der Steuerpflichtige im Abzugsjahr den Vorsteuerabzug unzutreffend ermittelt hat. Die Berichtigung des Abzugsjahres erfolgt dann zunächst nach den Vorschriften der AO.

Die Berichtigung bei einem Wirtschaftsgut, das nur einmalig zur Ausführung eines Umsatzes verwendet wird, ist für den Besteuerungszeitraum vorzunehmen, in dem das Wirtschaftsgut verwendet wird. Ein Berichtigungszeitraum existiert insoweit nicht.

9.3 Berichtigung bei Entnahmen und Veräußerungen

Nach § 15a UStG führt nicht nur die Änderung der Verwendung während des Berichtigungszeitraums zur Vorsteuerberichtigung. Eine Änderung der Verhältnisse für den Vorsteuerabzug liegt auch dann vor, wenn das noch verwendungsfähige Wirtschaftsgut vor Ablauf des Berichtigungszeitraums veräußert oder nach § 3 Abs. 1b UStG geliefert wird. Dabei muss die Veräußerung oder die Entnahme für den Vorsteuerabzug anders zu beurteilen sein als die für den ursprünglichen Vorsteuerabzug maßgebliche Verwendung (§ 15a Abs. 8 UStG).

Für Zwecke der Vorsteuerberichtigung gilt in diesen Fällen das Wirtschaftsgut bis zum Ende des jeweils maßgeblichen Berichtigungszeitraums als weiterhin im Unternehmen verwendet. Dabei wird unterstellt, dass das ausgeschiedene Wirtschaftsgut so als weiterverwendet gilt, wie es dem Umsatz entspricht, durch den es aus dem Unternehmen ausgeschieden ist (§ 15a Abs. 9 UStG). Wird das Wirtschaftsgut etwa steuerfrei veräußert, gilt es weiterhin im Unternehmen als steuerfrei verwendet.

In diesen Fällen findet die Berichtigung des Vorsteuerabzugs im Voranmeldungszeitraum der Veräußerung bzw. der Entnahme für den ganzen restlichen Berichtigungszeitraum statt (§ 44 Abs. 3 Satz 2 UStDV).

9.4 Vereinfachungsvorschriften

a) Keine Berichtigung im ganzen Berichtigungszeitraum, wenn die auf die Anschaffungs-/Herstellungskosten eines Wirtschaftsguts entfallende Vorsteuer insgesamt 1 000 € nicht übersteigt (§ 44 Abs. 1 UStDV).

b) Keine Berichtigung für ein einziges Kalenderjahr, wenn die Änderung der Verhältnisse weniger als 10 Prozentpunkte beträgt.

   Das gilt nicht, wenn der Betrag, um den der Vorsteuerabzug für dieses Kalenderjahr zu berichtigen ist, 1 000 € übersteigt (§ 44 Abs. 2 UStDV).

c) Zusammenfassung aller Berichtigungen im letzten Kalenderjahr des Berichtigungszeitraums. Beträgt die auf die Anschaffungs-/Herstellungskosten eines Wirtschaftsguts entfallende Vorsteuer nicht mehr als 2 500 €, ist die Berichtigung des Vorsteuerabzugs für jedes in Betracht kommende Kalenderjahr insgesamt bei der Berechnung der Steuer für das Kalenderjahr vorzunehmen, in dem der maßgebliche Berichtigungszeitraum endet (§ 44 Abs. 3 UStDV a. F.). § 44 Abs. 2 UStDV findet dabei Anwendung. § 44 Abs. 3 UStDV a. F. gilt jedoch nicht bei einer Entnahme und bei einer Veräußerung, weil § 44 Abs. 4 UStDV a. F. mit seiner Regelung vorgeht (vgl. d). Die Regelung gilt nur für Wirtschaftsgüter, die vor dem 1. 1. 2012 angeschafft oder hergestellt worden sind (§ 74a Abs. 2 UStDV).

d) Vorgezogene Berichtigung bei Veräußerung oder Entnahme des Wirtschaftsguts. Bei der Veräußerung oder Entnahme ist die Berichtigung des Vorsteuerabzugs für das Kalenderjahr der Veräußerung oder Entnahme und die folgenden Kalenderjahre des Berichtigungszeitraums bereits bei der Berechnung der Steuer für den Anmeldungszeitraum durchzuführen, in dem die Veräußerung oder Entnahme stattgefunden hat (§ 44 Abs. 3 Satz 2 UStDV).

e) Übersteigt der Berichtigungsbetrag nicht 6 000 €, ist die Berichtigung nach § 15a UStG erst im Rahmen der Jahressteuerfestsetzung durchzuführen (vgl. § 44 Abs. 3 Satz 1 UStDV).

f) Anwendung der Vereinfachung auch bei nachträglichen Anschaffungs- oder Herstellungskosten und bei den in § 15a Abs. 3 und Abs. 4 UStG bezeichneten Leistungen (vgl. § 44 Abs. 4 UStDV).

LITERATURHINWEIS

Siehe hierzu auch im „Lehrbuch Umsatzsteuer" zur Berichtigung des Vorsteuerabzugs (Kapitel 12.9).

FALL 105

Vorsteuerberichtigung (Grundfall)

Sachverhalt: Der Versicherungsvertreter Harry Klinke aus Bergheim hat am 1. 3. 2016 für seine unternehmerischen Zwecke einen Pkw für 30 000 € zzgl. 5 700 € USt angeschafft. Der private Nutzungsanteil beträgt jährlich unstreitig 20 %. Seit dem 1. 1. 2018 wird der Pkw – abgesehen von der gleich gebliebenen privaten Nutzung – von Harry Klinke nur noch für Fahrten im Rahmen seiner mit dem 1. 1. 2018 aufgenommenen Tätigkeit als Arzneimittelvertreter verwendet. Die Nutzungsdauer des Pkw beträgt 5 Jahre. § 19 UStG ist nicht anzuwenden.

Fragen:

1. Welche Folgen ergeben sich aus der Anwendung des § 15a UStG für die Jahre 2016–2021? Gehen Sie davon aus, dass das Fahrzeug vollständig dem Unternehmen zugeordnet wurde.

2. Wie ist zu entscheiden, wenn Klinke im Jahr 2016 als Kleinunternehmer gem. § 19 Abs. 1 UStG USt nicht zu entrichten gehabt hätte?

LÖSUNG

Zu 1.: Als Versicherungsvertreter hat Harry Klinke bis zum 31. 12. 2017 gem. § 4 Nr. 11 UStG steuerfreie Umsätze getätigt. Diese Umsätze schließen gem. § 15 Abs. 2 Satz 1 Nr. 1 UStG den Vorsteuerabzug aus. Die private Nutzung des Fahrzeugs stellt keinen steuerbaren Umsatz gem. § 1 Abs. 1 Nr. 1 Satz 1 UStG i. V. m. § 3 Abs. 9a Nr. 1 UStG dar.

Da das Fahrzeug nur zur Ausführung steuerfreier Umsätze verwendet wurde, konnte Klinke für 2016 die gesondert in Rechnung gestellte Vorsteuer gem. § 15 Abs. 2 Satz 1 Nr. 1 UStG nicht abziehen. Die Vorsteuer war daher nach § 9b Abs. 1 EStG den Anschaffungskosten hinzuzurechnen.

Im Jahr 2017 haben sich diese Verhältnisse nicht geändert. Eine Berichtigung des Vorsteuerabzugs hat daher für 2017 zu unterbleiben.

Seit dem 1. 1. 2018 wird das Fahrzeug nur noch zur Ausführung steuerpflichtiger Umsätze verwendet. Damit haben sich die Verhältnisse für den Vorsteuerabzug während des in diesem Fall maßgebenden Berichtigungszeitraums von 5 Jahren geändert.

Gemäß § 15a Abs. 1 und Abs. 5 UStG ist für den Veranlagungszeitraum 2018 und, soweit sich an der Verwendung nichts mehr ändert, auch in den Jahren 2019 bis 2021 jeweils eine Vorsteuerberichtigung vorzunehmen.

Der Berichtigungszeitraum beginnt am 1. 3. 2016 und endet am 28. 2. 2021. Für jedes Jahr der Berichtigung ist von $^1/_5$ der aus der Anschaffung resultierenden Vorsteuer auszugehen:

Zeit	1/5	abziehbar	bisher	Berichtigung
1. 3.– 31. 12. 2016	950 €	0 €	0 €	–
1. 1.– 31. 12. 2017	1 140 €	0 €	0 €	–
1. 1.– 31. 12. 2018	1 140 €	1 140 €	0 €	+ 1 140 €
1. 1.– 31. 12. 2019	1 140 €	1 140 €	0 €	+ 1 140 €
1. 1.– 31. 12. 2020	1 140 €	1 140 €	0 €	+ 1 140 €
1. 1.– 28. 02. 2021	190 €	190 €	0 €	+ 190 €
	5 700 €			

Die Berichtigungsbeträge hat Klinke jeweils in den Jahreserklärungen für 2018, 2019, 2020 und 2021 als zusätzliche Vorsteuerbeträge geltend zu machen (vgl. Abschn. 15a.1 Abs. 1 UStAE).

Bilanzsteuerrechtlich werden diese Beträge im Jahr der jeweiligen Berichtigung als Ertrag erfasst (vgl. § 9b Abs. 2 EStG). Eine Berichtigung der Anschaffungs- oder Herstellungskosten und damit der AfA-Bemessungsgrundlage unterbleibt.

Ab 2018 ist die Privatnutzung gem. § 3 Abs. 9a Nr. 1 UStG als unentgeltliche Wertabgabe der Besteuerung zu unterwerfen.

Zu 2.: Soweit ein Unternehmer gem. § 19 Abs. 1 UStG als sog. Kleinunternehmer USt für seine Umsätze nicht zu entrichten hat, ist er nicht zum Vorsteuerabzug berechtigt. Bei einem späteren

Wechsel in die Versteuerung nach den allgemeinen Vorschriften des UStG kommt eine Berichtigung gem. § 15a UStG in Betracht (§ 15a Abs. 7 UStG).

FALL 106

Vorsteuerberichtigung mit verkürztem Berichtigungszeitraum

Sachverhalt: Wie Fall 105, mit der Abweichung, dass der Pkw für 30 000 € zzgl. 5 700 € USt gebraucht am 18. 3. 2016 angeschafft wurde und die Tätigkeit als Arzneimittelvertreter mit Wirkung vom 19. 4. 2018 aufgenommen wurde. Die Nutzungsdauer des Pkw soll ab Erwerb noch 4 Jahre betragen.

Frage: Welche Folgen ergeben sich aus der Anwendung des § 15a UStG für die Jahre 2016–2020?

LÖSUNG

Als Versicherungsvertreter hat Klinke im Jahr 2016 gem. § 4 Nr. 11 UStG steuerfreie Umsätze getätigt. Die private Pkw-Nutzung stellt keinen steuerbaren Umsatz dar. Damit konnte Klinke im Jahr 2016 gem. § 15 Abs. 2 Satz 1 Nr. 1 UStG die Vorsteuer aus der Anschaffung nicht abziehen.

Mit Wirkung vom 19. 4. 2018 haben sich die Verhältnisse für den Vorsteuerabzug geändert. Nunmehr wird der Pkw nur noch zur Ausführung steuerpflichtiger Umsätze verwendet. Der in diesem Fall maßgebliche Berichtigungszeitraum beträgt 4 Jahre, so dass für jedes Jahr der Berichtigung von $^1/_4$ der auf die Anschaffung entfallenden Vorsteuer auszugehen ist (§ 15a Abs. 5 Satz 2 UStG).

Der Berichtigungszeitraum endet mit Ablauf des 31. 3. 2020 (vgl. § 45 UStDV). Die Änderung der Verwendung für Zwecke der Tätigkeit als Arzneimittelvertreter ist mit Wirkung vom 19. 4. 2018 zu berücksichtigen. Aus Vereinfachungsgründen kann dabei zur Vermeidung einer Umrechnung nach Tagen unterstellt werden, dass das maßgebende Ereignis mit Wirkung vom 1. 5. 2018 eingetreten ist (analoge Anwendung des § 45 UStDV).

Auf das Jahr 2018 entfallen damit $^8/_{12}$ von $^1/_4$ des Vorsteuerbetrags aus der Anschaffung.

Zeit	1/4	abziehbar	bisher	Berichtigung
1. 5.– 31. 12. 2018 ($^8/_{12}$)	950,00 €	950,00 €	0 €	+ 950,00 €
1. 1.– 31. 12. 2019 ($^{12}/_{12}$)	1 425,00 €	1 425,00 €	0 €	+ 1 425,00 €
1. 1.– 31. 03. 2020 ($^3/_{12}$)	356,25 €	356,25 €	0 €	+ 356,25 €

Die Berichtigungsbeträge hat Klinke jeweils in den Jahreserklärungen für 2018, 2019 und 2020 als zusätzliche Vorsteuerbeträge geltend zu machen. Insbesondere kommt eine Berücksichtigung des Berichtigungsbetrags von 356,25 € in der Voranmeldung für März 2020 deshalb noch nicht in Betracht (vgl. Abschn. 15a.1 Abs. 1 UStAE, Abschn. 15a.4 Abs. 1 UStAE).

Ab 2018 ist die Privatnutzung als unentgeltliche Wertabgabe gem. § 3 Abs. 9a Nr. 1 UStG der Besteuerung zu unterwerfen.

FALL 107

Vorsteuerberichtigung nach Totalschaden

Sachverhalt: Wie Fall 105, mit der Abweichung, dass der Pkw für 30 000 € zzgl. 5 700 € USt gebraucht am 14. 5. 2016 angeschafft wurde und die Tätigkeit als Arzneimittelvertreter mit Wirkung vom 15. 4. 2018 aufgenommen wurde. Auf der Fahrt zum Kunden ist Harry Klinke am 10. 11. 2018 verunglückt. Der Pkw wurde total beschädigt, so dass Klinke den Schrott am 16. 11. 2018 für 595 € an eine Privatperson veräußerte. Die betriebsgewöhnliche Nutzungsdauer des Pkw betrug ab Kauf noch 4 Jahre.

Frage: Welche Folgen ergeben sich aus der Anwendung des § 15a UStG für das Jahr 2018?

LÖSUNG

Als Versicherungsvertreter hat Klinke im Jahre 2016 gem. § 4 Nr. 11 UStG steuerfreie Umsätze getätigt. Die private Verwendung des Pkw stellt keinen steuerbaren Umsatz dar. Damit konnte Klinke im Jahre 2016 die Vorsteuer aus der Anschaffung des Pkw nicht abziehen (§ 15 Abs. 2 Satz 1 Nr. 1 UStG).

Mit Wirkung vom 15. 4. 2018 haben sich die Verhältnisse für den Vorsteuerabzug geändert. Seit diesem Zeitpunkt wird das Fahrzeug nur noch zur Ausführung steuerpflichtiger Umsätze verwendet. In analoger Anwendung des § 45 UStDV ist daher für die verbleibende Zeit des Berichtigungszeitraums ab 1. 4. 2018 eine Berichtigung des Vorsteuerabzugs gem. § 15a Abs. 1 und Abs. 5 UStG durchzuführen.

Grundsätzlich beträgt im vorliegenden Fall der Berichtigungszeitraum (entsprechend der betriebsgewöhnlichen Nutzungsdauer) 4 Jahre. Endet jedoch die tatsächliche Verwendung des Wirtschaftsguts vor Ablauf des grundsätzlich maßgeblichen Berichtigungszeitraums (z. B. wegen Abbruchs, Diebstahls, Totalschadens, Brand), verkürzt sich auch der Berichtigungszeitraum (vgl. § 15a Abs. 5 Satz 2 UStG; s. auch Abschn. 15a.3 Abs. 7 Satz 1 UStAE).

HINWEIS

Eine Verkürzung des Berichtigungszeitraums erfolgt allerdings nicht in den Fällen der Veräußerung oder der Entnahme eines noch verwendungsfähigen Gegenstands (§ 15a Abs. 8 und Abs. 9 UStG)!

Der Schrottverkauf berührt die Würdigung nach § 15a UStG nicht. Er erfolgt nach Beendigung der tatsächlichen Nutzung und stellt insbesondere keinen Fall des § 15a Abs. 8 UStG dar (Abschn. 15a.3 Abs. 7 Satz 3 UStAE). Die Veräußerung des Schrotts ist losgelöst von seiner fehlenden Bedeutung für § 15a UStG jedoch als steuerbare und steuerpflichtige Lieferung zu beurteilen (§ 1 Abs. 1 Nr. 1 Satz 1 UStG i. V. m. § 3 Abs. 1 UStG). Die Bemessungsgrundlage beträgt nach § 10 Abs. 1 UStG 500 €. Die USt beträgt insoweit 95 €. Dieser Umsatz (Hilfsgeschäft) ist in der Voranmeldung für November 2018 zu erfassen.

Durch die vorzeitige Beendigung des Berichtigungszeitraums am 10. 11. 2018 erstreckt sich der für die Berichtigung des Vorsteuerabzugs in der Jahreserklärung 2018 maßgebliche Zeitraum vom 1. 5. 2016 bis zum 31. 10. 2018 (Hinweis auf § 45 UStDV) und umfasst somit 30 Monate. Auf jedes Jahr der Änderung entfällt für Zwecke der Berichtigung daher ein Vorsteueranteil von $^{12}/_{30}$. Für 2018 ergibt sich folglich eine Berichtigung für die Zeit vom 1. 4. 2018 bis zum 31. 10. 2018 = 7 Monate.

Zeit	7/30	abziehbar	bisher	Berichtigung
1. 4. – 31. 10. 2018	1 330 €	1 330 €	0 €	+ 1 330 €

Im Jahr 2018 ist die Privatnutzung als unentgeltliche Wertabgabe gem. § 3 Abs. 9a Nr. 1 UStG der Besteuerung zu unterwerfen.

HINWEIS

Die Verkürzung des Berichtigungszeitraums wegen Unbrauchbarkeit kann für die vorausgegangenen Jahre des Berichtigungszeitraums eine Neuberechnung des jeweiligen Berichtigungsbetrags erforderlich machen (vgl. Abschn. 15a.11 Abs. 5 UStAE). Die Unterschiede, die sich danach für die einzelnen Kalenderjahre ergeben, können aus Vereinfachungsgründen bei der Steuerfestsetzung für das letzte Kalenderjahr des verkürzten Berichtigungszeitraums berücksichtigt werden.

FALL 108

Vorsteuerberichtigung bei Gebäuden

Sachverhalt: Klaus Lammers ist seit dem 1. 4. 2018 selbständiger Werbeberater. Von seinem Vater hatte Lammers in 2014 ein Grundstück geerbt, auf dem er ein Gebäude errichten ließ. Die Herstellungskosten des Gebäudes, das am 1. 7. 2016 bezogen wurde, haben 600 000 € betragen. Die Vorsteuer aus den Baurechnungen belief sich auf 114 000 €.

Das Gebäude wurde im Jahr 2016 zu 60 % fremdgewerblich mit zulässiger Option zur Umsatzsteuerpflicht und zu 40 % zu Wohnzwecken vermietet; dies war auch von vornherein so beabsichtigt. Seit dem 1. 4. 2018 wird das ganze Gebäude nur noch für eigene gewerbliche Zwecke (Werbeagentur) verwendet.

Frage: Ist eine Vorsteuerberichtigung gem. § 15a UStG durchzuführen?

LÖSUNG

Im Kalenderjahr der erstmaligen Verwendung, dem Jahr 2016, hat Lammers das Gebäude sowohl zur Ausführung durch Option gem. § 9 UStG steuerpflichtiger Vermietungsumsätze als auch zur Ausführung nach § 4 Nr. 12 Satz 1 Buchst. a UStG steuerfreier Vermietungsumsätze verwendet. Gemäß § 15 Abs. 1 Satz 1 Nr. 1 UStG i. V. m. § 15 Abs. 2 Satz 1 Nr. 1 und Abs. 4 UStG war er daher berechtigt, die auf den Herstellungskosten des Gebäudes beruhenden Vorsteuerbeträge von 114 000 € teilweise, und zwar i. H. v. 60 % = 68 400 €, abzuziehen.

An diesen Verhältnissen hat sich im Jahr 2017 nichts geändert, so dass die Anwendung des § 15a UStG im Jahr 2017 unterbleibt.

Mit Wirkung vom 1. 4. 2018 haben sich die Verhältnisse für den Vorsteuerabzug geändert. Seit diesem Zeitpunkt verwendet Lammers das Gebäude nur noch zur Ausführung steuerpflichtiger Umsätze im Rahmen seiner Werbeagentur.

Nach § 15a Abs. 1 UStG beträgt der für die Berichtigung maßgebliche Zeitraum bei Grundstücken einschließlich ihrer wesentlichen Bestandteile 10 Jahre. Eine im Einzelfall längere tatsächliche Nutzungsdauer bleibt außer Betracht. Der Berichtigungszeitraum läuft daher im vorliegenden Fall vom 1. 7. 2016 bis zum 30. 6. 2026. Nach § 15a Abs. 5 UStG entfällt auf jedes Jahr der Änderung $^{1}/_{10}$ der Vorsteuer von 114 000 € = 11 400 €.

Das die Berichtigung auslösende Ereignis hat am 1. 4. 2018 stattgefunden. Für 2018 kommt daher eine Berichtigung nur für 9 Monate in Betracht:

Zeit	1/10	abziehbar	bisher 60 %	Berichtigung
1. 4. – 31. 12. 2018	8 550 €	8 550 €	5 130 €	+ 3 420 €
1. 1. – 31. 12. 2019	11 400 €	11 400 €	6 840 €	+ 4 560 €
2020 – 2025 je	11 400 €	11 400 €	6 840 €	+ 4 560 €
1. 1. – 30. 6. 2026	5 700 €	5 700 €	3 420 €	+ 2 280 €

Die einzelnen Berichtigungsbeträge sind jeweils in den Jahreserklärungen der entsprechenden Jahre als zusätzlicher Vorsteuerbetrag geltend zu machen (vgl. Abschn. 15a.1 Abs. 1 UStAE). Voraussetzung für die Berichtigungen in den Jahren 2019 bis 2026 ist dabei allerdings, dass die im Jahr 2018 durchgeführte Verwendungsänderung bis zum Ende des Berichtigungszeitraums andauert.

FALL 109

Vorsteuerberichtigung bei verschiedenen Berichtigungszeiträumen

Sachverhalt: Manfred Busch ist Vermögensberater in Bielefeld. In der Innenstadt von Bielefeld hat er ein Bürogebäude errichten lassen, das in zwei Bauabschnitten fertig gestellt wurde. Der 1. Bauabschnitt war am 12. 5. 2016 bezugsfertig und wurde mit Wirkung vom 1. 6. 2016 an eine Versicherungsagentur für monatlich 1 500 € vermietet. Eine Optionserklärung liegt insoweit nicht vor. Die Herstellungskosten für den 1. Bauabschnitt haben 180 000 € betragen. Die dafür gesondert in Rechnung gestellte Steuer hat insgesamt 24 000 € betragen.

Der 2. Bauabschnitt war am 3. 2. 2017 bezugsfertig und wurde mit Wirkung vom 1. 3. 2017 zu 50 % an eine Steuerberatungsgesellschaft für monatlich 1 750 € zzgl. 332,50 € gesondert in Rechnung gestellter USt vermietet. Die andere Hälfte des 2. Bauabschnitts ist seit dem 1. 3. 2017 an einen Arzt für 2 000 € vermietet. Für die Vermietung an den Arzt hat Busch nicht optiert. Die Herstellungskosten für den 2. Bauabschnitt haben insgesamt 250 000 € betragen. Die dafür gesondert in Rechnung gestellte USt belief sich auf insgesamt 36 000 €.

Fall 109

Mit Ablauf des 30. 9. 2018 hat Busch die bestehenden Mietverträge gekündigt und das Gebäude insgesamt mit Wirkung vom 1. 10. 2018 an die Stadtwerke Bielefeld vermietet, die darin ein Beratungszentrum einrichten will. Die monatliche Miete für das ganze Gebäude beträgt 8 000 € zzgl. 1 520 € USt.

Frage: Ergeben sich im Jahr 2018 umsatzsteuerrechtliche Folgen aus der Anwendung des § 15a UStG?

LÖSUNG

Da das Gebäude in zwei Bauabschnitten errichtet und zu verschiedenen Zeitpunkten in Verwendung genommen wurde, ist für Zwecke des Vorsteuerabzugs und einer eventuellen Berichtigung von zwei Wirtschaftsgütern auszugehen (vgl. Abschn. 15a.3 Abs. 2 UStAE).

Im Jahr der erstmaligen Verwendung wurde der Bauabschnitt 1 mit Wirkung vom 1. 6. 2016 nach § 4 Nr. 12 Satz 1 Buchst. a UStG steuerfrei vermietet. Die aus der Herstellung resultierende Vorsteuer von 24 000 € war daher vom Abzug gem. § 15 Abs. 2 Satz 1 Nr. 1 UStG ausgeschlossen.

Durch die Vermietung an die Stadtwerke mit Wirkung vom 1. 10. 2018 haben sich die Verhältnisse für den Vorsteuerabzug geändert. Die Option für die Vermietungsumsätze an die Stadtwerke als gewerblicher Betrieb der Körperschaft des öffentlichen Rechts (Abschn. 2.11 UStAE) ist nach § 9 UStG zulässig, denn das Gebäude dient unternehmerischen Zwecken der Stadt, die den Vorsteuerabzug nicht ausschließen. Die Vermietungsleistungen sind daher ab diesem Zeitpunkt steuerbar und steuerpflichtig.

Nach § 15a Abs. 1 UStG beträgt der Berichtigungszeitraum 10 Jahre. Demgemäß entfällt auf jedes Jahr der Änderung ein Zehntel der Vorsteuer von 24 000 €= 2 400 € (§ 15a Abs. 5 Satz 1 UStG). Die Änderung der Verhältnisse ist mit Wirkung vom 1. 10. 2018 eingetreten, so dass für dieses Jahr $^{3}/_{12}$ des Vorsteueranteils zu berichtigen sind. Berichtigungszeitraum: 1. 6. 2016 – 31. 5. 2026.

HINWEIS

Der Zeitpunkt der Bezugsfertigkeit ist unmaßgeblich, wenn die tatsächliche Verwendung erst später begonnen hat.

Zeit	$^{1}/_{10}$	abziehbar	bisher	Berichtigung
1. 10. – 31. 12. 2018	600 €	600 €	0 €	+ 600 €

Der 2. Bauabschnitt wurde ab Verwendung sowohl zur Ausführung steuerpflichtiger Vermietungsumsätze an die Steuerberatungsgesellschaft als auch zur Ausführung steuerfreier sonstiger Leistungen an den Arzt verwendet. Die Vorsteuer i. H. v. 36 000 € war daher gem. § 15 Abs. 2 Satz 1 Nr. 1 i. V. m. Abs. 4 UStG zu 50 % vom Abzug ausgeschlossen. Dabei wird davon ausgegangen, dass diese Verwendungsabsicht von vornherein bestand.

Da Busch auch diesen Bauabschnitt mit Wirkung vom 1. 10. 2018 an die Stadtwerke Bielefeld steuerpflichtig vermietet, haben sich auch hier die Verhältnisse für den Vorsteuerabzug geändert, so dass eine Berichtigung gem. § 15a UStG zu erfolgen hat. Der maßgebliche Berichtigungszeitraum beträgt auch hier 10 Jahre, beginnt aber ebenfalls mit der tatsächlichen ersten Verwendung am 1. 3. 2017 und endet mit Ablauf des 28. 2. 2027.

Auch für den 2. Bauabschnitt kommt im Jahr 2018 $^1/_{10}$ des Vorsteuerbetrags von 36 000 € zur Berichtigung. Da die Änderung der Verwendung erst mit dem 1. 10. 2018 eingetreten ist, sind für 2018 $^3/_{12}$ des Vorsteueranteils zu berichtigen:

Zeit	$^1/_{10}$	abziehbar	bisher	Berichtigung
1. 10. – 31. 12. 2018	900 €	900 €	450 €	+ 450 €

Busch hat in der Umsatzsteuererklärung für 2018 einen zusätzlichen Vorsteuerabzug von insgesamt 1 050 € (600 € + 450 €) geltend zu machen.

FALL 110

Vorsteuerberichtigung bei Änderungen des Aufteilungsschlüssels

Sachverhalt: Dr. Wilfried Zahn betreibt in Köln eine Zahnarztpraxis. Herausnehmbarer Zahnersatz sowie Brücken und Kronen werden im eigenen Labor hergestellt. Im Jahr 2017 betrug der Umsatz aus der Tätigkeit als Zahnarzt 450 000 €. Davon entfielen auf die Lieferungen und die Wiederherstellung von Zahnersatz etc. 180 000 €. Der Umsatz des Jahres 2018 belief sich auf 500 000 €. Darin sind die Prothetikumsätze mit 250 000 € enthalten. Dr. Zahn hatte diese Beträge in den Rechnungen getrennt ausgewiesen. Die unentgeltliche Wertabgabe ist im Bruttoumsatz nicht enthalten. Die Gewinnermittlung erfolgt nach § 4 Abs. 3 EStG.

Am 15. 2. 2017 hatte Dr. Zahn einen Pkw für 37 500 € zzgl. 7 125 € USt angeschafft. Der Umfang der beruflichen Nutzung wurde von Dr. Zahn in den Jahren 2017 und 2018 mit $33\,^1/_3$ % nachgewiesen. Die im Übrigen ausschließlich private Nutzung erstreckte sich nur auf das Inland. Die Kosten der gesamten Pkw-Nutzung einschließlich AfA haben in 2017 15 000 € und in 2018 18 000 € betragen. Außerdem sind in 2017 und 2018 jeweils 2 000 € für Kfz-Steuer und Kfz-Haftpflicht aufgewendet worden. Die betriebsgewöhnliche Nutzungsdauer des Fahrzeugs beträgt unstreitig 5 Jahre. Dr. Zahn hat dem Finanzamt gegenüber eine Erklärung zur Zuordnung des Fahrzeugs zum Unternehmen abgegeben.

Die Vorsteuerbeträge des Jahres 2017 betrugen einschließlich der Vorsteuer aus der Anschaffung des Pkw 22 000 €. Im Jahr 2018 wurden dem Unternehmer Umsatzsteuerbeträge i. H. v. 26 000 € für Lieferungen von Praxiseinrichtungsgegenständen, Medikamenten und Materialeinkauf für das Labor gesondert in Rechnung gestellt. Sämtliche vorsteuerbehafteten Leistungen nimmt Dr. Zahn sowohl zur Ausführung der zahnärztlichen Leistungen als auch zur Ausführung der Prothetikumsätze in Anspruch.

Dr. Zahn teilt die Vorsteuer mangels anderer wirtschaftlicher Kriterien nach dem Verhältnis der Einnahmen auf.

HINWEIS

Dieses Verfahren ist nicht zu beanstanden, obwohl die Aufteilung nach dem Umsatzschlüssel seit 1. 1. 1990 jedenfalls grundsätzlich nicht mehr zulässig ist. In besonders gelagerten Fällen muss das Verhältnis der Einnahmen aber durchaus als wirtschaftlich vernünftiger Maßstab erlaubt sein, wenn andere objektive Aufteilungsmaßstäbe (wie bei der Pkw-Nutzung durch einen Zahnarzt) nicht zur Verfügung stehen.

Fragen:

1. In welcher Höhe hat im Veranlagungszeitraum 2018 eine Berichtigung des Vorsteuerabzugs für den Pkw nach § 15a UStG zu erfolgen?
2. Wie hoch ist die verbleibende Umsatzsteuerschuld im Veranlagungszeitraum 2018 (Steuersatz 19 %)?

LÖSUNG

1. Berichtigung des Vorsteuerabzugs nach § 15a UStG

Für die Anwendung der Vorschrift des § 15a UStG ist nicht Voraussetzung, dass das Wirtschaftsgut zum Anlagevermögen gehört. Es muss sich vielmehr um einen Gegenstand des Unternehmens handeln, der vom Unternehmer zur Ausführung von Umsätzen verwendet wird. Ein Gegenstand des Unternehmens liegt auch bei überwiegend unternehmensfremd verwendeten und nicht zu einem Betriebsvermögen gehörenden Wirtschaftsgütern vor, wenn der Unternehmer beim Erwerb den Gegenstand durch Inanspruchnahme des Vorsteuerabzugs dem Unternehmen zuordnet (Urteil des EuGH v. 4. 10. 1995, BStBl 1996 II 390, sowie BMF vom 27. 6. 1996, BStBl 1996 I 702). Da eine Erklärung des Unternehmers vorliegt, ist von einer vollständigen Zuordnung zum Unternehmen auszugehen (vgl. Abschn. 15.2c Abs. 2 UStAE).

Für die mit dem Erwerb und der Unterhaltung des Pkw im Zusammenhang stehenden Vorsteuerbeträge ist Dr. Zahn zum Vorsteuerabzug i. H. v. 80 % gem. § 15 Abs. 1 Satz 1 Nr. 1 UStG i. V. m. § 15 Abs. 4 UStG berechtigt. Zum Ausgleich dafür unterliegt die unternehmensfremde Nutzung gem. § 3 Abs. 9a Nr. 1 UStG der Steuer. Dr. Zahn erhält aus der Anschaffung des Pkw einen Vorsteuerabzug i. H. v. 5 700 € (80 % von 7 125 €). Aus den laufenden Pkw-Kosten kann Dr. Zahn einen Vorsteuerabzug i. H. v. 80 % vornehmen. Die Privatnutzung führt zu einem steuerbaren Umsatz gem. § 3 Abs. 9a Nr. 1 UStG i. V. m. § 1 Abs. 1 Nr. 1 Satz 1 UStG.

Dr. Zahn hat den Pkw im Jahr 2017 sowohl zur Ausführung steuerpflichtiger als auch zur Ausführung nach § 4 Nr. 14 Buchst. a UStG steuerfreier Umsätze verwendet; dies war auch bei der Anschaffung so beabsichtigt. Die Steuerbefreiung nach § 4 Nr. 14 Buchst. a UStG ist nicht auf die Lieferungen und die Wiederherstellung von Einzelkronen, Brücken und herausnehmbaren Zahnersatz anzuwenden, soweit die Herstellung im praxiseigenen Labor erfolgt (§ 4 Nr. 14 Buchst. a Satz 2 UStG). Da die steuerpflichtigen Umsätze den Betrag von 17 500 € bei weitem übersteigen, kommt die Anwendung des § 19 Abs. 1 UStG nicht in Betracht. Der Steuersatz für die nach § 4 Nr. 14 Buchst. a Satz 2 UStG nicht befreiten Umsätze beträgt 7 % (§ 12 Abs. 2 Nr. 6 UStG).

Soweit der Pkw zur Ausführung nach § 4 Nr. 14 Buchst. a UStG steuerfreier Umsätze aus der Tätigkeit als Zahnarzt verwendet wird, ist der Vorsteuerabzug nach § 15 Abs. 2 Satz 1 Nr. 1 UStG ausgeschlossen. Die Vorsteuerbeträge sind nach dem Verhältnis der zum Ausschluss vom Vorsteuerabzug führenden Umsätze zu den übrigen Umsätzen in nicht abziehbare und abziehbare Vorsteuerbeträge aufzuteilen. (Die Aufteilung erfolgt ausnahmsweise umsatzabhängig mangels anderer objektiver Kriterien, siehe Sachverhalt.) Eine direkte Zuordnung von Vorsteuerbeträgen kann nicht erfolgen, weil dem Sachverhalt zufolge eine ausschließliche Zuordnung von Vorsteuerbeträgen ausgeschlossen ist.

Im Veranlagungszeitraum 2017 betragen die zum Ausschluss vom Vorsteuerabzug führenden Umsätze 270 000 €. Die übrigen Umsätze betragen 180 000 €. Das Verhältnis der zum Ausschluss vom Vorsteuerabzug führenden Umsätze zu den übrigen beträgt folglich 3:2, so dass $^3/_5$ der Vorsteuerbeträge nicht abziehbar und $^2/_5$ abziehbar sind. Entsprechend beträgt die abziehbare Vorsteuer für den in 2017 angeschafften Pkw 80 % ($^2/_5$ von $33^1/_3$ % + $66^2/_3$ %) von 7 125 € = 5 700 €.

Nach § 15a UStG ist der Vorsteuerabzug, der auf die Anschaffungskosten eines Wirtschaftsguts entfällt, zu berichtigen, wenn sich die für den Vorsteuerabzug maßgebenden Verhältnisse innerhalb von 5 Jahren seit dem Beginn der Verwendung ändern. Bei der Berichtigung ist für jedes Kalenderjahr der Änderung grundsätzlich von einem Fünftel der auf das Wirtschaftsgut entfallenden Vorsteuerbeträge auszugehen. Beträgt die betriebsgewöhnliche Nutzungsdauer eines Wirtschaftsguts weniger als 5 Jahre, ist der Berichtigung die kürzere Verwendungsdauer zu Grunde zu legen (§ 15a Abs. 5 Satz 2 UStG).

Da die betriebsgewöhnliche Nutzungsdauer des von Dr. Zahn angeschafften Fahrzeugs 5 Jahre beträgt, ist für jedes Jahr der Änderung von einem Fünftel des Vorsteuerbetrags auszugehen. Der folglich 5-jährige Berichtigungszeitraum endet mit Ablauf des 31. 1. 2022 (§ 45 UStDV).

Im Veranlagungszeitraum 2018 betragen die zum Ausschluss vom Vorsteuerabzug führenden Umsätze 250 000 €. Die übrigen Umsätze betragen 250 000 €. Das für den Vorsteuerabzug maßgebende Umsatzverhältnis beträgt folglich 50:50. Damit haben sich die Verhältnisse für den Vorsteuerabzug innerhalb des 5-jährigen Berichtigungszeitraums geändert, so dass eine Berichtigung des auf die Anschaffungskosten des Fahrzeugs entfallenden Vorsteuerabzugs durchzuführen ist.

Auf das Kalenderjahr 2018 entfällt $^1/_5$ des Vorsteuerbetrags i. H. v. 7 125 € = 1 425 €. Nach den in diesem Kalenderjahr maßgebenden Verhältnissen sind 83,34 % = 1 187,60 € abziehbar. Von dem bisherigen Vorsteuerabzug i. H. v. 5 700 € entfällt rechnerisch $^1/_5$ = 1 140 € auf das Jahr 2018. Folglich ergibt sich im Rahmen der Veranlagung zur USt für 2018 ein zusätzlicher Vorsteuerbetrag i. H. v. 1 187,60 € ./. 1 140 € = 47,60 €.

Die Vorschrift des § 44 Abs. 2 UStDV ist anzuwenden, weil sich die Verhältnisse, die für den Vorsteuerabzug maßgebend sind, um weniger als 10 % geändert haben. Die absolute Grenze von 1 000 € ist ebenfalls nicht überschritten.

2. Ermittlung der Umsatzsteuerschuld für 2018

	Umsätze	USt
Steuerpflichtige Umsätze		
- zum Steuersatz von 7 %	250 000,00 €	17 500,00 €
- zum Steuersatz von 19 % (Privatnutzung)	12 000,00 €	2 280,00 €
Steuerfreie sonstige Leistungen		
- nach § 4 Nr. 14 Buchst. a UStG	250 000,00 €	–
	512 000,00 €	19 780,00 €
Davon ab		
abziehbare Vorsteuerbeträge		
- 50 % von 26 000 €		13 000,00 €
- 83,34 % von 3 420 €		2 850,23 €
Vorsteuerberichtigung nach § 15a UStG		0,00 €
Umsatzsteuerschuld		3 929,77 €

FALL 111

Vorsteuerberichtigung beim Umlaufvermögen

Sachverhalt: Der Unternehmer Knut Zumholt betreibt in Hannover ein Unternehmen, das den An- und Verkauf von bebauten und unbebauten Grundstücken zum Gegenstand hat. Mit notariellem Vertrag vom 10. 6. 2017 hat er von dem Unternehmer Schulte in Hannover ein bebautes Grundstück für 1 000 000 € erworben; der Übergang von Nutzen und Lasten ist am 1. 7. 2017 erfolgt. Schulte hat im notariellen Kaufvertrag auf die Steuerbefreiung verzichtet. Zumholt beabsichtigt, das bebaute Grundstück unter Anwendung der Option ebenfalls steuerpflichtig weiterzuveräußern. Am 20. 4. 2018 gelingt es ihm, das Grundstück an die Stadt Hannover für deren hoheitliche Zwecke zu veräußern und zwar zu einem Preis i. H. v. 1 500 000 €. Zumholt hat in der Zeit von Juli 2017 bis zum 20. 4. 2018 mit dem Grundstück keinerlei Umsätze ausgeführt.

Frage: Welche umsatzsteuerrechtlichen Folgen ergeben sich aus dem Vorgang für den Unternehmer Zumholt in den Jahren 2017 und 2018?

LÖSUNG

Die Lieferung des Grundstücks am 1. 7. 2017 stellt für den Veräußerer einen steuerbaren und steuerpflichtigen Umsatz dar. Dieser Umsatz ist grundsätzlich steuerfrei gem. § 4 Nr. 9 Buchst. a UStG, da es sich um einen Umsatz handelt, der unter das Grunderwerbsteuergesetz fällt. Der Veräußerer kann allerdings gem. § 9 Abs. 1 UStG auf die Steuerbefreiung verzichten, da der steuerfreie Umsatz an einen anderen Unternehmer für sein Unternehmen ausgeführt wird. § 9 Abs. 2 UStG findet auf die Veräußerung eines Grundstücks keine Anwendung. Die Option muss gem. § 9 Abs. 3 Satz 2 UStG im notariellen Vertrag ausgeübt werden. Dies ist geschehen, so dass der Veräußerer wirksam auf die Steuerbefreiung verzichtet hat.

Steuerschuldner für die USt ist der Leistungsempfänger Zumholt gem. § 13b UStG. Es liegt ein Umsatz gem. § 13b Abs. 2 Nr. 3 UStG vor und der Leistungsempfänger ist Unternehmer (§ 13b Abs. 5 Satz 1 UStG). Die Steuerschuld entsteht gem. § 13b Abs. 2 UStG bei Zumholt am 1. 7. 2017. Der notarielle Vertrag stellt nur eine Vorausrechnung dar und begründet noch nicht das Entstehen der USt.

Zumholt kann die Steuer i. H. v. 190 000 € als Vorsteuer abziehen. Abzustellen ist auf die Verwendungsabsicht zum Zeitpunkt des Kaufs. Zu diesem Zeitpunkt hat Zumholt die Absicht, das bebaute Grundstück unter Inanspruchnahme der Option steuerpflichtig weiterzuveräußern. Damit ist der Vorsteuerabzug gem. § 15 Abs. 1 Satz 1 Nr. 4 UStG gegeben; ein Ausschluss vom Vorsteuerabzug nach § 15 Abs. 2 UStG tritt nicht ein.

Die Veräußerung durch Zumholt am 20. 4. 2018 stellt eine Lieferung gem. § 3 Abs. 1 UStG dar, die am Grundstücksort gem. § 3 Abs. 7 Satz 1 UStG ausgeführt wird. Da auch ein entgeltlicher Vorgang gegeben ist, ist der Umsatz steuerbar gem. § 1 Abs. 1 Nr. 1 Satz 1 UStG. Dieser Umsatz ist steuerfrei gem. § 4 Nr. 9 Buchst. a UStG, da der Umsatz unter das Grunderwerbsteuergesetz fällt. Eine Option zur Steuerpflicht nach § 9 Abs. 1 UStG ist nicht möglich, da das Grundstück nicht an einen anderen Unternehmer für dessen Unternehmen veräußert wird. Die Stadt Hannover erwirbt das Grundstück für ihren hoheitlichen Bereich. Die Bemessungsgrundlage für den steuerfreien Umsatz beträgt 1 500 000 €. Der Umsatz ist in der Voranmeldung für April 2018 zu erfassen.

Die steuerfreie Veräußerung löst eine Berichtigung der Vorsteuer gem. § 15a UStG aus. Es handelt sich bei dem Grundstück um ein Wirtschaftsgut, das nur einmalig zur Ausführung von Umsätzen verwendet wird. Seit dem 1. 1. 2005 fallen auch derartige Wirtschaftsgüter des Umlaufvermögens in den Anwendungsbereich des § 15a UStG. Die ursprüngliche Verwendungsabsicht (steuerpflichtige Veräußerung) konnte nicht realisiert werden. Der steuerfreie Vorgang löst eine Vorsteuerberichtigung gem. § 15a Abs. 2 UStG aus. Zumholt muss in der Voranmeldung für April 2018 einen Vorsteuerberichtigungsbetrag i. H. v. 190 000 € anmelden und an das Finanzamt zahlen.

FALL 112

Vorsteuerberichtigung bei Einbauten

Sachverhalt: Unternehmer Harald Winkler hat im Jahre 1995 ein bebautes Grundstück in Herford für umgerechnet 200 000 € zzgl. 30 000 € USt erworben. Eine ordnungsgemäße Rechnung lag vor. Winkler hat das Gebäude als Geschäftshaus für seine eigene unternehmerische Tätigkeit genutzt; er hat ausschließlich steuerpflichtige Umsätze ausgeführt. Am 3. 1. 2017 hat er in das Gebäude neue Fenster einbauen lassen. Die Rechnung über 20 000 € zzgl. 3 800 € USt hat er noch im Januar beglichen. Die USt ist als Vorsteuer abgezogen worden. Nach Aufgabe seiner geschäftlichen Tätigkeit hat er die Räumlichkeiten ab Januar 2018 als Wohnraum steuerfrei vermietet.

Frage: Hat die steuerfreie Vermietung ab Januar 2018 Auswirkungen auf den vorgenommenen Vorsteuerabzug?

LÖSUNG

Die Vorsteuer sowohl aus der Anschaffung des Grundstücks als auch aus der Erneuerung der Fenster ist von Winkler zu Recht abgezogen worden, da zum Zeitpunkt des jeweiligen Leistungsbezugs steuerbare und steuerpflichtige Umsätze beabsichtigt bzw. durchgeführt wurden.

Durch die steuerfreie Vermietung ab Januar 2018 haben sich die Verhältnisse für den Vorsteuerabzug geändert. Es ist zu prüfen, ob und ggf. in welchem Umfang eine Vorsteuerberichtigung gem. § 15a UStG zu erfolgen hat.

Hinsichtlich der Anschaffung des Grundstücks im Jahre 1995 ist der 10-jährige Berichtigungszeitraum (§ 15a Abs. 1 UStG) im Jahre 2005 abgelaufen, so dass die Änderung der Verhältnisse im Jahre 2018 keine Vorsteuerberichtigung nach sich zieht.

Durch den Einbau der Fenster haben diese ihre körperliche und wirtschaftliche Eigenart endgültig verloren. Nach § 15a Abs. 3 UStG i. V. m. § 15a Abs. 1 UStG beginnt mit dem Einbau der Fenster für diese ein eigenständiger 10-jähriger Berichtigungszeitraum zu laufen. Dieser beginnt am 1. 1. 2017 (entsprechende Anwendung des § 45 UStDV) und endet mit Ablauf des 31. 12. 2026. Da sich die Verhältnisse für den Vorsteuerabzug ab 2018 geändert haben, ist insoweit eine Vorsteuerberichtigung durchzuführen. Es entsteht für 2018 ein Berichtigungsbetrag i. H. v. 380 €. Diese Änderung zuungunsten des Winkler ist in der Jahressteuererklärung 2018 anzumelden (§ 44 Abs. 3 Satz 1 UStDV).

FALL 113

Vorsteuerberichtigung bei Veräußerungen

Sachverhalt: Gustav Köster betreibt in Detmold ein Baugeschäft. Am 8. 4. 2016 hatte er ein unbebautes Grundstück erworben und darauf Gerüst- und Schalungsteile gelagert. Die Vorsteuer i. H. v. 7 000 € hatte er in der Voranmeldung für April 2016 abgezogen. Der Veräußerer hatte zur Steuerpflicht optiert (§ 4 Nr. 9 Buchst. a UStG i. V. m. § 9 UStG). Steuerschuldner wurde gem. § 13b UStG der Leistungsempfänger Köster.

Wegen rückläufiger Auftragsbestände musste sich Köster von dem Grundstück wieder trennen. Er verkaufte es am 12. 10. 2018 an seinen Prokuristen Walter Jungmann, der auf dem Grundstück ein Einfamilienhaus errichten will. Dem Verkaufsvertrag zufolge hat Jungmann den ortsüblichen Preis von 60 000 € an Köster zu zahlen.

Frage: Löst die Veräußerung eine Berichtigung der Vorsteuer aus der Anschaffung gem. § 15a UStG aus?

LÖSUNG

Das Grundstück wird im Jahr 2016 zur Ausführung steuerpflichtiger Umsätze verwendet. Die Vorsteuer i. H. v. 7 000 € ist daher im Voranmeldungszeitraum 4/2016 abziehbar.

Die Veräußerung des Grundstücks am 12. 10. 2018 ist eine Lieferung gem. § 3 Abs. 1 UStG. Die Lieferung ist steuerbar, jedoch gem. § 4 Nr. 9 Buchst. a UStG steuerfrei. Eine Option ist nicht möglich, da nicht an einen Unternehmer für dessen Unternehmen geliefert wurde (§ 9 Abs. 1 UStG).

Die steuerfreie Veräußerung ist für den Vorsteuerabzug anders zu beurteilen als die für den ursprünglichen Vorsteuerabzug maßgeblichen Verhältnisse. Es hat eine Berichtigung gem. § 15a Abs. 8 UStG zu erfolgen. Gemäß § 15a Abs. 9 UStG ist dabei zu unterstellen, dass das Grundstück trotz des Verkaufs weiterhin im Unternehmen als verwendet gilt, und zwar in der den Vorsteuerabzug ausschließenden Weise. Begründung: Die Lieferung ist steuerfrei, also ist auch die fiktive Nutzung bis zum Ende des Berichtigungszeitraums für steuerfreie Zwecke erfolgt. Gemäß § 44 Abs. 3 Satz 2 UStDV ist in den Fällen der Berichtigung wegen Veräußerung oder Entnahme die Vorsteuerberichtigung für alle noch ausstehenden Jahre des Berichtigungszeitraums im Voranmeldungszeitraum der Veräußerung (oder Entnahme) durchzuführen (hier Oktober 2018).

Der Berichtigungszeitraum von 10 Jahren (vgl. § 15a Abs. 1 UStG) läuft vom 1. 4. 2016 bis zum 31. 3. 2026 (vgl. § 45 UStDV).

Zeit	$^{1}/_{10}$	abziehbar	bisher	Berichtigung
1. 10. – 31. 12. 2018	175 €	0 €	175 €	./. 175 €
2019 – 2025 je	700 €	0 €	je 700 €	./. 4 900 €
1. 1. – 31. 3. 2026	175 €	0 €	175 €	./. 175 €
				./. 5 250 €

Mit der Voranmeldung für Oktober 2018 sind 5 250 € Vorsteuer an das Finanzamt zurückzuzahlen.

Für die Darstellung der Berichtigung in den Fällen der Veräußerung oder Entnahme empfiehlt sich auch folgende Kontrollrechnung:

Berichtigungszeitraum	1. 4. 2016 – 31. 3. 2026	= 120 Monate	
nutzungsabhängig	1. 4. 2016 – 30. 9. 2018	= 30 Monate Vorsteuerabzug	
veräußerungsabhängig	1. 10. 2018 – 31. 3. 2026	= 90 Monate Vorsteuerausschluss	
abziehbare Vorsteuer		$^{30}/_{120}$	= 1 750 €
bisher abgezogen		$^{120}/_{120}$	= 7 000 €
Berichtigung nach § 15a Abs. 8 UStG			= ./. 5 250 €

FALL 114

Vorsteuerberichtigung im Erstjahr der Verwendung

Sachverhalt: Wie Fall 113, mit der Abweichung, dass Köster das Grundstück erst am 8. 4. 2018 gekauft hatte. Eine Option zur Steuerpflicht ist vom Veräußerer im notariellen Vertrag erklärt worden (§ 9 Abs. 3 Satz 2 UStG). Köster hat die Steuer i. H. v. 7 000 € als Steuer nach § 13b UStG in der Voranmeldung 4/2018 als Vorsteuer abgezogen (§ 15 Abs. 1 Satz 1 Nr. 4 UStG).

Frage: Löst die Veräußerung des Grundstücks eine Vorsteuerberichtigung gem. § 15a UStG aus?

LÖSUNG

Seit der Anschaffung am 8. 4. 2018 bis zur Veräußerung hat Köster das Grundstück zur Ausführung steuerpflichtiger Umsätze im Rahmen seines Baugeschäfts verwendet. Gemäß § 15 Abs. 1 Satz 1 Nr. 1 UStG war er daher berechtigt, die Vorsteuer aus der Anschaffung in der Voranmeldung für April 2018 abzuziehen. Ein Ausschlussgrund nach § 15 Abs. 2 UStG lag nicht vor. Für die Vornahme des Vorsteuerabzugs und dessen Ausschluss sind die Verhältnisse zum Zeitpunkt des Leistungsbezugs maßgebend. Die Veräußerung am 12. 10. 2018 hat für diese Frage außer Betracht zu bleiben.

Die Veräußerung kann eine Berichtigung nach § 15a UStG auslösen, und zwar auch dann, wenn sie im ersten Jahr der Verwendung erfolgt.

Die Veräußerung des Grundstücks ist eine Lieferung gem. § 3 Abs. 1 UStG. Diese Lieferung ist steuerbar, sie ist jedoch nach § 4 Nr. 9 Buchst. a UStG steuerfrei. Eine Option nach § 9 UStG ist ausgeschlossen, weil die Lieferung nicht an einen Unternehmer für dessen Unternehmen erfolgt.

Die steuerfreie Veräußerung ist für den Vorsteuerabzug anders zu beurteilen als die für den ursprünglichen Vorsteuerabzug maßgeblichen Verhältnisse (Nutzung als Lagerplatz). Nach § 15a Abs. 8 UStG ist daher eine Berichtigung des Vorsteuerabzugs durchzuführen. Gemäß § 15a Abs. 9 UStG ist die Berichtigung so vorzunehmen, als wäre das Grundstück bis zum Ablauf des Berichtigungszeitraums in steuerfreier Weise weiterhin verwendet worden.

Der Berichtigungszeitraum von 10 Jahren läuft vom 1. 4. 2018 bis zum 31. 3. 2028 (vgl. § 45 UStDV).

Zeit	$^1/_{10}$	abziehbar	bisher	Berichtigung
1. 10. – 31. 12. 2018	175 €	0 €	175 €	./. 175 €
2019 – 2027 je	700 €	0 €	je 700 €	./. 6 300 €
1. 1. – 31. 3. 2028	175 €	0 €	175 €	./. 175 €
				./. 6 650 €

Es ergibt sich folgende Kontrollrechnung:

Berichtigungszeitraum	1. 4. 2018 – 31. 3. 2028	=	120 Monate
nutzungsabhängig	1. 4. 2018 – 30. 9. 2018	=	6 Monate
veräußerungsabhängig	1. 10. 2018 – 31. 3. 2028	=	114 Monate
abziehbare Vorsteuer	$^6/_{120}$	=	350 €
bisher abgezogen	$^{120}/_{120}$	=	7 000 €
Berichtigung gem. § 15a UStG		=	./. 6 650 €

Die Berichtigung hat für den gesamten restlichen Berichtigungszeitraum im Voranmeldungszeitraum der Veräußerung, also im Oktober 2018, zu erfolgen (§ 44 Abs. 3 Satz 2 UStDV). Köster hat für diesen Monat 6 650 € an das Finanzamt zurückzuzahlen.

FALL 115

Berichtigung des Vorsteuerabzugs bei der Veräußerung von Grundstücken

Sachverhalt: Die Algranzia, Versicherungsgesellschaft auf Gegenseitigkeit, hat am 1. 8. 2016 ein neues Verwaltungsgebäude in Hannover bezogen. Das Gebäude, mit dessen Herstellung im März 2015 begonnen wurde, hat drei Etagen mit je 500 qm Büroräumen. Das Erdgeschoss sowie die erste Etage werden von der Algranzia genutzt, während das Obergeschoss an eine Steuerberater-Sozietät vermietet ist, die für die Überlassung monatlich 4 000 € zzgl. 760 € USt zu entrichten hat.

Der Grund und Boden wurde von der Versicherungsgesellschaft 2013 für 200 000 € einschließlich Nebenkosten erworben. Der Veräußerer hatte die Steuerbefreiung nach § 4 Abs. 9 Buchst. a UStG in Anspruch genommen. Die Herstellungskosten des Gebäudes haben insgesamt 800 000 € betragen. Im Zusammenhang mit der Errichtung des Gebäudes wurden der Algranzia von anderen Unternehmern 90 000 € an Vorsteuerbeträgen während der Bauzeit in Rechnung gestellt. Von diesem Betrag entfallen 33 000 € auf Lieferungen und sonstige Leistungen, die bereits in 2015 an die Algranzia ausgeführt wurden. 57 000 € USt wurden dagegen für Leistungen im Jahr 2016 in Rechnungen ausgewiesen. Entsprechend wurden von der Versicherungsgesellschaft in der Umsatzsteuererklärung für 2015 abziehbare Vorsteuerbeträge i. H. v. 11 000 € ($^1/_3$ von 33 000 €) erklärt. In den Umsatzsteuervoranmeldungen für 2016 wurden von der Umsatzsteuerschuld i. H. v. 3 800 € (= 5 x 760 € für Aug. – Dez. 2016) Vorsteuerbeträge von 19 000 € ($^1/_3$ von 57 000 €) abgezogen.

Bereits mit der Jahreserklärung für 2015 hatte die Algranzia dem Finanzamt gegenüber erklärt, dass sie ihre Umsätze der Steuerpflicht unterwerfen will. Die Vorsteueraufteilung wurde den Nutzungsflächen des Gebäudes entsprechend vorgenommen. Dem Antrag war eine Kopie des Mietvertrags mit der Steuerberater-Sozietät beigefügt, in dem die USt für die Überlassung der Büroräume offen ausgewiesen wurde.

Durch sinkendes Beitragsaufkommen und steigenden Kostendruck im Jahre 2017 sah sich die Versicherungsgesellschaft gezwungen, das Verwaltungsgebäude zu veräußern. Als Erwerber bot sich die im 2. Obergeschoss arbeitende Steuerberater-Sozietät an, die bereit war, für das Kaufobjekt 1 200 000 € zu zahlen. In dem notariell beurkundeten Kaufvertrag vom 1. 7. 2018 wurde zwischen der Versicherungsgesellschaft und der Sozietät vereinbart, dass Besitz, Gefahr, Nutzungen und Lasten des bebauten Grundstücks gegen Zahlung von 1 200 000 € mit Wirkung vom 1. 10. 2018 auf die Sozietät übergehen. Außerdem wurde in dem Vertrag festgelegt, dass die Sozietät die gesamte Grunderwerbsteuer an das Finanzamt zu entrichten hat. Eine Option zur Steuerpflicht wurde im notariellen Vertrag ausgesprochen. Der Eigentumsübergang wurde am 4. 10. 2018 im Grundbuch eingetragen. Es liegt keine Geschäftsveräußerung im Ganzen vor.

Fragen:

1. Konnte die Algranzia bereits im Veranlagungszeitraum 2015 Vorsteuerbeträge abziehen?
2. Wie ist die Veräußerung umsatzsteuerrechtlich zu würdigen?
3. Hat eine Berichtigung des Vorsteuerabzugs im Veranlagungszeitraum 2018 zu erfolgen?

LÖSUNG

1. Die Algranzia Versicherungsgesellschaft a. G. ist Unternehmer gem. § 2 Abs. 1 UStG. Sie wird gewerblich selbständig tätig, indem sie Versicherungsnehmern Versicherungsschutz gegen Beitragsentrichtung gewährt. Die sonstigen Leistungen der Versicherungsgesellschaft sind steuerbar, sie sind jedoch nach § 4 Nr. 10 Buchst. a UStG von der USt befreit.

   Als Unternehmer ist die Versicherungsgesellschaft zum Vorsteuerabzug berechtigt (§ 15 Abs. 1 Satz 1 Nr. 1 UStG). Soweit die Vorsteuerbeträge jedoch mit Leistungen im Zusammenhang stehen, die zur Ausführung nach § 4 Nr. 8 ff. UStG steuerfreier Umsätze in Anspruch genommen werden, ist der Vorsteuerabzug nach § 15 Abs. 2 Satz 1 Nr. 1 UStG ausgeschlossen.

   Im Kalenderjahr 2015 hat die Algranzia ausschließlich nach § 4 Nr. 10 Buchst. a UStG steuerfreie Umsätze getätigt. Insoweit ist daher der Vorsteuerabzug ausgeschlossen. Die durch die Gebäudeerrichtung bereits in 2015 angefallenen Vorsteuerbeträge stehen jedoch nicht mit den in diesem Jahr ausgeführten Umsätzen im Zusammenhang, sondern sind den Umsätzen des folgenden Jahres zuzurechnen, da das Gebäude im Kalenderjahr 2016 erstmalig zur Ausführung von Umsätzen verwendet wurde. Maßgebend für den Vorsteuerabzug in 2015 sind daher insoweit die beabsichtigten Verhältnisse für den Abzug der Vorsteuer im Veranlagungszeitraum 2016.

   Im Veranlagungszeitraum 2016 wurde das Gebäude sowohl zur Ausführung den Vorsteuerabzug ausschließender als auch zum Vorsteuerabzug berechtigender Umsätze verwendet. Soweit die Algranzia zwei Etagen für eigene Zwecke nutzt, verwendet sie das Gebäude zur Ausführung nach § 4 Nr. 10 Buchst. a UStG steuerfreier Umsätze. Dagegen stellt die Überlassung der dritten Etage an die Sozietät eine steuerbare und steuerpflichtige sonstige Leistung dar, denn die Versicherungsgesellschaft hat auf die Steuerfreiheit der Vermietungsleistung verzichtet (§ 4 Nr. 12 Satz 1 Buchst. a UStG i. V. m. § 9 UStG). Der Ausweis der USt in der Rechnung (Mietvertrag) sowie die Versteuerung der Teilleistungen in den Voranmeldungen reichen für eine wirksame Option aus. Diese Nutzung war auch bereits im Jahre 2015 beabsichtigt.

   Da die Vorsteueraufteilung nach wirtschaftlichen Gesichtspunkten erfolgt (§ 15 Abs. 4 UStG), beträgt die abziehbare Vorsteuer entsprechend der Nutzung des Gebäudes $^1/_3$ von 90 000 €. Auf das Jahr 2015 bezogen bedeutet das, dass bereits vor Ausführung der zum Abzug berechtigenden Umsätze ein Vorsteuerabzug i. H. v. 11 000 € ($^1/_3$ von 33 000 €) geltend gemacht werden kann. Durch Vorlage des Mietvertrags, in dem die Vertragsparteien von der Steuerpflicht der späteren Vermietungsleistung ausgehen, hat die Versicherungsgesellschaft auch schon bei Vornahme des Vorsteuerabzugs die Voraussetzungen für den späteren Verzicht auf die Steuerbefreiung hinreichend dargelegt (vgl. Abschn. 15.12 Abs. 2 UStAE). Die abziehbare Vorsteuer in 2016 beträgt 19 000 € und wurde zutreffend erklärt.

2. Führt der Unternehmer steuerpflichtige Lieferungen oder sonstige Leistungen aus, ist er berechtigt, Rechnungen auszustellen, in denen die USt grundsätzlich gesondert ausgewiesen ist (§ 14 Abs. 2 UStG).

   Die Algranzia hat an die Steuerberater-Sozietät ein bebautes Grundstück geliefert. Die Verschaffung der Verfügungsmacht erfolgte durch die mit dem Übergang von Besitz, Gefahr, Nutzungen und Lasten vollzogene Übertragung des wirtschaftlichen Eigentums am 1. 10. 2018 (§ 3 Abs. 1 UStG i. V. mit § 3 Abs. 7 Satz 1 UStG). Auf den Zeitpunkt des Eigentumsübergangs nach dem BGB kommt es daher hier nicht an. Die Lieferung ist steuerbar, sie ist jedoch nach § 4 Nr. 9 Buchst. a UStG grundsätzlich von der USt befreit. Die Versicherungsgesellschaft hat jedoch von der Möglichkeit Gebrauch gemacht, für diesen Umsatz nach § 9 UStG auf die Steuerbefreiung zu verzichten. Die Option ist zulässig, da die Lieferung an einen anderen Unternehmer für dessen Unternehmen ausgeführt wurde. Die Lieferung ist folglich steuerpflichtig.

Der Grundstückskaufvertrag ist gem. § 14 Abs. 1 UStG als Rechnung anzusehen. Die Option muss gem. § 9 Abs. 3 Satz 2 UStG im notariellen Vertrag ausgeübt werden; dies ist im vorliegenden Fall geschehen. Da der Vorgang unter das GrEStG fällt, wechselt die Steuerschuldnerschaft gem. § 13b Abs. 2 Nr. 3 i. V. m. Abs. 5 Satz 1 UStG auf den Leistungsempfänger. Die Steuer darf in dem Grundstückskaufvertrag nicht gesondert ausgewiesen werden (§ 14a Abs. 5 Satz 2 UStG).

Bei steuerpflichtigen Grundstücksveräußerungen gehörte nach alter Rechtsauffassung die Grunderwerbsteuer zur Hälfte zur Bemessungsgrundlage für den Umsatz, wenn der Erwerber vereinbarungsgemäß die gesamte Grunderwerbsteuer an das Finanzamt zu entrichten hatte. Da der Veräußerer als Gesamtschuldner wirtschaftlich mit der Hälfte der Grunderwerbsteuer belastet war (§ 13 GrEStG und §§ 422, 426 BGB), wurde er durch die Zahlung des Erwerbers von einer Zahlungsverpflichtung befreit (BFH-Urteil vom 10. 7. 1980, BStBl 1980 II 620). An dieser Rechtsauffassung wird nicht mehr festgehalten. Der BFH hat mit Urteil vom 20. 12. 2005 (UR 2006, 337) entschieden, dass die Grunderwerbsteuer, die der Käufer eines Grundstücks vereinbarungsgemäß zahlt, das Entgelt für die Grundstückslieferung nicht erhöht. Dies ergibt sich auch aus Abschn. 10.1 Abs. 7 UStAE.

Danach berechnet sich die USt für die Grundstücksveräußerung der Algranzia wie folgt:

Netto-Entgelt für das Grundstück	1 200 000 €
USt (19 %)	228 000 €

Steuerschuldner ist der Leistungsempfänger, die Steuerberater-Sozietät.

3. Nach § 15a UStG ist der Vorsteuerabzug zu berichtigen, wenn sich bei einem Wirtschaftsgut, das der Unternehmer in seinem Unternehmen verwendet, die Verhältnisse ändern, die im Jahr der Zuführung für den Vorsteuerabzug maßgebend waren. Eine Änderung der Verhältnisse liegt auch vor, wenn das noch verwendungsfähige Wirtschaftsgut vor Ablauf des Berichtigungszeitraums veräußert wird und dieser Umsatz für den Vorsteuerabzug anders zu beurteilen ist als die für den ursprünglichen Vorsteuerabzug maßgeblichen Verhältnisse (§ 15a Abs. 8 UStG).

   Die Berichtigung in den Fällen der Veräußerung ist so vorzunehmen, als wäre das Wirtschaftsgut in der Zeit von der Veräußerung bis zum Ablauf des Berichtigungszeitraums unter entsprechend geänderten Verhältnissen weiterhin für das Unternehmen verwendet worden (§ 15a Abs. 9 UStG). Handelt es sich danach bei der Veräußerung um einen Umsatz, der den Vorsteuerabzug nicht ausschließt, gilt das Wirtschaftsgut bis zum Ablauf des Berichtigungszeitraums als in zum Vorsteuerabzug berechtigender Weise im Unternehmen weiterhin verwendet. Entsprechendes gilt übrigens auch bei einer Entnahme.

Bei der Berichtigung ist für jedes Jahr der Änderung von einem Zehntel der gesamten auf das Wirtschaftsgut entfallenden Vorsteuer auszugehen. Der Berichtigungszeitraum ist nicht kalenderjahrbezogen. Er beginnt am 1. 8. 2016 mit der erstmaligen Verwendung des Gebäudes und endet mit Ablauf des 31. 7. 2026 (§ 45 UStDV).

In den Jahren 2015 und 2016 waren die Vorsteuerbeträge entsprechend der beabsichtigten Nutzung des Gebäudes nur zu $^1/_3$ abziehbar (§ 15 Abs. 2 Satz 1 Nr. 1 UStG i. V. m. § 15 Abs. 4 UStG). Nunmehr wird das noch verwendungsfähige Gebäude am 1. 10. 2018 veräußert. Dieser Umsatz ist steuerbar und durch den Verzicht auf die Steuerbefreiung steuerpflichtig. Damit ist eine Änderung der für den Vorsteuerabzug maßgebenden Verhältnisse eingetreten. Das Gebäude gilt vom 1. 10. 2018 bis zum Ablauf des Berichtigungszeitraums, dem 31. 7. 2026, als in der den Vorsteuerabzug nicht ausschließender Weise weiterhin im Unternehmen der Versicherungsgesellschaft verwendet (§ 15a Abs. 8 und 9 UStG).

Auf jedes Jahr der Änderung entfällt $^1/_{10}$ des gesamten Vorsteuerbetrags aus den Herstellungskosten i. H. v. 90 000 € = 9 000 €.

Durchführung der Berichtigung:

Zeit	$^1/_{10}$	abziehbar	bisher	Berichtigung
1. 10. – 31. 12. 2018	2 250 €	2 250 €	750 €	1 500 €
2019 – 2025 je	9 000 €	9 000 €	3 000 €	je 6 000 €
1. 1. – 31. 7. 2026	5 250 €	5 250 €	1 750 €	3 500 €
				47 000 €

Es ergibt sich folgende Kontrollrechnung:

Berichtigungszeitraum	1. 8. 2016 – 31. 7. 2026	=	120 Monate
nutzungsabhängig	1. 8. 2016 – 30. 9. 2018	=	26 Monate
veräußerungsabhängig	1. 10. 2018 – 31. 7. 2026	=	94 Monate
abziehbare Vorsteuer	100 % von $^{94}/_{120}$	=	70 500 €
	33 $^1/_3$ % von $^{26}/_{120}$	=	6 500 €
			77 000 €
bisher abgezogen in 2015	= 11 000 €		
bisher abgezogen in 2016	= 19 000 €		30 000 €
Berichtigung gem. § 15a UStG			+ 47 000 €

Anlässlich der Veräußerung erhält die Versicherungsgesellschaft noch einen zusätzlichen Vorsteuerabzug i. H. v. 47 000 €, der nach § 44 Abs. 3 Satz 2 UStDV bei der Berechnung der Steuer für den Voranmeldungszeitraum Oktober 2018 geltend zu machen ist.

FALL 116

Vorsteuerberichtigung nach einer Zwangsversteigerung

Sachverhalt: Kaspar Melcher ist Gastwirt in Karlsruhe. Im Jahre 1997 hatte er ein unbebautes Grundstück in Karlsruhe für umgerechnet 41 250 € zzgl. 6 187,50 € gesondert in Rechnung gestellter Steuer erworben, um darauf ein Gebäude zu errichten, in dem er ein Restaurant eröffnen wollte. Bis zum Baubeginn am 1. 4. 2014 wurde das Grundstück nicht genutzt. Das Restaurant wurde am 30. 6. 2014 fertig gestellt und am 1. 7. 2015 eröffnet. Die Herstellungskosten hatten 800 000 € betragen. Im Zusammenhang mit der Errichtung wurden ihm von den Bauunternehmern Rechnungen mit gesondertem Steuerausweis i. H. v. insgesamt 100 000 € erteilt. Melcher hat diesen Betrag als Vorsteuer in seinen Voranmeldungen für 2014 und 2015 abgezogen.

Auf Antrag der AOK wurde das Grundstück einschließlich Inventar am 12. 4. 2018 zwangsversteigert. Der Versteigerungserlös beträgt 1 800 000 €. Von diesem Betrag entfallen auf das Inventar 250 000 €. Eine Geschäftsveräußerung im Ganzen liegt nicht vor, da nicht alle wesentlichen Betriebsgrundlagen übertragen wurden.

Melcher hat aus der Zwangsversteigerung keine umsatzsteuerrechtlichen Konsequenzen gezogen, insbesondere nicht gem. § 9 UStG optiert. Seit dem 1. 5. 2018 ist Melcher als Koch im Angestelltenverhältnis tätig.

Fragen:

1. Wie ist die Zwangsversteigerung umsatzsteuerrechtlich zu würdigen?
2. Ist eine Berichtigung der Vorsteuer gem. § 15a UStG durchzuführen?
3. Wie wäre der Fall zu lösen, wenn der Vollstreckungsschuldner Melcher zur Steuerpflicht optiert? Der Meistbietende ist Unternehmer und will das Hotel weiterführen. Welche umsatzsteuerrechtlichen Konsequenzen bewirkt die Option? Es ist nicht von einer Geschäftsveräußerung im Ganzen auszugehen.
4. Kommt ein Wechsel der Steuerschuldnerschaft zur Anwendung?

LÖSUNG

Zu 1.: Durch die Zwangsversteigerung verliert Melcher die Verfügungsmacht an dem bebauten Grundstück und dem Inventar. Er hat damit Lieferungen gem. § 3 Abs. 1 UStG ausgeführt. Diese Lieferungen sind auch steuerbar gem. § 1 Abs. 1 Nr. 1 Satz 2 UStG, da sie unter Anwendung rechtmäßigen Zwanges zustande gekommen sind. Die Steuerbarkeit scheitert auch nicht am Fehlen eines Entgelts. Dieses ist in der Schuldbefreiung zu erblicken, wenn man davon ausgeht, dass der Zwangsversteigerungserlös zur Schuldentilgung verwendet wird.

Die Lieferung des Grundstücks ist jedoch steuerfrei gem. § 4 Nr. 9 Buchst. a UStG, denn es handelt sich um einen Vorgang, der unter das GrEStG fällt. Eine Option gem. § 9 UStG liegt nicht vor. Zwar liegt nach BFH, BStBl 1986 II 500 (vgl. auch Abschn. 1.2 Abs. 2 UStAE), eine Lieferung des Vollstreckungsschuldners unmittelbar an den Meistbietenden vor, so dass eine Option grundsätzlich möglich wäre. Da Melcher jedoch von der Möglichkeit der Option keinen Gebrauch gemacht hat, verbleibt es bei der steuerbefreiten Lieferung mit einer Bemessungsgrundlage von 1 550 000 €. Die Grunderwerbsteuer gehört weder ganz noch zur Hälfte zur Bemessungsgrundlage.

Die Lieferung des Inventars (Sachgesamtheit) ist steuerbar (§ 1 Abs. 1 Nr. 1 Satz 2 UStG), sie ist auch steuerpflichtig. Es handelt sich um ein Hilfsgeschäft, das Melcher im Rahmen seines Unternehmens ausgeführt hat. Bei einem Steuersatz von 19 % (§ 12 Abs. 1 UStG) beträgt die Bemessungsgrundlage nach § 10 Abs. 1 UStG nach Herausrechnung der USt 210 084,03 € (250 000 € : 1,19). Die USt beträgt 39 915,97 €.

Zu 2.: Durch die steuerfreie Veräußerung des Grundstücks im Rahmen der Zwangsversteigerung haben sich die Verhältnisse für den Vorsteuerabzug geändert. Das Grundstück gilt bis zum Ende des Berichtigungszeitraums im Unternehmen des Melcher weiterhin als verwendet, und zwar in der den Vorsteuerabzug ausschließender Weise. Die Tatsache, dass Melcher seit dem 1. 5. 2018 nicht mehr unternehmerisch tätig ist, ändert an dieser Beurteilung deshalb nichts, weil es sich um eine fiktive Nutzung handelt.

Grundsätzlich sind Grund und Boden einerseits und das Gebäude andererseits für Zwecke des Vorsteuerabzugs zwei Wirtschaftsgüter mit jeweils eigenen Berichtigungszeiträumen. Wenn, wie hier, der Grund und Boden vor seiner Bebauung jedoch keiner unternehmerischen Verwendung zugeführt wurde, beginnt der Berichtigungszeitraum für den Grund und Boden allerdings ebenfalls erst mit der erstmaligen Verwendung des Gebäudes, hier also am 1. 7. 2015.

Da sowohl für den Grund und Boden als auch für das Gebäude ein zehnjähriger Berichtigungszeitraum (§ 15a Abs. 1 UStG) zu Grunde zu legen ist und beide Berichtigungszeiträume am 1. 7. 2015 beginnen und am 30. 6. 2025 enden, besteht kein Bedürfnis für eine getrennte Ermittlung des zu berichtigenden Vorsteuerbetrags. Die Vorsteuerbeträge aus Anschaffung des Grund und Bodens i. H. v. 6 187,50 € sowie der Vorsteuerbetrag aus der Herstellung des Gebäudes i. H. v. 100 000 €, zusammen also 106 187,50 €, entfallen mit $^{1}/_{10}$ auf jedes Jahr der Änderung.

Zeit	$^{1}/_{10}$	abziehbar	bisher	Berichtigung
1. 4. – 31. 12. 2018	7 964,07 €	0 €	7 964,07 €	./. 7 964,07 €
2019 – 2024 je	10 618,75 €	0 €	10 618,75 €	je ./. 10 618,75 €
1. 1. – 30. 6. 2025	5 309,37 €	0 €	5 309,37 €	./. 5 309,37 €
				./. 76 985,94 €

Es ergibt sich folgende Kontrollrechnung:

Berichtigungszeitraum	1. 7. 2015 – 30. 6. 2025	=	120 Monate
nutzungsabhängig	1. 7. 2015 – 31. 3. 2018	=	33 Monate
veräußerungsabhängig	1. 4. 2018 – 30. 6. 2025	=	87 Monate
abziehbare Vorsteuer	$^{33}/_{120}$	=	29 201,56 €
bisher abgezogen	$^{120}/_{120}$	=	106 187,50 €
Berichtigung gem. § 15a UStG			**./. 76 985,94 €**

Gem. § 44 Abs. 3 Satz 2 UStDV hat Melcher den Betrag von 76 985,94 € für den Voranmeldungszeitraum April 2018 anzumelden und an das Finanzamt abzuführen.

Zu 3.: Die Lieferung des Grundstücks (§ 3 Abs. 1 UStG) ist steuerbar gem. § 1 Abs. 1 Nr. 1 Satz 2 UStG. Sie ist auch steuerpflichtig, da der Vollstreckungsschuldner für diese Lieferung unmittelbar an den Meistbietenden (BFH-Urteil vom 19. 12.1985, BStBl 1986 II 500; Abschn. 1.2 Abs. 2 UStAE) zulässigerweise gem. § 9 UStG zur Steuerpflicht optiert hat. Die Option ist gem. § 9 Abs. 3 Satz 1 UStG bis zur Aufforderung zur Abgabe von Geboten im Versteigerungstermin zulässig.

Die Lieferung des Inventars ist steuerbar und steuerpflichtig mit einer USt i. H. v. 39 915,97 € (s. zu 1).

Hinsichtlich der Lieferung des Grundstücks darf Melcher gem. § 14a Abs. 5 UStG keine Rechnung mit gesondertem Steuerausweis erteilen.

Aufgrund der Option entfällt eine Berichtigung des Vorsteuerabzugs, da der Veräußerungsumsatz aufgrund seiner Steuerpflicht für den Vorsteuerabzug nicht anders zu beurteilen ist als die steuerpflichtige Verwendung, die für den ursprünglichen Vorsteuerabzug maßgebend war.

Zu 4.: Im Falle der Option zur Steuerpflicht wird der Leistungsempfänger zum Steuerschuldner gem. § 13b UStG. Der Umsatz ist in § 13b Abs. 2 Nr. 3 UStG aufgeführt und der Leistungsempfänger ist Unternehmer (§ 13b Abs. 5 Satz 1 UStG). Unter den weiteren Voraussetzungen des § 15 UStG kann der Leistungsempfänger gem. § 15 Abs. 1 Satz 1 Nr. 4 UStG die Steuer als Vorsteuer abziehen.

FALL 117

Vorsteuerabzug bei Änderung der geplanten Verwendung

Wie wäre der Sachverhalt des Falls 116 für den Fall nicht erklärter Option zu beurteilen, wenn die Anschaffung des unbebauten Grundstücks und der Baubeginn in 2017 erfolgt wären und die Zwangsversteigerung vor Fertigstellung des Gebäudes im Mai 2018 vorgenommen worden wäre?

LÖSUNG

Im Fall der Sachverhaltsabwandlung handelt es sich um einen Vorgang, der ebenfalls nach § 15a UStG zu würdigen ist.

Hier wird das Grundstück vor seiner erstmaligen Verwendung zwangsversteigert. Diese Lieferung, die steuerbar, aber steuerfrei gem. § 4 Nr. 9 Buchst. a UStG ist, stellt die erste und einzige Verwendung des Grundstücks durch den Unternehmer Melcher dar. Es handelt sich demzufolge um ein Wirtschaftsgut, das nur einmalig zur Ausführung eines Umsatzes verwendet wird (§ 15a Abs. 2 Satz 1 UStG). Da die Anschaffung nach dem 31. 12. 2004 stattgefunden hat, ist diese Regelung auch anwendbar (§ 27 Abs. 11 UStG).

Aus allem folgt, dass Melcher ein Gebäude errichtet hat, das steuerfrei veräußert wird. Zum Zeitpunkt der Anschaffung und auch noch während der Bauphase hatte er die Absicht, das Grundstück für steuerpflichtige Umsätze einzusetzen.

Soweit Melcher im Jahr 2017 die Vorsteuer aus der Anschaffung des Grund und Bodens und die Vorsteuer aus der Herstellung in seinen Voranmeldungen als abziehbar behandelt hat, weil er von der späteren steuerpflichtigen Verwendung des Grundstücks ausgehen konnte, sind für diese Beträge keine berichtigten Voranmeldungen einzureichen. Die bisher abgezogenen Beträge sind nicht an das Finanzamt zurückzuzahlen.

Da die Veräußerung des Grundstücks für den Vorsteuerabzug anders zu beurteilen ist als die für den ursprünglichen Vorsteuerabzug maßgeblichen Verhältnisse, liegt gem. § 15a Abs. 2 Satz 1 UStG eine Änderung der Verhältnisse vor. Der vorgenommene Vorsteuerabzug ist gem. § 15a Abs. 2 Satz 2 UStG im Voranmeldungszeitraum der Veräußerung über § 15a UStG rückgängig zu machen.

FALL 118

Vorsteuerbeträge und § 4 Nr. 28 UStG; Vorsteuerberichtigung gem. § 15a UStG

Sachverhalt: Klaus Haffner war seit Jahren selbständiger Versicherungsvertreter. Am 30. 6. 2018 hatte er diese Tätigkeit aufgegeben. Seit dem 1. 7. 2018 ist er nur noch als freier Handelsvertreter tätig. Seine Betriebsstätte hat er in Herford. Für einen Jeanshersteller bereist er das Gebiet von Westfalen.

Haffner hat am 15. 3. 2018 sein Geschäftsfahrzeug (BMW 320) für 10 000 € verkauft und am 16. 3. 2018 einen Pkw BMW 525i (bND 5 Jahre) für 34 000 € zzgl. 6 460 € USt angeschafft. Dieses Fahrzeug hat er bis zum 30. 6. 2018 für seine Tätigkeit als Versicherungsvertreter verwendet. Seit dem 1. 7. 2018 dient das Fahrzeug seiner Tätigkeit als Handelsvertreter. Beide Fahrzeuge werden ausschließlich unternehmerisch genutzt. Der Berufswechsel zum 1. 7. 2018 stand am 16. 3. 2018 noch nicht fest.

Am 15. 10. 2018 hat Haffner das Fahrzeug für 27 500 € zzgl. 5 225 € bei der Anschaffung eines Pkw Porsche in Zahlung gegeben. Das Neufahrzeug wurde Haffner mit 70 000 € zzgl. 13 300 € USt in Rechnung gestellt. Das Neufahrzeug dient Haffner bei seiner Tätigkeit als Handelsvertreter sowie im geringen Umfang (20 %) für private Zwecke.

Die Inanspruchnahme des BMW 525i ist dem Fahrtenbuch zufolge monatlich in etwa gleich bleibend gewesen. Das gilt sowohl für die Tätigkeit als Versicherungsvertreter als auch für die Fahrten als Handelsvertreter.

Für die Abgabe der Umsatzsteuererklärung für 2018 hat Haffner folgende Zahlen zutreffend ermittelt:

Einnahmen aus Tätigkeit als	
– Versicherungsvertreter	200 700 €
– Handelsvertreter (brutto)	464 000 €
Veräußerungserlös Pkw BMW 320 (brutto)	10 000 €
Veräußerungserlös Pkw BMW 525i (brutto)	32 725 €

Fragen:

Bei der Lösung ist davon auszugehen, dass die Fahrzeuge im vollen Umfang dem Unternehmen zugeordnet werden.

1. Wie ist die Veräußerung des Pkw BMW 320 umsatzsteuerrechtlich zu beurteilen?
2. Wie ist die Veräußerung des Pkw BMW 525i umsatzsteuerrechtlich zu beurteilen? Darf eine Rechnung mit Steuerausweis erteilt werden?
3. Wie ist der Vorsteuerabzug für den Pkw BMW 525i im Jahr 2018 zu beurteilen?
4. Wie ist der Vorsteuerabzug für den im Oktober 2018 angeschafften Porsche zu beurteilen?

LÖSUNG

Zu 1.: Die Veräußerung des BMW 320 ist eine Lieferung (§ 3 Abs. 1 UStG), die Haffner gegen Entgelt als Hilfsgeschäft im Rahmen seines Unternehmens ausführt. Die Lieferung ist daher steuerbar (§ 1 Abs. 1 Nr. 1 Satz 1 UStG). Sie ist jedoch nach § 4 Nr. 28 UStG steuerfrei, denn das Fahrzeug wurde ausschließlich zur Ausführung nach § 4 Nr. 11 UStG steuerfreier Umsätze verwendet.

Steuerfrei nach § 4 Nr. 11 UStG ist die Tätigkeit als Versicherungsvertreter.

Zu 2.: Die Veräußerung des BMW 525i ist eine Lieferung (§ 3 Abs. 1 UStG), die Haffner gegen Entgelt als Hilfsgeschäft im Rahmen seines Unternehmens ausführt. Die Lieferung ist daher steuerbar (§ 1 Abs. 1 Nr. 1 Satz 1 UStG). Die Lieferung ist auch steuerpflichtig. Eine Befreiung nach § 4 Nr. 28 UStG kommt nicht in Betracht, weil das Fahrzeug nicht ausschließlich steuerfreien Zwecken gedient hat (vgl. auch Abschn. 4.28.1 Abs. 2 UStAE). Haffner hatte das Fahrzeug im Anschluss an seine Tätigkeit als Versicherungsvertreter auch für Fahrten benutzt, die den Zwecken seiner Tätigkeit als Handelsvertreter dienten. Als Handelsvertreter bewirkt Haffner jedoch grundsätzlich steuerpflichtige Vermittlungsleistungen. Aufgrund der Steuerpflicht der Lieferung war Haffner berechtigt, für die Lieferung eine Rechnung mit gesondertem Steuerausweis zu erteilen. Die Bemessungsgrundlage beträgt 27 500 €, die USt beträgt 5 225 €.

Zu 3.: Unterstellt man für diesen Fall, dass Haffner im Voranmeldungszeitraum März 2018 von seiner späteren Tätigkeit als Handelsvertreter noch keine Kenntnis hatte, ist ihm der Vorsteuerabzug für März 2018 auch anteilig zu versagen (§ 15 Abs. 2 Satz 1 Nr. 1 UStG). Änderungen der Verhältnisse im Jahr 2018 können über § 15a UStG berücksichtigt werden.

Ab dem 1. 7. 2018 wird das Fahrzeug zur Ausführung steuerpflichtiger Umsätze eingesetzt; die Veräußerung am 15. 10. 2018 ist gleichfalls zu 100 % steuerpflichtig. Da sich die Verhältnisse gegenüber dem für den ursprünglichen Vorsteuerabzug maßgebenden Verhältnisse geändert haben, ist § 15a UStG anzuwenden. Eine Änderung der Verhältnisse liegt auch vor, wenn das noch verwendungsfähige Wirtschaftgut vor Ablauf des maßgeblichen Berichtigungszeitraums veräußert wird und dieser Umsatz anders zu beurteilen ist als die für den ursprünglichen Vorsteuerabzug maßgebliche Verwendung (§ 15a Abs. 8 UStG). Die Berichtigung ist in diesem Fall so vorzunehmen, als wäre das Wirtschaftsgut in der Zeit von der Veräußerung bis zum Ablauf des maßgeblichen Berichtigungszeitraums unter entsprechend geänderten Verhältnissen weiterhin für das Unternehmen verwendet worden (§ 15a Abs. 9 UStG).

Demnach ergibt sich folgender Korrekturbetrag nach § 15a UStG:

6 460 € x 56 Monate : 60 Monate = 6 029,33 €

Haffner kann in der Voranmeldung 10/2018 einen Vorsteuerkorrekturbetrag nach § 15a UStG i. H. v. 6 029,33 € geltend machen.

Zu 4.: Der am 15. 10. 2018 angeschaffte Porsche wird von Haffner sowohl für unternehmerische als auch für unternehmensfremde Zwecke eingesetzt. Haffner kann in der Voranmeldung 10/2018 einen Vorsteuerabzug i. H. v. 13 300 € in Anspruch nehmen. Aus den laufenden Kosten steht Haffner ebenfalls ein Vorsteuerabzug i. H. v. 100 % zu. Die private Nutzung des Fahrzeugs löst gem. § 3 Abs. 9a Nr. 1 UStG einen steuerbaren Umsatz aus. Dieser steuerbare Umsatz ist auch steuerpflichtig. Die Bemessungsgrundlage ergibt sich aus § 10 Abs. 4 Satz 1 Nr. 2 UStG.

FALL 119

Vorsteuerberichtigung und § 4 Nr. 28 UStG

Sachverhalt: Monika Schmidt ist Steuerberaterin in Wuppertal. Sie ist Eigentümerin eines Zweifamilienhauses in Solingen, das seit seiner Bezugsfertigkeit im April 2015 für Wohnzwecke vermietet ist.

Die Herstellungskosten haben seinerzeit 550 000 € betragen. Die Vorsteuer aus den Baurechnungen i. H. v. 104 500 € wurde als nicht abziehbar behandelt.

Im Februar 2018 hat Frau Schmidt die noch verwendungsfähige Ölheizung ausbauen und durch eine Wärmepumpenanlage ersetzen lassen. Der Installateur erteilte am 25. 2. 2018 die folgende Rechnung:

„Lieferung u. Montage einer Wärmepumpenanlage	30 000 €
+ USt	5 700 €
	35 700 €
./. vereinbarungsgemäße Inzahlungnahme des ausgebauten Heizkessels, des Ölbrenners sowie der Steuergeräte	9 520 €
verbleiben zu zahlen	26 180 €“

Der Betrag von 9 520 € entspricht dem üblichen Preis für eine gebrauchte Anlage der hier vorliegenden Art, für deren Herstellung im Jahr 2015 in der Rechnung 1 650 € USt ausgewiesen worden waren.

Frage: Wie ist der Sachverhalt umsatzsteuerrechtlich zu würdigen?

LÖSUNG

Frau Schmidt ist Unternehmerin gem. § 2 Abs. 1 UStG. Zum Rahmen ihres Unternehmens gehört auch die Vermietung des Zweifamilienhauses in Solingen (§ 2 Abs. 1 Satz 2 UStG).

Die Vermietung des Zweifamilienhauses für Wohnzwecke stellt sonstige Leistungen dar, die steuerbar, jedoch nach § 4 Nr. 12 Satz 1 Buchst. a UStG steuerfrei sind. Eine Option nach § 9 UStG kommt nicht in Betracht.

Die gesondert in Rechnung gestellte USt für die Werklieferung der Heizungsanlage ist daher vom Vorsteuerabzug ausgeschlossen (§ 15 Abs. 1 Satz 1 Nr. 1 und Abs. 2 Satz 1 Nr. 1 UStG).

Die Lieferung der gebrauchten Heizungsanlage erfolgt im Tausch mit Baraufgabe (§ 3 Abs. 1 und Abs. 12 UStG). Es handelt sich um ein Hilfsgeschäft, das im Rahmen des Unternehmens ausgeführt wurde. Die Lieferung ist folglich steuerbar (§ 1 Abs. 1 Nr. 1 Satz 1 UStG). Die Lieferung ist jedoch nach § 4 Nr. 28 UStG steuerfrei, weil die Gegenstände ausschließlich zur Ausführung nach § 4 Nr. 12 Satz 1 Buchst. a UStG steuerfreier Umsätze verwendet worden sind. Für die Anwendung des § 15a UStG bleibt daher kein Raum. Die Berichtigung kann auch nicht durch eine Option nach § 9 UStG erreicht werden, denn die Vorschrift des § 4 Nr. 28 UStG ist in § 9 UStG nicht aufgeführt.

FALL 120

Vorsteuerberichtigung bei Einbringung in eine Gesellschaft

Sachverhalt: Verena Mandel ist seit dem 1. 4. 2018 Gesellschafterin der Bau- und Hobby-Markt GmbH in Jena. Die auf sie entfallende Einlage i. H. v. 150 000 € (= gemeiner Wert) leistet Frau Mandel durch Übertragung eines unbebauten Grundstücks in Jena, Elverdisser Straße 5. Im notariell beurkundeten Gesellschaftsvertrag vom 25. 4. 2018 ist der Grundstückspreis mit 150 000 € (= Verkaufswert) angegeben. Die GmbH hat sich in diesem Vertrag verpflichtet, die USt gegen Erteilung einer Rechnung zusätzlich zu übernehmen und unmittelbar an das Finanzamt zu zahlen. Besitz, Gefahr, Nutzungen und Lasten des Grundstücks gingen vereinbarungsgemäß am 1. 5. 2018 auf die GmbH über, während die Umschreibung im Grundbuch am 21. 9. 2018 vorgenommen wurde. Frau Mandel hat gem. § 9 UStG auf die Steuerfreiheit nach § 4 Nr. 9 Buchst. a UStG verzichtet und im notariellen Vertrag zur Steuerpflicht optiert. Die GmbH hatte dem Kaufvertrag zufolge die Grunderwerbsteuer in voller Höhe als Erwerberin zu tragen.

Buchungen der GmbH:

Grundstück	150 000 €	an	Einzahlungsforderung Mandel	150 000 €
Vorsteuer	28 500 €	an	USt	28 500 €

Frau Mandel hatte das Grundstück am 28. 8. 2014 erworben. Der Kaufpreis war ihr seinerzeit zzgl. 10 500 € gesondert ausgewiesener USt berechnet worden. Vom 1. 9. 2014 bis zum 30. 4. 2018 hatte Frau Mandel das Grundstück steuerfrei an eine Grundstücksgemeinschaft verpachtet. Die Pacht vom 1. 9. 2014 bis 30. 4. 2018 betrug monatlich 1 000 €.

Frage: Erfolgt im Kalenderjahr 2018 eine Vorsteuerberichtigung gem. § 15a UStG? § 19 UStG ist nicht anzuwenden. Gehen Sie davon aus, dass das Grundstück dem Unternehmen zugeordnet war und kein Teilbetrieb vorliegt.

Fall 120

LÖSUNG

Frau Mandel ist Unternehmerin (§ 2 Abs. 1 UStG), weil sie mit der Vermietung des Grundstücks selbständig nachhaltig Einnahmen erzielt. Mit der Verpachtung des Grundstücks an die Grundstücksgemeinschaft hat Frau Mandel eine sonstige Leistung gem. § 3 Abs. 9 Satz 2 UStG in Jena (§ 3a Abs. 3 Nr. 1 Satz 2 Buchst. a UStG) ausgeführt. Das Entgelt für die steuerbare (§ 1 Abs. 1 Nr. 1 Satz 1 UStG), jedoch nach § 4 Nr. 12 Satz 1 Buchst. a UStG steuerfreie sonstige Leistung beträgt 1 000 € monatlich (= Teilleistungen gem. § 13 Abs. 1 Nr. 1 Buchst. a Satz 2 und Satz 3 UStG).

Die Einbringung des Grundstücks in die GmbH ist eine Lieferung gem. § 3 Abs. 1 UStG, die als Hilfsgeschäft in den Rahmen des Unternehmens fällt. Frau Mandel verschafft am 1. 5. 2018 der GmbH die Verfügungsmacht an dem Grundstück, denn bereits an diesem Tage geht das wirtschaftliche Eigentum auf die GmbH über. Die Eigentumsübertragung am 21. 9. 2018 ist umsatzsteuerrechtlich ohne Bedeutung.

Als Gegenleistung für die Lieferung wurden Gesellschaftsrechte eingeräumt. Zur Gegenleistung gehört nicht die Hälfte der Grunderwerbsteuer (BFH-Urteil vom 20. 12. 2005, UR 2006, 337; vgl. Abschn. 10.1 Abs. 7 UStAE).

Die Gewährung von Gesellschaftsrechten stellt keinen steuerbaren Umsatz aus der Sicht der Gesellschaft dar; gleichwohl handelt es sich um eine Gegenleistung für das Grundstück. Die Grundstückslieferung wird somit im Rahmen eines tauschähnlichen Umsatzes (§ 3 Abs. 12 Satz 2 UStG) mit Schuldübernahme ausgeführt. Die nach § 1 Abs. 1 Nr. 1 Satz 1 UStG steuerbare Lieferung ist grundsätzlich steuerfrei (§ 4 Nr. 9 Buchst. a UStG), da sie unter das GrEStG fällt. Aufgrund des Verzichts gem. § 9 UStG ist die Lieferung steuerpflichtig.

Nach § 10 Abs. 2 Satz 2 UStG gilt bei tauschähnlichen Umsätzen der gemeine Wert jedes Umsatzes als Entgelt für den anderen Umsatz, wobei die USt nicht zum Entgelt gehört. Das Entgelt für die Grundstückslieferung beträgt:

Gemeiner Wert der GmbH-Anteile (§10 Abs. 2 Satz 2 UStG)	150 000 €

Die USt beträgt 28 500 € (§ 12 Abs. 1 UStG). Steuerschuldner der USt ist die GmbH gem. § 13b UStG.

Durch die steuerpflichtige Lieferung des Grundstücks ändern sich die Verhältnisse, die für den ursprünglichen Vorsteuerabzug maßgebend waren, denn wegen der nach § 4 Nr. 12 Satz 1 Buchst. a UStG steuerfreien Verpachtung an die Grundstücksgemeinschaft war die Vorsteuer i. H. v. 10 500 € aus der Anschaffung nicht abziehbar. Die Lieferung an die GmbH stellt sich jedoch als steuerpflichtiger Umsatz dar, der den Vorsteuerabzug ermöglicht.

Die Berichtigung ist so vorzunehmen, als wäre das Grundstück vom Zeitpunkt der Lieferung bis zum Ablauf des zehnjährigen Berichtigungszeitraums ausschließlich zur Ausführung von Umsätzen, die den Vorsteuerabzug nicht ausschließen, verwendet worden. Bei der Berichtigung entfallen auf jedes Jahr der geänderten Verwendung $^1/_{10}$ des mit der Anschaffung des Grundstücks verbundenen Vorsteuerbetrags. Der zehnjährige Berichtigungszeitraum beginnt unter Berücksichtigung des § 45 UStDV am 1. 9. 2014 und endet am 31. 8. 2024.

Gem. § 44 Abs. 3 Satz 2 UStDV ist die Berichtigung des Vorsteuerabzugs für das Jahr der Lieferung und die folgenden Kalenderjahre des Berichtigungszeitraums bereits im Voranmeldungszeitraum Mai 2018 durchzuführen.

Es ergibt sich die folgende Vorsteuerberichtigung:

Zeit	$^{1}/_{10}$	abziehbar	bisher	Berichtigung
1. 5. – 31. 12. 2018	700 €	700 €	0 €	700 €
2019 – 2023 je	1 050 €	1 050 €	0 €	je 1 050 €
1. 1. – 31. 8. 2024	700 €	700 €	0 €	700 €
				6 650 €

Es ergibt sich folgende Kontrollrechnung:

Berichtigungszeitraum	1. 9. 2014 – 31. 8. 2024	=	120 Monate
nutzungsabhängig	1. 9. 2014 – 30. 4. 2018	=	44 Monate
veräußerungsabhängig	1. 5. 2018 – 31. 8. 2024	=	76 Monate
abziehbare Vorsteuer	$^{76}/_{120}$	=	6 650 €
bisher abziehbar	$^{0}/_{120}$	=	0 €
Berichtigung gem. § 15a UStG			6 650 €

Die steuerpflichtige Veräußerung des Grundstücks führt mithin nach § 15a UStG im VZ Mai 2018 zu einem Vorsteuerabzug i. H. v. 6 650 €.

FALL 121

Zwischenvermietung und Vorsteuerabzug; Berichtigung des Vorsteuerabzugs gem. § 15a UStG

Sachverhalt: Monika Herzfeld ist Steuerberaterin. Sie ist Eigentümerin von fünf Eigentumswohnungen, die in Grömitz (Ostsee) gelegen sind. Die Wohnungen hatte Frau Herzfeld am 10. 8. 2014 erworben. Den Kaufpreis von jeweils 78 000 € + 14 820 € USt hatte sie zum Teil aus Eigenmitteln, im Übrigen durch Darlehen finanziert. Alle fünf Wohnungen sind an die Schöner Wohnen GmbH für die Dauer von zehn Jahren fest vermietet. Die Wohnungen sind als Ferienwohnungen konzipiert und dazu bestimmt, Fremde vorübergehend zu beherbergen. Die GmbH hat nach den vertraglichen Vereinbarungen den ordnungsgemäßen Zustand der Wohnungen zu gewährleisten, mit den Mietern (= Feriengäste) die Verträge abzuschließen und die Mieten zu vereinnahmen. Auf die Mietpreisgestaltung der GmbH hat Frau Herzfeld als Eigentümerin keinen Einfluss. Das Mietausfallwagnis geht ausschließlich zulasten der GmbH, an der Frau Herzfeld nicht beteiligt ist. Außerdem wurde Frau Herzfeld vertraglich eine Option eingeräumt, wonach sie jederzeit selbst eine Wohnung übernehmen darf. Für diesen Fall wurde die Kündigung des Vertrags vereinbart. Aufgrund des Mietvertrags mit der GmbH vom 1. 9. 2014 zahlt die GmbH monatlich insgesamt 5 000 € zzgl. 950 € an USt für die Überlassung der Wohnungen. Seit dem 1. 7. 2018 beträgt die Miete 5 200 € zzgl. 988 € USt. Dieser Betrag entspricht ortsüblichen Bedingungen und ist nicht zu beanstanden.

Seit dem 1. 2. 2018 wird eine der vorgenannten Wohnungen auf Wunsch der Eigentümerin nur noch von ihr und ihrem Mann an manchen Wochenenden und während der Ferien selbst bewohnt. Statt der für diesen Fall vereinbarten Kündigung des Mietvertrags für diese Wohnung vom 1. 9. 2014 schloss die Schöner Wohnen GmbH ihrerseits mit Frau Herzfeld wunschgemäß einen Mietvertrag ab, der von den Verträgen mit den Mietern der anderen Wohnungen nicht abweicht. Danach beträgt die Miete mtl. 800 €. Der Verkehrswert der Eigentumswohnung zzgl. Nebenkosten betrug im Frühjahr 2018 120 000 €.

Fragen:

1. Konnte Frau Herzfeld die Vorsteuer aus der Anschaffung der Eigentumswohnungen gem. § 15 Abs. 1 Satz 1 Nr. 1 UStG i. V. m. § 15 Abs. 2 Satz 1 Nr. 1 UStG abziehen?
2. Welche umsatzsteuerrechtlichen Folgen löst die Eigennutzung einer Wohnung mit Wirkung vom 1. 2. 2018 aus?
3. Wie wäre der Sachverhalt zu lösen, wenn die Wohnungen nicht zur vorübergehenden Beherbergung von Fremden, sondern dauernd zu Wohnzwecken genutzt werden?

LÖSUNG

Zu 1.: Die Vermietungen der Eigentumswohnungen sind insgesamt bis zum 1. 2. 2018 als steuerrechtlich zulässige Zwischenvermietung anzuerkennen. Es handelt sich um echte Mietverträge i. S. d. § 535 BGB und nicht nur um bloße Hausverwalterverträge. Auch liegt ein Gestaltungsmissbrauch nach § 42 AO nicht vor. Insbesondere hat die Eigentümerin das Mietausfallwagnis nicht zu tragen, und mangels Beteiligung an der Schöner Wohnen GmbH liegt auch keine Organschaft vor. Die Option auf künftige Eigennutzung schließt die Anerkennung der Zwischenvermietung zunächst nicht aus.

Frau Herzfeld hat an die Schöner Wohnen GmbH sonstige Leistungen ausgeführt (§ 3 Abs. 9 Satz 2 UStG). Diese sonstigen Leistungen sind steuerbar (§ 1 Abs. 1 Nr. 1 Satz 1 UStG i. V. m. § 3a Abs. 3 Nr. 1 Satz 2 Buchst. a UStG) und nach § 4 Nr. 12 Satz 1 Buchst. a UStG grundsätzlich steuerfrei. Frau Herzfeld kann allerdings auf die Steuerbefreiung nach § 9 Abs. 1 UStG verzichten. § 9 Abs. 2 UStG verhindert nicht die Option, denn die Unternehmerin kann nachweisen, dass die Wohnungen nicht zu Wohnzwecken, sondern zur steuerpflichtigen Beherbergung von Fremden verwendet werden (vgl. auch Abschn. 9.2 UStAE). Damit sind die Umsätze steuerpflichtig. Ein Ausschluss vom Vorsteuerabzug für die Vorsteuer aus der Anschaffung der fünf Eigentumswohnungen gem. § 15 Abs. 2 Satz 1 Nr. 1 UStG kommt daher nicht in Betracht. Die abziehbare Vorsteuer im August 2014 betrug folglich 74 100 € (5 x 14 820 €).

Zu 2.: Die Option für die vier auch nach dem 1. 2. 2018 fremd vermieteten Eigentumswohnungen ist nach wie vor zulässig (Abschn. 9.2 Abs. 1 Satz 4 und Satz 5 UStAE).

Damit liegen weiterhin sonstige Leistungen an die Schöner Wohnen GmbH vor, die steuerpflichtig sind (§ 4 Nr. 12 Satz 1 Buchst. a UStG i. V. m. § 9 Abs. 1 UStG). Steuersatz nach § 12 Abs. 1

UStG 19 %. Die Bemessungsgrundlage beträgt 4 000 €. Die USt beträgt ab Februar 2018 760 € und ab Juli 2018 790,40 € monatlich.

Die seit dem 1. 2. 2018 von den Ehegatten Herzfeld für private Zwecke verwendete Eigentumswohnung ist mit diesem Tage durch Entnahme gem. § 3 Abs. 1b Satz 1 Nr. 1 UStG aus dem Unternehmen ausgeschieden. Die Vermietung an die GmbH kann aus Gründen des Gestaltungsmissbrauchs (§ 42 AO) insoweit nicht mehr anerkannt werden. Die Wohnung ist für die Eigennutzung bestimmt, eine Vermietung an die GmbH liegt wirtschaftlich betrachtet nicht vor. Die Zwischenschaltung der GmbH ist folglich für die umsatzsteuerrechtliche Beurteilung unbeachtlich.

Die Entnahme ist steuerbar, sie ist jedoch nach § 4 Nr. 9 Buchst. a UStG steuerfrei. Zwar unterliegt die Überführung von Grundstücken in das Privatvermögen nicht der Grunderwerbsteuer. Die Entnahme stellt sich jedoch als Ersatztatbestand für eine Lieferung an den Unternehmer für nichtunternehmerische Zwecke dar. Dieser Vorgang kann daher nach den Grundsätzen der Gleichmäßigkeit der Besteuerung keine andere Beurteilung erfahren als die Lieferung an Dritte.

HINWEIS

Siehe BMF-Schreiben v. 22. 9. 2008, BStBl 2008 I 895.

Eine Option scheidet für die Entnahme aus, weil keine Leistung an einen anderen Unternehmer für dessen Unternehmen ausgeführt wurde (§ 9 UStG, Abschn. 9.1 Abs. 2 Satz 3 UStAE). Die Bemessungsgrundlage bestimmt sich nach dem Einkaufspreis zzgl. Nebenkosten, der hier dem Verkehrswert von 120 000 € inkl. Nebenkosten entspricht (§ 10 Abs. 4 Satz 1 Nr. 1 UStG).

Da Frau Herzfeld auch für diese Wohnung weiterhin der GmbH USt i. H. v. 190 € monatlich (= $^1/_5$) in Rechnung gestellt hat, schuldet sie diesen Betrag nach § 14c Abs. 2 Satz 2 UStG, denn es mangelt insoweit an einer Leistung an die GmbH (Abschn. 14c.2 Abs. 2 Nr. 2 Satz 1 UStAE). Dass im vorliegenden Fall keine Scheinrechnung vorliegt, ist für die Lösung unbeachtlich, denn der UStAE nennt Scheinrechnungen nur beispielhaft.

Mit der Entnahme haben sich die Verhältnisse geändert, die für den Vorsteuerabzug maßgeblich waren. Während die Eigentumswohnung zunächst ausschließlich zur Ausführung steuerpflichtiger Umsätze verwendet wurde, ist die Entnahme als steuerfreier Umsatz für Zwecke des Vorsteuerabzugs anders zu beurteilen. Der Berichtigungszeitraum umfasst nach § 15a Abs. 1 Satz 2 UStG zehn Jahre und endet mit Ablauf des 31. 8. 2024 (§ 45 UStDV). Für die Fristberechnung ist nicht der Eigentumserwerb am 10. 8. 2014, sondern die erstmalige Verwendung durch Vermietung seit dem 1. 9. 2014 von Bedeutung.

Die Wohnung gilt als bis zum Ende des Berichtigungszeitraums weiterhin im Unternehmen zur Ausführung den Vorsteuerabzug ausschließender Umsätze verwendet. Nach § 44 Abs. 3 Satz 2 UStDV ist in den Fällen der Entnahme die Berichtigung für den verbleibenden Berichtigungszeitraum im Voranmeldungszeitraum der Entnahme (hier Februar 2018) durchzuführen.

Berechnung:

Zeit:	**abziehbar**	**nicht abziehbar**
1. 9. 2014 – 31. 1. 2018 = 41 Monate	5 063,50 €	0,00 €
1. 2. 2018 – 31. 8. 2024 = 79 Monate	0,00 €	9 756,50 €
	5 063,50 €	9 756,50 €
bisher wurden abgezogen	14 820,00 €	0,00 €
Änderung	./. 9 756,50 €	9 756,50 €

Der Betrag von 9 756,50 € ist für den Voranmeldungszeitraum Februar 2018 anzumelden und an das Finanzamt zurückzuzahlen.

Zu 3.: Im Unterschied zum Ausgangssachverhalt kann Frau Herzfeld in der Abwandlung nicht im Hinblick auf ihre Vermietungsumsätze an die Schöner Wohnen GmbH optieren. Zwar liegt auch insoweit ein Umsatz an einen anderen Unternehmer für dessen Unternehmen vor (vgl. Abschn. 9.1 UStAE). Da jedoch die vermieteten Wohnungen ausschließlich Wohnzwecken dienen, ist die Option zur Steuerpflicht ausgeschlossen (§ 9 Abs. 2 UStG). Die GmbH verwendet die Wohnungen für steuerfreie Vermietungsumsätze nach § 4 Nr. 12 Satz 1 Buchst. a UStG, die den Vorsteuerabzug ausschließen.

Damit kann Frau Herzfeld aus dem Ankauf der Wohnungen keinen Vorsteuerabzug gem. § 15 UStG in Anspruch nehmen, da sie diese Wohnungen ausschließlich zur Ausführung steuerfreier Umsätze verwendet (§ 15 Abs. 2 Satz 1 Nr. 1 UStG).

Die im Mietvertrag trotzdem gesondert ausgewiesene USt führt zu einer Steuerschuld gem. § 14c Abs. 1 Satz 1 UStG i. H. v. 950 € und 988 € ab 1. 7. 2018 pro Monat (vgl. Abschn. 14.1 Abs. 2 UStAE, Abschn. 14c.1 Abs. 1 UStAE).

Die nach § 3 Abs. 1b Satz 2 UStG nicht steuerbare Entnahme führt in diesem Fall zu keiner Vorsteuerberichtigung gem. § 15a UStG, da sich durch die nicht steuerbare Entnahme die Verhältnisse für den Vorsteuerabzug nicht geändert haben.

FALL 122

Vorsteuerberichtigung nach Übertragung eines Grundstücks im Wege vorweggenommener Erbfolge

Sachverhalt: Walter Sander ist Eigentümer eines Grundstücks in Hamm (Westf.). Im Jahre 2017 hat er auf diesem Grundstück eine Werkhalle errichten lassen. Mit der Herstellung des Gebäudes wurde am 20. 5. 2017 begonnen. Die Abnahme des fertig gestellten Bauwerks erfolgte am 19. 9. 2017. Die Schlussabrechnung über 200 000 € zzgl. gesondert ausgewiesener USt i. H. v. 38 000 € erhielt Sander eine Woche später. Sander selbst führt nicht nachhaltig Bauleistungen aus.

Seit dem 10. 10. 2017 hat Sander das Gebäude an eine Maschinenbaufirma vermietet, die die Halle zu Produktions- und Ausstellungszwecken nutzt. Die monatliche Miete beträgt 8 000 € zzgl. 1 520 € USt. Sander hat gegenüber dem Finanzamt Hamm erklärt, dass er diese Vermietungsumsätze der Versteuerung nach den allgemeinen Vorschriften unterwerfen will und dabei auf die Steuerbefreiung nach § 4 Nr. 12 Satz 1 Buchst. a UStG verzichtet.

Am 21. 9. 2018 hat Sander das Eigentum an dem Grundstück und der aufstehenden Halle im Rahmen der vorweggenommenen Erbfolge auf seine Tochter Ursula übertragen. In dem notariell beurkundeten Vertrag erklärt sich die Tochter mit der Übertragung aus dem Elternvermögen für abgefunden. Zugleich schließen Vater und Tochter einen Pachtvertrag ab, wonach der Vater weiterhin berechtigt ist, das Grundstück zu nutzen oder weiterhin zu vermieten. Sander fließen daher weiterhin die Mieteinnahmen zu. Das Grundstück ist im Zeitpunkt der Übertragung nicht mit einem Grundpfandrecht belastet.

Frage: Ist der Vorsteuerabzug nach § 15a UStG zu berichtigen? Gehen Sie davon aus, dass keine Geschäftsveräußerung im Ganzen vorliegt.

LÖSUNG

Die Grundstücksübertragung an die Tochter ist eine Schenkung i. S. d. § 516 Abs. 1 BGB. Das Grundstück ist nicht mit einem Grundpfandrecht belastet, so dass keine als Entgelt zu würdigende Schuldübernahme vorliegt. Die Übertragung des Eigentums an dem Grundstück erfolgt daher unentgeltlich.

In Ermangelung einer Gegenleistung liegt kein Leistungsaustausch i. S. d. § 1 Abs. 1 Nr. 1 Satz 1 UStG vor. Vielmehr wird der unentgeltliche Vorgang einer Lieferung gegen Entgelt gleichgestellt (§ 3 Abs. 1b Satz 1 Nr. 1 UStG). Die Schenkung des zum Unternehmen des Vaters gehörenden Grundstücks im Rahmen der vorweggenommenen Erbfolge ist ein privater Vorgang, der nur im nichtunternehmerischen Bereich erfolgen konnte. Die Schenkung setzt deshalb die Entnahme des Grundstücks zu privaten Zwecken voraus (vgl. BFH-Urteil vom 16. 9. 1987, BStBl 1988 II 205). Die weitere unternehmerische Nutzung ist ein selbständiger Vorgang, der auf der Gebrauchsüberlassung nach Pachtvertrag beruht und deshalb eine erneute Entscheidung des Unternehmers zur Zuordnung zum Unternehmen des Vaters voraussetzt (BFH-Urteil vom 2. 10. 1986, BStBl 1987 II 44). Damit wird ein Gegenstand aus dem Unternehmen für Zwecke entnommen, die außerhalb des Unternehmens liegen. Der Umsatz ist steuerbar. Er ist steuerfrei nach § 4 Nr. 9 Buchst. a UStG.

Nach § 15a UStG ist eine Berichtigung der auf die Herstellungskosten eines Gebäudes entfallenden Vorsteuerbeträge vorzunehmen, wenn sich die Verhältnisse, die für den ursprünglichen Vorsteuerabzug maßgebend waren, innerhalb von zehn Jahren seit dem Beginn der Verwendung ändern (§ 15a Abs. 1 UStG). Eine Änderung der Verhältnisse liegt auch dann vor, wenn das noch verwendungsfähige Wirtschaftsgut vor Ablauf des zehnjährigen Berichtigungszeitraums nach § 3 Abs. 1b UStG geliefert wird. Dabei ist Voraussetzung, dass diese Entnahme für den Vorsteuerabzug anders zu beurteilen ist als die für den ursprünglichen Vorsteuerabzug maßgeblichen Verhältnisse (§ 15a Abs. 8 UStG).

Im Kalenderjahr 2017 hatte Sander die Werkhalle zur Ausführung steuerpflichtiger sonstiger Leistungen verwendet, und dies auch beabsichtigt. Er hatte von der Möglichkeit Gebrauch gemacht, auf die Steuerfreiheit gem. § 9 UStG zu verzichten. Die Vorsteuerbeträge i. H. v. 38 000 € waren daher abziehbar (§ 15 Abs. 1 Satz 1 Nr. 1 UStG i. V. m. § 15 Abs. 2 UStG). Die Entnahme ist steuerbar und steuerfrei.

Nach § 15a Abs. 9 UStG ist diese Entnahme so zu betrachten, als wäre das bebaute Grundstück vom Entnahmezeitpunkt bis zum Ablauf des zehnjährigen Berichtigungszeitraums in einer den Vorsteuerabzug ausschließenden Weise weiterhin für das Unternehmen verwendet worden. Damit liegt eine Änderung der für den Vorsteuerabzug maßgebenden Verhältnisse vor. § 15a UStG findet Anwendung.

Es ergibt sich folgender Korrekturbetrag:

Zeit	$^1/_{10}$	abziehbar	bisher	Berichtigung
1. 10. – 31. 12. 2018	950 €	0 €	950 €	./. 950 €
2019 – 2026	je 3 800 €	0 €	3 800 €	je ./. 3 800 €
1. 1. – 31. 9. 2027	2 850 €	0 €	2 850 €	./. 2 850 €
				./. 34 200 €

In der VA 9/2018 hat der Unternehmer den Korrekturbetrag von 34 200 € zu seinen Ungunsten anzumelden.

HINWEIS

Es liegt keine Entnahme vor, wenn das Grundstück aufgrund der ursprünglichen Zuordnungsentscheidung weiterhin im Unternehmen verwendet werden kann. Das ist nach der Rechtsprechung des BFH der Fall, wenn das Grundstück unter Vorbehalt des Nießbrauchs übertragen, aber unverändert im Unternehmen verwendet wird (BFH, BB 1996, 308).

Für diesen Fall würde Sander als Nießbraucher und bisheriger Eigentümer tatsächlich die Nutzungen aus dem nießbrauchsbelasteten Grundstück ziehen. Er würde nachhaltig seine Nutzungsbefugnis verwerten, denn er würde Dritten das Grundstück und die Gebäude gegen Entgelt überlassen. Er wäre daher auch im Falle dieser Abwandlung weiterhin Unternehmer i. S. d. § 2 Abs. 1 UStG (BFH, BStBl 1972 II 238).

FALL 123

Vorsteuerberichtigung bei unzutreffender Würdigung des ursprünglichen Vorsteuerabzugs

Sachverhalt: Hansi Hanselmann ist Steuerberater in München. Am 1. 8. 2009 hat er am Tegernsee ein Gebäude bezugsfertig errichtet und seit diesem Zeitpunkt an die Alemannia-Vermietungs- und Vermögensverwaltungs-Gesellschaft mbH mit Sitz in Garmisch verpachtet, die das Gebäude ihrerseits zu Wohnzwecken an verschiedene Personen vermietet. Die Pacht beträgt monatlich 25 000 € zzgl. 4 750 € USt. Der Betrag wird im Rahmen der Banklastschrift regelmäßig gesondert in Rechnung gestellt.

Hanselmann hatte den Sachverhalt dem zuständigen Finanzamt vorgetragen, und dieses hatte die Zwischenvermietung mit Option nach § 9 UStG anerkannt. Hanselmann hat dementsprechend die Vorsteuer aus den Baukosten i. H. v. umgerechnet 300 000 € in 2009 abgezogen. Die

Steuerfestsetzung für 2009 ist ab Beginn des Kalenderjahres 2015 abgabenrechtlich nicht mehr änderbar.

Nach einer USt-Sonderprüfung im Jahre 2018 vertrat das Finanzamt nunmehr den Standpunkt, dass die Option mit anschließendem Vorsteuerabzug nicht hätte zugelassen werden dürfen.

Nach den Vorschriften der AO sind die Jahre bis einschl. 2011 nicht mehr änderbar. Die Veranlagungen seit 2012 stehen unter dem Vorbehalt der Nachprüfung.

Frage: Kann das Finanzamt den unberechtigt abgezogenen Vorsteuerbetrag berichtigen?

LÖSUNG

Noch mit Urteil vom 3. 12. 1992 (BStBl 1993 II 411) hatte der BFH dem Finanzamt geradezu verboten, eine rechtsfehlerhafte Beurteilung des ursprünglichen Vorsteuerabzugs nach § 15a UStG in späteren Jahren zu berichtigen, wenn die Verwendung sich nicht geändert hat. Inzwischen hat der BFH seine Auffassung geändert. Danach muss eine Vorsteuerberichtigung nunmehr auch dann erfolgen, wenn sich für ein Wirtschaftsgut in einem späteren Jahr des noch laufenden Berichtigungszeitraums herausstellt, dass der Vorsteuerabzug im bestandskräftigen Abzugsjahr unzutreffend in Anspruch genommen worden ist (BFH-Urteil vom 13. 11. 1997, BStBl 1998 II 36, mit Hinweisen auf weitere Entscheidungen des BFH in dieser Frage, sowie auf den Beschluss des BVerfG v. 9. 8. 1994, Az: 1 BvR 592/94, wonach eine Verfassungsbeschwerde gegen diese Rechtsprechung des BFH nicht zur Entscheidung angenommen wurde). Dabei ist die Berichtigung der Vorsteuer auf § 15a UStG zu stützen, weil die Beurteilung des Vorsteuerabzugs rechtlich fehlerhaft war und diese Veranlagung nach der AO nicht mehr geändert werden kann.

Der Vorsteuerabzug kann in allen noch änderbaren Steuerfestsetzungen für die Kalenderjahre des Berichtigungszeitraums, in denen eine Änderung der Steuerfestsetzung des Vorsteuerabzugs nach verfahrensrechtlichen Vorschriften nicht mehr möglich war, sowohl zugunsten als auch zu ungunsten des Unternehmers nach § 15a UStG berichtigt werden. Die Grundsätze von Treu und Glauben hindern die Berichtigung auch in Ansehung der damaligen Anweisungen der Finanzverwaltung nicht (BFH-Urteil vom 5. 2. 1998, BStBl 1998 II 361).

Aufgrund der Rechtsprechung des BFH erhält die Finanzverwaltung folglich die Möglichkeit, fehlerhafte Beurteilungen des Vorsteuerabzugs bei Gegenständen, die dem Unternehmen über einen längeren Zeitraum dienen, über § 15a UStG auch dann zu korrigieren, wenn Berichtigungsmöglichkeiten nach der AO nicht mehr zur Verfügung stehen (vgl. auch Abschn. 15a.4 Abs. 3 UStAE).

Da seit Bezug des fraglichen Gebäudes im Jahre 2009 bereits 5 Jahre und 5 Monate des fraglichen Berichtigungszeitraums ohne Korrekturmöglichkeit verstrichen sind, ist danach die Berichtigung des Vorsteuerabzugs erstmals für 2015 und die restlichen Jahre des Berichtigungszeitraums wie folgt zulässig:

Für 2015	→ 1/10 X 12/12 von 300 000 € =	30 000 €
Für 2016	→ 1/10 X 12/12 von 300 000 € =	30 000 €
Für 2017	→ 1/10 X 12/12 von 300 000 € =	30 000 €
Für 2018	→ 1/10 X 12/12 von 300 000 € =	30 000 €
Für 2019	→ 1/10 X 7/12 von 300 000 € =	17 500 €
Insgesamt an das Finanzamt zurückzuzahlen		**137 500 €**

BEACHTE

1. Wäre das Abzugsjahr, in dem der fehlerhafte Vorsteuerabzug beurteilt worden ist, nach den Vorschriften der AO noch änderbar (§ 164 Abs. 2 AO oder § 173 AO, ggf. auch § 175 Abs. 1 Nr. 2 AO), dann müsste der fehlerhafte Vorsteuerabzug nach allgemeinen Grundsätzen im vollen Umfang im Abzugsjahr nach den Vorschriften der AO korrigiert werden.
2. Wäre der Berichtigungszeitraum am 31. 12. 2014 bereits abgelaufen, dann könnte die Finanzverwaltung ihre Berichtigung auch nicht mehr auf § 15a UStG stützen.

FALL 124

Vorsteuerberichtigung bei Wechsel der Besteuerungsart

Sachverhalt: Der Beamte Franz Bergschneider aus Wuppertal ist nebenberuflich als Schriftsteller tätig. Am 1. 7. 2017 hat er für seine schriftstellerische Tätigkeit eine neue Büroeinrichtung für 20 000 € zzgl. 3 800 € USt im örtlichen Möbelfachhandel erworben. Eine ordnungsgemäße Rechnung ist ausgestellt worden. Ab dem Jahr 2018 verzichtet Bergschneider auf die Anwendung der Kleinunternehmerregelung.

Frage: Hat der Verzicht auf die Kleinunternehmerregelung ab 2018 Auswirkungen auf den Vorsteuerabzug bzgl. der Büroeinrichtung?

LÖSUNG

Bei Anschaffung der Büroeinrichtung im Jahr 2017 war Bergschneider als Kleinunternehmer nicht zum Abzug der Vorsteuer berechtigt. Nach § 19 Abs. 1 Satz 1 UStG wird bei einem Kleinunternehmer die USt für seine Umsätze i. S. d. § 1 Abs. 1 Nr. 1 UStG nicht erhoben. Ein Kleinunternehmer ist dann allerdings auch nicht zum Vorsteuerabzug berechtigt; § 15 UStG findet keine Anwendung (§ 19 Abs. 1 Satz 4 UStG).

Nach dem Verzicht auf die Anwendung der Kleinunternehmerregelung gem. § 19 Abs. 2 UStG mit Wirkung ab dem 1. 1. 2018 haben sich die Verhältnisse für den Vorsteuerabzug geändert, so dass eine Vorsteuerberichtigung gem. § 15a UStG vorzunehmen ist. Nach dem Verzicht führt der Schriftsteller steuerpflichtige Umsätze, die den Vorsteuerabzug ermöglichen, aus. § 15a Abs. 7 UStG führt aus, dass eine Änderung der Verhältnisse auch beim Übergang von der Nichterhebung der Steuer nach § 19 Abs. 1 UStG zur allgemeinen Besteuerung gegeben ist. Damit ergibt sich für das Jahr 2018 ein Vorsteuerberichtigungsbetrag i. H. v. 760 €. Dieser Betrag ist zugunsten des Bergschneider in der Jahressteuererklärung 2018 anzumelden.

FALL 125

Vorsteuerberichtigung nach einer Geschäftsveräußerung im Ganzen

Sachverhalt: Mit Wirkung vom 1. 1. 2017 hat Achim Ampel seinen Gewerbebetrieb (Recycling von elektronischen Geräten) in die Ampel-GmbH eingebracht. Zum Unternehmensvermögen des Gewerbebetriebs gehört ein Betriebsgebäude, das Anfang 2013 hergestellt worden war. Die Vorsteuer im Zusammenhang mit der Herstellung i. H. v. 120 000 € war seinerzeit nicht abgezogen worden, weil das Gebäude ausschließlich seit Anfang Januar 2013 Arbeitnehmern zu Wohnzwecken überlassen wurde.

Die GmbH hat diese Vermietung zunächst fortgesetzt. Nach Räumung durch die Mieter verwendet die GmbH das Gebäude nach Umbau im Januar 2018 seit Anfang Februar 2018 für eigene Bürozwecke. Die Umbaukosten haben 200 000 € zzgl. 38 000 € gesondert in Rechnung gestellter USt betragen und sind als nachträgliche Herstellungskosten zu qualifizieren (R 7.3 Abs. 5 Satz 1 EStR sowie H 7.3 EStH).

Frage: Ist eine Vorsteuerkorrektur gem. § 15a UStG durchzuführen?

LÖSUNG

Die Einbringung des Gewerbebetriebs in die GmbH gegen Gewährung von Gesellschaftsrechten (Sachgründung) wird umsatzsteuerrechtlich als Geschäftsveräußerung im Ganzen beurteilt. Unabhängig davon, ob die Geschäftsveräußerung im Ganzen entgeltlich oder unentgeltlich erfolgt, unterliegt dieser Vorgang seit dem 1. 1. 1994 nicht mehr der USt (§ 1 Abs. 1a UStG). Für diese Wertung ist es ebenfalls unbeachtlich, ob das Unternehmensvermögen im Rahmen einer Umwandlung zu Buchwerten oder zu Teilwerten übertragen wird.

Dementsprechend darf Ampel für die Übertragung der Vermögensgegenstände seines Gewerbebetriebs eine Rechnung mit gesondertem Steuerausweis nicht erteilen. Für den Fall, dass eine Rechnung mit gesondertem Steuerausweis erteilt worden sein sollte, würde Ampel die ausgewiesene USt nach § 14c Abs. 1 Satz 1 UStG schulden (Abschn. 14c.1 Abs. 1 Satz 5 Nr. 4 UStAE).

Zur Sicherung des Vorsteuerabzugs regelt § 1 Abs. 1a Satz 3 UStG eine Rechtsnachfolge für die übernehmende Gesellschaft. Danach tritt der erwerbende Unternehmer an die Stelle des Veräußerers. Das hat besondere Bedeutung für die Vorsteuerberichtigung nach § 15a UStG. Der im Einzelfall maßgebliche Berichtigungszeitraum wird durch die Übertragung nicht unterbrochen. Ändern sich daher die Verhältnisse für den Vorsteuerabzug i. S. d. § 15a UStG, dann hat die übernehmende Gesellschaft die Berichtigung der Vorsteuer durchzuführen.

Der Veräußerer ist zu diesem Zweck nach § 15a Abs. 10 Satz 2 UStG verpflichtet, der übernehmenden Gesellschaft die dafür erforderlichen Angaben (Beginn der Verwendung, Art der Verwendung, Höhe der Vorsteuerbeträge und Vornahme eines Vorsteuerabzugs) zu machen.

Die Verwendung des Gebäudes für eigene Bürozwecke stellt eine Änderung der Verhältnisse für den Vorsteuerabzug dar, denn die bisherige Vermietung an Arbeitnehmer war steuerfrei und schloss den Vorsteuerabzug aus.

Der Berichtigungszeitraum hat am 1. 1. 2013 begonnen und ist durch die Einbringung mit Wirkung vom 1. 1. 2017 nicht unterbrochen worden. Die Änderung der Verhältnisse tritt am 1. 1. 2018 ein, denn die Zeit der Umbauarbeiten ist bereits der steuerpflichtigen Verwendung zuzurechnen, da während der Zeit des Umbaus bereits eine steuerpflichtige Verwendung beabsichtigt war.

Ab 2018 ist daher bis zum Ende des Berichtigungszeitraums am 31. 12. 2022 jährlich 1/10 der Vorsteuer aus der damaligen Herstellung zu berichtigen. Die Berichtigung führt mithin von 2018 bis 2022 jährlich zu einem zusätzlichen Vorsteuerabzug für die GmbH i. H. v. 12 000 €. Ertragsteuerrechtlich ist § 9b Abs. 2 EStG zu beachten.

Die Umbaukosten werden von dieser Berichtigung nicht berührt. Die GmbH wendet diese Beträge auf, um Büroräume zu schaffen. Die im Zusammenhang mit dem Umbau stehenden Vorsteuerbeträge sind daher im vollen Umfang abzugsfähig (§ 15 Abs. 1 Satz 1 Nr. 1 UStG) und abziehbar.

FALL 126

Vorsteuerberichtigung und Vereinfachungsvorschriften

Sachverhalt: Hannes Krone ist Bauunternehmer in Wiesbaden. Neben der Errichtung von Bauten auf den Grundstücken der Auftraggeber erstellt Krone auf vorher erworbenen Grundstücken schlüsselfertige Kaufeigenheime, die er umsatzsteuerfrei gem. § 4 Nr. 9 Buchst. a UStG veräußert.

Im Jahr 2017 hat Krone die folgenden Wirtschaftsgüter für sein Unternehmen angeschafft:

1 Schreibmaschine	am 9. 4. 2017 für	750 € +	142,50 € USt
1 gebrauchten Bulli	am 3. 7. 2017 für	7 000 € +	1 330,00 € USt
1 Lkw	am 4. 9. 2017 für	28 125 € +	5 343,75 € USt

Die Nutzungsdauer beträgt	für die Schreibmaschine	5 Jahre
	für den Bulli	3 Jahre
	für den Lkw	5 Jahre

Die Wirtschaftsgüter werden gleichmäßig sowohl bei der Herstellung von Gebäuden als auch bei der Erstellung und Veräußerung von Kaufeigenheimen verwendet. Nach dem Kostenschlüssel betrug das Verhältnis der Verwendung:

	2017	**2018**
Herstellung von Gebäuden	75 %	80 %
Erstellung Kaufeigenheime	25 %	20 %

Fragen:

1. Wie hoch ist der Vorsteuerabzug der fraglichen Wirtschaftsgüter im Jahr 2017?
2. Ist im Jahr 2018 eine Berichtigung des Vorsteuerabzugs nach § 15a UStG durchzuführen?

LÖSUNG

Zu 1.: Krone ist Unternehmer und daher berechtigt, die ihm gesondert in Rechnung gestellten Steuerbeträge abzuziehen, soweit die Lieferungen und sonstigen Leistungen von anderen Unternehmern für sein Unternehmen ausgeführt wurden (§ 15 Abs. 1 Satz 1 Nr. 1 UStG). Diese Voraussetzungen liegen vor.

Vom Vorsteuerabzug ausgeschlossen sind allerdings die Vorsteuerbeträge für Lieferungen, die der Unternehmer zur Ausführung steuerfreier Umsätze nach § 4 Nr. 8 ff. UStG verwendet (§ 15 Abs. 2 Satz 1 Nr. 1 UStG). Die Veräußerungen der Kaufeigenheime stellen Umsätze dar, die unter das Grunderwerbsteuergesetz fallen und damit nach § 4 Nr. 9 Buchst. a UStG umsatzsteuerfrei sind. Krone führt daher sowohl Umsätze aus, die den Vorsteuerabzug ausschließen, als auch Umsätze, bei denen ein Ausschluss nicht eintritt. Die folglich erforderliche Aufteilung der Vorsteuer ist nach § 15 Abs. 4 UStG vorzunehmen. Der Kostenschlüssel stellt dabei eine sachgerechte Schätzung dar.

Von den Vorsteuerbeträgen aus der Anschaffung der Schreibmaschine, des Bullis und des Lastwagens i. H. v. 6 816,25 € sind daher 75 % = 5 112,19 € im Jahr 2017 abziehbar. Der nichtabziehbare Teil der Vorsteuerbeträge ist den Anschaffungskosten der Wirtschaftsgüter jeweils hinzuzurechnen (§ 9b Abs. 1 EStG).

Zu 2.: Nach § 15a UStG hat eine Berichtigung des Vorsteuerabzugs zu erfolgen, wenn sich die Verhältnisse für den Vorsteuerabzug innerhalb des jeweils maßgeblichen Berichtigungszeitraums gegenüber den Verhältnissen zum Zeitpunkt des Vorsteuerabzugs geändert haben. Die Veränderung des Kostenschlüssels zugunsten der steuerpflichtigen Herstellung von Gebäuden im Jahr 2018 führt zu einer anderen Vorsteueraufteilung in diesem Jahr und damit zur Abweichung gegenüber der Aufteilung im Jahr 2017. Der Tatbestand des § 15a Abs. 1 UStG ist damit dem Grunde nach erfüllt. Die nach § 15a UStG grundsätzlich erforderliche Berichtigung des Vorsteuerabzugs unterbleibt jedoch, wenn die Vereinfachungsvorschriften des § 44 UStDV i. V. m. § 15a Abs. 11 UStG anzuwenden sind.

a) Schreibmaschine

Eine Berichtigung des Vorsteuerabzugs unterbleibt, weil die auf die Anschaffungskosten entfallende Vorsteuer den Betrag von 1 000 € nicht übersteigt (§ 44 Abs. 1 UStDV).

b) Bulli

Die vormalige Vereinfachungsregelung des § 44 Abs. 3 UStDV a. F. kommt nicht zur Anwendung, da die Anschaffung nach dem 1. 1. 2012 erfolgt ist (§ 74a Abs. 2 UStDV).

Bei der Berichtigung des Vorsteuerabzugs für das Jahr 2018 ist allerdings zu beachten, dass die Änderung lediglich 5 % und 22,17 € bezogen auf 2017, dem Jahr der Anschaffung, beträgt. Nach § 44 Abs. 2 UStDV hat damit eine Berichtigung des Vorsteuerabzugs für 2018 im Ergebnis zu unterbleiben.

c) Lastwagen

Die Vorsteuer, die auf die Anschaffung entfällt, übersteigt den Betrag von 1 000 €, so dass § 44 Abs. 1 UStDV nicht zur Anwendung kommt. Grundsätzlich ist daher im Jahr 2018 eine Vorsteuerberichtigung wegen der Änderung der Verhältnisse für den Vorsteuerabzug erforderlich.

Da die Änderung aber lediglich 5 % und 53,44 € (5 % von $^1/_5$ von 5 343,75 €) beträgt, entfällt die Berichtigung gem. § 44 Abs. 2 UStDV. Dem Wortlaut dieser Vorschrift nach kann die Berichtigung auch nicht durch Antrag erreicht werden, denn sie ist nicht als Wahlrecht ausgestaltet.

Kapitel 10: Besteuerung nach vereinnahmten Entgelten gemäß § 20 UStG

Auf Antrag kann das Finanzamt einem Unternehmer gestatten, die USt nach vereinnahmten Entgelten zu versteuern.

Voraussetzung ist, dass

a) der Gesamtumsatz im vorangegangenen Kalenderjahr 500 000 € nicht überstiegen hat oder

b) der Steuerpflichtige von der Buchführungspflicht nach § 148 AO befreit ist oder

c) als Freiberufler Einkünfte i. S. d. § 18 Abs. 1 Nr. 1 EStG bezieht.

Diese Sonderform der Ermittlung der USt erstreckt sich nicht auf die Vorsteuer. Auch in den Fällen des § 20 UStG verbleibt es daher dabei, dass die Vorsteuer in dem Voranmeldungszeitraum abziehbar ist, in dem die Leistung für das Unternehmen ausgeführt wurde und eine Rechnung mit gesondertem Steuerausweis vorliegt (§ 15 Abs. 1 UStG und § 16 Abs. 2 UStG).

LITERATURHINWEIS

Siehe hierzu auch im „Lehrbuch Umsatzsteuer" zur Besteuerung von vereinnahmten Entgelten (Kapitel 13.2.1.2).

FALL 127

Besteuerung nach vereinnahmten Entgelten

Sachverhalt: Andreas Kürten ist Inhaber eines Strickwareneinzelhandels in Herford (Westfalen). Den Verkauf der Strickwaren führt Kürten sowohl in einem angemieteten Laden in Herford als auch auf Wochenmärkten in Osnabrück, Minden, Wernigerode und Enschede (Holland) durch. Er versteuert seine Umsätze nach den allgemeinen Vorschriften des UStG. Sein Umsatz im Jahr 2017 hat einschließlich USt 122 000 € betragen. Für 2018 hat er seinem Steuerberater die folgenden Zahlen mit der Bitte vorgelegt, eine Umsatzsteuererklärung für 2018 zu erstellen:

a) Einnahmen aus Verkäufen auf Märkten	
in Osnabrück	50 835 €
in Minden	29 741 €
in Wernigerode	8 172 €
in Enschede	4 170 €
Einnahmen aus Verkäufen im Laden in Herford	56 031 €
b) Einnahmen aus der Veräußerung eines unbebauten Grundstücks in Herford an einen Kleingärtner	17 850 €

Fall 127

Kürten hat mit dem Kleingärtner einen Grundstückskaufvertrag abgeschlossen, in dem der Kaufpreis für das Grundstück mit 15 000 € zzgl. 2 850 € USt ausgewiesen wurde. Das Grundstück dient dem Kleingärtner nicht zur Einnahmeerzielung.

c)	Pachteinnahmen aus dem unbebauten Grundstück, das bis zu seiner Veräußerung an den Kleingärtner verpachtet war	450 €
	Kürten hat im Erwerbsjahr eine Erklärung zur Zuordnung des Grundstücks zum Unternehmen abgegeben. Das Grundstück gehört damit zum Unternehmensvermögen.	
d)	Unentgeltliche Überlassung von Waren an eine angestellte Verkäuferin;	
	Einkaufspreis netto	322 €
	üblicher Verkaufspreis brutto	464 €
e)	Einnahmen aus der Veräußerung eines VW-Bulli an einen Studenten; der Bulli wurde bislang unternehmerisch genutzt	250 €
f)	Private Pkw-Nutzung; privater Kostenanteil ohne KfzSt, Haftpflicht etc.; der Pkw war vor dem 1. 4. 1999 angeschafft worden	400 €
g)	Vorsteuerbeträge aus Wareneinkauf und Fahrzeugnutzung	11 607 €

Fragen:

1. Kann Kürten mit Erfolg einen Antrag auf Versteuerung nach vereinnahmten Entgelten für 2018 gem. § 20 UStG stellen?
2. Ermitteln Sie die Umsatzsteuerschuld für 2018.

LÖSUNG

1. Andreas Kürten ist Unternehmer gem. § 2 Abs. 1 UStG. Zum Rahmen seines Unternehmens gehört auch die Verpachtung des unbebauten Grundstücks an den Kleingärtner, denn Kürten ist auch insoweit nachhaltig zur Erzielung von Einnahmen tätig geworden (§ 2 Abs. 1 Satz 2 und Satz 3 UStG). Die Veräußerung des Grundstücks fällt daher als Hilfsgeschäft in den Rahmen seines Unternehmens.

   Mit Rücksicht auf die Höhe des Vorjahresumsatzes ist § 19 Abs. 1 UStG nicht anzuwenden. Kürten ist folglich berechtigt, für steuerpflichtige Lieferungen und sonstige Leistungen Rechnungen mit gesondertem Steuerausweis zu erteilen (§ 14 Abs. 2 UStG). Er ist auch zum Vorsteuerabzug berechtigt (§ 15 Abs. 1 Satz 1 Nr. 1 UStG).

   Da der Vorjahresumsatz nicht 500 000 € überstiegen hat, muss das Finanzamt dem Antrag Kürtens, die Umsätze für 2018 nach vereinnahmten Entgelten zu versteuern, stattgeben. Maßgebend für die Grenze von 500 000 € ist der Gesamtumsatz i. S. d. § 19 Abs. 3 UStG. Nicht zum Gesamtumsatz gehört die USt. Auf den Gesamtumsatz des laufenden Jahres 2018 kommt es dagegen nicht an.

2. Die Verkäufe von Strickwaren auf Wochenmärkten in Osnabrück, Minden und Wernigerode sowie im Laden in Herford stellen Lieferungen gem. § 3 Abs. 1 UStG dar, die steuerbar und steuerpflichtig sind. Der Steuersatz beträgt 19 % (§ 12 Abs. 1 UStG).

Bei den Verkäufen auf dem Wochenmarkt in Enschede handelt es sich um nicht steuerbare Lieferungen im Ausland (§ 1 Abs. 1 Nr. 1 Satz 1 UStG, § 3 Abs. 1 und Abs. 6 UStG). Insoweit ist Kürten zur Zahlung von USt in den Niederlanden verpflichtet. Eine innergemeinschaftliche Lieferung liegt gem. § 3 Abs. 1a UStG i. V. m. § 6a Abs. 2 UStG vor; ist allerdings steuerfrei gem. § 4 Nr. 1 Buchst. b UStG.

Die Veräußerung des unbebauten Grundstücks an den Kleingärtner ist eine Lieferung gem. § 3 Abs. 1 UStG. Diese Lieferung ist steuerbar nach § 1 Abs. 1 Nr. 1 Satz 1 UStG, sie ist jedoch steuerfrei gem. § 4 Nr. 9 Buchst. a UStG, denn es handelt sich um einen Vorgang, der unter das Grunderwerbsteuergesetz fällt. Kürten kann nicht gem. § 9 Abs. 1 UStG auf die Steuerfreiheit verzichten (Option), weil die Lieferung nicht an einen anderen Unternehmer für dessen Unternehmen ausgeführt wurde. Die im Kaufvertrag gesondert ausgewiesene USt i. H. v. 2 850 € schuldet Kürten nach § 14c Abs. 1 Satz 1 UStG, denn er hat eine Rechnung mit gesondertem Steuerausweis für eine steuerfreie Lieferung erteilt (vgl. Abschn. 14c.1 Abs. 1 Satz 5 Nr. 3 UStAE). Als Rechnung gilt nach § 14 Abs. 1 Satz 1 UStG jedes Dokument, mit dem über eine Leistung abgerechnet wird; ein solches Dokument ist der vorliegende Grundstückskaufvertrag.

Die Verpachtung des unbebauten Grundstücks gegen Entgelt stellt eine steuerbare sonstige Leistung dar (§ 1 Abs. 1 Nr. 1 Satz 1 UStG i. V. m. § 3 Abs. 9 Satz 2 UStG). Ort dieser sonstigen Leistung ist Herford (§ 3a Abs. 3 Nr. 1 Satz 2 Buchst. a UStG). Die sonstige Leistung ist jedoch nach § 4 Nr. 12 Satz 1 Buchst. a UStG von der USt befreit.

Die unentgeltliche Überlassung von Waren an die Arbeitnehmerin erfolgt aufgrund des Dienstverhältnisses. Trotz fehlenden Entgelts sind diese Lieferungen daher steuerbar, denn es handelt sich nicht um Aufmerksamkeiten (§ 3 Abs. 1b Satz 1 Nr. 2 UStG). Die Bemessungsgrundlage für diese Lieferungen ergibt sich aus § 10 Abs. 4 Satz 1 Nr. 1 UStG, ist mit dem Einkaufspreis (ohne USt) anzusetzen und beträgt 322 €.

Die private Pkw-Nutzung stellt einen steuerbaren und steuerpflichtigen Umsatz gem. § 3 Abs. 9a Nr. 1 UStG dar. Bemessungsgrundlage nach § 10 Abs. 4 Satz 1 Nr. 2 UStG sind die privatanteiligen Ausgaben, soweit diese mit Vorsteuer belastet waren. Der Steuersatz beträgt 19 %.

Die Einnahmen aus der Veräußerung eines VW-Bulli unterliegen ebenfalls der USt. Es handelt sich um eine steuerbare und steuerpflichtige Lieferung (Hilfsgeschäft, BFH, BStBl 1988 II 622). Der Steuersatz beträgt 19 %.

Die Vorsteuerbeträge sind gem. § 15 Abs. 1 Satz 1 Nr. 1 UStG im vollen Umfang abziehbar, da ein Zusammenhang mit Ausschlussumsätzen nicht vorliegt. Insbesondere ist der Vorsteuerabzug nicht deshalb teilweise zu versagen, weil Kürten auch Umsätze im Ausland ausführt. Solche Umsätze führen nach § 15 Abs. 2 Satz 1 Nr. 2 UStG nur dann zum Ausschluss vom Vorsteuerabzug, wenn sie bei Unterstellung der Steuerbarkeit im Inland steuerfrei wären. Das ist nicht der Fall.

Ermittlung der USt-Schuld 2018:

Steuerfreie Umsätze (4 170 € + 17 850 €+ 450 €)		22 470,00 €
Steuerpflichtige Lieferungen auf Wochenmärkten im Inland (88 748 € : 1,19)		74 578,15 €
Steuerpflichtige Lieferungen im Laden		47 084,87 €
Steuerpflichtige Lieferungen an Arbeitnehmer		322,00 €
Steuerpflichtige Privatnutzung		400,00 €
Hilfsgeschäft Bulli-Verkauf		210,08 €
nichtsteuerbare Umsätze im Ausland (Enschede)		4 170,00 €
Umsatz		149 235,10 €
Umsatz	149 235,10 €	
davon nicht steuerbare Entgelte	4 170,00 €	
Steuerbare Entgelte	145 065,10 €	
Von den steuerbaren Entgelten		
a) sind steuerfrei nach § 4 Nr. 9 Buchst. a UStG	17 850,00 €	
nach § 4 Nr. 12 Satz 1 Buchst. a UStG	450,00 €	
nach § 4 Nr. 1 Buchst. b UStG	4 170,00 €	
b) sind steuerpflichtig mit 19 %		
Leistungen gegen Entgelt	121 873,10 €	23 155,89 €
Leistungen an Arbeitnehmer	322,00 €	61,18 €
steuerpflichtige Privatnutzung	400,00 €	76,00 €
		23 293,07 €
./. Vorsteuerbeträge		11 607,00 €
		11 686,07 €
+ Schuld nach § 14c Abs. 1 Satz 1 UStG		2 850,00 €
Verbleibende Umsatzsteuerschuld		14 536,07 €

STICHWORTVERZEICHNIS

Die Zahlen verweisen auf die Fälle.

W

Z